AF356734

UN POÈTE-PHILOSOPHE

AU COMMENCEMENT DU DIX-HUITIÈME SIÈCLE.

HOUDAR DE LA MOTTE

(1672-1731).

THÈSE PRÉSENTÉE A LA FACULTÉ DES LETTRES
de l'Université de Paris

PAR

PAUL DUPONT

Chargé de Cours à la Faculté des Lettres de l'Université de Lille

PARIS,

LIBRAIRIE HACHETTE ET Cie

79, boulevard St-Germain.

1898.

A

MONSIEUR L. CROUSLÉ

PROFESSEUR A LA FACULTÉ DES LETTRES

DE L'UNIVERSITÉ DE PARIS.

Hommage de gratitude et de respect.

AVANT-PROPOS

OBJET ET PLAN DE CETTE ÉTUDE

On n'a pas voulu écrire l'Histoire de La Motte, de sa vie, de ses ouvrages, de sa réputation.

On s'est proposé seulement d'étudier l'Homme de Transition qu'il a été, — un être divers et double, en qui se sont rencontrées et superposées, plus qu'elles ne se sont mêlées et fondues, les habitudes littéraires du dix-septième siècle et les tendances d'esprit du dix-huitième.

Poète et écrivain, La Motte appartient à l'âge classique, — penseur et critique, il appartient à l'âge de la philosophie.

Le *Plan* a été déterminé par la conception même du sujet.

Après qu'on aura marqué — en un court Préambule — les influences opposées qui ont formé comme la double nature de La Motte, — on étudiera en lui le Poète et le Philosophe :

Le *Poète*, qui fut un élève trop docile des maîtres classiques ;

Le *Philosophe* qui, dans les choses littéraires, montra de l'indépendance d'esprit, de la hardiesse et quelque originalité.

« Littérairement, on peut dire que,
pendant cette première époque (1715-
1746)…, nous avons eu en quelque sorte
un *dix-septième siècle posthume* ».

(VINET : *Histoire de la littérature
française au XVIIIe siècle*. T. I, p. 57).

PRÉAMBULE

La Motte reçut comme une double éducation [1].

Le XVIIe siècle l'a élevé, lui a imposé l'empreinte classique. Le XVIIIe a agi sur sa pensée qu'il a rendue plus curieuse, plus indépendante et plus hardie.

Les études, la nature de ses premiers essais poétiques, ses relations avec les derniers écrivains du grand siècle, expliquent qu'il ait été un imitateur fidèle des maîtres classiques.

L'activité d'un esprit curieux, développée par l'habitude de la controverse ; le contact des savants et des géomètres, l'influence de Fontenelle, le goût public qui se tournait vers la nouveauté et le paradoxe, font comprendre la singulière transformation qui, tardivement, fit d'un poète régulier et sage, un théoricien hardi et un critique novateur.

---

[1] Né et mort à Paris (17 janvier 1672. — 21 décembre 1731). — Sur l'orthographe de son nom patronymique, Houdar et non pas Houdart, voir Jal, Dictionnaire critique de biographie et d'histoire, article Houdar de La Motte.

I.

L'éducation classique. — Premiers essais, premiers déboires — Les opéras. — Succès académiques. — La Motte académicien. — Les relations avec les derniers classiques, Boileau, Fénelon.

La Motte fit ses études chez les Jésuites. Son biographe, l'abbé Trublet [1], malgré le zèle pieux qui l'anime, a négligé de nous apprendre s'il fut un brillant écolier, et s'il fit concevoir ces hautes espérances que ne manquent pas de donner les futurs grands hommes. On peut réparer en partie cet oubli fâcheux [2]. Au sortir du collège, l'élève des Jésuites ignorait le grec ; il ne savait rien de l'histoire [3] ; des sciences, peu de chose. Mais il croyait entendre les auteurs latins ; il goûtait et il aimait les auteurs français contemporains, — peut-être parce qu'il ne les avait guère lus qu'à la dérobée. Il devait encore à ses maîtres le goût des lettres, le respect de l'esprit et l'amour du théâtre, peut-être aussi un certain penchant à la dispute.

Après les études classiques, les études de droit. Comme tant de jeunes gens qui se croient la vocation d'écrivain, et que rien ne presse de prendre un parti [4], La Motte fit à l'école de droit son stage d'homme de lettres. Mais, chez lui, Molière dut faire tort à Cujas. Tout jeune, il avait eu un goût marqué pour les spectacles et la déclamation : avec quelques amis il jouait la comédie [5]. Il avait la plus « heureuse mémoire » et « le talent de bien dire », qu'il conserva jusqu'à la fin. La Motte « ne plaida jamais » [6] : à cela, rien d'étonnant. Mais cette remarque même permet de croire qu'il aurait pu plaider et qu'il avait le titre d'avocat.

Le jeune avocat ne débuta pas au Palais, il débuta au théâtre : mais le public fut moins indulgent pour sa jeunesse que ne l'auraient

---

[1] Mémoires pour servir à l'histoire de la vie et des œuvres de M. de Fontenelle et de M. de La Motte. Amsterdam, chez M. M. Rey, 1759, 2e édit.

[2] Cf. Rollin, Traité des Études. — Compayré, Histoire des doctrines de l'éducation, t. II.

[3] Il devait avoir quelque aisance. V. Trublet, pp. 331 et 354.

[4] Trublet, p. 332.

[5] Trublet, p. 331.

été de vieux juges. A vingt et un ans (1693), il donna, aux Italiens, une grande pièce impromptu, en prose et en vers ; cela s'appelait « les Originaux ou l'Italien » [1]. L'échec fut complet.

« La pièce fut jouée en été », dit Trublet [2], pour atténuer l'insuccès de son ami et de son maître. L'auteur apparemment ne s'était pas payé de cette excuse, car, pris de désespoir, il dit adieu tout à la fois au théâtre et au monde : il partit pour la Trappe [3]. Il emmenait avec lui un de ses amis qui, pour des raisons aussi graves sans doute, voulait renoncer au siècle [4]. L'abbé de Rancé accueillit les deux désespérés ; il les garda deux mois, puis les renvoya sans leur avoir donné l'habit. « Il les trouva trop jeunes », dit gravement Trublet [5]. J'aime mieux croire M. de Rancé plus perspicace : il savait bien que les vocations durables ne naissent pas d'une simple piqûre faite à la vanité d'un auteur de vingt ans.

Il ne faudrait pas faire à La Motte le tort de croire que sa dévotion fût issue tout entière d'un brusque mouvement de dépit : elle était sincère [6]. Au sortir de la Trappe, sa ferveur religieuse persista assez longtemps ; il s'occupait à des ouvrages de piété, il paraphrasait en prose les psaumes de la pénitence. Il resta respectueux de la religion à une époque où l'hypocrisie du plus grand nombre était une sorte d'excuse à l'impiété de quelques-uns. Mais sa première ardeur de néophyte tomba un beau jour, et La Motte, rendu au monde, revint au théâtre. C'est alors que Joseph Saurin [7], le géomètre, rima l'unique pièce de vers qu'il ait faite : il y blâmait son ami de « ce qu'il avait quitté la Trappe pour faire des opéras » [8].

Devenir l'élève et l'émule de Quinault après avoir failli être le disciple de M. de Rancé, la transformation était complète. La Motte

---

[1] La pièce est insérée dans le recueil de Ghérardi, au T. IV.

[2] Trublet. Mémoires, p. 332.

[3] Soligny-la-Trappe, près Mortagne.

[4] Comp. le récit de Voisenon, Anecd. littér., p. 77.

[5] Mémoires, p. 332. — Plus de cent ans après, cet épisode de la vie de La Motte fut mis au théâtre. « La Motte Houdar, comédie anecdotique en 1 acte, en prose mêlée de vaudevilles, par les citoyens Piis et Auger. Représentée pour la première fois sur le théâtre des Troubadours le 1er nivôse an 8. — A Paris, an VIII ». — Ce vaudeville, où l'esprit est médiocrement fin, n'offre aucun intérêt historique ou littéraire.

[6] Voir au T. 8 de ses Œuvres complètes (Edit. 1754) un « Plan des preuves de la religion » — et nombre d'autres œuvres qui ont un caractère religieux marqué. — Même La Motte n'était pas ignorant en fait de théologie à en croire Trublet (Mémoires .... p. 375).

[7] Cité par Gacon, Anti-Rousseau, p. 342. La pièce fut retouchée par J.-B. Rousseau et par La Motte lui-même.

[8] Trublet, p. 333. — Cf. d'Alembert, Eloge de La Motte.

avait mis quatre ans à la faire. Il s'en trouva bien, au reste. Son opéra de l'« Europe galante » eut un grand succès (1697) [1]. Dès lors, presque chaque année, il fait jouer un opéra, un drame lyrique ou une comédie-ballet: ses vers faciles, spirituels et galants sont goûtés et applaudis. Il ne cessa d'écrire des livrets d'opéras qu'au moment où il songea à entrer à l'Académie ; ceux qu'il composa par la suite, il ne les fit pas représenter.

Cependant La Motte obtenait ailleurs d'autres succès. Il voulait devenir académicien. Or si on entrait à l'Académie sans avoir rien écrit du tout, il ne semble pas qu'on y fût admis rien que pour avoir écrit des vers d'opéra. La Motte qui, tout de bon, se croyait poète lyrique, se met à composer des odes qu'il envoie aux concours des Jeux floraux et de l'Académie. Sa verve très docile [2], son esprit toujours présent, lui donnent le moyen de traiter les sujets proposés avec une régularité méritoire, avec une ingéniosité tout académique. Il fut neuf fois vainqueur aux Jeux floraux [3] ; à l'Académie, il moissonna tant de couronnes, soit comme poète, soit comme orateur, qu'on le pria de ne plus concourir.

C'étaient là des titres qui le désignaient au choix de l'Académie : ses juges ne demandaient qu'à devenir ses confrères.

Il réunit ses Odes en un gros volume et les publie en 1707. — Le 8 février 1710, il est reçu dans cette Compagnie où l'appelait son talent et aussi les amitiés [4] qu'il s'était ménagées.

La Motte entrait à l'Académie âgé de 37 ans environ. C'était un beau triomphe, qui s'explique facilement. Jusqu'alors il n'avait pas pris parti avec éclat dans les querelles littéraires du temps. Il était « moderne », on le savait par son Ode sur l' « Emulation » et par l'écho affaibli des vives discussions dont retentissaient les cafés littéraires. Mais ses œuvres étaient si classiques dans leur forme régulière, le poète lyrique demeurait si modestement docile aux formes consacrées et, autant qu'il pouvait, à la langue des maîtres anciens ! Il était grand ami de M. de Fontenelle et il ne s'en cachait

---

1 Musique de Campra, un autre transfuge du sacré au profane. — Trois airs sont de Destouches, qui venait de quitter les mousquetaires pour se faire musicien (v. les Anecd. Dramatiques, art. « Europe Galante »).

2 Réponse de M. de Fontenelle au disc. de M. l'Evêque de Luçon, t. I, 1re partie, p. 47. « .... C'était seulement une volonté de faire des vers, volonté qu'il exécutait parce qu'il avait beaucoup d'esprit ».

3 Ode à MM. de l'Académie des Jeux floraux, t. I, p. 135.

4 Surtout celle de Mme de Lambert, secondée par Fontenelle (voir Mémoires de d'Argenson, p. 289). — Voir encore Prés. Hesnault, Mémoires, Ed. de Vigan, p. 103 : « Il fallait passer par elle pour arriver à l'Académie ». — Cf. A. Rouxel. Chronique des élections à l'Acad. franç., chap. V.

pas ; mais il était aussi l'admirateur de M. Despréaux [1] et de
M. de Cambrai, deux « anciens » déterminés. — Il n'est donc pas
étonnant que l'Académie, composée encore en majeure partie de
partisans des anciens, ait reçu sans défiance ce poète timide, ce bel
esprit aimable, réservé et courtois. — Cette confiance fut cruellement
trompée. Le titre d'Académicien, loin de calmer son ardeur et de
tempérer sa fougue, sembla rendre au contraire La Motte aussi
entreprenant, aussi hardi dans ses opinions qu'il s'était jusqu'alors
montré réservé. Le poète lyrique avait été sage et correct, l'Académicien se montra bientôt paradoxal et téméraire. Il n'est pas
commun en vérité de voir ces ardeurs belliqueuses s'éveiller chez
un auteur précisément après qu'il vient d'être admis dans la docte
et calme Compagnie [2].

Au moment où La Motte entra dans l'Académie, Boileau ni
Fénelon ne venaient plus aux séances : — l'un se tenait à l'écart,
par dépit et rancune ; dans une de ces boutades de sa vieillesse
aigrie, il mettait MM. les Académiciens de Lyon au-dessus des
« Topinamboux » qui siégeaient au Louvre. Quant à l'Archevêque,
il résidait à Cambrai, tout entier à ses espérances et bientôt à ses
regrets ; mais il ne tenait pas rigueur à l'Académie, témoin la
« Lettre » fameuse qu'il écrivit quatre ans plus tard.

En tout cas, j'imagine que ni le prélat, ni le poète n'auraient
refusé leur suffrage à un homme qui était pour tous deux un admirateur, un correspondant respectueux ou un courtisan assidu. En
vérité, réunir les voix de Boileau et de Fénelon au suffrage de
Fontenelle, voilà qui est singulier, et qui n'appartenait qu'à La
Motte.

La Motte avait réussi à s'introduire dans la société restreinte que
Boileau [3], vieilli et chagrin, recevait encore quelquefois dans sa
maison du cloître Saint-Victor. Il n'avait pas ménagé les louanges [4] ;
aussi fut-il accueilli avec une sorte d'indulgence, où l'ironie prenait
du moins la peine de se masquer sous un air de bonhomie condes-

---

[1] V. l'ode 31, « La Variété », adressée à M. Despréaux.

> Au bel esprit ce fauteuil est en somme
> Ce qu'à l'amour est le lit conjugal.

[2] Piron, Ed. Rigoley. t. IX, p. 159.

[3] V. Duclos. Mémoires. — Cf. Factum de Saurin. On y voit que Rousseau et
La Motte se réconcilièrent devant Boileau. — Cf. Voltaire, Vie de J.-B.
Rousseau.

[4] Dans le « Remerciement » de La Motte, l'éloge des poètes « exacts sans
être froids » s'applique plus particulièrement à Boileau.

cendante. Ce fut peut-être le triomphe de l'adresse et de la diplomatie de La Motte, de se faire admettre chez l'intraitable satirique sans avoir à souffrir trop directement de ses terribles boutades. Boileau se fâcha bien un jour ; il malmena fort l'impertinent qui avait osé critiquer Racine [1] et qui s'était permis, avec toute sorte de précautions, il est vrai, et de détours, d'avancer que peut-être le récit de Théramène n'était pas tout à fait vraisemblable et naturel. Mais enfin, Boileau semble avoir usé, envers l'ami de Fontenelle, d'assez de ménagements pour que celui-ci, dupe de sa propre politique, ait pu croire qu'il avait rendu « le vieux lion plus traitable » [2].

Il osa même plus tard se faire fort de l'autorité de Boileau et avancer qu'il lui avait fait agréer sa traduction d'Homère [3]. Sans doute des réserves moqueuses, une ironie dédaigneuse se dissimulaient mal sous l'hyperbole des compliments. Pourtant on ne peut nier que Despréaux n'ait adouci envers La Motte l'expression de dédain amer dans lequel il enveloppait toutes les œuvres nouvelles. D'où vient cela ? En partie sans doute de la politesse modeste et de la déférence adroite du jeune poète ; mais aussi de ce que Boileau, jugeant les œuvres plus que les tendances secrètes, pouvait reconnaître dans La Motte un des disciples les moins infidèles de la doctrine classique, un poète médiocre, mais soumis à la règle.

Fénelon, dans sa retraite de Cambrai, n'avait pas les rancunes vivaces que nourrissait Boileau isolé dans Paris ; s'il était peut-être plus épris de la simplicité antique, il était aussi moins enfermé dans le culte des souvenirs d'autrefois, et son esprit restait ouvert aux séductions des idées nouvelles. Il n'y a donc pas lieu d'être surpris de le voir traiter La Motte avec une indulgence plus que chrétienne, alors même que celui-ci s'était déclaré novateur et prétendait reviser les jugements trop favorables qu'on portait sur les anciens. Dans la correspondance qu'ils entretinrent plus tard au sujet d'Homère, Fénelon déploie toute la coquetterie de son esprit, toute sa souplesse ondoyante, toute son adresse d'insinuation pour prouver à La Motte qu'ils sont du même avis, en lui laissant entendre qu'il se trompe et qu'il est la dupe de ses froids raisonnements. Dans cette lutte ouverte contre un nouveau Protée, La Motte eut le mérite de la franchise plus grande et de la fermeté [4].

Quoi qu'il en soit, La Motte avait réussi à obtenir la neutralité bienveillante des deux hommes qui représentaient le pur esprit

---

[1] XIᵉ Réflex. sur Longin. (1710).
[2] Nisard. Histoire de la littérature française, Édit. 1881, t. IV., p. 15.
[3] Réflexions sur la critique, IIIᵉ partie, t. III. p. 171.
[4] V. Hipp. Rigault. Querelle des Anciens et des Modernes, p. 420.

classique : Boileau se désintéressait d'assez mauvaise grâce ; Fénelon réservait son opinion, mais, pour des esprits prévenus, il avait l'air de céder. C'était là pour notre auteur un précieux avantage, c'était une « victoire » [1]. Non pas seulement parce qu'il désarmait par avance deux hommes qui auraient pu devenir de terribles adversaires s'ils s'étaient déclarés, mais surtout parce que leur silence indulgent ou leurs ménagements le mettaient en repos avec sa conscience littéraire. En effet, jusqu'à son entrée à l'Académie, La Motte ne s'était pas engagé à fond dans la querelle qu'il allait rouvrir, il n'avait pas encore attaqué et secoué violemment le principe d'autorité. Il tenait beaucoup à l'opinion de ces deux hommes, qu'il admirait sincèrement, dont il était le disciple, plus docile qu'original.

S'il était poète (et il croyait l'être), il l'était devenu à leur école, en se conformant aux lois qu'ils avaient promulguées et aux exemples qu'ils avaient proposés à l'imitation. — Si donc il combla Boileau et Fénelon [2] d'attentions, de flatteries délicates, de prévenances caressantes, c'est moins par calcul et par politique, pour détacher et neutraliser deux ennemis redoutables, que par l'effet d'une admiration et d'une gratitude sincères.

On a vu que toutes les premières influences qui, durant la jeunesse de La Motte, agirent sur la formation de son talent, devaient l'engager, presque à son insu, dans la pratique des règles et des procédés traditionnels. Jusqu'ici sa carrière a suivi une marche régulière ; il a été le modèle de ces écrivains corrects, dont une place à l'Académie récompensait un jour ou l'autre les consciencieux efforts et la laborieuse médiocrité.

On a fait entrevoir aussi cette curieuse et tardive métamorphose qui, du poète lauréat et de l'Académicien, fit un novateur téméraire et bruyant, qui porta le trouble dans la paisible « république des lettres ».

Il ne sera pas inutile de voir comment cette transformation s'est lentement préparée dans l'esprit de notre auteur et d'analyser les diverses influences qui, après tant d'années de soumission, l'ont conduit du doute à la négation et presque à la révolte.

---

[1] Nisard, T. IV, p. 16.
[2] V. Ode I, l'Éloge du Télémaque, ce « poème salutaire ».

II.

La Motte « esprit universel ». — Les Cafes. — Les Géomètres. — Fontenelle. — La Régence. — Le règne du Paradoxe.

Les influences du dehors n'ont d'effet sur le développement d'un esprit qu'autant que le génie agit dans le même sens, qu'il est disposé par avance à recevoir ces influences, comme un terrain à recevoir une graine. Or, la nature d'esprit de La Motte le destinait à la critique et à la controverse.

Tous ses biographes, tous ses panégyristes et ses ennemis mêmes, louent son « *esprit universel* » [1]. Si on en croit Trublet [2], Mme de Lambert [3], et d'Alembert lui-même [4], La Motte eût pu réussir également bien dans tous les arts et dans toutes les sciences. Maupertuis [5] affirmait qu'il eût pu faire un Newton ou un Leibnitz : il ne lui a manqué que de savoir les mathématiques.
De même pour toutes choses : parce qu'il raisonnait bien de tout, certains le croyaient capable de tout [6]. Illusion qu'il partagea. De tous les côtés son savoir était borné et court. Rien donc, nul fait contradictoire, nulle opinion adverse ne venait troubler la logique de ses raisonnements abstraits, qu'il poussait avec une imperturbable sérénité. Dans les lettres mêmes, où il eut du moins le bon sens de se renfermer, il était assez ignorant. Les faits n'existaient pas pour lui ; au besoin il les niait ou il s'en moquait. En revanche, une étonnante facilité à jouer avec les idées, à réduire tout un art, — un monde, — en quelques vérités claires et

---

[1] C'est ce que M. le Duc de Nivernois, parlant de Fontenelle, appelait « cueillir la palme de l'universalité. »

[2] Lettre à Me T. D. L. F., t. I, p. ix.

[3] Portrait de M. de La Motte « Ce n'est pas un savoir acquis, c'est un savoir inspiré ». — La vérité c'est qu'il était assez ignorant. — C'est ce que dit plaisamment le satirique : « Il savait tout sans rien savoir. »

[4] Eloge de M. de La Motte. — Cf. Piron en 1759, Epître à M. Lefebvre, neveu de La Motte. — Cf. Mém. du prés. Hesnault, p. 30.

[5] Cité par Trublet. Lettre à Me T. D. L. F., t. I, pp. x et xi.

[6] Marais pourtant raille cette prétendue universalité du talent (Journal). Cf. sur le même point les sarcasmes de La Harpe (Lycée, II, p. 527, Ed. Didier, 1834).

incomplètes, en un petit nombre de formules exactes et spécieuses.

Tel était La Motte, apte à tout comprendre, impuissant à rien sentir ; admirable pour réduire tout un ensemble d'idées en quelques principes clairs, mais incapable de saisir et d'embrasser la vérité même, qui lui échappait, passait à travers le réseau étroit de ses petits principes, justes isolément, faux dans l'ensemble.

Voilà ce qu'au temps de Fontenelle et de Trublet, on appelait avoir un esprit universel.

Ainsi doué par la nature, La Motte était certainement appelé à briller dans la dispute et la controverse. Or il se trouva que c'était le goût et le défaut du temps. Il y avait dans Paris, au temps de la Régence et un peu auparavant, des lieux de réunion — les *cafés* [1] — réservés surtout aux gens de lettres et aux discussions littéraires. La Motte fut pendant plusieurs années l'âme de ces réunions et le « Roi » des cafés de lettres [2].

Dans les premières années du XVIIIe siècle, il s'est produit dans les mœurs littéraires, comme dans les mœurs publiques, un notable changement. L'adoption par les gens de lettres du *Café* comme lieu de réunion est le signe extérieur de cette transformation, dont elle est aussi une des causes.

Depuis longtemps le cabaret est abandonné par la gent littéraire, on le laisse aux grands seigneurs en partie de débauche. Les ruelles n'existent plus, les salons n'existent guère encore. Les auteurs ne sont plus les domestiques et les courtisans des grands seigneurs [3], mais les gentilshommes ne sont pas encore les flatteurs et les courtisans des auteurs [4].

Moins bien traités à la cour, moins reçus dans la haute société, les écrivains, devenus plus indépendants et plus fiers, cherchent à se rapprocher ; ils trouvent dans l'hospitalité banale, mais indulgente du café [5], ce qu'il leur fallait, c'est-à-dire un lieu de réunion libre, un théâtre et un public.

---

[1] Sur les cafés, voy. Bibliographie, § II.

[2] Remarquons pourtant que La Motte fut toujours un homme de bon ton, et que de bonne heure il fut admis dans les meilleures compagnies. — chez Mme de Lambert, depuis 1710, puis à Sceaux.

[3] V. d'Alembert, t. IV, pp. 337-373. Essai sur la Société des gens de lettres et des Grands.

[4] Pendant une vingtaine d'années (1690-1715) les gens de lettres, dédaignés de la Cour, vivent davantage entre eux. C'est la Régence qui commence à leur rouvrir les salons. — Cf. E. Bersot : Etudes sur le XVIIIe siècle, I, pp. 409-410.

[5] En 1715 on compte déjà dans Paris « trois cents maisons de caffé ».

Gens de lettres et savants s'assemblaient dans les cafés, avant ou après la Comédie [1]. On critiquait la pièce ou l'opéra nouveau [2] : assistaient à la lutte et jugeaient des coups, quelque abbé, quelque gentilhomme, gourmet de lettres, des badauds parisiens, parfois un provincial curieux [3]. Chacun des cafés [4] illustres avait ses gens de lettres attitrés, son « banc des auteurs » ou son « banc redoutable » [5] ; dans chacun d'eux régnait et trônait un bel esprit : chez la veuve Laurent [6], J.-B. Rousseau avait quelque temps tenu le sceptre ; N. Boindin terrifiait le café Procope par l'audace de ses paradoxes athées [7] ; quant à La Motte, il fréquentait surtout le café Gradot où, à force d'esprit aimable et de politesse exquise, il était devenu « le point de réunion de l'assemblée » [8]. Quand la société était au complet, tous ces esprits vifs, excités par la boisson légère [9], grisés par les idées et aussi par les mots [10], se livraient à des discussions passionnées, auxquelles la première affirmation venue servait de point de départ, et dont la conclusion les amenait bien loin du début [11]. Là le raisonnement subtil tournait vite au sophisme, l'opinion hasardée au paradoxe téméraire : mais sophismes et paradoxes passaient aisément sous le couvert de l'esprit et de la bonne humeur.

Cette hantise eut des effets particuliers sur les mœurs et sur l'esprit même des gens de lettres. Leurs mœurs y perdirent. Toutes ces vanités irritables sortirent meurtries et blessées d'un contact

---

[1] V. La Beaumelle, Vie de Maupertuis, 1856, pp. 11-12.

[2] Sur le genre et le ton des discussions dans ces « manufactures d'esprit », voir d'Alembert, Éloge de Trublet, p. 650. — Cf. Bel, Apologie de M. de La Motte, pp. 107-108 : une dispute sur l'Harmonie. — Marivaux, Spectateur français, XXIIIe feuille.

[3] V. Gacon, La Chiennade (Fables de M. de La Motte mises en vers).

[4] Duclos, Mémoires, p. 24. — Auger, Mélanges, II, p. 219.

[5] J.-B. Rousseau, Le Caffé, sc. V.

[6] Au coin des rues Dauphine et Christine.

[7] Duclos, Mémoires, p. 24.

[8] Œuvres de l'abbé de Pons, avertissement de l'Éditeur p. 112. (On y trouve une Apologie des cafés) — Cf. Le Sage, Gil-Blas, Liv. VII, ch. 13. — Portefeuille de Rousseau, t. II, p. 58. « La Motte s'y rendit dominateur et devint bientôt le Cromwell de cette petite république ».

[9] « Une certaine liqueur noire qui a la vertu de les faire parler ensemble » (Dufresny, Amusements sérieux et comiques, 1701, p. 72). — Cf. Massieu, Eloge du café en vers latins. — Michelet, Histoire de France, t. XVII.

[10] Montesquieu, Lettres persanes, L. 36.

[11] Gacon, La Chiennade. — Cf. Bel, Apologie de M. de La Motte, p. 107. — Dufresny, Amusements sérieux et comiques, p. 72. — La Beaumelle, Vie de Maupertuis, pp. 11, 12. — Voltaire, Vie de J.-B. Rousseau, p. 333.

trop fréquent qui amenait des heurts et des chocs pénibles. Les piqûres s'envenimaient [1]. Les antipathies et les rivalités se tournaient en haines sourdes ou en inimitiés déclarées. La triste aventure des couplets attribués à Rousseau fit voir jusqu'où pouvaient aller l'amour-propre ulcéré des écrivains, la rancune et l'envie. Ce fut un terrible scandale où personne ne gagna rien : Rousseau déshonoré, Saurin mal justifié, toute la littérature avilie ; tel fut le résultat de cette malheureuse affaire. En effet les hommes de lettres donnaient un fâcheux spectacle ; ils avaient eu grand tort (s'ils l'avaient fait à dessein) de se retirer du monde, car le monde se détournait d'eux [2]. A cet isolement, ils perdaient en dignité et en considération [3] ce qu'ils pouvaient gagner en indépendance. Leurs querelles, multipliées, publiées, les rendaient un peu ridicules : le public suivait la lutte avec attention, mais pour se moquer des combattants plutôt que pour se faire une opinion ou pour prendre sérieusement parti ; vainqueurs et vaincus, les coups donnés et reçus, ne rapportaient d'autre profit de la bagarre que d'avoir amusé le monde à leurs dépens [4]. C'était là un danger pour la Littérature. La Motte eut du moins le très rare mérite de conserver toujours son sang-froid et le respect de soi-même : sa vanité, ses multiples prétentions, surtout l'exagération de ses idées par des disciples trop enthousiastes, l'exposèrent souvent à la verve moqueuse de ses ennemis et à la risée du public ; mais la modération de son langage en parlant des personnes, l'éloignement qu'il professait pour les représailles de la satire lui assurèrent l'estime générale.

L'esprit même des auteurs se gâta à vivre enfermé dans des cercles trop étroits. La mesure dans les idées y perdit autant que la modération des caractères. Dans ces assauts d'esprit, qui donc se souciait de garder la mesure ? Ne fallait-il pas briller à tout prix ?

---

[1] Voltaire, Siècle de Louis XIV. Catalogue, art. La Motte.

[2] Deux opinions contradictoires : Terrasson regrettait le temps où les gens de lettres moins répandus dans le monde vivaient davantage entre eux. (D'Alembert, en tête de la « Philosophie applicable »).—Au contraire Montesquieu (Lettres persanes, 36, 48), Duclos (Mémoires), Voltaire condamnent formellement ces mœurs plus libres, qui ne furent jamais les leurs.

[3] Œuvres de l'abbé de Pons, p. 147 : « La société s'accoutume à les regarder comme un peuple féroce et indisciplinable, qu'il faut abandonner par pitié à sa dure impolitesse et à sa grossière rusticité ».

[4] Mme de Staal, pp. 210, 211 : « Leur combat (de La Motte et Mme Dacier) qui faisait depuis longtemps l'amusement du public ». — Cf. Grimm, Corresp. I, 1er décembre 1754.

briller par l'audace de la pensée, par la finesse excessive de l'observation, si on ne pouvait briller par la profondeur et par la justesse. C'était un terrible public que ce public des cafés. Il n'y avait là que des gens d'esprit ou réputés tels ; des critiques aiguisés, toujours prêts aux réparties subtiles, aux objections spécieuses, aux divisions d'idées à l'infini. L'esprit s'y affinait sans doute ; que devenaient pourtant le sentiment et la haute intelligence des choses ? Où étaient les objets d'observation pour contrôler les idées ? les points de comparaison pour empêcher la logique en délire de s'égarer au milieu des considérations abstraites ? Ajoutez que, dans ce public d'auteurs, jamais une femme ne paraissait. Or si l'influence de l'esprit féminin peut conduire au raffinement aussi, à l'analyse trop déliée, au langage précieux, du moins elle commande toujours la mesure, la délicatesse dans la pensée et surtout dans l'expression [1]. Cette action calmante, adoucissante de la femme faisait défaut à la plupart de ceux qu'un satirique appelle « les citoyens des Caffez » [2]. Nul ménagement dans l'affirmation, une sorte de rudesse dans la défense des opinions, peu de respect des convictions d'autrui, quelque chose de brutal dans le langage et de cynique dans les peintures : tels furent les défauts communs à ces sociétés d'où la femme était bannie. Quelques-uns subirent ces influences plus que d'autres, et représentent mieux cette corruption de l'esprit et des mœurs : c'est, parmi les poètes, J.-B. Rousseau (avant sa conversion) et plus tard Piron ; parmi les « philosophes et les disputeurs émérites », c'est N. Boindin « qui dissertait toujours et ne causait jamais » [3], et qui faisait parade avec brutalité de son athéisme bruyant [4].

La Motte fut exempt, sinon de tous ces défauts, au moins des plus scandaleux. Il sut se garder des pires influences, il ne fut le fanfaron

---

[1] Voir dans le poète Roy (p. 35, Ode sur la solitude) une amusante description de ces disputes :

> « Cet auteur qu'on ne peut lire
> Préside aux réduits fumants
> Où l'on voit dans le délire
> Les Sophistes écumants.
> On crie, on conteste, on juge, etc. ».

[2] Bel. Apologie de M. de La Motte, p. 79.

[3] Duclos, Mémoires.

[4] Quelques gens de lettres avaient pour l'été un lieu de réunion plus intime que le café. C'était un jardin qu'ils « louaient en communauté ». Les associés étaient La Motte, Boindin, Dufresny, Rémond de Ste-Albine (v. Anecdotes Dramatiques, art. « Amante difficile »). Nous savons par Gacon quel était l'emplacement de ce rendez-vous d'été (Fables, p. 233) : c'était sur les fossés de l'Estrapade. C'est cette réunion que le satirique appelle « la Basse Académie ».

ni du vice ni de l'impiété. Mais il avait trop vécu dans ce milieu corrupteur de l'esprit pour échapper à la contagion ; c'est là surtout que se développa chez lui le goût qu'il avait naturellement de la dispute pour le plaisir de disputer, le penchant à nier les principes établis, à combattre les idées reçues, la fureur de raisonner sans tenir compte ni du sentiment, ni des faits, ni de la nature , la tendance au spécieux et au paradoxe.

Cette liberté assez indiscrète de l'esprit, qu'alors on honorait du nom de philosophie, était due encore au commerce des savants et à l'influence des *géomètres*. Il se fit, dès les premières années du XVIIIe siècle, un curieux rapprochement entre les Lettres et les Sciences : les savants eurent de l'esprit, mauvais ou bon [1]; les gens de lettres s'intéressèrent aux sciences. Il faut l'avouer, les savants donnèrent plus qu'ils ne reçurent dans cet échange amical [2] : pour le vernis d'esprit et de grâce qu'ils leur empruntaient, ils communiquèrent aux littérateurs [3] des vues et des idées, des images et des clartés nouvelles, et surtout une méthode qui avait les apparences de la rigueur scientifique. Beaucoup des savants d'alors faisaient des gens de lettres leur société habituelle [4], et des cafés littéraires leur lieu de réunion ordinaire. Autour de La Motte, au café Gradot, se rassemblaient à certaines heures (outre quelques artistes) Maupertuis, Saurin [5], Nicole, tous trois de l'Académie [6] des Sciences, Melon, auteur du premier traité sur le commerce, Terrasson [7], qui savait le grec, le latin et plusieurs langues modernes, mais qui était encore géomètre et physicien, ce qui ne l'empêchait pas d'être un terrible disputeur et un philosophe. Ce commerce familier avec les géomètres et les algébristes exerça une influence sur l'esprit des gens de lettres, des critiques et même des poètes. Dans ces joûtes quotidiennes, le savant avait fréquemment le dessus : il était mieux

---

[1] V. Trublet. Lettre à Me T. D. L. F., t. I., p. X : « Il (La Motte) avait des admirateurs dans toutes les Académies, et surtout dans l'Académie des Sciences, maintenant aussi polie que savante ».

[2] V. Montesquieu : Lettres persanes (La lettre 129e : le Géomètre).

[3] Cf. Lémontey : Hist. de la Régence (t. VII, p. 340).

[4] Cf. La Beaumelle, Vie de Maupertuis (Ed. de 1856, au début). — Remarquer que dans la querelle Homérique interviennent nombre de savants.

[5] On a vu Saurin faire des vers, une fois (v. p. 3). Des savants de profession collaborèrent à des Opéras.

[6] V. Duclos, Mémoires. (vers 1730). — V. sur Maupertuis encore Trublet, Lettre à Me T. D. L. F., t. I, p. X. « Un de nos plus grands Géomètres, et pourtant un très bel esprit ».

[7] Terrasson allait plus ordinairement au café de Procope.

armé. Insensible aux préjugés littéraires, indifférent à l'histoire qu'il ignorait, le géomètre poussait son raisonnement à fond ; il avait la déduction impitoyable : il arrivait à des conclusions vraies et lumineuses si le principe était juste ; mais si le point de départ était plus spécieux que vrai, ou si les faits négligés étaient trop importants, il aboutissait à des conséquences tout à fait fausses et sophistiques, qui pourtant conservaient le prestige de l'ordre, de la netteté et d'une précision apparente. Cette méthode que les gens de lettres, peu à peu, empruntèrent à leurs confrères les savants [1], les poussa de plus en plus à traiter la littérature comme une matière abstraite, à négliger la nature vivante et variable, à s'isoler du sentiment, à se renfermer enfin dans l'esprit et la raison.

La Motte, grâce à un fond de bon sens et de mesure dans l'esprit, échappa en partie à la contagion. Sans doute il abusa souvent de cette méthode abstraite et raisonneuse, mais il ne la poussa pas à l'extrême et jusqu'à divaguer à force de logique [2]. Celui qui représente le mieux ce travers d'esprit, celui qui fut la principale victime de cette géométrie littéraire, ce fut le fameux abbé Terrasson [3]. « Il faut avouer, disait-il, que le goût de la » géométrie a manqué à la plupart des admirateurs de l'antiquité ». Pour son compte il en abusa : naïvement, il mesure le génie à son compas, approuve et blâme une œuvre poétique comme il démontrerait un problème. Du moins La Motte emprunta aux géomètres quelques-unes de leurs qualités, s'il leur prit aussi plusieurs de leurs défauts. C'est aux sciences « qui ne lui étaient » pas étrangères », dont « il saisissait la métaphysique », qu'il dut « d'avoir en beaucoup de choses des idées nettes, précises, et » rendues avec ordre et clarté » [4].

---

[1] Le 27 juin 1743, Maupertuis disait en pleine Académie, dans son discours de réception : «...l'objet des études du Géomètre et du Bel-Esprit est le même et dépend des mêmes principes ». — Le public se moqua de lui.

[2] La Chaussée disait de lui pourtant dans son Épître à Clio :

> « Aux nouveautés toujours prostitué,
> Et dans l'erreur sophiste habitué,
> Quand il lui plaît, sa plume hétérodoxe
> En axiôme érige un Paradoxe ».

[3] Sur Terrasson, v. Hipp. Rigault. Querelle, p. 445. — C'est lui le « Géomètre ennemi d'Homère », dont La Motte menaçait Mme Dacier : « Je vous plains de tomber dans ses mains redoutables ». (Réflex. sur la critique, III).

[4] Duclos. Mémoires.

L'homme qui avait préparé le rapprochement des sciences et des lettres, ce commerce intime et ce mélange de l'esprit littéraire avec l'esprit scientifique, c'était l'ami, le maître et le modèle de La Motte, c'était *Fontenelle* [1]. L'ascendant pris et exercé par Fontenelle sur La Motte s'explique aisément : son âge, sa naissance même, l'éclat de sa réputation, sa situation dans les Académies, lui donnaient une supériorité telle, qu'il fut d'abord un patron pour La Motte plutôt même qu'un ami [2]. Par la suite, l'intimité s'établit et une sorte d'égalité entre les deux écrivains : vers 1720, ils sont tous deux ensemble à la tête de la littérature [3], ils dirigent les Académies, tiennent la censure, règlent la critique au théâtre et gouvernent l'opinion publique. Entre eux, point de heurt possible, point de blessure d'amour-propre : ils se sont partagé le monde. La Motte s'est réservé les lettres et la poésie ; Fontenelle, qui a eu le bon sens de renoncer aux vers, a pris pour lui la philosophie et la direction de l'esprit public. Malgré cette apparente égalité, c'est Fontenelle qui est le maître et La Motte le disciple ; l'esprit incisif qui inspirait Perrault et lui fournissait des arguments dans sa lutte contre les anciens, est le même qui amena La Motte, sans qu'il s'en doutât, à déclarer la guerre à l'autorité classique et peu à peu à entrer en révolte ouverte contre la tradition. La Motte a subi l'ascendant discret et insinuant de ce génie singulier, à la fois perçant et court, gracieux et sec, hardi et mesuré ; il lui doit en grande partie le scepticisme spirituel et de bon ton, le sang-froid dans la négation et le calme dans le doute [4], l'aisance et la bonne grâce à manier le raisonnement, à le rendre clair, simple et point blessant. Ces dangereuses qualités d'esprit qu'il empruntait à son maître, La Motte les a faites siennes en les atténuant, en y ajoutant aussi quelque chose de sa nature : chez lui le trait est moins tranchant, le raisonnement se développe avec une ampleur plus douce, l'affirmation n'est pas aussi cassante ; moins ironique, toujours poli, il introduit dans la discussion une sorte de bonhomie

---

[1] « C'est vous (M. de Fontenelle) qui aviez gâté M. de La Motte. Aussi Despréaux, qui l'estimait, disait de lui : c'est dommage qu'il ait été s'encanailler de ce petit Fontenelle ». (Œuv. de Fontenelle, Ed. de 1764, t. II, p. 47. — Mém. de Trublet).

[2] Voy. dans Bel (Apologie de M. de La Motte, p. 42) un charmant portrait de Fontenelle, d'une ironie très fine et pénétrante. — Voy. dans le Remerciement de La Motte à l'Académie française un éloge enthousiaste de Fontenelle. —VIII, p. 337).

[3] Cf. le mot de Fontenelle : « Mon plus grand mérite est de n'avoir jamais été jaloux de M. de La Motte ».

[4] V. Bersot. Etudes sur le XVIIIe siècle, I, 236.

fine et engageante. Au reste, sage et modéré au milieu des plus grandes hardiesses, il n'étend pas son scepticisme au delà des choses de l'esprit. Pour le cœur, il valait mieux que Fontenelle, qui vaut mieux lui-même que sa réputation.

Fontenelle représente l'incrédulité systématique, mais contenue par la prudence, tempérée par le respect des bienséances et le bon goût. Voici venir l'incrédulité bruyante, qui se plait au scandale, amie du paradoxe retentissant, qu'elle fait passer de l'esprit dans la conduite et dans les mœurs. Je veux parler de cette explosion de libertinage et de débauche qui suivit la mort de Louis XIV, ivresse et folie délirante d'esclaves affranchis qui se vengent de la contrainte par le débordement, de l'hypocrisie imposée par le cynisme qui s'étale. Il est à remarquer que la reprise de la guerre contre les anciens, qui est la guerre contre l'autorité, coïncide avec les toutes dernières années de Louis XIV, alors que le joug pesait moins lourdement, la main du maître étant lasse ; et c'est au temps même de la *Régence*, des scandales joyeux ou terribles, que s'accentua le mouvement de révolte contre les traditions respectées, que se multiplient les critiques [1] téméraires d'œuvres vénérées, les disputes retentissantes, les théories risquées, les nouveautés qui font scandale. L'esprit public [2] était gagné, prévenu ; d'instinct il favorisait les impatients, applaudissait aux œuvres téméraires ; il se laissait prendre à toute nouveauté, ne fût-ce qu'un instant ; la curiosité inquiète du public était avide de fantaisies et de chimères, on courait à tout ce qui était brillant et neuf. Le bon sens, certes, n'avait pas perdu ses droits : on chansonnait l'idole du jour, on s'en moquait, mais on était séduit.

C'était alors le règne du paradoxe [3]. Tout était paradoxal, contraire aux règles établies. Dubois cardinal, Law directeur des finances, qu'était-ce autre chose que de scandaleux paradoxes ? Il ne faut donc pas s'étonner si ce débordement d'idées contradictoires, passager sans doute, mais depuis longtemps préparé par la force des choses,

---

[1] Cf. J.-B. Rousseau, Epigr. à Rollin.

> « Sage Rollin, quel esprit sympathique
> T'a pu guider dans ce *Siècle critique*,
> Pour échapper à tant d'essaims divers
> D'âpres censeurs qui peuplent l'univers ? »

[2] V. abbé Dubos, Œuvres, t. II, p. 334.

[3] « Tu vois, mon cher Ibben, que j'ai pris le goût de ce pays-ci, où l'on aime à soutenir des opinions extraordinaires, et à *réduire tout en paradoxe* » (Montesquieu, Lettres persanes, Lettre 38e).

et qui eut son contre-coup, contribua à jeter plusieurs excellents esprits, comme La Motte, hors des voies frayées, à développer le mépris des traditions et le goût des nouveautés.

En résumant ce qui précède, on voit que La Motte a été soumis à un double courant d'influences contraires, ce qui explique le contraste et comme la double nature qui a été signalée en lui. nature de poète timide et routinier, nature de critique aventureux:
C'est sous ces deux aspects qu'on va étudier son œuvre.

LIVRE I.

LE POÈTE

La Motte est un poète médiocre. Mais ses poésies méritent d'être étudiées pour l'intérêt historique qu'elles offrent.

On y voit s'opérer, — dans les conditions les plus favorables pour la bien comprendre, — la transformation de la *poésie classique* en *poésie artificielle* [1].

Les formes de l'art classique survivent à l'esprit qui les animait, elles s'imposent au goût du public et à l'imitation des auteurs ; les règles deviennent des lois absolues ; les sages principes, des prescriptions tyranniques ; les modèles, des types immuables.

Poète artificiel, La Motte l'a été, malgré lui et en protestant ; mais il l'a été autant que pas un. Les témérités tardives de ses *Discours*, les timides audaces de quelques-unes de ses œuvres, n'empêchent pas qu'il ne se soit laissé asservir par la tyrannie d'une discipline littéraire qu'il condamnait en la subissant. Disciple indocile, révolté même, des maîtres classiques, il n'en fut pas moins un imitateur scrupuleux : la force de caractère et la force de génie lui manquèrent pour appuyer ses opinions audacieuses par l'audace de ses œuvres. Mais peut-être, en ce moment, l'entreprise était-elle au-dessus des forces même d'un homme de génie.

---

[1] V. dans Taine, Hist. de la Littérature anglaise, t. III, p. 394, une excellente définition de la littérature artificielle.

I.

Le poète lyrique.

LES ODES.

S'il y a un genre de poésie où le génie ait besoin de se sentir libre et maître de son inspiration, c'est la poésie lyrique. Or nulle part La Motte ne s'est astreint avec plus de docilité à suivre toutes les prescriptions de la doctrine classique. Sans doute, il analyse avec une sorte de sang-froid clairvoyant la nature et les règles du genre ; mais le code a été rédigé après coup. La liberté d'esprit qu'il a dans la critique, il n'en était pas maître en écrivant.

Les Odes sont conçues et construites d'après les prescriptions formulées par Boileau dans son Art poétique, et même le modèle que La Motte a devant les yeux, qu'il s'étudie à reproduire, c'est, je le soupçonne, la fameuse « Ode sur la prise de Namur » [1]. L'analogie est frappante. Les procédés sont identiques : c'est le même désordre réglé, le même enthousiasme sagement contenu ; les figures favorites de Boileau servent à La Motte : c'est l'apostrophe, l'interrogation ; tous deux aussi emploient dans la poésie les tours les plus prosaïques ; tous deux font abus de la Fable ; tous deux enfin, pour éviter le mot propre, ont recours à l'ingénieuse, à l'élégante et froide périphrase.

Nous allons retrouver dans les odes de La Motte tous ces procédés dont le maître classique a donné le modèle dans son malheureux Essai lyrique. Nous montrerons que chez La Motte, le choix des sujets, les idées, le plan, les images, le style enfin et la versification n'ont rien de libre et de spontané : tout cela n'est que froide et patiente imitation ; moins encore, c'est la copie maladroite d'un mauvais original.

Les *sujets* sans doute offrent une certaine variété [2]. Il y a des poésies faites pour les Concours académiques, sur un lieu commun imposé ; il y a quelques pièces de circonstance ; le poète traite

---

[1] C'est l'opinion de Marmontel (Eléments de Littérature).

[2] Voir ce qu'en dit La Motte lui-même dans son Ode 31e « La Variété, à M. Despréaux ».

souvent un point de morale ou de littérature ; plusieurs fois même il se hasarde à aborder les grandes questions de la politique ou de la religion. Mais, en vérité, qu'y a-t-il de lyrique, c'est-à-dire de profond et de personnel, dans ces morceaux de rhétorique brillante, ou de morale spirituelle ? Qu'est-ce qu'un poète qui, parlant d'une infirmité cruelle dont il souffre, la cécité, ne trouve pour peindre son malheur que descriptions ingénieuses et pointes subtiles ? [1] Parmi tant de pièces diverses, aucune ne touche ni au plaisir ni à la douleur : cette omission confond l'esprit. Les poètes du commencement du XVIIIe siècle ont cru sincèrement avoir retrouvé la poésie lyrique ; mais par une illusion qu'ils doivent à leur éducation, c'est la forme seule qui pour eux constitue le genre, non pas la nature des idées ou le caractère de l'inspiration. Tout sujet leur est bon, qu'il se prête ou non au mouvement lyrique. La morale la plus simple, la philosophie la plus vulgaire, la critique littéraire, ils font entrer tout cela et bien d'autres éléments étrangers dans leurs odes, qui se trouvent être ainsi des poèmes didactiques ou familiers, qu'ils baptisent pompeusement poèmes lyriques. A cette époque on devenait poète lyrique par caprice et méthodiquement. Rousseau, qui a certes des parties du lyrique, et de fort belles, et qu'on ne veut pas rabaisser jusqu'à le comparer à La Motte, Rousseau a les mêmes défauts, quoique moins choquants : il se sauve par un certain éclat de l'image, par l'harmonie, par le style qui a un peu de couleur ; mais au fond c'est la même pauvreté d'inspiration, la même inintelligence du lyrisme. Quant à La Motte, le choix des sujets seul le condamne : ses odes ne sont pas des odes, c'est à peine de la poésie ; ce sont des Epîtres, c'est une spirituelle causerie qu'un caprice a fait versifier [2].

Boileau s'est moqué un jour des poètes lyriques trop sagement didactiques [3]. Le trait atteint La Motte en ses odes ; il atteint

---

[1] Ode 44e : « L'Aveuglement ».

[2] Voir dans les Œuvres complètes de M. le Cardinal de Bernis (Londres, 1781), une Ode « les poètes lyriques » qui contient un parallèle de Rousseau et de La Motte. Voici les conclusions du jugement sur le second :

> « Plus philosophe que poète,
> Il touche une lyre muette :
> La raison lui parle. il écrit :
> On trouve en ses strophes sensées
> Moins d'images que de pensées
> Et moins de talent que d'esprit ».

[3]
> « Loin ces rimeurs craintifs dont l'esprit flegmatique
> Garde dans ses fureurs un ordre didactique... ; »

(Art poét., ch. II, vv. 73-74).

Boileau tout le premier. Les « Odes par articles » [1] sont composées d'après la pure méthode géométrique. Rien de plus simple que le *plan*, rien de plus régulièrement compassé. C'est d'ordinaire le procédé par énumération que le poète emploie. Fait-il l'éloge de l'Académie française ? [1] il passe en revue tous les genres littéraires ; chacun d'eux est décrit et loué dans une strophe ; les traducteurs et les poètes épiques, le théologien et l'auteur d'opéras ; personne n'est oublié : le Dictionnaire et la Grammaire ont chacun leur article ; même, pour que tous les Académiciens aient leur part de compliments, le poète n'omet pas ceux qui n'ont rien écrit, les membres nobles, protecteurs des belles-lettres :

> « Il est beau qu'avec les Virgiles
> Se confondent les Mécénas ! »

S'il veut louer en vers l'Académie des sciences [2], il fait défiler une à une toutes les Sciences, il ne fait grâce à aucune ; la Mécanique, l'Astronomie, la Géométrie, l'Algèbre, l'Anatomie, jusqu'à la « Botanique secourable » et à la Chimie, il les passe en revue toutes à leur tour. Plan très simple, très satisfaisant pour la raison, mais bien éloigné des fureurs pindariques et du désordre de l'enthousiasme.

Ce n'est pas que La Motte n'ait connu l'enthousiasme et pratiqué le désordre lyrique : ne s'est-il pas avisé de le décrire en vers [3] et de le définir en prose ? [4] Un jour même, comme on voulait qu'il s'égarât poétiquement, il s'est décidé à suivre « l'exemple bizarre » [5] du poète thébain, et, résolument, il s'est égaré. Par malheur, dans son Ode pindarique, le désordre est très sage et le délire très réglé : c'est une allégorie compliquée et confuse où figurent Charybde et Scylla, et les Sirènes, et le poète lui-même. Mais cet effort honorable a vite épuisé « le Pindare des jeux floraux » [6] : au milieu de la pièce, il change de ton ; le plus tranquillement du monde il renonce « à ces frénétiques transports » [7] ; « Polhymnie au regard sévère » le ramène au bon sens ; la raison continuera à lui servir de phare et, fort de l'exemple d'Horace, il va suivre des routes plus sensées, il traitera « des matières neuves » et par « ses utiles mensonges » il ne songera

---

[1] Ode 1re.

[2] Ode 8e.

[3] Ode 30e.

[4] Réponse à la XIe Réflexion sur Longin, t. V, p. 401. « Sur la vraie et la fausse fureur poétique ». — Cf. Discours sur la poésie, t. I.

[5] Ode 30e, l'Enthousiasme.

[6] Expression de J.-B. Rousseau.

[7] Ode 30e, strophe 17e.

plus qu'à « charmer le sage ». Cette concession accordée à Boileau, et à Pindare, La Motte eut le bon sens de rester lui-même ; il continua à écrire des odes très sages, qui se développent aussi régulièrement qu'une composition académique. Il a montré qu'il était capable d'enthousiasme tout comme un autre ; l'expérience faite, il reprend sa nature plus raisonneuse que lyrique, il revient au goût de son temps, qui secrètement préférait une netteté un peu sèche et froide au plus beau désordre du monde.

Les *idées* que le poète traite dans ses odes ne sont pas très lyriques. Souvent spirituelles, ingénieuses, fortes même et philosophiques, elles ne sont guère poétiques. Trop d'esprit et de raison : nulle émotion, nulle chaleur. C'est la poésie du XVIIe siècle, incorporelle, impersonnelle, générale et abstraite, mais refroidie encore et rendue plus sèche [1]. C'est la même tendance à développer les lieux communs, sans souci de la banalité, qui perce sous le raffinement de l'esprit. C'est aussi la forme raide de la sentence, qui trahit le poète didactique sous l'accoutrement lyrique. Le fond même est tout prosaïque : en pouvait-il être autrement ? La poésie faisait défaut, et La Motte n'était pas homme à retrouver la poésie perdue. On ne tenait nul compte de la nature extérieure [2] ; la religion, qui s'était compromise dans les âpres discussions théologiques, la religion elle-même semblait demander plus à la raison qu'au sentiment [3] ; le patriotisme subsistait bien, comme la foi religieuse, mais nullement exalté ; c'était une ferme conviction, mais sans rien de cette chaude passion qui veut s'échapper en chants émus. L'amour ne sortait pas encore de la galanterie ; c'était un jeu aimable plutôt qu'une passion troublante. On ne connaissait pas cette étude poétique des temps anciens ou des mœurs étrangères, qui évoque les hommes d'autrefois, et à force d'imagination et de science les fait revivre. Enfin la philosophie qui peut être un élément poétique si riche (on le voit bien aujourd'hui) ne pouvait inspirer un vrai poète ; elle était trop froide, trop calme dans l'affirmation ou dans le doute, à la fois trop clairvoyante et trop sèche. Si bien qu'en somme nulle source n'était ouverte au poète lyrique ; les

---

[1] Montesquieu traite la poésie lyrique même assagie d' « harmonieuse extravagance ». Lettres persanes (Lettre 137e).

[2] Vinet pourtant démêle chez Louis Racine quelques traces du sens pittoresque (Hist. de la Litt. franç. au XVIIIe s., 2e Edition, t. I, p. 145).

[3] Cf. l'opinion du poète Roy : « Il est parmi nous un secours pour l'enthousiasme, qui a été ignoré des Anciens, et qui pourrait seul nous dédommager de leurs avantages sur nous : c'est la Religion » (Œuvres de Roy, 1727, t. II, Disc. sur l'ode, p. 10).

grands sujets, les sentiments élevés lui étaient en quelque sorte interdits. Faire une ode n'était plus qu'un jeu d'esprit, savant et froid, soumis à des règles strictes, qui ne laissaient place à aucune originalité.

La forme au moins vaut-elle mieux que le fond ? Trouverons-nous dans les Images, dans le Style et la Versification un peu de ce sentiment poétique que nous n'avons pu découvrir ni dans la Composition, ni dans les Idées ?

L'emploi des *Images* n'est pas heureux. Ce que La Motte a de meilleur en ce genre, il l'emprunte aux anciens : c'est quelque réminiscence d'Horace ou de Pindare, c'est une comparaison brillante et juste, qu'il affaiblit en la traduisant, mais où se retrouve quelque chose de la grâce ou de l'éclat du modèle. A défaut de ces secours étrangers, le poète ne peut compter ni sur son imagination qui est pauvre et sèche, ni sur l'observation de la nature qu'il ignore, ni sur sa sensibilité qui est loin d'être vive. C'est donc l'esprit qui supplée à tout : c'est l'esprit qui ménage des rapprochements piquants, des comparaisons ingénieuses, de spirituelles métaphores ; mais cet esprit tout vif et tout souple, il ne peut pourtant pas remplacer l'émotion ou l'imagination. Qu'importe ? Notre lyrique improvisé a bien d'autres ressources, sans recourir à la nature, sans troubler son calme philosophique par des impressions trop fortes. Il a toutes les ressources de la poésie de convention ; il a les images toutes faites, les métaphores courantes ; il a les lieux communs mythologiques et l'allégorie ; il a à son service tout l'arsenal des figures, il a l'apostrophe, qui est, on le sait, essentiellement poétique et surtout lyrique, il a l'exclamation qui est excellente pour animer le discours ; il a la suspension et la réticence. Toutes ces figures de pensée, dont son ami le philosophe Dumarsais va dresser le catalogue, La Motte les emploie abondamment ; c'est par elles qu'il s'imagine réchauffer son style et sa poésie. N'est-il pas excusable après tout ? Autour de lui, tout le monde partage son erreur ; ses rivaux en poésie n'emploient pas d'autres procédés [1] ; et que fait-il après tout, que marcher sur la trace des maîtres ?

Le *Style* des odes est loin d'être bon : tout en suivant les modèles, il est indigne d'eux. Ce sont bien les habitudes du style de Boileau, c'est sa manière, mais affaiblie, gâtée par un élève médiocre ; corrompue même par un commencement de mauvais goût. La Motte évite les termes bas, proscrits par le maître, il se défie de l'imagination dans le style, de l'abondance et de la verve, il s'étudie à rendre

---

[1] Cf. J.-B. Rousseau, même l'Ode au comte du Luc.

la phrase correcte et régulière. Mais cette obéissance ne peut le garantir ni des faiblesses, ni des défauts : les unes dues à l'infériorité de son génie, les autres à sa négligence. Le choix de l'expression n'est pas sévère : le mot n'est toujours ni le plus juste, ni surtout le plus naturel [1] ; rarement il est pittoresque et poétique ; l'écrivain n'hésite pas à employer un certain jargon [2] qui dès lors n'était plus neuf. Les alliances de mots, les épithètes sont combinées en vue d'un effet : c'est presque toujours l'association forcée [3], le rapprochement inattendu de deux termes opposés ; procédé dangereux qui sert à l'auteur à faire briller son esprit, mais aux dépens du bon sens et du bon goût [4]. Il arrive encore que la comparaison est mal suivie, que la métaphore n'est qu'à moitié juste, ou devient incohérente [5]. La phrase, dépourvue d'ampleur et de mouvement, s'embarrasse et devient confuse et obscure. Tout est sacrifié à l'effet, tout tend au trait final qui doit être imprévu et piquant par le contraste et l'antithèse. Un procédé dont le poète abuse et qui caractérise son style poétique, plus ingénieux que riche, plus spécieux que vraiment beau, c'est la périphrase et la description spirituelle [6], mais dépourvue de simplicité, écueil fatal où vient échouer une école poétique qui condamne l'emploi du mot propre, s'il n'est point noble. Ces imperfections et ces défauts rendent le style des odes tout à fait rebutant : il fatigue l'esprit, il ne contente pas l'imagination, il irrite le bon sens et blesse le goût. Il ne satisfait pas davantage l'oreille.

En effet la *Versification* est loin de racheter tant d'imperfections. Elle est négligée comme le style. La Motte travaillait trop vite : en cela il cesse d'être l'élève de Boileau. Le vers est souvent rude et dur [7]. La rime est pauvre, comme chez presque tous les poètes de l'école. Les coupes sont peu variées. La place de l'accent n'est pas ménagée avec art. Il y a aussi trop d'uniformité et de monotonie

---

[1] Dans l'Ode 1re, le Télémaque de Fénelon est appelé « poëme salutaire ».

[2] Par exemple, dans l'Ode 6, « l'olive de Minerve », les « lauriers de Mars », etc. — Cf. Ode 5e. — Cf. Ode 14e, str. 3, str. 11, etc.

[3] V. Ode 3e. Les métaux précieux sont appelés : « Chers instruments de notre perte ». — Cf. Ode 8, str. 7 ; Ode 9e, str. 4.

[4] V. dans Trublet, p. 380, le Jugement de Dacier, rapporté par Gacon, sur les traits de la fin, trop cherchés, qui font des « chutes pareilles à la chute d'une épigramme ».

[5] Ode 7e.

> « Ton funeste flambeau n'éclaire,
> Que pour répandre un froid poison ».

[6] Odes 1, 4, 5, 14, 25, 27, 44.

[7] V. notamment les Odes 2, 4, 14.

dans les mètres employés ; les combinaisons offrent peu de richesse et de variété. Sans doute alors l'instrument poétique manque de souplesse : le vers a plus de force et de sonorité que de grâce et de charme musical ; les systèmes de mètres ne sont guère savants encore. On peut voir pourtant par l'exemple de J.-B. Rousseau [1] qu'il était possible à un poète de tirer de cet instrument incomplet des effets variés. La Motte, en cela bien inférieur à son rival, n'a pas su sauver à force d'harmonie ses vers que l'éclat du style ne recommandait pas, auxquels manquait la force des images et tout le sentiment poétique : beaucoup d'esprit dépensé, quelque hardiesse et une certaine nouveauté dans les idées, ne sont pas des mérites suffisants pour racheter ces faiblesses. Les odes, applaudies d'abord, furent vite oubliées et elles méritaient l'oubli [2].

II.

Les poésies lyriques religieuses.

Bien longtemps après avoir composé ses odes, La Motte revint à la poésie lyrique : il composa des Cantates, [3], des Psaumes, des Proses, des Hymnes, etc. Le sentiment qu'il traduit, les modèles dont il s'inspirait, rien n'a pu le rendre poète. Ces poésies religieuses valent un peu mieux que les odes profanes ; il y a plus de vers heureux ; même quelques strophes mériteraient d'être citées : l'ensemble reste médiocre. Ce qui frappe dans toutes ces pièces, et en particulier dans les Cantates, c'est la pauvreté de l'imagination, l'impuissance de l'écrivain à faire revivre les grandes scènes que les livres saints lui fournissaient, vivantes et colorées. Les tableaux tout faits se présentent en foule : il n'a pour ainsi dire qu'à

---

[1] « Le talent de J.-B. Rousseau remplit l'intervalle qui se trouve entre La Motte et le vrai poète » (J. Joubert, Pensées, p. 383).

[2] V. dans Marmontel (Élém. de Littérat., t. III, p. 179, article Ode), une bonne critique des défauts de La Motte poète lyrique.

[3] Contrairement à l'opinion admise, Lémontey attribue à La Motte, et non pas à Rousseau, le mérite d'avoir le premier introduit la Cantate en France (v. Hist. de la Régence au t. VII des Œuvres, Edit. Paulin).

copier : il ne sait même pas copier. Samson prisonnier [1] brise ses liens : la scène doit tenter un peintre, un poète. La Motte n'est ni poète ni peintre. Et voici comment il décrit la sublime vengeance du héros juif :

> « A ces mots, il rompt tout, et déjà l'édifice
> Vient de l'ensevelir avec ses ennemis ».

Un autre sujet de description poétique s'offre à lui : la construction de la Tour de Babel [2]. Le tableau, le voici tel que l'imagine le poète artificiel :

> « Quels sont ces feux ardents où la brique s'allume ?
> Quelle foule ! quels mouvements !
> On prépare à grand bruit la pierre et le bitume,
> On a déjà jeté de vastes fondements ».

Ici, du moins, il y a un essai de description. Bien rare est ce timide effort pour représenter les choses. Quel plus beau motif que le terrible exploit de Judith ? Il ne fournit à La Motte qu'une longue et froide dissertation [3], une suite de réflexions coupée d'apostrophes et d'exclamations, sans un trait qui peigne, sans une épithète qui ne soit générale et banale. C'est en effet le procédé de la description classique, mais affaibli par l'imitation : on ne se soucie pas davantage du détail précis, du trait pittoresque et particulier, mais on ne sait plus décrire à la manière classique, en vue de l'effet moral et de l'impression d'ensemble. Cette impuissance à rendre la sublimité ou l'horreur des grandes scènes bibliques nous frappe de stupeur aujourd'hui, et non pas seulement chez La Motte, mais chez ses émules, chez Rousseau, chez L. Racine. N'est-ce pas la meilleure preuve que toute cette poésie était dès lors frappée d'impuissance ? Ne semble-t-il pas que le sentiment religieux, vivant encore chez beaucoup, eût dû être renouvelé par l'inépuisable richesse des images orientales ? Point : c'est le poète régulier qui reparaît toujours, usant des procédés, employant toutes les recettes dont il a emprunté le secret aux maîtres et qu'il applique sans discrétion [4].

---

[1] Cantates : Samson, t. VIII, p. 49.

[2] Ibid., La Tour de Babel, t. VIII, p. 13.

[3] Ibid., Judith, t. VIII, pp. 76, sq.

[4] La majesté des Livres saints n'a pas épouvanté le poète galant et bel-esprit. Ecoutez ces doux propos que Jacob adresse à Rachel :
> « Ton amour va payer des peines
> Qui faisaient mes plus doux plaisirs ». (Ibid., Jacob, t. VIII, p. 20).
Et ce madrigal de Joseph, n'est-il pas joli ?
> « (Et) l'on devient bientôt coupable
> D'un crime qui paraît charmant » (Ibid., Joseph, t. VIII, p. 25).

III.

Les Eglogues.

La même confiance intrépide qui avait décidé La Motte à se faire Poète lyrique, lui inspira un jour la fantaisie de s'improviser *Poète Pastoral*. Du plus grand sang-froid, il entreprit de rivaliser avec Théocrite et Virgile, comme il venait de défier Pindare et Horace. Au fond de son cabinet il composa vingt Eglogues, et qui furent goûtées ! On peut dire que là encore, dans cette étrange entreprise de composer des Idylles en pleine Régence, La Motte eut son temps pour complice. Quoi ! du jour au lendemain il deviendra poète pastoral et sera salué comme tel par ses contemporains, ce bel esprit fait pour briller dans les salons et dans les Académies, cet habitué des cafés et de la comédie, qui ne sait rien des mœurs champêtres que ce qu'il en a lu dans les livres, cet aveugle qui ne peut même plus voir la nature qu'il n'a jamais pris la peine de regarder ! Théocrite et Virgile, eux aussi, ont vécu dans des sociétés très corrompues de mœurs, très raffinées d'esprit. Mais la vie antique la plus compliquée est plus proche de la nature que la vie moderne ; mais ces deux poètes avaient vu de près de vrais troupeaux et de vrais bergers. La Motte n'est jamais sorti de la ville et ne quitte guère sa bibliothèque que pour aller souper. Peu lui importe, et peu importe à ses contemporains. La poésie pastorale est un genre classé, réglementé comme les autres : pour devenir poète, en ce genre comme en tout autre, il n'est pas besoin de génie, il suffit de le vouloir et d'avoir étudié les règles. C'est ainsi qu'un caprice, né sans doute d'un secret désir de rivaliser avec son grand ami Fontenelle, fit du jour au lendemain de La Motte un poète bucolique. Et le plus singulier, c'est que le succès consacra sa nouvelle ambition ; si bien que quatre-vingts ans plus tard La Harpe, qui n'est pas tendre pour lui, ratifie le jugement des contemporains et déclare que ses Eglogues ne sont point à mépriser [1].

---

[1] V. La Harpe, Cours de Littérature. (Edit. Didier, 1834), II, 2me partie, p. 259.— Cf. le jugement de Fréron (Année Littéraire, 1754, p. 139) : « M. de La Motte peut servir de modèle dans ce genre.. Tout le reste est dans le goût champêtre et respire la délicatesse des sentiments, l'innocence de mœurs qu'on suppose devoir régner parmi les pasteurs, etc. ».

Comment notre poète bucolique va-t-il traiter cette matière si nouvelle ? Rien de plus simple : il ne faut qu'un peu d'application et beaucoup d'esprit. Que peuvent chanter des bergers, sinon leurs tendres amours ? L'amour sera donc le sujet ordinaire de ces chants ; mais non point un amour trop naïf et trop rude [1]. Cela est bon pour les bergers de la Grèce, tout grossiers. Les bergers modernes parlent bien autrement : écoutez plutôt les conseils donnés à Moeris par le druide Adamas, — M. de Fontenelle sans doute. C'est tout une poétique nouvelle qu'il professe à l'usage des bergers modernes :

> « Loin donc de tes chansons la première rudesse
> Que notre âge reproche aux bergers de la Grèce :
> Ne crains point d'ajouter à leur naïveté
> L'élégance champêtre où ton art est monté.
> Si tu peins nos amours, fais-en voir la tendresse,
> Les détours, les soupçons et la délicatesse ;
> Hasarde en tes amants quelques réflexions ;
> Elles naissent souvent du sein des passions ; ... etc. » [2]

Ils ne suivront que trop fidèlement les conseils du bon druide Adamas, les bergers de La Motte ; et ils ne manqueront pas à nous faire voir la délicatesse et les détours du véritable amour.

Ils prétendent être naturels, exprimer un amour naïf et vraiment champêtre ; ils s'écrient avec Tircis :

> « Loin ces faux sentiments et ces subtils détours,
> Langage étudié des villes et des cours ; » [3]

mais ils sont surtout ingénieux et fins, quand ils ne tombent pas dans la recherche, l'affectation et tous les raffinements du bel-esprit.

S'ils veulent déclarer leur flamme, ils usent des détours les plus ingénieux. Ici, c'est un petit oiseau instruit à redire : « J'adore Célimène » [4], et que Sylvandre va mettre dans le piège tendu par la bergère ; celle-ci à son tour dit à tout instant devant l'oiseau: « Je n'aime que Sylvandre », tant qu'enfin l'oisillon indiscret trahit devant le berger un amour dont la fierté de sa maîtresse lui refusait l'aveu. Ailleurs c'est une brebis perdue qui sert à rapprocher deux amoureux timides [5].

Les traits délicats, d'une observation très fine, ne sont pas moins

---

[1] Eglogue 10e, III, p. 371.
[2] Eglogue 1re, III, p. 329.
[3] Eglogue 5e, III, p. 346.
[4] Eglogue 9e, III, p. 327.
[5] Eglogue 13e, III, p. 385.

nombreux. Daphné a surpris l'amour inavoué d'une jeune bergère pour un berger, en voyant que, dansant avec lui,

« Elle dansa moins bien et dansa plus longtemps ». [1]

Voici un aveu d'amour délicatement exprimé ; c'est une bergère qui parle :

« En ne vous disant rien je me fais trop entendre ». [2]

Ils ont bien de l'esprit, tous ces pasteurs. Philis et Daphné ont quinze ans ; elles commencent à aimer et à sentir qu'elles aiment ; elles décrivent l'état de leurs jeunes cœurs avec une naïveté précieuse, qui les rend adorablement fausses :

« *Philis.* — Qu'éprouves-tu, Daphné ? — *Daphné.* — Qu'éprouves-tu, Philis ?
Philis. — Que sais-je ? mes brebis me deviennent moins chères,
    Je hais les petits jeux de nos jeunes bergères,
    Je crains moins les amants, et dans leur entretien
    J'aime jusqu'aux discours que je n'entends pas bien..... » [3]

Daphné a rêvé qu'une guêpe l'avait piquée, Tircis est sensible à ses douleurs :

« J'ai cessé de pleurer dès que j'ai vu ses larmes...
J'aurais voulu souffrir et m'en voir plaindre encore... » [4]

Philis a rêvé qu'Hilas « par un tendre larcin » lui avait dérobé un baiser sur la main ; elle s'indigne :

« ... Mais lui tombe à mes pieds, et mêle à ses regrets
Un horrible serment de ne l'oser jamais.
Jamais ! ce mot me cause un courroux véritable.
Hilas par son remords me semblait plus coupable,
Et, je te l'avoûrai, mon cœur en ce moment
Pardonnait le baiser, mais non pas le serment ». [5]

Voilà des délicatesses et des complications de sentiment bien étonnantes chez des bergères, et si jeunes. Les bergers ne demeurent point en arrière ; les pointes ne coûtent rien à leur amour naïf :

« ... Quand je cesse de vous voir,
Je n'ai d'autre plaisir que ma tristesse même ». [6]

On voit quel compte le poète tient de la vraisemblance ; ce sont

---

[1] Eglogue 6e, III, p. 352.
[2] Eglogue 12e, III, p. 383.
[3] Eglogue 3e, III, pp. 336-337.
[4] Eglogue 3e, III, p. 337.
[5] Eglogue 3e, III, p. 337.
[6] Eglogue 14e, III, p. 390.

des bergers de l'âge d'or qu'il fait parler ; ou pour mieux dire, ce sont les petits-fils, plus raffinés d'esprit, de mœurs plus délicates, des pasteurs de l'Astrée. Dans les loisirs de leur aimable vie, ils font des assemblées qui sont comme « des cours d'amour » tenues sous la feuillée :

> « Sur la fin d'un beau jour, rassemblés sous des hêtres,
> Des bergers s'amusaient à des discours champêtres ;
> Quelques belles entre eux se mêlant à leur tour,
> L'entretien fut plus vif et tourna sur l'amour :
> Tous les autres sujets et les plus étrangers
> Conduisent là bientôt et surtout des bergers ». [1]

Ces gardeurs de troupeaux pourtant ne sont pas tellement occupés par l'amour, qu'ils n'aient le loisir de s'amuser à d'autres entretiens. Ils parlent et dissertent très congrûment des lois de leur poétique particulière, on en a déjà eu la preuve. A différentes reprises, ils reviennent sur le même sujet [2] ; et c'est bien le triomphe de l'esprit et de l'art de convention que d'avoir su faire entendre sur « les pipeaux rustiques » des airs si nouveaux. Tircis et Amintas font redire aux échos les très prosaïques vérités, les très logiques déductions de M. de Fontenelle et de M. de La Motte. N'est-ce pas là noblement élever le ton de l'Eglogue ? N'est-ce point renouveler en imitant ? N'est-ce pas se montrer le disciple original de Virgile, que de faire chanter la gloire de Louis XIV par deux bergers, tout comme les exploits d'Octave furent chantés par les pâtres de Mantoue ? C'est ce qu'a osé faire La Motte, dans sa dernière Eglogue [3], une pièce ingénieuse et ridicule : il y célèbre sur le ton lyrique les vertus et les bienfaits du berger Damète, qui n'est autre que Louis XIV, le roi de France, un vieillard de 70 ans. Etrange berger ! singuliers jeux pastoraux ! C'est la Révocation de l'Edit de Nantes ; c'est l'interdiction des duels ; c'est la venue de l'ambassade siamoise ! Que sais-je ?

Les mœurs des personnages sont donc fausses ; faux les sentiments. Le milieu dans lequel ils vivent ne peut être que faux, la nature qui les entoure est une nature factice. Cela est si vrai que le paysage, le lieu de la scène, n'est pas décrit du tout, n'est même

---

[1] Eglogue 10e, III, p. 371.

[2] Ils ont pris parti dans la grande querelle du temps ; ils tiennent très résolument pour les modernes, si nous en croyons Damon, un berger-philosophe :

> « Quoi qu'ose publier l'antiquité hardie,
> En chantres renommés nous passons l'Arcadie ;
> Et malgré leurs accords, jusqu'ici seuls vantés,
> Nous qui les imitons, nous serons imités ».

[3] Eglogue 20e, III, p. 424.

pas toujours indiqué : ou bien, s'il est esquissé, ce n'est pas comme peut l'être un paysage réel, un coin de terre où il y a de vrais arbres, de l'eau qui coule et le soleil qui luit ; la description est faite à grands traits vagues, à l'aide d'épithètes banales, d'images usées, empruntées presque toutes à la Fable.

Le lever du jour est un si admirable spectacle qu'un vrai poète ose à peine le peindre. Le poète artificiel n'a point de ces scrupules. Non seulement il retrace ce spectacle qu'il n'a jamais vu ; mais il le fait décrire par un pâtre ignorant avec tout l'appareil des images mythologiques et des épithètes classiques :

> « L'aurore vigilante effaçait les étoiles ;
> Pour la laisser régner la nuit pliait ses voiles ;
> Le doux sommeil cessait de verser ses pavots
> Et déjà Philomèle éveillait les échos ». [1]

Ainsi l'art de La Motte n'est pas assez simple pour peindre des personnage réels, pour analyser des sentiments vrais, pour décrire la nature. Il n'est pas non plus assez raffiné pour s'étudier à produire l'illusion du naïf et du simple, pour se complaire à reconstituer avec une patiente industrie les mœurs dans leur vérité particulière, de temps, de lieu et de condition. Tout l'effort du poète se borne à raffiner dans le détail, à faire oublier la pauvreté du fond à force d'esprit et d'ingéniosité. Les Eglogues sont souvent agréables à lire, elles sont toujours spirituelles et ingénieuses ; mais, par leurs qualités comme par leurs défauts, elles montrent bien ce qui manquait surtout à cette poésie classique dégénérée qui est la Poésie artificielle : la spontanéité de l'inspiration, le sens et le goût de la nature.

IV.

La Poésie Epique — L'Iliade en XII chants.

Continuant l'attristante revue des poésies de La Motte, nous arrivons à l'œuvre la plus malheureuse, à la plus grande erreur, à l'*Iliade en douze chants*. Tout a été dit sur cette pitoyable contrefaçon du plus grand des originaux. Tant d'injures ont été jetées

---

[1] Eglogue 16e, III, p. 401.

à la tête du malencontreux parodiste, et par ses contemporains et par la postérité [1], que, toutes méritées que sont ces injures, nous n'aurons pas le courage d'en ajouter d'autres : une sorte de pitié nous prend, qu'on nous pardonnera, si elle ne fait pas tort à l'équité de notre jugement. Au reste, la « nouvelle Iliade » est avant tout une lourde machine de guerre que La Motte a gauchement manœuvrée dans sa grande bataille contre les Anciens. En tant qu'elle est la critique complète de l'Art ancien, l'Iliade française a un certain intérèt historique, et nous y reviendrons. Comme œuvre poétique, c'est de beaucoup le plus faible des ouvrages de La Motte, ce qui n'est pas peu dire.

L'Iliade en douze chants ne vaudrait pas la peine d'être étudiée, si nous n'y trouvions de quoi confirmer l'opinion que nous cherchons à établir dans cette première partie : les poètes de ce temps avaient perdu le sens de la vraie poésie [2], ils étaient étrangers à la nature et insensibles au génie, les règles leur cachaient l'art, les lois judaïquement interprétées leur masquaient la beauté naturelle et simple.

En effet, ce qui choque surtout dans l'Iliade de La Motte, c'est la prodigieuse ignorance de l'histoire, la confusion des époques et surtout la méconnaissance de tout ce qui est spontané, génial et primitif. Cet esprit, actif pourtant et ouvert, sur ce point demeure obstinément fermé. Il ne conçoit pas ce qu'a été Homère ; il ne soupçonne rien de l'art ni des mœurs antiques. Certes il était difficile, dans l'état de la critique [3], de se faire une juste idée de cette poésie primitive, éclose spontanément, née des mœurs mêmes et de l'état social dont elle est l'image, antérieure aux règles, libre, nue et belle, comme le corps qui a grandi sans entraves. Sans entrer dans le détail des erreurs, on peut dire que toute son Iliade, depuis le premier vers jusqu'au dernier, n'est qu'un seul et énorme contre-sens.

Fréron [4], parlant de l'ouvrage qui nous occupe, a dit un mot juste : « Le sentiment et la nature ont deux mortels ennemis, l'Esprit

---

[1] V. Paul Albert. Litt. franç. au XVIIIᵉ s., p. 64.

[2] « Une étude superficielle de l'Iliade vue à travers l'Enéide faisait croire qu'un poème épique se compose essentiellement d'un héros, d'une forte dose de merveilleux, et d'un certain nombre d'épisodes donnés, remarquable définition comme on le voit, d'après laquelle la Henriade sera un poème, et la Divine Comédie ne le sera point ». (Ern. Bersot, Etudes et pensées, p. 354).

[3] Maury. L'ancienne Académie des Inscriptions, p. 233. « Les bons auteurs du siècle de Louis XIV savaient sans doute à merveille le grec et le latin, mais ils avaient manqué de cette *intuition des temps et des lieux* qui donne la couleur, là où l'intelligence grammaticale ne donne encore que le dessin » (Cf. p. 235).

[4] Année littéraire, 1754 (t. VI, p. 127).

et l'Art ». Rien n'est plus vrai. C'est au nom de l'Esprit que La Motte a refait l'Iliade, au nom de l'Esprit et d'un prétendu bon goût, que choquaient la rudesse des mœurs homériques, le défaut de mesure, et toutes les bienséances outragées. C'est au nom de l'Art et des Règles qu'il a voulu corriger Homère, qui ignorait l'art et ne savait rien des règles. De là cette formidable méprise de l'étrange adaptateur.

Homère n'avait pas d'esprit et n'avait guère de goût. La Motte lui prêta de son fonds ce qui lui manquait. Mais il lui fit payer cher sa générosité. Grâce simple des descriptions, naïveté des sentiments, vérité précise des attitudes, franchise un peu crue des passions et des paroles, tout ce qui fait la vie et la jeunesse du poème, l'impitoyable réformateur l'a enlevé, amputé. Où sont les belles épithètes, expressives et monotones, qui, toujours répétées, paraissaient toujours nouvelles aux imaginations encore neuves ? Où sont les descriptions minutieuses et précises, interminables et vivantes, où se complaisait la curiosité avide des auditeurs naïfs ? Où sont les longs discours des Nestors verbeux ? les véhémentes harangues, émaillées d'injures pittoresques et sonores, des héros courroucés ? les naïves paroles que les guerriers adressaient à leurs chevaux, fidèles compagnons de leurs exploits et de leurs dangers ? Où sont-ils les Dieux enfants, toujours émus, toujours bouillants des passions terrestres ? Et cette charmante intimité des hommes et des dieux, qu'est-elle devenue ? En vérité, mieux vaudrait demander ce qui reste de tout ce monde fantastique et réel, de ce tableau si simple et si complet, où revivent les hommes et les choses, les passions et les mœurs de l'âge héroïque. — Mais aussi « l'aimable simplicité du monde naissant », n'était pas pour enchanter un La Motte, ni pour retenir longtemps la foule des contemporains, tous gens d'esprit, tous gens de goût, hélas ! [1] On hésita entre la bonne, l'honnête et sincère traduction en prose de Mᵐᵉ Dacier et la parodie versifiée de La Motte ! La vérité est qu'on ne lut guère plus l'une que l'autre, et que, sauf quelques érudits, gens suspects, l'attention publique se détourna de ces choses anciennes, dont la saveur trop rude rebutait les palais délicats. Poètes et lecteurs, tous avaient également perdu ce sens particulier, ce sens délicat qui fait goûter et préférer les choses simples et fortes, naïves et vraies, étranges, mais vivantes. L'esprit avait tué le sentiment.

La Nature aussi lâcha pied devant l'Art tout-puissant. Singulière

---

[1] Cf. un tableau de Wille (reproduit dans P. Lacroix ; Le XVIIIᵉ siècle, p. 113) : « un poète présentant un poème épique à une belle dame qui est à sa toilette ». Cela est piquant et instructif.

fortune du père de toute poésie ! Etrange abus de l'esprit classique
le plus étroit ! Homère est révéré comme étant la source première
de tous les principes littéraires, le modèle unique et le type éternel
d'après lequel ont été faites toutes les poétiques ; et La Motte lui-
même, plus qu'aucun autre, constate ce préjugé ancien, contre
lequel il s'élève [1]. Il n'importe. C'est en invoquant ces mêmes règles
comme articles de foi, qu'il prétendra réformer Homère ; il s'appuiera
sur les prescriptions d'une poétique tirée du poème d'Homère pour
retoucher et refondre ce même poème. Il ne s'en cache pas ; il s'en
vante avec une sorte de candeur effrontée [2] : « Je crois avoir
» rapproché les parties essentielles de l'action, de manière qu'elles
» forment dans mon abrégé un tout plus régulier et plus sensible
» que dans Homère ». Le lecteur français est prévenu : on lui
présente un poème imité du vieil Homère, mais « court, intéressant
» et du moins exempt de grands défauts »[3]. On pourrait croire, — si
La Motte n'était évidemment de bonne foi, — que malicieusement il
a poussé à l'extrémité de l'absurde l'application des règles et qu'il
a voulu se moquer de ses maîtres, en portant à leurs dernières
conséquences les étroits principes de la doctrine classique. Mais
non, il est sérieux : il croit bien faire en donnant à l'Iliade la régularité qui lui manque ; il s'imagine qu'il a bien mérité des lettres,
quand il a abrégé l'œuvre et l'a mutilée. Et l'on est presque tenté
d'excuser sa témérité sacrilège, si l'on songe qu'il appliquait à la
lettre, avec une logique qui devient amusante à force d'être sérieuse,
les grands principes qui régissent la poétique particulière de l'Epopée.
L'action est languissante, en effet, et diffuse : ne faut-il pas la
concentrer, lui donner de l'unité ? Les caractères sont mal tracés,
variables et sans consistance : « J'ai songé à soutenir les caractères,
» parce que c'est sur cette règle, aujourd'hui si connue, que le
» lecteur est le plus sensible et le plus sévère »[4]. Ne parlons pas des
mœurs des héros rendues plus décentes, des Dieux soumis aux lois de
la bienséance : corrections utiles, nécessaires, mais dont nous sommes
redevables moins aux sages prescriptions de la poétique qu'aux
sévères arrêts du bon goût. Dans le détail du poème, il y a bien
d'autres réformes heureuses qu'exigeait la saine doctrine : c'est la
narration qu'il fallait rendre plus rapide, car on sait qu'une bonne
narration doit être brève, débarrassée de tout détail qui la retarde,
ce détail fût-il le plus pittoresque du monde et au fond le plus

---

[1] Discours sur Homère, II, p. 14.
[2] Ibid., p. 125.
[3] Ibid., p. 122.
[4] Ibid., p. 130.

essentiel [1]. Il y a les descriptions, qu'il importe de rendre plus simples, moins chargées de minuties ; les comparaisons qui doivent être plus justes et moins fréquentes ; les discours, enfin, qui seront plus nets et mieux ordonnés. — Tout cela n'est-il pas bien raisonné ? Ces réformes ne sont-elles pas appliquées à propos ? Et qu'auraient eu à dire les docteurs autorisés de l'École classique en voyant que leurs élèves suivaient leurs avis avec une docilité si flatteuse pour eux, si désastreuse pour la poésie ?

Qu'auraient-ils eu à dire, sinon qu'il y a une règle au-dessus de toutes les règles, une règle qu'ils ont omis de proclamer : c'est que les préceptes de l'école sont bons pour les écoliers, que le génie ne les connait pas, ou sait les violer à propos ; enfin qu'à exagérer l'importance des prescriptions, on risque de faire perdre aux disciples trop dociles l'intelligence des grandes œuvres.

Il faut pourtant donner une idée de ce qu'est cet étrange Epitomé de l'Iliade. On se contentera d'étudier un des épisodes. On a choisi la mort d'Hector, d'abord parce que c'est le point culminant du poème et qu'à ce titre le morceau a dû être traité avec tout l'art dont le poète était capable ; ensuite parce que La Motte s'applaudit particulièrement d'avoir corrigé cet endroit, un de ceux sans doute qui, dans l'œuvre ancienne, lui ont paru le plus défectueux.

Le début du Livre XI⁰ de l'Iliade française correspond au début du Chant XXII⁰ de la vraie Iliade. La situation est la même : Achille arrive bouillant de fureur sous les murailles d'Ilion. Hector est resté en dehors des portes pour lui faire tête. Là cesse la ressemblance. Dès lors l'adaptateur corrige et amende ; c'est-à-dire qu'il s'applique à énerver le discours, à rendre vagues les détails précis, à ennoblir les comparaisons, à rehausser les sentiments, à rendre plus vraisemblable et mieux liée toute la suite de cette scène dramatique.

La longue et pathétique supplication que Priam, du haut des murs, adresse à son fils, a semblé diffuse : elle est réduite en vingt vers très secs. Les détails en étaient trop crus, on les a soigneusement atténués. N'est-ce pas une image affreuse et repoussante qu'évoque le vieillard, quand il se représente mort, traîné par ses propres chiens et déchiré par eux dans le vestibule de son palais ? La Motte a discrètement esquivé ces horreurs ; il a remplacé les vers

---

[1] Discours sur Homère, II, pp. 129 sq.

d'Homère par un alexandrin bien vague et bien correct, qui ne donnera certes le frisson à personne :

« Si je tombe percé d'un poignard inhumain » [1].

Les paroles touchantes d'Hécube sont retranchées ; c'était une redite inutile. C'est par respect pour les bienséances qu'on a supprimé aussi le geste si naturel et si pathétique de la mère qui, découvrant son sein, soulève ses mamelles et les montre en pleurant au fils qu'elles ont nourri, et qui va mourir. Non, en vérité, ce n'est pas là le geste qui sied à une Reine et l'excès de la douleur n'excuse pas un pareil oubli de la dignité. — Hector, qui attend Achille de pied ferme, est comparé, dans Homère, à un serpent qui brave le pâtre en tournant devant son repaire. Comparaison peu noble et qu'il faut relever : le serpent devient un « affreux dragon » et le pâtre un lion [2]. — Le monologue d'Hector est long, diffus ; l'hésitation qu'il montre à braver la mort, songeant à demander la paix, n'est pas digne d'une âme chevaleresque : supprimons cette hésitation si naturelle d'un brave, abrégeons le monologue ; c'est beaucoup que de le laisser subsister, car chacun sait combien le monologue blesse la vraisemblance [3] ; réduisons-le à quelques phrases sonores, d'un tour sentencieux.

Voilà les deux héros face à face. Hector n'osera pas fuir ; cette terreur subite qui le saisit est inexplicable, indigne d'un héros ; au lieu de cela il va, en loyal chevalier, faire appel à la grandeur d'âme d'Achille :

« (Mais) guerriers généreux, servons notre patrie,
Sans pousser la valeur jusqu'à la barbarie ».

Cela du moins est grand et noble et digne d'un héros-philosophe. Toute intervention divine est supprimée ; les paroles de Jupiter et de Minerve sont un hors-d'œuvre ; les balances d'or, où sont pesés « les deux sorts du long sommeil de la mort », sont une invention oiseuse et ridicule ; inutile est l'appui prêté par Phébus à Hector ; odieuse la trahison de Minerve : toutes ces « imaginations » enfantines ne font qu'embarrasser et retarder l'action. Quand enfin les deux adversaires en viennent aux mains, pourquoi leur faire perdre le temps en bavardages oiseux, en bravades déplacées ? Pressons l'action. En un instant Hector se trouve désarmé. Il fuit :

« Ce n'est plus qu'en fuyant qu'Hector peut éviter
Le coup mortel qu'Achille est prêt à lui porter ».

---

[1] La Motte, Iliade, ch. XI, t. II, page 294.
[2] Id., ibid.
[3] Discours sur la tragédie.

Voilà une fuite admirablement motivée et La Motte n'a pas dû être
peu fier de sa correction. Il a beau justifier à sa manière cette fuite
en l'attribuant à une savante manœuvre du Troyen qui veut attirer
son ennemi sous « la grêle des dards » lancés du haut des murs :
tout habile tacticien qu'il est, son Hector ne produit pas moins l'effet
d'un poltron. Chez Homère, Hector aussi a peur et prend la fuite ;
mais cette terreur panique à laquelle cède tout à coup un intrépide
soldat a quelque chose de mystérieux qui laisse intacte la valeur du
Troyen. « Celui qui fuit est brave, plus brave celui qui poursuit. »
La poursuite ne dure guère qu'un instant dans l'épopée française ;
quelques réflexions morales, judicieuses et froides, remplacent la
description si animée et si précise qu'Homère fait des lieux parcourus
et des attitudes des coureurs. En revanche La Motte a une idée
heureuse dont Homère ne s'était pas avisé : il ménage une très habile
péripétie, là où le poète grec n'a su que faire tomber rudement,
d'un seul coup, Hector dans la poussière. Chez lui le fugitif, tout à
coup, « enflammé d'un généreux dépit », ramasse un des traits lancés
des remparts, il se retourne furieux :

> « … Attends, dit-il, Achille,
> Attends, je ne fuis plus, ce trait est mon asile. »

Le combat recommence ; mais, toujours plus préoccupé des sentiments que des attitudes de ses personnages, le poète néglige de nous
faire assister au combat ; il dédaigne ces exactes énumérations des
coups portés et rendus, ces minutieuses et futiles descriptions des
blessures. En un vers — admirons cette sobriété — il a décrit toutes
les péripéties et l'issue de ce grand duel :

> « Son ennemi lui porte un coup plus assuré. »

Ce beau vers, si pittoresque en sa précision, satisfait l'imagination peu exigeante du poète moderne. Les dernières prières
d'Hector mourant, si touchantes et si nobles, sont froides et
guindées chez l'imitateur :

> « Que mes derniers soupirs désarment ta colère,
> Et touché de mon sort, sensible à la vertu,
> Respecte en moi l'honneur de t'avoir combattu »:

Dans Homère, Achille triomphant répond par une explosion de
haine féroce : « Chien ! Que n'ai-je la force et le courage de
» déchirer tes chairs crues, à cause de ce que tu m'as fait ! Non, non,
» rien n'éloignera de ta tête les chiens insatiables….. ». Sans doute
il eût été difficile de faire passer en français ces invectives sauvages,
le goût eût protesté avec horreur. Mais ne pouvait-on pas en adoucir

l'âpreté sans tomber dans l'extrême platitude et la recherche comme a fait La Motte :

> « Non je ne connais plus de vertu que ma haine......
> Cruel, tu n'as que trop mérité mon courroux ;
> D'un moment de pitié je me ferais un crime ».

Tel est le récit de la mort d'Hector, arrangé par La Motte suivant les exigences de la poétique, et accommodé au goût délicat des Français de son temps. On est heureux de constater que sa tentative échoua. Son Iliade eut peu de lecteurs et encore moins d'admirateurs [1]. Mais ne nous hâtons pas de faire honneur au bon sens du public d'une si juste sévérité. Les causes de l'insuccès de l'Iliade corrigée ne sont pas telles qu'on le pourrait croire. Peu de gens s'indignèrent de voir défigurer et travestir le vieil Homère ; nous savons au contraire que, durant le débat entre Mme Dacier et La Motte, on s'égaya fort aux dépens des champions [2], et il est à présumer que le respect pour Homère ne gagna rien à la querelle engagée sur son nom. Ce qui détourna le succès, ce qui découragea l'admiration, c'est l'imperfection même de l'œuvre nouvelle, c'est l'étonnante faiblesse de la versification, la platitude prosaïque du style, c'est tout cet ensemble de défauts choquants sans une seule qualité, qui rangent le poème de l'Iliade bien au-dessous des œuvres les plus médiocres de La Motte et de toute l'école artificielle. — Quant à l'inintelligence complète de la poésie antique, à la mutilation du chef-d'œuvre ; quant à cette scandaleuse violence faite à une œuvre toute libre et spontanée pour la ranger sous les lois d'une discipline tyrannique, pour la plier aux exigences d'un plan méthodique et régulier : toutes ces audaces qui nous confondent, tous ces sacrilèges qui nous révoltent, n'étaient pas pour scandaliser le public d'alors, ou du moins la plus nombreuse partie du public. Je crois même que, habitué comme il l'était à la régularité classique, à une beauté correcte, exacte et sèche, il eût volontiers applaudi à la téméraire entreprise de La Motte, et que, si l'imitation eût été seulement lisible, il se serait réjoui de pouvoir lire désormais Homère tout à son aise, sans fatigue, sans qu'il lui en coûtât aucun effort pour suivre le cours très calme de la nouvelle épopée, sans que le bon goût fût jamais choqué par les écarts d'imagination, les excès de force et la verve surabondante du vieil aède.

---

[1] On compterait pourtant deux ou trois approbateurs. Ainsi Buckingham dans sa Correspondance avec Pope. — Ainsi Marivaux, « Jugement sur l'Iliade en XII chants ».

[2] Mme de Staal (Edit. Barrière, pp. 210-211). — Cf. d'Argenson (Mémoires).

V.

Les Fables.

Allons tout droit de l'Iliade aux Fables [1]. La transition fait défaut, mais il n'en est pas besoin : nous avons affaire à un auteur qui, par caprice, sautait d'un genre poétique à un autre, comme pour les épuiser tous.

Voilà donc enfin un *genre* que Boileau n'a pas classé, qui seul a échappé à la réglementation officielle. La Motte est libre d'agir à sa guise ; il n'a pas à craindre de violer la tradition, de se heurter à des règles établies. Allons-nous le voir, cette fois, profiter de la liberté qui lui est laissée pour se montrer poète original et créateur ? Hé ! non. Il a des hardiesses de pensée, des témérités de jugement ; mais il n'a pas su se débarrasser des entraves de son éducation. Ses fables, à part quelques nouveautés, souvent malheureuses, portent la marque de la fausse discipline classique ; c'est encore une œuvre d'imitation exacte et maladroite, c'est encore et par plus d'un côté de la poésie artificielle.

Fabuliste, La Motte ne nous laisse rien ignorer de « ce qu'il peut avoir d'heureusement original » [2] : il a exposé des vérités nouvelles ; — il a introduit des acteurs plus nombreux et plus variés ; — il a donné tout à la fois la théorie la plus complète et le plus parfait modèle du véritable style qui convient à l'apologue ; — enfin et surtout, lui seul depuis les anciens a inventé les sujets de ses fables.

« Je me suis proposé des vérités nouvelles », dit-il [3], avec ce tranquille orgueil qui lui est familier. Quelles sont-elles donc ces vérités qu'il revendique comme « siennes » ?

Ce sont des vérités morales le plus souvent, « c'est-à-dire utiles à la conduite des hommes » [4] ; mais des vérités qui ne soient pas

---

[1] Le recueil des Fables de La Motte parut en 1719 ; il se compose de six livres, précédés naturellement d'un « *Discours sur la fable* ».

[2] Discours sur la fable, IX, p. 8.

[3] Ibid., p. 9.

[4] Ibid., p. 14.

triviales ; et pour éviter la trivialité, notre fabuliste sème ses récits de remarques fines jusqu'à la subtilité, originales jusqu'au paradoxe. Mais il ne se borne pas à la morale commune ; il s'étend bien au delà du domaine réservé aux Ésopes et aux La Fontaines. Il aborde hardiment les sujets les plus graves, il dit son opinion sur des matières que l'apologue n'est guère habitué à traiter ouvertement : politique, philosophie, théories littéraires, sciences, il sait tout, il enseigne tout.

Les fables contiennent toute une philosophie très raisonnable, étroite, mesurée, digne de l'ami de Fontenelle : savoir douter à propos et sans excès, suspendre son jugement et n'admettre rien qui ne soit prouvé par raison, prendre le monde pour ce qu'il est et les hommes pour ce qu'ils valent ; tels sont les principaux articles de cette philosophie prudente, douce et froide [1].

On tirerait sans peine des Fables un petit traité de politique. Le poëte se vante d'avoir « fait quelques leçons aux Rois » [2]. Cela est vrai. Il leur rappelle que leurs droits sont compensés par de grands devoirs [3] ; que le fondement le plus solide de leur absolu pouvoir, c'est le mérite personnel et surtout la vertu [4] ; il leur enseigne à détester la guerre et l'esprit de conquête [5]. Le doux philosophe disserte bien un peu plus qu'il ne convient à un fabuliste ; mais ces conseils si sages étaient adressés au futur roi de France, et si Louis XV se les était rappelés quelquefois, la critique pardonnerait de bon cœur au poète ses digressions inopportunes sur l'art de régner.

La critique littéraire, la polémique même, tiennent trop de place dans les Fables : c'est encore une nouveauté qui n'est pas heureuse. Ces digressions, La Fontaine se les permet quelquefois ; La Motte les prodigue au hasard de son caprice ou au gré de ses rancunes. Même quand il parle aux enfants, il n'oublie pas assez qu'il a été mêlé à de bruyantes querelles. Son ressentiment contre Homère n'a pas désarmé : il le parodie indignement [6], ou bien il le travestit d'une façon grotesque en une sorte de bateleur forain, — double faute de goût.

Certaines idées familières s'imposent à son esprit avec tant de force qu'il oublie, pour leur donner place, les convenances du

---

[1] Voir IX, p. 248, p. 345, p. 274, etc.
[2] IX, p. 334.
[3] IX, p. 165, p. 333.
[4] IX, p. 333.
[5] IX, p. 195.
[6] IX, p. 278 et p. 165.

genre. Il trouve plaisant de railler une fois de plus l'enthousiasme poétique et de dire du mal de l'imagination [1]. Est-ce une vengeance ? Mais La Motte est déjà de cette école des poètes du XVIIIe siècle qui ne séparent pas l'homme de l'artiste, et qui voient surtout dans la forme poétique le plus utile instrument pour propager des idées, faire triompher des intérêts ou satisfaire des passions.

Toutes ces réflexions littéraires ou critiques sont trop élevées ou trop fines pour des enfants. La Motte a prévenu le reproche ; il y a fait la meilleure réponse qu'il pût faire : c'est que, tout en s'adressant à l'enfant, il écrit aussi pour l'âge mûr. Car, dit-il aux parents, non sans esprit :

> « Laissez à vos enfants ce qu'ils en pourront prendre,
> Et gardez le reste pour vous » [2].

Il est bien vrai que souvent les « fables nouvelles » ne conviennent pas à l'enfant ; elles dépassent la portée de son esprit par la subtilité des idées, la profondeur des aperçus ou la hardiesse trop crue de certains détails [3]. Et pourtant c'est aux enfants plus qu'aux hommes que La Motte s'adresse ; je n'en veux pour preuve que les notes instructives qu'il a mises lui-même au bas des pages de son livre. Il a le souci, très honorable et peu commun encore, de rendre claires toutes les allusions et précis tous les faits. Même il faut signaler la préoccupation très nouvelle d'introduire dans la narration et dans la poésie des détails exacts, empruntés aux sciences. La Motte, préoccupé d'instruire, profite de toutes les occasions pour fournir au lecteur des renseignements justes qu'il emprunte à l'histoire naturelle, à l'anatomie. Il invoque l'autorité de M. de Réaumur au sujet du nombre des petits que fait l'araignée [4]. Le même savant lui fournit un témoignage certain sur un trait des mœurs de l'écrevisse. Mais parfois le poète abuse de ces détails scientifiques : il décrira par exemple avec une complaisance instructive et déplacée toute l'opération de la digestion. Là encore il dépasse la mesure.

Evidemment La Motte se croyait un fabuliste très original, un poète doublé d'un penseur, pour avoir introduit dans l'apologue tant d'idées que le genre n'admettait pas. Et après tout, ce mélange singulier de la philosophie et de la poésie, de l'imagination et de la science,

---

[1] IX, p. 185.
[2] IX, p. 201.
[3] Voir par exemple IX. pp. 211, 242, 295.
[4] IX, p. 63, note. — Cf. pp. 124, 131, 139, 198.

est un des traits les plus neufs, sinon les plus heureux, des œuvres poétiques de notre auteur et de son époque.

Dans ce laborieux effort qu'il fait pour renouveler la fable, La Motte s'applaudit d'avoir multiplié et varié ses *acteurs* [1], avec plus de hardiesse et de liberté que n'avaient fait ses prédécesseurs. Il prétend user des privilèges qu'Esope lui a transmis, mais en les étendant : « Introduisons à notre choix les Dieux, les Génies et les » Hommes ; faisons parler les animaux et les plantes ; personnifions » les Vertus et les Vices ; animons selon nos besoins tous les » êtres » [2]. Passe pour les Dieux, les Génies et les Plantes, mais j'ai bien peur que les Vertus et les Vices personnifiés ne soient rien que de rebutantes abstractions. Il importe peu à notre auteur, plus soucieux d'innover que de perfectionner. Aussi bientôt il renchérit sur sa pensée et la rend tout à fait paradoxale et fausse. « Les acteurs les moins usités et les plus bizarres, dit-il, deviennent » naturels, et méritent même la préférence sur d'autres, dès qu'ils » sont les plus propres, soit par l'agrément, soit pour la justesse, à » représenter la vérité dont il s'agit » [3]. Et, avec cette intrépidité dans l'erreur qui lui est propre, La Motte passe à l'application d'un principe si faux : ils abondent dans les fables, ces acteurs inusités et bizarres, froides abstractions, sans vérité, sans vraisemblance. Lui-même paraît éprouver quelque embarras à nous les présenter :

> « Imagination, Mémoire et Jugement ;
> Quels étranges acteurs, dit-on, pour une fable !... » [4]

Pour s'excuser il allègue l'usage, il en appelle au bon sens, mais on voit qu'il n'est pas à son aise ; il a vaguement conscience de l'erreur où il est. Il s'efforce d'animer ces êtres de raison, qu'il a doués arbitrairement du sentiment et de la parole ; mais il a beau leur donner des titres et de petits noms ingénieux, ils restent ce qu'ils sont : des êtres à qui manque la vie, des acteurs qui n'agissent pas, ou qui ne remuent que parce que la main de l'auteur, mal cachée, manœuvre les fils qui les font mouvoir, pauvres marionnettes. « Dom Jugement, Dame Mémoire, Demoiselle Imagination [5]; Dame Justice et Sire Intérêt, Seigneur Présent et Seigneur Avenir [6] » : voilà de plaisants personnages et bien faits pour séduire l'esprit des

---

[1] Discours sur la Fable, IX, p. 29.
[2] Ibidem.
[3] Ibidem.
[4] IX, p. 184.
[5] IX, p. 361.
[6] IX, p. 301.

enfants et se graver dans leur mémoire. Le pot de terre et le pot de fer sont de ces objets familiers et simples qui peuvent être animés sans trop d'invraisemblance : au contraire la montre et le cadran solaire [1], machines compliquées et savantes, parlent et dissertent d'assez mauvaise grâce. « Demoiselle Opinion » est la fille (fille naturelle) de Dame ou Demoiselle Ignorance, et ceux qui l'ont « nommée » sont ses parents maternels, l'Orgueil et la Paresse [2]. Cette filiation des travers humains est une conception poétique bien déplaisante. La Fontaine parlait d'un autre ton ; il est vrai qu'il n'avait pas le mérite de varier ses acteurs : mais ses personnages n'étaient pas monotones pour être moins nombreux et moins ingénieusement créés ; mais ses fables amusaient l'enfant, instruisaient l'homme fait ; elles n'étaient pas, comme celles de La Motte — et c'est lui-même qui le confesse, — « des contes métaphysiques » [3].

Le manque de mesure et de tact se retrouve dans l'emploi du *style familier*. La Motte établit avec beaucoup de sens que le « familier est le ton général de la fable » ; il y doit régner une « finesse naïve », un « familier ingénieux » ; [4] il convient encore, par une « mascarade ingénieuse », de transporter aux animaux des dénominations humaines. — Tous ces principes sont raisonnables. Par malheur le poète n'a pas le goût aussi sûr que le critique a le sens juste [5] : trop souvent le style dépasse la familiarité, devient bas et trivial : l'ingénieuse mascarade tourne à la parade bouffonne.

C'est qu'il ne faut pas avoir trop d'esprit pour bien faire parler les bêtes ; témoin La Fontaine. Un homme d'esprit qui s'applique à être simple, qui se travaille pour être naïf, c'est l'étrange spectacle que nous offre La Motte. De bonne foi, il se propose d'être familier. Malgré lui, il raffine le naïf. L'émule de La Fontaine n'a pas l'habileté de son rival à mélanger le noble et le familier : il ne sait pas aussi bien faire valoir par le contraste une expression vulgaire, rendre piquante une image commune. Presque toujours, il force la note : où il croit être pittoresque, il est trivial ; ses Dieux

---

[1] IX, p. 159.

[2] IX, p. 211.

[3] IX, p. 210.

[4] Discours sur la fable, IX. 30-35. — L'analyse est fine et assez juste.

[5] Voltaire (Connaissance des beautés et des défauts de la Poésie et de l'Eloquence dans la langue franç., 1749), oppose aux « fausses naïvetés » du style de La Motte les « vraies naïvetés » de La Fontaine. « Sa Majesté fourrée » est une image simple, naturelle et plaisante ; un « greffier solaire » pour dire un cadran est peu juste et peu agréable. — « Phénix » est bon ; un « phénomène potager », un « colosse », pour « une rave », est mauvais.

badinent lourdement et sans grâce [1]. Les animaux ne sont pas non plus bien délicats en leur langage [2]. Les paysans eux-mêmes outrent et dénaturent le parler familier [3] ; il y a de l'affectation dans leur jargon rustique, de l'esprit dans leur grossièreté. Cette disparate du langage et de l'esprit se marque bien dans le discours du Jardinier qui offre au Roi son « phénomène potager » [4], c'est-à-dire une énorme rave qui a poussé dans son jardin.

Décidément La Motte a eu tort de « vouloir suivre la Nature à la piste » [5] : il ne l'a pas atteinte. Il se flatte de conter naïvement, il n'y parvient pas : sa naïveté est gauche, ou maniérée [6].

Il est moins heureux encore dans l'art de travestir les animaux en hommes. Là surtout, il manque de tact. C'est que la convention, si puissante soit-elle, qui règne dans l'apologue, exige toutes sortes de ménagements et un grain de vraisemblance. La Fontaine observe la mesure avec un goût exquis. La Motte veut enchérir, il dépasse le juste degré, il devient prétentieux et cesse d'amuser : on apprécie l'ingéniosité de son esprit, on n'est point dupe de sa fantaisie poussée trop loin. La Fontaine nous montre [7] le Roi lion dans son « louvre » ; le rapprochement est juste ; mais « le louvre emmiellé » et le « trône de cire » de Muscan, roi des abeilles, me déplaisent et me choquent [8] : c'est que la similitude est forcée. Deux chiens « font amitié » ; voilà qui est bien ; mais si l'auteur ajoute : « dans la patte on se touche » [9], je me fâche : c'est une caricature ; je n'ai plus sous les yeux de braves bêtes de chiens. mais des animaux savants, triste espèce.

L'invraisemblance est un des plus graves défauts des « Fables nouvelles ». Elle s'étend des détails au sujet tout entier, à la donnée première, souvent fausse, et blessante à force de fausseté. Où a-t-on jamais vu les Faucons charitables nourrir les vieux Corbeaux leurs voisins [10] ? N'est-ce pas pousser trop loin le goût du merveilleux que

---

[1] IX, pp. 161, 220, etc.

[2] IX, p. 206.

[3] IX, pp. 312, etc.

[4] IX, p. 206.

[5] IX, p. 131.

[6] D'après Ste-Beuve, on ne sent pas chez Florian même « l'arrangement artificiel comme chez La Motte, ni ce genre d'esprit qui, ayant pour point de départ une idée abstraite, a besoin ensuite de s'avertir lui-même qu'il faut être figuré, riant, familier, et même naïf ». (Lundis, III, p. 244).

[7] Fables de La Fontaine, liv. VII, fab. 6e.

[8] IX, p. 291.

[9] IX, p. 192. — Cf. p. 180.

[10] IX, p. 143.

de nous montrer un « Céladon américain »[1] qui, pour plaire à sa belle, grimpe sur le dos d'une baleine et guide à travers l'océan cette étrange monture ? Il arrive que le titre seul est choquant par le rapprochement forcé de choses contraires : les Poissons et le feu d'artifice[2], l'Ecrevisse philosophe, titres prétentieux, énigmatiques, faits pour dérouter l'esprit si logique de l'enfant.

Un mérite que La Motte réclame et qui lui appartient en partie, c'est celui d'avoir *inventé les sujets* de ses fables. Il se vante d'être tout à la fois Esope et La Fontaine[3]. En effet beaucoup des sujets ont été imaginés par l'auteur : on ne le sent que trop. On pouvait lui abandonner cette gloire, pour le consoler de tant d'autres plus durables, qui lui manquent. Elle lui a été déniée pourtant. Un critique[4] affirme que « la plupart des Fables de La Motte-» Houdart sont prises ou de Pilpay ou du Dictionnaire d'Herbelot ou » de quelques voyageurs, ou d'autres livres ». Emprunts bien légitimes, qu'on n'aurait pas reprochés à La Motte comme des larcins, s'il n'avait pas réclamé avec fracas l'honneur d'avoir inventé ses sujets. Au reste il convient de rabattre un peu de ses prétentions à l'originalité : il lui arrive de refaire un apologue ancien alors qu'il prétend en inventer un nouveau : la morale est la même, l'intrigue diffère peu, les personnages se ressemblent[5]. Mettons que ce sont rencontres inévitables. Pour le reste accordons à La Motte le mérite, auquel il tient, d'avoir inventé ses sujets. Mais que vaut au juste ce mérite ?

On vient de montrer les laborieux efforts qu'a faits La Motte pour ne pas ressembler à La Fontaine qu'il reconnaît pour son maître, mais qu'il traite en rival. « Il eût voulu, dit un critique[6], s'éloigner de » lui tellement, qu'il devint presque impossible de les rapprocher » par comparaison ». Ambition malheureuse, comme tant d'autres de notre auteur. Où La Motte prétend renouveler l'apologue, ses

---

[1] IX, p. 287.

[2] IX, p. 305 et p. 345. — Cela, sans parler des sujets et des titres inconvenants : « l'Enfant sans sexe », par exemple (p. 205).

[3] Discours sur la fable, IX, p. 9.

[4] « Connaissance des beautés et des défauts de la poésie, etc..., 1749 ». C'est peut-être Voltaire. Beuchot ne se prononce pas sur ce point. (V. Œuvres de Voltaire, Ed. Garnier, in-8, t. XXIII, p. 327).

[5] « Le bœuf et le ciron », n'est pas autre chose que « le coche et la mouche ». — « Les oiseaux » rappellent « l'hirondelle et les petits oiseaux ». — « Les poissons et le feu d'artifice », a quelque analogie avec « les Animaux malades de la peste ». — « Le fromage », c'est « l'huître et les plaideurs », etc.

[6] Auger. Mélanges philosophiques et littéraires, t. I, fragm. XIX, p. 511.

innovations sont contraires à la nature du genre. S'il donne les
règles de la fable, sa réglementation est le plus souvent étroite et
surannée. Enfin dans l'exécution il est moins original encore : ses
procédés de composition et de style sont ceux de la fausse méthode
classique. Si on le compare à son grand modèle, c'est La Motte qui
apparaît comme le poète routinier, le classique maladroit ; c'est
La Fontaine qui est le génie indépendant et hardi.

La première erreur du fabuliste novateur, c'est d'avoir inventé
ses sujets. La Fontaine avait borné son ambition à mettre en vers
les fables ésopiques. C'est que, sans le savoir de science certaine,
sans avoir longuement disserté sur la question, La Fontaine sentait
bien qu'un fabuliste n'invente pas ses fables : un instinct secret, son
expérience de conteur, ses lectures, tout lui disait que la matière
des fables n'est pas le produit direct de l'imagination d'un seul
homme, mais le résultat accumulé de l'expérience et de l'imagination
naïve de nombreuses générations. Pas plus que La Motte il n'avait
appris l'histoire littéraire ; il n'avait pas des idées bien justes sur
Ésope, mais quelque chose l'avertissait que c'est une entreprise
malheureuse de vouloir imposer à un peuple l'apologue le plus
ingénieusement imaginé ; que, loin de là, c'est le peuple qui fournit
au poète ses idées et les lui impose, et qu'il n'est satisfait de l'œuvre
que s'il y retrouve des images familières, et les contes qui ont bercé
son enfance. La Fontaine, avec un grand sens, imite tout bonnement
le vieux campagnard Cervius dont parle Horace [1] : il conte des
histoires de vieilles femmes, et il a raison, et ses vieilles histoires
nous enchantent, non pas seulement parce qu'elles sont délicieu-
sement contées, mais parce qu'elles sont vieilles. La Fontaine
a deviné l'origine populaire de l'apologue, il a compris que la
fiction merveilleuse sur laquelle ce genre repose exigeait de
l'auteur qui reprenait ces vieux récits, des ménagements particuliers ;
qu'il devait disparaître d'ordinaire et s'effacer, pour laisser agir
et parler librement ses personnages légendaires, les animaux et
les dieux. Le vrai fabuliste donne une forme au bon sens populaire, comme le poète épique donne une forme à l'héroïsme national.
C'est pour cela que le merveilleux de la Henriade est un
« merveilleux de rhétorique » [2], qui vient de l'école et ne « vient
pas du peuple ». C'est pour cela aussi que les fables « inventées » par
La Motte ont beau être très fines, très spirituelles quelquefois et

---

[1] Horace, Sat. II, 6.
[2] St-Marc-Girardin, La Fontaine et les fabulistes, t. II, p. 253.

toujours ingénieuses, ce ne sont pas de vraies et bonnes fables [1].

La Motte, par témérité d'ignorance, a rompu avec la tradition ; c'était une faute. Il n'a pas voulu être La Fontaine et il n'a pas été Ésope. Et d'où vient cette grave erreur, cette espèce de contre-sens historique ? D'une maladroite application des principes littéraires du XVIIe siècle : on s'était accoutumé à considérer les genres et les œuvres abstraitement, en dehors du temps ; à ne les étudier que dans les traités et les arts poétiques qui en ont donné la théorie absolue ; des origines, pas un mot ; rien des époques primitives et des littératures populaires. De là vint la méprise de La Motte au sujet des fables inventées : en dépit de l'oubli volontaire de Despréaux, il considère l'apologue comme un genre poétique déterminé, et il le traite comme tel ; quant à son origine et à sa nature même, il n'en sait rien et ne s'en met pas en peine. Aussi croit-il ingénument pouvoir composer des fables de toutes pièces, inventer des sujets et faire parler les bêtes, en l'an 1719, tout comme le prétendu Ésope était censé l'avoir fait il y a je ne sais combien de siècles.

Prétendre inventer des fables était une erreur ; une erreur non moins lourde, c'est celle d'en avoir voulu changer le caractère et renouveler l'intérêt, en y introduisant des *idées nouvelles*, des pensées d'auteur et de philosophe. Saint-Marc-Girardin [2] fait remarquer avec raison que dans la fable les idées de mise sont les idées générales, qui s'adressent à tous et viennent de tous ; au contraire les idées particulières, les idées d'auteur, conviennent rarement. L'apologue s'adresse aux enfants, il s'adresse aussi aux hommes, mais à condition qu'ils consentent à redevenir enfants en les lisant, qu'ils admettent la convention naïve des animaux qui parlent et aussi qu'ils se contentent de vérités générales et de sens commun, sans exiger des remarques trop profondes ou des observations trop fines [3]. La Fontaine s'était conformé à cette loi fondamentale du genre ; La Motte n'a pas daigné l'observer : tout son esprit n'a pu racheter cette méprise première. Plus il a d'esprit, plus ses fables sont fausses. A vrai dire, qu'est-ce que des fables philosophiques ? Une œuvre bâtarde qui ne s'adresse à personne : elles risquent de déplaire aux penseurs, parce

---

[1] Suivant Auger (Mélanges philosoph. et litt., 1828, t. I, p. 510), l'apologue est « un genre où le mérite de l'invention est à peine compté pour quelque chose, puisqu'il est douteux que La Fontaine ait inventé une seule de ses fables, et qu'il est constant que La Motte a inventé toutes les siennes ».

[2] St-Marc-Girardin. La Fontaine. t. II, p. 252.

[3] C'est pour cela sans doute que l'abbé de Pons ne put jamais faire apprendre à un sien neveu une seule des fables de son ami La Motte, alors que l'enfant retenait merveilleusement celles de La Fontaine.

qu'il n'y a pas assez de philosophie ; elles déplaisent sûrement à la foule des lecteurs, parce qu'il n'y a pas assez d'ingénuité. C'est la tentative malencontreuse d'un classique dévoyé, qui veut faire entrer de force dans une forme toute traditionnelle et consacrée aux seules vérités générales, les spéculations hardies de l'esprit moderne. Un vrai classique s'en fût tenu aux idées communes, aux vérités de l'ordre moyen ; un esprit franchement novateur eût rejeté un cadre trop étroit pour enfermer sa pensée. La Motte n'a eu ni cette logique, ni cette audace. Là encore il n'a su être tout à fait ni un élève docile, ni un esprit émancipé : il n'est ni un vrai fabuliste, ni un véritable philosophe, pour avoir voulu être l'un et l'autre à la fois.

Le même esprit de routine involontaire, de servilité inconsciente, se fait sentir jusque dans le « Discours sur la fable », dans la théorie même du genre, c'est-à-dire dans la partie de son œuvre où La Motte d'ordinaire porte le plus d'indépendance. Cet homme, qui a passé une partie de sa vie à discuter les règles établies, à en contester la valeur, opposant à la loi étroite l'expérience individuelle et le génie original, établit à son tour pour la fable des règles « qui sont inapplicables à force d'être méthodiques »[1]. On dirait qu'il est ravi de ce que Boileau a négligé l'apologue et qu'il profite de cet oubli pour légiférer tout à son aise sur la matière qui lui est laissée. Le voici qui détermine dans leur ordre rigoureux les éléments qui constituent la fable[2] : la vérité morale, puis l'allégorie, l'action et les acteurs, enfin le style. Tout cela est assez juste. Mais autre chose est le travail d'analyse du critique, autre chose le travail libre du poète qui compose. La Motte a le tort de vouloir déterminer avec rigueur la marche invariable que doit suivre l'esprit du fabuliste ; la nature procède différemment, elle ne suit pas l'ordre logique qu'on veut lui imposer. « L'esprit humain tantôt ira du précepte à l'action et tantôt de l'action au précepte », et presque toujours « il conçoit du même coup tout ce qui est nécessaire à ses œuvres »[3]. S'agit-il de fixer la place où il convient de mettre la vérité qui ressort de l'allégorie ? même abus de la rigueur dogmatique, même parti-pris — tout classique — de soumettre l'auteur à des lois absolues. Passe encore si La Motte insinue que le mieux serait de n'exprimer la moralité nulle part dans la fable ; l'idée au moins est spécieuse. Mais de quel droit soutenir que la Morale ne doit jamais venir au début ?[4] Parce que, mise à la tête, elle émousse le plaisir de l'allégorie ? Cela

---

[1] St-Marc-Girardin. La Fontaine, t. II, p. 255.
[2] Discours sur la fable, IX, pp. 13 sq.
[3] St-Marc-Girardin, La Fontaine, II, 255.
[4] Discours sur la fable, IX, p. 18.

n'est pas juste : l'histoire vient après la maxime qu'elle doit confirmer : c'est un ordre tout naturel [1]. Ce qui pousse ici le poète critique, c'est un trop grand amour de la méthode, c'est le goût ultra-classique d'un prétendu bon ordre et la passion de la régularité.

Tous les principaux défauts de la poésie artificielle se retrouvent dans l'exécution et la forme des fables : composition, description, caractères, style.

Dans la *conduite des fables*, il y a, je l'avoue, quelques-unes des apparences de la liberté ; non seulement la longueur du conte est variable, depuis dix vers jusqu'à dix pages ; mais on y sent un effort pour diversifier, pour éviter la monotonie : des digressions, des réflexions plus ou moins piquantes, en suspendant l'action, rendent le développement plus agréable [2]. Malgré ces mérites, l'œuvre demeure au fond assez pénible ; cela manque d'imprévu et surtout d'abandon ; on sent l'application, la recherche même dans la négligence. Les plus courtes fables de La Fontaine sont plus fortement composées et avec plus d'aisance que les récits les plus soignés et en apparence les plus abandonnés de La Motte. « La Colombe et la Fourmi » est un drame plus complet, plus vivant et surtout a plus d'unité, que tel long apologue de La Motte, que cette fable de « la Justice et l'Intérêt » [3], par exemple, qui est tout un petit poème.

Les *descriptions* sont en général sèches et vagues, défaut plus sensible dans ces petits tableaux, où chaque trait doit avoir de la précision, où le moindre détail doit être expressif [4]. La Motte ne peint guère d'après nature, mais de souvenir et d'imagination. Aussi à peine trouve-t-on, en cherchant, quelque peinture bien venue, gracieuse ou forte, précise surtout. En voici pourtant une ou deux, pour être juste, qu'on peut citer. Encore ne sont-ce pas des tableaux complets, mais de simples esquisses. C'est d'abord la description de deux sources :

> « L'une à flots résonnants tombait dans la campagne ;
> L'autre plus lentement roulait des flots plus sourds » [5].

Voici une description d'un beau jour ensoleillé qui n'est point

---

[1] Cf. St-Marc-Girardin, La Fontaine, II, 259.

[2] Cf. la fable 5e du Livre I où La Motte recommande la variété (IX, p. 111).

[3] IX, pp. 361-371. — « Quand La Fontaine est mauvais, c'est qu'il est négligé ; quand La Motte l'est, c'est qu'il est recherché » (Chamfort).

[4] Comme exemple de descriptions médiocres, voir celle de la Tempête, dans la fable 6e du Livre II, « Les singes matelots » (IX, p. 116).

[5] IX, p. 169.

mauvaise, bien que le dernier vers ne vaille rien et que les attributs mythologiques fassent tort à la précision de la peinture :

> « Sur son char lumineux devancé par les heures,
> Et de traits enflammés perçant le sein des airs,
> Le soleil du plus haut des célestes demeures
> Donnait le plus beau jour qu'eut jamais l'univers » [1]

Dans la fable des « moineaux » — une des meilleures, — il y a un petit tableau de genre qui est joli ; mais là même l'esprit de l'auteur nous gâte un peu la nature :

> « Dans un bois habité d'un million d'oiseaux,
> Spacieuse cité du peuple volatile,
> L'amour unissait deux moineaux,
> Amour constant quoique tranquille,
> Caresse sur caresse, et feux toujours nouveaux.
> Ils ne se quittaient point. Sur les mêmes rameaux
> On les eût vus perchés toute la matinée,
> Voler ensemble à la dinée,
> S'abreuver dans les mêmes eaux,
> Célébrer tout le jour leur flamme fortunée,
> Et de leurs amoureux duos
> Attendrir au loin les échos.
> Même roche la nuit est encor leur hôtesse ;
> Ils goûtent côte à côte un sommeil gracieux :
> L'une sans son amant, l'autre sans sa maîtresse
> N'eût jamais pu fermer les yeux.
> Ainsi dans une paix profonde,
> De plaisirs assidus nourrissant leurs amours,
> Entre tous les oiseaux du monde
> Ils se choisissaient tous les jours » [2].

Cela est long, il y a des détails d'un goût médiocre, trop de galanterie et d'esprit ; mais le tableau est gracieux. De pareilles bonnes fortunes sont rares dans le livre des Fables. Le plus souvent les descriptions sont ternes, languissantes et vagues.

Les *caractères* ne sont pas tracés avec cette décision du trait qui rend vivantes et personnelles les figures créées ou reproduites par un vrai poète. Aussi les physionomies des personnages ne se gravent-elles pas dans la mémoire en traits ineffaçables. L'enfant qui a lu La Fontaine a vu les animaux en liberté, dans la variété de leurs attitudes vraies ; l'enfant qui a lu La Motte n'a vu les animaux qu'en peinture, en des attitudes convenues ou forcées. L'observation s'applique à toutes les autres espèces d'acteurs. Chez La Fontaine,

---

[1] IX, p. 133.
[2] IX, p. 261.

le roseau est un personnage aussi vivant, aussi réel que le lion ou le renard. Chez La Motte, dieux ou plantes, hommes ou bêtes, tous les acteurs sont représentés par des silhouettes à peine indiquées, souvent plus grimaçantes qu'expressives. Presque jamais l'écrivain ne trouve la ligne qui détermine avec précision une physionomie originale, individuelle. Ses personnages agissent-ils? les actes ne sont pas exactement ménagés en vue de faire ressortir leurs caractères. Parlent-ils? leurs propos, ingénieux et spirituels, sont moins les paroles mêmes qui conviendraient à leurs mœurs, à leurs passions ou à leur nature, que des discours où l'on sent la rhétorique d'auteur. Les dieux [1] sont des êtres abstraits ou des caricatures. Presque toujours La Motte aime mieux définir un personnage que de le décrire : procédé propre à une poésie classique qui se décompose. Le moyen le plus expéditif pour présenter un personnage c'est de dire non pas ce qu'il est, mais à qui il ressemble : ainsi, pour décrire une magicienne, il suffira de deux ou trois allusions mythologiques :

> « Une sorcière de Carie,
> Une vieille Médée, une autre Canidie » [2].

Les enfants eux-mêmes n'ont pas inspiré notre poète ; il ne trouve pas pour peindre cet âge un de ces mots heureux que La Fontaine découvre en se jouant.

Fabuliste, La Motte n'a su ni peindre, ni faire parler les *Bêtes*. Cela est grave. Mais, après tout, cette indifférence ne peut guère lui être imputée : il la tient du grand siècle, rationaliste et cartésien. La Fontaine, trouvère attardé, a tort: l'animal est un être décidément inférieur, qui ne vaut pas qu'on s'attarde à l'observer, et à l'aimer.

La Motte était aussi mal placé que possible pour parler convenablement des bêtes: il ne pouvait ni les aimer, ni les connaître. Il faut lui rendre justice pourtant. La raison lui montre l'absurdité de ce dur système cartésien de l'animal automate. Il se déclare nettement contre « l'intrépide cartésianisme » ; c'est peut-être, dit-il, une « débauche du raisonnement » d'avoir osé faire des animaux des machines [3]. Mais, cette concession faite à la raison, n'attendez pas qu'il s'intéresse

---

[1] IX, p. 181.

[2] IX, p. 91.

[3] Discours sur la Fable, IX, p. 27. Cf. IX, p. 251, où il s'élève

> « Contre l'orgueil cartésien
> Dont la logique aux animaux dénie
> Crainte, désir et tout ; je n'y souscris en rien .... »

vraiment aux bêtes, à leurs mœurs, qu'il s'attendrisse sur leurs misères ou s'associe à leurs joies. Il les a vues, mais il ne les a guère observées ; il les a rencontrées, mais il n'a pas vécu avec elles. Leurs attitudes familières lui échappent ou bien il ne les marque que d'un trait fuyant et vague. Il sait assez bien des bêtes tout ce qu'on apprend sur eux dans les livres ; il a compté le nombre de petits qu'ils ont ; au besoin il sait décrire le crocodile qui est un gros lézard [1] ; il sait de bonne source que l'écrevisse rompt sa jambe brisée, à l'endroit favorable pour lui permettre de repousser mieux [2]. Mais que m'importe cette froide érudition ? Toute cette science touchera-t-elle l'enfant ? et même le rendra-t-elle plus savant ? Non certes, et La Fontaine en deux mots lui en apprend vingt fois plus. Là est l'erreur. Le souci de l'exactitude scientifique aurait son prix partout ailleurs que dans une œuvre poétique et surtout dans un livre de fables. Là, ce qui nous intéresse, c'est le trait saillant qui marque l'espèce, non pas le détail insaisissable qui la différencie aux yeux du savant. La Fontaine saisit et fixe d'un mot le trait distinctif de toute une race d'animaux : l'âne pour lui comme pour l'enfant c'est « le coursier aux longues oreilles », le bouc est « des plus haut encornés », la chèvre est « l'animal grimpant » ; comment dépeindre mieux les souris et les rats, qu'en leur appliquant une épithète de nature, digne de l'Homère des bêtes : c'est « la gent trotte-menu ? »

L'art de décrire une espèce entière d'un seul trait, large et décisif, fait défaut à La Motte.

Mais il ne suffit pas de caractériser le genre, il faut peindre l'individu agissant dans l'attitude même qui convient à son caractère ou à la passion qui l'anime. Là encore La Motte est médiocre. Presque jamais il ne trouve l'épithète appropriée au caractère particulier de l'animal qu'il met en scène ; il ne ménage pas la description en vue de l'effet d'ensemble. Quel art chez La Fontaine, quels ménagements ! A côté du loup qui n'a que la peau et les os, voici le chien « gras, poli ». Le chat est tantôt représenté l'œil mi-clos, dans l'attitude du félin à l'affût ; tantôt il prend une allure hypocrite et papelarde, il devient « un saint homme de chat, bien fourré, gros et gras ». C'est ainsi que le poète sait varier les caractères individuels, tout en observant la vérité générale. Dans une de ses fables, La Motte met en scène le chat et le chien, l'un franc, fidèle et bon, l'autre sournois et vindicatif, qui rend son compagnon

---

[1] « Les deux lézards », IX, p. 82.
[2] IX, p. 138.

victime de sa haine hypocrite. Les deux caractères sont faiblement tracés. On essaie bien de nous faire connaître le chien :

> « Ragotin, chien picard et sentant le terroir,
> Fidèle, et bien la meilleure âme
> Que dans son espèce on pût voir..... » [1].

Je cherche en vain le trait expressif que La Fontaine eût déjà rencontré. C'est une pensée piquante et fausse qui résume le portrait :

> « Jamais chien ne fut plus humain ».

Le Fabuliste n'eût pas non plus commis la faute de mesure et de goût où est tombé son successeur. La Motte décrit en quatorze vers, agréables et spirituels, tous les petits services que Ragotin rendait aux gens de la maison. C'est là se mettre en frais inutiles d'imagination, sans compter que le détail n'est pas toujours bien choisi :

> « Quelquefois dans un petit coche
> De traîner les enfants il faisait son devoir ».

Quant au chat, le protagoniste du drame, on ne prend pas la peine de me le faire connaître ; on l'appelle en passant « le traître de matou ». Mais aussi, l'auteur insiste sur les détails de la machination diabolique par laquelle il arrive à se venger ; il étrangle le musicien, — c'est le serin de sa maîtresse, — et s'en va porter près de la loge du pauvre Ragotin, le « vrai corps du délit ». Voilà du même coup deux manquements graves aux lois du genre : le caractère du chat est mal dessiné, la conduite qu'on lui prête est tout à fait hors de la vraisemblance : tant de noirceur n'entre pas dans l'âme d'une bête, fût-ce un « traître de matou ». Ce chat et ce chien ne sont ni vrais dans leur caractère, ni vraisemblables dans leur conduite.

Nulle part La Motte n'est à l'aise quand il faut qu'il peigne les bêtes ou qu'il les fasse agir. Cela tient sans doute pour une grande part à la nature de son esprit ; mais ce défaut lui vient aussi des habitudes de son éducation littéraire. Le goût général du grand siècle, l'exemple des maîtres, tout le détournait d'observer directement la nature, d'étudier ses modèles sur le vif. Contraint de mettre en scène des animaux, il préféra les représenter par des traits généraux et vagues. Sur cent vingt fables, il n'y en a que cinquante-cinq dans lesquelles les personnages soient des animaux ; ce simple fait prouve beaucoup : il montre que La Motte, bel esprit et poète classique, n'aimait guère à peindre des originaux à la fois si simples et si compliqués, qu'il avait le sentiment confus de

---

[1] Fables, V, 4, p. 275.

son impuissance et préférait prendre pour ses acteurs des hommes, des Dieux, personnages convenus et consacrés, ou à leur défaut, des êtres abstraits, qui ne demandaient ni une observation exacte, ni une reproduction fidèle.

Nous dirons pour conclure que La Motte [1], bien qu'il se soit rendu plus libre dans l'apologue, n'a pas réussi à s'y affranchir des influences classiques. Quand il a voulu innover, il est sorti des limites du genre ; ses idées philosophiques sont déplacées dans des fables ; ses acteurs sont froids, immobiles ; son style tombe de la familiarité dans la bassesse ; ses imitations comiques des mœurs humaines sont outrées et touchent au burlesque ; il se vante d'inventer ses sujets sans s'apercevoir qu'il commet une erreur et un anachronisme. Le plan qui veut être varié et capricieux, est trop didactique ; la fantaisie même a quelque chose de compassé ; les caractères ne sont ni finement nuancés, ni largement tracés ; le poète enfin ne connaît pas la nature et n'aime point les animaux, il ne sait pas peindre l'une, ni faire agir les autres : deux défauts qui lui viennent d'un vice de sa nature, mais aussi de l'influence persistante de son éducation. La Fontaine, qui n'affiche pas tant de prétention, est bien plus original, il est plus inventeur, plus varié, plus vivant et dans sa correction classique il a bien plus d'aisance et de mouvement que n'en a La Motte, le novateur. L'un est un génie libre qui a adopté la forme classique et l'a accommodée à sa libre allure ; l'autre n'a que des velléités d'indépendance ; il s'insurge superbement, et il retombe dans la routine ; il se proclame émancipé, et il traîne après lui l'appareil des règles et des conventions.

---

[1] Voltaire pourtant fit applaudir une fable de La Motte, qu'il donna et qu'on prit pour une œuvre posthume de La Fontaine. Les dupes de sa supercherie, tous gens d'esprit et de goût, se piquaient d'admirer le Bonhomme et de mépriser son rival : c'étaient le prieur de Vendôme, Chaulieu, le Chevalier de Bouillon, l'abbé de Bussy, etc. (v. Lettre à la Harpe, juillet 1772).

VI.

Le poète dramatique.

<hr>

§ I. — LES TRAGÉDIES.

« La Motte s'est avisé sur le tard d'être *poète tragique* »[1]. Il avait près de cinquante ans lorsqu'il fit jouer sa première tragédie[2]. Quels motifs l'ont poussé à remettre sa situation si bien établie aux chances d'un début hasardeux ? quelles causes l'ont déterminé à se faire « poète de cothurne » à l'heure où les poètes heureux et les académiciens ne songent d'ordinaire qu'à jouir des avantages d'une fortune littéraire acquise ?

Depuis plus de vingt ans, La Motte rêvait de faire une tragédie[3]. Mais son ambition était contenue par des craintes et des doutes.

Bien des motifs le devaient retenir. Auteur d'opéras applaudis, et presque riche, il n'avait, pour fouetter sa passion, ni la nécessité de s'enrichir par le théâtre, ni ce démon impérieux qui pousse les jeunes poètes à goûter l'ivresse des triomphes dramatiques. Mais, sans parler de l'hésitation qu'il pouvait avoir à risquer en un jour une réputation établie, d'honorables scrupules le retenaient. Il nous l'a dit lui-même : les difficultés quasi insurmontables de la tragédie classique l'épouvantaient ; il jugeait insuffisant l'apprentissage dramatique qu'il avait fait dans ses Opéras, « ces tragédies tronquées »[4] ; enfin il balançait à entreprendre un grand poème tragique, parce qu'il ne s'était encore essayé qu'à des œuvres de médiocre étendue. Il attendait de rencontrer un sujet si heureux qu'il fît céder ses hésitations, « une action théâtrale *qui le* frappât » par sa singularité et par sa grandeur »[5].

D'autre part, de très puissants mobiles le poussaient à s'aventurer. Il était avide de toutes sortes de gloire : comme disaient ses ennemis, « il voulait obtenir la palme de l'Universalité ». Une émulation

<hr>

1 Marais. Journal.
2 Il avait exactement 48 ans. — Les Machabées. 6 mars 1721.
3 1er Discours sur la tragédie, IV, p. 23.
4 Ibid., IV, p. 24.
5 Ibid., IV, p. 46.

plus particulière le piquait : le succès récent de l'Œdipe du jeune
Arouet dut précipiter sa détermination. D'autant mieux qu'en ce
moment même, La Motte, fort vivement attaqué, sentait le besoin de
restaurer sa renommée par des succès nouveaux, et de consacrer sa
gloire de poète académicien par la popularité que donne seul le théâtre.

Mais la raison qui sans doute le détermina à composer des
tragédies, ce fut le désir de mettre en pratique ses théories,
d'essayer par une expérience la valeur de ses idées. Il avait beaucoup
réfléchi sur l'art dramatique avant de rien écrire : il apercevait les
points faibles du système classique, il ne prétendait pas le détruire,
mais le corriger. Il se flattait de prouver par l'exemple qu'un philosophe pouvait transformer la tragédie, en tirer un drame plus libre
et plus varié [1].

Par malheur ces belles réformes restèrent à l'état de projet. Les
« Discours » sont remarquables par la hardiesse de la critique. Les
tragédies elles-mêmes sont assez faibles, d'une exécution timide et
incertaine. La Motte disserte sur la tragédie comme un disciple de
Fontenelle et un devancier de Diderot : il compose presque toujours
comme un médiocre élève de Racine.

Ses trois premières tragédies [2] furent très bien accueillies du
public [3]; la dernière seule, Œdipe, n'eut aucun succès. Mais il ne
faut pas s'y tromper : les applaudissements ne s'adressent pas aux
parties les plus originales des tragédies, aux beautés neuves.
L'admiration ne s'arrête pas à ces nouveautés modestes dont La
Motte était si fier. Ce qui détermina le succès, ce fut la fidélité
du poète à reproduire le type consacré de la tragédie classique.
Les Machabées, pendant quelques jours, passent pour une œuvre
posthume, et non indigne, de Racine [4]. On applaudit Romulus, où
l'on croit saisir comme un écho de la grande voix de Corneille.
Le Théâtre de la Foire et les Italiens protestent seuls et vengent
le bon goût. Les spectateurs en foule se réjouissent de retrouver
l'image de la grande tragédie [5] ; ces Français sceptiques de la Régence

---

[1] Cf. Discours préliminaire, t. IV, pp. 3-5.

[2] Les Machabées, 1721. — Romulus, 1722. — Inès de Castro, 1723. —
Œdipe, 1726.

[3] Les Machabées eurent quinze représentations successives.

[4] Cf. Frères Parfaict, t. XIV, p. 414. Ils donnent un extrait du Mercure, mars
1721, dont le premier jugement est tout favorable à La Motte. On y loue même
la versification. La pièce est attribuée à « quelque génie nouveau ».

[5] Une part dans ce succès revient aux excellents interprètes : au vieux Baron
dans les Machabées ; dans Inès, à Mlle Desmares, que La Motte préférait à
Mlle Le Couvreur: il lui trouvait plus d'âme. (Cf. d'Alembert, Eloge de La Motte,
Ed. Belin, 1832, t. III, pp. 246-252).

ont une foi : ils croient à la tragédie [1]. Si la voix de la critique s'élève, ce n'est pas pour protester contre la banalité monotone de ces contrefaçons de Racine ; c'est au contraire pour réclamer, au nom des règles et d'Aristote, contre des libertés qui nous paraissent ridiculement timides, et des hardiesses qui nous font sourire.

Les habitudes d'admiration routinière, chez un public qui acceptait si aisément les plus grandes audaces de la parole et de la pensée, font comprendre et excusent en partie la timidité de l'exécution dans les tragédies de La Motte. Cette timidité paraîtra plus grande et plus choquante, si on compare ses Discours à ses pièces, ce qu'il propose de faire à ce qu'il fait [2].

A l'entendre disserter, il s'est affranchi de toutes les « régularités superstitieuses » [3]. Il n'y a pas une seule des prescriptions classiques qu'il n'attaque et ne ruine.

Il démontre que les trois unités sont des règles déraisonnables, et qu'on peut faire une tragédie excellente en les violant toutes [4]. Il condamne l'abus de l'Amour au théâtre, de l'amour vague et impersonnel. Il proscrit les récits « insipides » [5], les monologues invraisemblables et monotones [6], « les confidents » qui n'ont pas plus de part à l'action que les spectateurs » [7]. D'un autre côté, il recommande de faire la part plus large au spectacle et à l'action. Toute cette critique ne manque pas de hardiesse pour l'époque ; cela semble promettre une composition plus libre et plus originale. Par malheur ce ne sont que des velléités d'affranchissement non suivies d'effet. Et cela est si vrai que La Motte lui-même confesse sa fidélité à suivre des lois qu'il conteste ; ce n'est pas sans regret qu'il fait cet aveu, il est un peu confus de sa docilité. « Je n'ai fait que quatre tragédies, et j'ose me vanter, » puisqu'il le faut, d'y avoir été du moins aussi fidèle aux unités » que nos plus grands maîtres. On ne saurait me reprocher de » m'être affranchi d'aucune des contraintes établies » [8]. Cette fois La

---

[1] C'est seulement 30 ans plus tard que Crébillon le fils regardait la tragédie comme la plus désopilante bouffonnerie que l'esprit humain eût su inventer. (V. Mercier. Tableau de Paris).

[2] « Toute la hardiesse de La Motte est dans la préface ». Villemain, XVIIIe siècle.

[3] Discours préliminaire, t. IV. p. 19. — Cf. 2e Disc.. IV. p. 148 « la superstition de l'art ».

[4] 1er Discours. pp. 37. 38 sq.. et surtout p. 42.

[5] 2e Discours. p. 184.

[6] 3e Discours, p. 280.

[7] Ibid.. p. 277.

[8] Suite des Réflexions, où l'on répond à M. de Voltaire, t. IV, p. 429.

Motte était sincère. Peu de poètes ont plus fidèlement reproduit le modèle uniforme de la pure tragédie classique.

Le choix des sujets ne trahit guère le réformateur. La Motte puise aux mêmes sources que ses devanciers : il imite Corneille s'il choisit le sujet pseudo-romain de Romulus ; s'il adopte le sujet religieux des Machabées, c'est sur Racine qu'il se modèle. Œdipe est une matière vingt fois traitée qu'il reprend et qu'il essaie de rajeunir. Le sujet d'Inès de Castro est plus neuf ; mais c'est une bonne fortune dont il ne faut pas savoir trop de gré à l'auteur ; le hasard y a plus de part que l'instinct poétique et la réflexion. En effet, pour lui comme pour ses maîtres, l'invention du sujet, la matière historique importe peu. Il n'est pas frappé d'abord (quoi qu'il dise) par la grandeur du sujet, la beauté des situations, l'intérêt des caractères que lui fournit l'histoire ou la légende. Cette façon de procéder si naturelle, qui est celle de Shakspeare, de Lope de Vega et de quelques dramaturges romantiques, n'est pas la sienne. Il va de l'idée aux faits : il commence par concevoir et combiner dans son esprit les éléments généraux de son drame, les principales situations amenées logiquement par le conflit des passions ; il échafaude ainsi l'appareil abstrait de la tragédie : après cela, il se met en quête d'une matière historique conforme à son idée, d'un ensemble d'événements et de personnages réels qui puissent donner un corps à sa conception première. La pièce où La Motte a appliqué avec le plus de rigueur ce procédé de composition à priori, est précisément Inès, c'est-à-dire celle de ses tragédies où l'histoire lui fournissait le drame tout fait. Les critiques les plus bienveillants, sans songer à blâmer cette méthode de composition, la marquent en termes très nets. Ainsi d'Alembert [1] : « On dit que La Motte fit absolument d'imagination » le plan d'Inès de Castro, et qu'ensuite il pria ses amis de lui »trouver dans l'histoire un événement auquel cette tragédie pût » s'appliquer. Ils ne trouvèrent que celui d'Inès.... » Sautreau de Marsy, le biographe le plus impartial de La Motte, s'exprime à peu près de la même façon. « .... Il est évident qu'il avait acquis » une connaissance profonde du cœur humain en recherchant » soigneusement ce qui peut faire sur lui le plus d'impression. » Il avait trouvé que l'amour malheureux d'un côté, de l'autre » l'orgueil du rang vaincu par la nature, étaient susceptibles de » produire le plus grand attendrissement. Ce fut probablement » d'après ces réflexions qu'il bâtit son intrigue, et l'excellence de

---

[1] Eloge de La Motte. Note à la page 148 du t. III. — D'Alembert parle sans doute d'après l'auteur des « Anecdotes dramatiques », art. Inès.

» son discernement sut tout préparer et tout mettre en ordre » [1].

Donc, c'est un fait admis par les critiques les plus modérés que La Motte se préoccupait de l'idée plus que des faits, qu'il concevait son drame avant de savoir par quels acteurs il le ferait exécuter, et que par suite, il tenait plus de compte des sentiments généraux, de la marche logique des passions, que de la réalité historique des événements, de la mobilité et des contradictions si naturelles au cœur humain. C'est la méthode classique. La Motte l'a employée en composant son Inès de Castro, et à plus forte raison dans ses autres tragédies. Chacune d'elles a été bâtie en l'air, pour ainsi dire, avant de reposer sur la terre ; chacune est née d'une idée préconçue, d'une intention calculée de produire un certain effet déterminé. C'est ce que nous paraît avoir démêlé avec beaucoup de sagacité Sautreau de Marsy [2] : « La Motte, dit-il, avait voulu être » sublime dans les Machabées ; l'héroïque dominait dans Romulus. » Qui aurait pu deviner que le pathétique serait le genre dans lequel » il devait avoir le succès le plus brillant et le plus durable ?... » Oui, La Motte a voulu, dans chacune de ses pièces, produire une impression particulière : il s'est proposé d'être successivement sublime, héroïque, pathétique ; dans Œdipe, il a eu le dessein de produire un effet nouveau et plus poignant, celui de l'horreur tragique.

On ne veut ni louer, ni blâmer absolument ce procédé de composition ; il n'est pas mauvais que la raison précède et conduise l'imagination et la sensibilité. Mais ce qu'il est permis de critiquer, c'est le choix trop peu original des sujets, c'est l'habitude de subordonner les faits à l'idée, la vérité contingente à la vérité abstraite ; c'est enfin la préoccupation trop sensible de produire dans chaque pièce un certain effet général. C'est par là que La Motte dans ses tragédies, même dans Inès, s'est montré un disciple trop docile des maîtres classiques : non point parce qu'il emploie leur méthode, mais parce qu'il l'exagère.

Il y a, dans la *conduite des pièces*, de grosses fautes qui seraient excusables chez un disciple convaincu de la doctrine classique, mais qu'on pardonne malaisément à La Motte, parce qu'il ne croit pas à certaines prescriptions qu'il observe contre sa conviction, par une

---

[1] Précis sur la vie et les ouvrages d'Houdar de La Motte, par Sautreau de Marsy (Tiré des Annales poétiques, art. La Motte, t. XXIV, Paris, 1785).

[2] Ibid., p. 25. Sautreau de Marsy appelle cela « chercher à moissonner des couronnes dans tous les genres de tragédies ».

sorte de respect humain [1]. Ainsi, dans Romulus, il pèche contre l'unité de composition. La pièce est finie au IV° acte, puisque le différend est réglé et que Romulus et Tatius viennent de fiancer leurs enfants. Mais non, la tragédie n'est pas terminée, parce qu'il faut de toute nécessité qu'elle ait cinq actes. L'auteur se tire d'embarras par un détour : le grand-prêtre Muréna, complice de Proculus et des conjurés, déclare que les présages sont contraires au mariage projeté. Tout est remis en question ; il faut que le poète tire ses personnages de cette difficulté, et de cette perplexité les spectateurs : et c'est grâce à ce subterfuge que le V° acte peut se glisser à la suite des quatre autres.

Il serait injuste de se montrer sévère pour ces arrangements trop ingénieux, pour ces combinaisons plus adroites que vraisemblables ; les maîtres du genre ont donné plus d'un exemple de ces raccords, sur lesquels le public fermait les yeux avec complaisance. Mais eux, du moins, croyaient qu'on ne pouvait pas composer une tragédie en moins de cinq actes. La Motte ne le croyait pas, ce qui fait qu'à le voir se donner tant de peine pour coudre à sa pièce un V° acte inutile, on est tenté de lui reprocher, comme une trahison de ses idées, cette concession faite à une convention qu'il condamne.

Je ne serais pas plus sévère pour d'autres manquements à des règles secondaires de la tragédie, si je pouvais les attribuer à une volonté réfléchie d'appliquer des principes certains, et non à une défaillance du talent, à un défaut de soin ou d'habileté. Or c'est ce qui arrive. La Motte sait bien, par exemple, que la loi classique ordonne de justifier exactement les entrées et les sorties [2] de tous les acteurs ; cette loi, il la reconnaît, au moins implicitement, puisque, partout où il le peut, il a grand soin de l'observer. Il y manque pourtant en bien des endroits. C'est là qu'est la faute : il fallait, de parti pris, n'observer jamais cette loi ou l'observer toujours. Dans les deux cas le poète eût été logique ; novateur résolu ou imitateur scrupuleux, on n'eût pas songé à mettre en contradiction ses paroles et ses actes.

Quant aux *procédés* ordinaires de la tragédie, aux artifices

---

[1] Disons pourtant que La Motte a un mérite : il fait effort pour trouver, pour dégager les situations les plus belles, les scènes les plus dramatiques. Et il y réussit souvent. Par malheur, ces situations trouvées, il ne sait pas les traiter, les exploiter à fond, en tirer tous les grands effets qu'elles contiennent. C'est le défaut de son tempérament, plus fin que pathétique, plus critique qu'éloquent. (Cf. La Harpe, Lycée, Ed. Didier, t. II, p. 253. — Marais. Journal, éd. de Lescure, t. II, p. 486).

[2] Voir surtout pour ce défaut, les Machabées et Romulus.

vulgaires, La Motte en use sans la moindre retenue, d'autant moins excusable qu'il sait mieux quel cas il convient de faire de ces moyens vulgaires. Il nous a dit très nettement ce qu'on doit penser des récits, des monologues, des confidents; il les a condamnés par d'excellentes raisons; et pourtant il les met en usage dans ses pièces avec une prodigalité plus grande qu'aucun de ses contemporains. Mais ceux-ci, plus conséquents, ne critiquaient pas des artifices qu'ils croyaient nécessaires; ces lieux communs tragiques leur paraissaient utiles et beaux, il les traitaient de bonne foi, sans en sentir la banalité. Dans les Machabées, il n'y a que trois récits, c'est de la modération; en revanche on en peut compter six dans Romulus[1], petits ou grands, et tous mauvais. Ils ne sont pas surchargés de ces ornements poétiques que La Motte a blâmés dans le récit de Théramène[2]; ils sont même tout à fait dépourvus d'ornements et de beautés; à cela près, c'est le récit classique rendu plus vague, plus lent, sans être soutenu comme chez les maîtres par la passion qui anime le narrateur.

Le *monologue* fut une partie de la tragédie classique : c'est une sorte d'intermède approprié à la majestueuse lenteur de l'action; ses lieux communs éloquents sont l'ornement naturel d'un poème plus oratoire que dramatique; enfin il sert à marquer un repos nécessaire dans le développement des passions : le héros troublé, indécis, s'arrête et délibère; or cette délibération bien faite résume la tragédie[3], condense tout l'intérêt, puisque le lieu de l'action est en quelque sorte dans l'âme même du principal personnage. Mais dans un drame d'allure plus alerte, où les événements se précipitent, où la curiosité est plus impatiente de se satisfaire, les amples soliloques de la tragédie ne conviennent pas : ils ne peuvent que retarder l'action et faire languir l'intérêt. La Motte a vu le danger, sans l'éviter. Il prend un moyen terme : il conserve le monologue en l'écourtant. Ce n'est plus qu'un couplet de quelques vers, que l'acteur lance en hâte, comme honteux du temps perdu[4]. Le procédé manque de franchise : la convention classique est respectée, mais elle n'a plus d'effet. — Même il semble que ces monologues tronqués ne servent plus qu'à remplir l'intervalle entre deux scènes, à donner à un nouveau personnage le temps de faire

---

[1] Deux au 1er acte, un au 2me, un au 3me, et deux au 5me.

[2] Discours sur l'Ode, t. I, p. 26.

[3] Cf. P. Janet. Les passions et les caractères dans la Littérature du XVIIe siècle, 1888, pp. 58-62.

[4] Il convient d'excepter les deux monologues du roi, dans Inès (A. III, sc. II, et A. IV, sc. I).

son entrée. Quand on songe aux puissants effets que Corneille et Racine ont tirés du monologue, aux dramatiques impressions que produisent les soliloques d'Auguste ou de Phèdre, on regrette de voir ce bel ornement du théâtre classique, réduit à remplir les vides de la scène. On éprouve surtout du dépit contre le novateur inconséquent qui n'a su, ni le supprimer, s'il ne convenait pas au caractère de ses pièces, ni lui conserver sa dignité, s'il le considérait comme un élément essentiel de la tragédie.

Les *confidents* règnent en souverains dans le théâtre de La Motte, sauf dans Inès, où il les supprime heureusement. Partout ailleurs, il les multiplie et il ne leur épargne point la besogne. Ce sont les confidents de l'ancienne école : Tharès et Céphise dans les Machabées, Sabine dans Romulus, ont cette patience inaltérable à écouter qui distingue un confident bien né. Au reste ils n'ont pas l'ombre d'un sentiment personnel, il n'y a pas un trait original dans leurs physionomies. Cependant La Motte a bien recommandé de leur donner un caractère propre, une passion et de les intéresser à l'action [1] : mais quel rapport entre ce que La Motte recommande de faire et ce qu'il fait ? Pourtant notre auteur a trouvé le moyen d'être original dans la routine et d'innover dans le convenu. Proculus est le confident de Romulus ; il prend, il est vrai, une certaine part à l'action, mais enfin c'est un confident. Or ce comparse marche toujours escorté d'un ami modeste et dévoué, un certain Albin auquel il fait très soigneusement part — pour que le public n'en perde rien — des noirs projets qu'il médite contre son maître. Être le confident d'un confident : rôle ingrat, mais création originale et bien faite pour honorer un poète qui ne parle que de renouveler la tragédie !

Un dernier mot sur l'emploi des *machines* dramatiques, à demi usées déjà. La Motte n'a négligé de mettre en usage aucun de ces ressorts secondaires. Dans Œdipe il y a un songe [2], puis un oracle [3]. Passe pour l'oracle : il est consacré par la légende ; mais le songe est de trop. Dans les Machabées, prophétie, invectives [4]. Dans Romulus, prophétie politique [5]. Dans Inès, le grand discours de l'ambassadeur

---

[1] 3ᵉ Discours, IV, p. 280, etc.
[2] Œdipe, Act. I, sc. X.
[3] Ibid., I, sc. VII.
[4] Machabées, Act. V, sc. V. Act. IV, sc. VIII, IX.
[5] Romulus, Act. V, sc. VIII.

castillan [1] est un pur hors-d'œuvre, un morceau à effet qui ne répond à aucun besoin. Eh ! ce n'est pas un grand crime d'employer, après tant d'autres, ces lieux communs de la tragédie : mais pourquoi faut-il que celui qui en fait usage avec si peu de retenue, soit justement le critique qui s'est élevé avec le plus de force contre l'abus des procédés faciles ?

Une tragédie doit avoir cinq actes, ni plus ni moins : c'est ce que les d'Aubignac font déclarer à Aristote. La Motte n'en croit rien ; mais il agit comme s'il y croyait. Or, cinq actes c'est un long espace, malaisé à remplir. Les sujets que fournit l'histoire n'offrent pas assez de matière. Il y a bien les ressources accessoires, épisodes, péripéties, soulèvements populaires, que sais-je ? Notre dramaturge ne dédaigne pas ces petits moyens. Mais cela ne suffit pas toujours à le mener au terme fatal du cinquième acte. Alors, dans les nécessités pressantes, il n'hésite pas : oubliant ses critiques, reniant ses opinions, il recourt à la suprême ressource des tragiques en détresse : il met en œuvre l'*Amour*.

Le sujet des Machabées est pauvre, « il y règne un sublime de » dévouement religieux trop au-dessus des sentiments ordinaires » pour être soutenu pendant cinq actes » [2]. Que va faire l'auteur ? Réduire la pièce au juste développement de la seule passion religieuse ? Mais ce sujet comporte tout au plus deux ou trois actes. Pour tenter ce coup d'audace, il n'était ni assez hardi, ni assez conséquent avec ses principes. Il a préféré modifier la donnée historique, fausser le caractère du personnage principal, et, appelant l'amour à son aide, composer une tragédie en cinq actes. Il feint que Misaël, le dernier des Machabées, est amoureux d'Antigone, favorite du roi Antiochus. Cet amour n'est ni vrai, ni vraisemblable ; mais il va servir à combler le terrible abîme. Au moins La Motte a-t-il racheté l'invraisemblance de cet amour en le marquant, comme il le recommande lui-même, de couleurs vives et de traits nets ? « L'amour, » a-t-il dit, devrait être combiné avec différents caractères nationaux, » de manière qu'on ne vît pas des amants en général, mais tels et tels » hommes amoureux » [3]. Il est vrai que le sentiment religieux

---

[1] Inès de Castro. Act. I, sc. I. — Cf. De Boissy, prologue de l'Impatient. 1724 :
    « Toujours les mêmes nœuds, les mêmes dénouements,
      Des songes, des fureurs, des combats, des vengeances,
      Des oracles enfin et des reconnaissances,
      Thèmes en deux façons, ouvrage d'écolier,
      Dont on est rebattu, qui ne peut qu'ennuyer ».

[2] La Harpe. Lycée, t. IV, p. 253.

[3] 1er Discours sur la tragédie, t. IV, p. 34.

relève un peu l'amour d'Antigone et de Misaël ; mais ce n'est qu'une nuance à peine sensible. En somme cette peinture de l'amour manque de caractère : c'est la banale tendresse de tous les soupirants de l'ancien théâtre. Sans doute il était difficile au poète de remplir sa pièce sans employer l'amour ; même il a fait servir assez habilement cette passion au développement du drame ; c'est un nouveau ressort qui n'est pas inutile à la marche de l'action et qui ne nuit pas à l'agrément de la tragédie. Malgré tout, je ne puis lui pardonner de n'avoir su ni abréger le drame plutôt que de l'étendre au moyen d'un élément étranger, ni peindre l'amour tel qu'il a lui-même déclaré qu'il le fallait représenter.

La Motte a fait parfois un meilleur usage de l'amour, cet inévitable ornement de toute tragédie. Dans Inès, il est le ressort même qui fait agir les personnages et mouvoir le drame. Sachons-lui gré aussi d'avoir osé, une fois, s'en débarrasser entièrement : seul des poètes modernes, il a eu le bon sens, dans le terrible sujet d'Œdipe, de ne pas faire Jocaste amoureuse. En revanche il fait rouler toute une tragédie romaine sur l'amour chevaleresque et galant de Romulus pour Hersilie, sa captive. Bien que Corneille et Racine aient autorisé par leur exemple ces combinaisons étranges de l'histoire et du roman, la faute de goût était si forte qu'elle n'échappa point même aux contemporains habitués à juger avec indulgence ces erreurs consacrées. Mais de pareils manquements à la vraisemblance étaient moins permis à La Motte qu'à tout autre, parce que sa raison lui montrait l'inconvenance de ces conventions et que, s'il en faisait usage dans ses pièces, c'était par faiblesse de volonté et de génie.

On a vu que, dans la conception des sujets et dans la conduite de ses pièces, La Motte n'est qu'un assez médiocre élève des maîtres classiques. On va voir que, pour la peinture des passions, le dessin des caractères et les mœurs, il procède de la même discipline, dont il exagère les faiblesses, avec sa gaucherie de révolté circonspect.

Les *personnages* chez La Motte ne sont pas des hommes, ce sont des idées. L'esprit de l'auteur les a conçus tout d'une pièce ; l'imagination créatrice ne les a pas animés ou nuancés. Les étrangers reprochent à nos héros tragiques d'être trop uniformes et trop raides : c'est chez un élève ingrat et docile des maîtres, chez un La Motte, que ce défaut du système se remarque surtout.

Dans la tragédie classique on suppose que, dès le début de la pièce, les personnages sont arrivés au développement complet de leurs caractères, que leurs passions, sous la pression des événements antérieurs, sont montées à un degré très voisin du paroxysme : dès lors, les caractères ne se transforment plus, ils ne font que se développer logiquement ; les passions ne varient plus en nature mais en intensité, jusqu'au moment de la catastrophe, où une crise dernière détermine l'évolution définitive. L'imitateur s'empare du procédé qui lui paraît facile : il l'exagère et le fausse. Il forge des caractères tout d'un bloc et sans alliage ; il imagine des passions outrées, d'une violence uniforme et monotone ; il prête à ses personnages des mœurs étranges, qui ne sont d'aucun temps, ni d'aucun pays, qui appartiennent à peine à l'humanité idéale. Si bien que dans ce théâtre pseudo-classique il n'y a rien de vrai, rien d'observé sur la nature : passions outrées, caractères forcés, mœurs invraisemblables, tout est faux.

Les *passions* humaines sont immuables dans leur essence, mais les formes qu'elles prennent sont variables à l'infini. La Motte est assez philosophe pour percer jusqu'au fond permanent ; il n'est pas assez poète pour démêler l'expression changeante ou la nuance individuelle. Il conçoit les passions comme des chiffres ou des formules ; il ne les imagine pas incarnées dans un être vivant. Ses héros sont des abstractions. Le personnage historique donne son nom à un sentiment général, il ne le revêt pas de sa physionomie propre. Antiochus personnifie le despotisme ombrageux, Salmonée l'enthousiasme religieux [1], mais ni Salmonée ni Antiochus ne prêtent un trait de leur visage au peintre de ces grandes passions, que d'autres représenteraient aussi bien qu'eux. La Motte n'a pas la puissance d'analyse des grands classiques qui donne aux êtres imaginaires la vie idéale : il n'a rien de la fantaisie créatrice du romantisme qui prête aux rêves la vie poétique ; enfin il n'a pas la précision patiente des grands observateurs modernes qui produit parfois l'illusion de la vie réelle.

Un poète dramatique, analyste médiocre, peu imaginatif et pas du tout observateur, ne peut traiter les passions que de haut et de loin. Elles sont à la fois exagérées et vagues : trop uniformément violentes, elles n'excitent ni la sympathie, ni l'admiration. On voudrait un peu plus de faiblesse chez ces héros trop constamment sublimes. Je prends par exemple Salmonée : cette juive oublie trop qu'elle est mère : il lui échappe parfois un cri de douleur [2], elle s'apitoie un moment sur le sort de son dernier fils qu'elle envoie à la mort ; mais ces défaillances de la nature sont trop rares ; elle reprend tout de suite son orgueil de race, sa fureur religieuse et sa colère prophétique. La passion qui l'anime serait-elle moins puissante pour être un peu plus féminine

---

[1] Dans les Machabées.

[2] Les Machabées. Act. I, sc. III. Au moins vaut-elle mieux que la Salmonée de l'abbé Nadal.

et plus tendre ? Polyeucte hésite du moins ; il pleure et il prie ; il nous touche, parce que nous sentons que son héroïque vertu n'est pas exempte de la faiblesse humaine et qu'avant de triompher elle soutient un rude combat. Dans Inès de Castro, le roi Alphonse est un monarque sans faiblesse, mais c'est un père sans entrailles. Ces vertus impeccables, ces héroïsmes infaillibles offensent le bon sens : leur fausse grandeur détruit l'illusion.

Ces passions démesurées, La Motte ne prend pas toujours la peine d'en expliquer l'origine et d'en justifier la violence. Antiochus est un furieux persécuteur des Juifs ; on ne démêle pas les causes de cette rage sanguinaire. Il s'entête à vouloir faire périr les Machabées, sans qu'on sache pourquoi. C'est, nous dit-on, parce que :

> « ... Toujours ivre de sa puissance,
> Son orgueil ne saurait trouver de résistance ;
> Il veut être obéi. ... » [1]

Cela n'est pas trop clair, et il eût fallu des explications plus précises pour motiver cette cruauté impitoyable, née du seul orgueil royal. — Muréna, dans Romulus, c'est le prêtre jaloux de l'autorité royale. Encore voudrais-je savoir la cause de cet âpre ressentiment, et sa nature particulière. Sans quoi, dans ce pontife envieux et cruel, je ne vois qu'une conception arbitraire de la raison. Et puis ce Muréna rappelle trop le grand prêtre de l'Œdipe de Voltaire. — Ainsi la peinture des sentiments est faible et molle : trop accentuée dans les traits généraux, elle est flottante dans les traits individuels.

Il arrive que certaines passions sont tout artificielles, de pure convention. La convention est nécessaire au théâtre et La Motte le démontre fort bien [2], mais il ne faut pas qu'elle s'étende jusqu'aux caractères et aux sentiments, qu'elle dénature. Notre poète ne l'a pas compris. De là, chez lui, des sentiments invraisemblables et faux. Parfois il s'abandonne à l'espèce d'imagination qu'il a, imagination de géomètre en veine de fantaisie : il invente un état de l'âme étranger à la nature, des scrupules d'honneur plus que romanesques, des vertus surhumaines. Hersilie aime en secret Romulus qui l'a enlevée à son père ; cela se peut après tout ; mais qu'elle affecte avec obstination une haine impitoyable, qu'elle parle de mourir plutôt que de céder, qu'elle oppose sans relâche à son amant et à son amour une vaine rancune d'orgueil, je ne sais quel sentiment outré de sa dignité, lui refaisant à tout propos

> « Le reproche éternel de sa gloire offensée, » [3]

---

[1] Les Machabées, Act. II, sc. I.
[2] Discours sur la Tragédie, IV, pp. 162-163.
[3] Romulus, Act. III, sc. IV, p. 230 du t. IV.

c'est là ce que le bon sens se refuse à admettre : c'est de l'héroïsme de convention. L'amour de Romulus n'est pas moins romanesque. Romulus est doucereux, langoureux, timide devant Hersilie la cruelle : un peu violent parfois, mais si tôt radouci ! sa colère inoffensive est une grâce ; il est jaloux, mais une jalousie si tendre est un charme : par dessus tout, il est généreux et chevaleresque à faire pâlir tous les Amadis. — Une passion de cette nature, non seulement n'a jamais animé un Romain, mais elle n'a jamais fait battre le cœur d'aucun homme : ce Romulus est une méchante copie des plus mauvais romans de l'autre siècle.

Les passions abstraites et exagérées font les *caractères* raides et immuables. Tels les personnages se sont montrés dans la première scène, tels ils demeurent jusqu'à la fin, incapables de se modifier sous la pression des événements. Cette rigidité marmoréenne, sensible déjà chez les maîtres classiques, s'exagère chez les disciples. C'est le résultat d'un effort mal mesuré pour produire l'unité du caractère. Chaque personnage suit sa route avec une sorte d'obstination aveugle ; la passion qui se déroule avec une rectitude logique l'amène fatalement à un but marqué et prévu ; la volonté résiste, mais mollement ; la sensibilité proteste, mais sans vigueur. A proprement parler, La Motte n'a pas créé de caractères : une seule passion uniforme et invariable ne constitue pas un caractère. L'exaspération du despote Antiochus [1] ne varie pas en intensité de la première scène à la dernière. Misaël [2] ne fait que tourner dans une situation sans issue, jusqu'au moment où il se décide à prendre le seul parti possible, qui est de mourir. Dans Inès, la haine que la Reine ressent contre la rivale de sa fille est trop uniforme : à peine entrevoit-on un progrès dans sa jalousie, une variation dans sa fureur. Je ne vois que deux personnages dont le caractère se modifie pendant l'action, dont la volonté change sous l'influence des événements : c'est Don Alphonse dans Inès, et Tatius dans la tragédie de Romulus.

---

[1] Dans les Machabées.

[2] Fuzelier a bien saisi les défauts essentiels des principaux caractères du théâtre de La Motte, et il les a vivement marqués. C'est dans son « Discours à l'occasion d'un discours de M. de La Motte sur les parodies » (t. I des « Parodies du Nouveau Théâtre Italien », p. XXV). « Quel modèle... nous présente-t-il ? Est-» ce l'inégal Romulus, ce ravisseur doucereux, qui réunit dans ses aventures le » merveilleux extravagant de la chevalerie errante avec les fadeurs de la pasto-» rale ? Est-ce le turbulent époux clandestin d'Inès ? ou son père impitoyable, » fanatique admirateur de Brutus ? Est-ce le tendre Machabée, qui nous montre· » un berger galant, quand nous nous attendons à voir un zélé martyr ?.... »

Il y a pourtant quelques caractères assez heureusement tracés, mais surtout chez les personnages secondaires. Antigone est une agréable amoureuse, ni trop fade, ni trop énergique [1]. Constance surtout, dans Inès de Castro, est une charmante enfant, c'est la bonté même et la générosité ; le poète a très habilement opposé la fille à la mère : autant la reine est âpre et cruelle, autant Constance est douce et tendre. Elle aime Don Pèdre sans haïr sa rivale ; elle s'unit à elle, elle cherche à la sauver pour sauver le jeune prince ; son abnégation est sublime. Elle a quelque chose de cette adorable douceur qu'ont les jeunes héroïnes de Racine. Inès, encore, est bien séduisante : dans son rôle tout de dévouement elle a des mots qui émeuvent, des élans naturels et pathétiques ; c'est peut-être la seule création de La Motte qui ait le don de la vie.

Et pourtant, même aux meilleurs endroits, un scrupule arrête l'admiration. Ces personnages sont trop jolis, trop parfaits et trop nobles. Constance rappelle les jeunes filles de Racine. mais comme un pastel rappelle une peinture : les traits déjà embellis et adoucis prennent plus de langueur et un peu de mollesse. Inès exagère peut-être la tendresse ; elle abuse, si j'ose dire, du droit qu'on a de se dévouer ; un très léger mouvement d'énergie, un soupçon de colère relèveraient et ranimeraient cette désespérante perfection. En un mot, je crains que, même dans ce qu'on oserait appeler ses moments d'inspiration, La Motte n'ait usé de son procédé ordinaire — facile et banal — qui consiste à douer les personnages d'un sentiment extrême, un peu factice, vice ou vertu, et qu'il n'ait oublié les ombres qui sont nécessaires au portrait du plus parfait modèle.

La peinture des « *Mœurs* » est si extraordinaire chez La Motte qu'il a réussi à choquer son public, si peu exigeant qu'il fût en fait de vérité ou de vraisemblance historique. A vrai dire. Corneille et Racine n'avaient pas tort de vouloir être des poètes créateurs, plutôt que des archéologues exacts ; ils ont sagement fait de représenter les mœurs et le caractère de leurs contemporains, plutôt que les passions vraies et les sentiments réels des Romains et des Grecs. Mais il y a une mesure à garder : s'il importe peu que le poète dramatique soit historien fidèle, encore faut-il qu'il ne fasse pas un jeu de travestir les mœurs anciennes.

C'est l'erreur que La Motte a commise, surtout dans sa seconde tragédie. Romulus amoureux, galant et chevaleresque ! Il n'y a rien

---

[1] Machabées.

de plus bouffon dans le Cyrus et la Clélie. Alors au moins la convention était admise par des gens d'esprit qui n'en étaient pas dupes. La Jocaste de Voltaire est bien plaisante : elle soupire, elle pleure ses vieilles amours, pendant que l'orage s'amoncelle sur sa tête. Mais Voltaire riait tout haut de ce bel épisode d'amour, que la volonté des comédiens lui avait imposé. Je crains bien au contraire que La Motte n'ait été tout à fait sérieux, quand il écrivait le rôle de son Romulus dameret. Cette fois, le contraste était si fort entre le personnage historique et le déguisement romanesque, que l'invraisemblance sauta aux yeux. Sans doute la convention commençait à s'user. En 1722, la faute contre les mœurs historiques est relevée et signalée par tous les critiques. Marais dit très sensément : « On ne s'attend point à tant d'amour dans le fondateur du peuple romain »[1]. Le chansonnier anonyme[2] n'est pas moins précis :

> « ... Loin d'être dur et fier comme un héros d'histoire,
> Il est plus doucereux qu'un héros de roman....
> Le Romulus d'Houdart est par trop honnête homme,
> Je n'y reconnais point le fondateur de Rome ... etc. ».

Dans le « Pierrot Romulus », parodie de Lesage et Fuzelier, Sabinette se moque aussi du tendre et larmoyant héros :

> « Ah ! Romulus, est-il possible
> Que vous fassiez des madrigaux ? »[3].

Si La Motte imagina cet amour extravagant si contraire à tous ses principes pour obéir à la tradition et flatter le goût d'un public routinier, cette fois du moins son calcul fut trompé, sa lâche inconséquence fut punie par des railleries méritées.

Même dans Inès de Castro, sa pièce la plus originale, La Motte a péché par inconséquence et par timidité : là encore, il n'ose pas exécuter les réformes qu'il propose, ou bien il s'arrête à mi-chemin dans ses tentatives. Cette fois son tort c'est de n'avoir pas tiré le

---

[1] Marais. Journal.

[2] Chansonnier Clairambault-Maurepas, t. IV, p. 100.

— Seul le fidèle Marivaux loue la pièce sans restriction : il y trouve réunis le sublime de Corneille et l'élégance de Racine ; il découvre dans la fierté de Tatius « la rudesse des premiers temps ». S'il n'ose pas faire un grand éloge de Romulus. il admire Hersilie : « elle ressemble dans son espèce à son père... » (V. Spectateur français. 3eme feuille).

[3] Pierrot Romulus. sc. II (t. V du Théâtre de la foire, p. 117).

meilleur parti de la légende [1] ; c'est d'avoir arrangé les faits, radouci
les caractères, en un mot d'avoir sacrifié la vérité des mœurs aux
exigences conventionnelles et aux lois factices de la tragédie classique. Il a gâté en partie un drame admirable, pour en tirer une
tragédie régulière qui ne blessât aucun scrupule.

Dans la pièce française, Inès n'est pas la maîtresse [2] de l'Infant
Don Pèdre : le prince l'a épousée en secret, mais elle est sa femme
légitime : première concession inutile, mais que réclamait une
pruderie particulière du temps. — A la perfidie des conseillers du
Roi qui veulent perdre le jeune prince, La Motte a substitué la haine
jalouse que la Reine porte à Inès : ce changement n'est pas mal imaginé, surtout au point de vue de l'art classique, parce que le
ressentiment de la Reine dérive logiquement de la situation, au lieu
que la méchanceté gratuite des conseillers [3] était un fait isolé,
fortuit, sans lien avec le reste de l'action. — D'autre part, La Motte
a trop atténué les fougueuses passions du roi Alphonse et surtout de
Don Pèdre ; il les a adoucies, disciplinées en quelque sorte, en
les rattachant à de grands principes moraux, la dignité royale
et l'amour. Chez le Camoëns et dans les pièces du théâtre portugais
tirées de cet épisode des Lusiades [4], ce sont deux natures ardentes
et violentes qui sont aux prises, et leurs passions indomptées éclatent
avec plus de fougue spontanée. Inès chez La Motte n'a plus la fierté,
l'énergie âpre qu'elle avait dans l'original, et qui ne lui était pas
messéante ; il est vrai qu'elle a pris plus de dignité contenue, une
grandeur morale plus simple et plus touchante ; mais elle a peut-être
perdu en naturel ce qu'elle a gagné en grâce et en douceur.

Le poète enfin, et c'est ici surtout que nous voyons paraître
cette sorte d'horreur qu'avaient les auteurs et le public classiques

---

[1] Voici les données premières de l'histoire, d'après Raynouard (Journal des
Savants, n° de Juillet 1823) : « Elle nous apprend qu'Inès était depuis quelque
» temps mariée secrètement à Don Pèdre. Elle habitait avec lui à Coïmbre. Le
» roi y arrive dans le temps que son fils était à la chasse. Inès, apprenant que
» le roi veut la faire mourir, se jette à ses pieds et lui présente ses enfants ;
» Alphonse attendri reconnaît que la mort de leur mère serait une cruauté ;
» mais bientôt ses perfides conseillers, dont l'histoire a conservé et flétri les
» noms, lui arrachent son consentement ».

[2] « Camoëns (dans les Lusiades) ne dit pas qu'Inès a été l'épouse de celui
qui la fit reine après sa mort » (Raynouard, art. cité).

[3] Cette donnée historique a été suivie par les deux dramaturges portugais
dont Raynouard analyse les pièces.

[4] V. surtout la grande scène du IIIe acte de la tragédie portugaise analysée
par Raynouard : « La Nova Castro », d'Ant. Ferreira. — Cf. Patin, Tragiques
Grecs, I, p. 162.

pour les situations peu communes et les actions trop fortement
originales, le poète a cru devoir retrancher de sa pièce le beau,
l'admirable mouvement d'indignation et d'amour que la légende
prête au fougueux Don Pèdre [1] : sa maîtresse morte, la douleur ne
fait taire ni l'amour ni l'orgueil ; il la salue devant tous du nom de
Reine et il déclare Infants les fils qu'il a eus d'elle. Ne pouvait-on pas
tirer quelque bel effet de cette situation si neuve ? La Motte y a
peut-être songé ; mais il n'a pas osé risquer un effet dramatique
dont il ne voyait nul exemple au théâtre. Cela eût paru trop violent,
brutal et un peu barbare. Au reste La Motte lui-même nous a fait
la confidence de ses hésitations, de ses doutes et de ses scrupules [2].
Il avait songé, nous dit-il, à finir sa tragédie par une fureur de Don
Pèdre, qui eût fait pressentir ce qu'il devait devenir dans la suite ; —
cela eût été très naturel et tout à fait conforme au caractère du
personnage, comme aux mœurs de l'époque. Mais le poète a
réfléchi qu'il aurait laissé une impression désagréable et changé mal
à propos en terreur la pitié, qui est un sentiment beaucoup plus
doux. Cela peut être vrai. Mais ce que je démêle surtout dans ce
scrupule, c'est la méfiance innée de tout ce qui est trop accentué
et trop coloré. Ici comme dans ses autres tragédies, La Motte s'est
conduit en classique fidèle, qui n'admet des passions que l'expression
la plus générale ; qui dans les caractères sacrifie la nature à l'unité
et la variété à la vraisemblance ; qui dans les mœurs fait trop bon
marché de la vérité et de la couleur historiques.

On n'a guère encore montré que les défauts du théâtre de La
Motte. On a insisté sur les contradictions de la théorie et de la
pratique ; on a fait voir que, quoi qu'il en ait, les préceptes de l'Ecole
exercent sur le poète une domination si despotique qu'il les suit
avec une aveugle fidélité. On n'a pas tout dit sur cet inépuisable
sujet des fautes et des maladresses. Par exemple on n'a pas signalé
les nombreuses réminiscences, les imitations trop exactes des plus
belles tragédies classiques. La Motte « exige la nouveauté partout, du
» moins à quelque degré, sans quoi ce ne serait pas la peine d'é-
» crire » [3]. Dans la pratique il est plus indulgent pour lui-même : à
défaut d'invention, il se contente d'une adaptation ingénieuse, voire

---

[1] Mouvement indiqué par Camoëns, repris par le vieux poète portugais
Antonio Ferreira (v. Raynouard, art. cité).— Dans Inès, La Motte s'est aussi servi
de la « Laure persécutée », de Rotrou (v. frères Parfaict, t. V. p. 325).

[2] 3e Discours sur la tragédie, t. IV. p. 314.

[3] 2e Discours sur la trag. IV, p. 165. — Cf. la Préface des premières éditions
d'Inès, IV, p. 317 : « Point de nouveauté sans hardiesse ».

d'une simple copie. Beaucoup de caractères ne sont que des reproductions, plus fidèles qu'adroites, d'originaux bien connus. Romulus est un mélange de Pyrrhus et d'Auguste ; Proculus est un Maxime affaibli ; Hersilie est la cousine germaine, sinon la sœur, de la fière Emilie. Misaël est un Polyeucte langoureux ; Antigone ressemble à Pauline, mais elle aime son amant. Si nous en croyons Lagrange-Chancel, à qui la jalousie sans doute suggérait ces rapprochements :

> « Théodore m'apprend que Flavie et Marcelle
> A Constance, à la Reine ont servi de modèle. » [1]

L'analogie entre les modèles et l'imitation n'est pas complète, mais les rapports de ressemblance sont assez frappants pour qu'on n'hésite pas à conclure qu'il y a là plus qu'une rencontre fortuite et un effet du hasard [2]. Cela nous montre que nous sommes entrés décidément dans le siècle de l'imitation : pendant un siècle encore, on refera indéfiniment les cinq ou six tragédies modèles.

Ce serait un déni de justice de ne relever dans les tragédies de La Motte que les faiblesses et les inconséquences du poète routinier. Il est temps de montrer la part d'originalité qu'elles renferment. Méconnaître ce qu'il y a de neuf en quelques endroits serait d'autant plus injuste, qu'en ce temps-là les esprits étaient aussi téméraires que possible dans la spéculation et dans la causerie, mais que rien de ces bruyantes audaces ne passait dans la pratique. Dans un « Discours sur la tragédie » on niait délibérément l'utilité des unités et l'efficacité des principales règles ; on divulguait de fort beaux secrets pour composer d'admirables pièces par des procédés tout nouveaux : cela n'avait pas de conséquence ; c'était pur jeu d'esprit. Mais si un poète hasardait sur la scène une situation un peu neuve, un sentiment qui sortît de l'ordinaire, oh ! alors, il faisait acte de grand courage, voire de témérité ; les têtes s'échauffaient ; on prenait parti pour ou contre et, suivant la cabale à laquelle on appartenait, les uns proclamaient que la plus modeste innovation était le comble de l'impudence, un vrai scandale ; les autres criaient que c'était

---

[1] Œuvres complètes de M. Lagrange-Chancel, Paris, 1758, t. V, p. 107 : « Epître à M. Houdar de La Motte sur sa tragédie d'Inès ».

[2] Pour les situations aussi on relèverait bien des analogies. La scène où Romulus délibère avec le traître Proculus (Act. III, sc. 1) est prise à Corneille (Cinna). — Dans Inès, les ambassadeurs castillans viennent sans raison haranguer Don Alphonse : c'est une imitation assez malencontreuse de la harangue de Flaminius à Prusias (Nicomède, Act. II, sc. III).

une nouveauté heureuse et un trait de génie. Il ne faut pas oublier cet état particulier des esprits, si on veut juger avec un peu d'équité le mérite des rares tentatives de rénovation dramatique que La Motte a osé faire ; ce qui nous semble velléité impuissante prenait l'apparence d'une révolution.

La Motte n'a pas manqué, dans ses discours, de se faire honneur des nouveautés qu'il a hasardées. Il nous dit avec orgueil qu'il a multiplié les incidents et les événements, préférant l'intrigue compliquée à la fable simple [1]. L'essai qu'il fit de son système dans Romulus fut peu goûté : au nom d'Aristote, on blâma, on chansonna même le poète téméraire :

> « Trois conspirations et trois sanglants combats,
> Causent dans Romulus un horrible fracas,
> Et ce fracas vient par La Motte,
> Au mépris des leçons du bonhomme Aristote » [2].

Aristote cité par le chansonnier, n'est-ce pas plaisant ?

La Motte se vante encore d'avoir introduit « le spectacle » dans la tragédie [3], à l'imitation de ce qui se fait dans l'opéra et de ce que font, lui disait-on, les poètes anglais. C'est dans Romulus qu'il a risqué cette nouveauté. Oh ! l'innovation est glissée bien timidement et en vérité elle échapperait, si l'auteur n'avait attiré l'attention sur elle. C'est bien peu de chose en effet : les deux rois réconciliés veulent sceller leur alliance, dans une cérémonie solennelle : devant leurs cours réunies ils se jurent amitié et alliance. C'est là tout ce spectacle, dont la mise en scène est bien modeste si nous en croyons l'indication du livret : « On apporte un autel dans le palais » [4]. Cette simplicité héroïque fait honneur aux fortes imaginations des contemporains : ils n'avaient pas besoin de tant d'accessoires brillants et coûteux pour se figurer les pompes les plus splendides et les spectacles les plus magnifiques.

---

[1] Voir surtout 2e Discours sur la tragédie.

[2] Chansonnier Clairambault-Maurepas, t. IV, p. 109. Cf. Marais, Journal : « Il y a (dans Romulus), un siège, une bataille, une conjuration et une autre bataille dans les vingt-quatre heures ».

[3] 2e Discours (t. IV, pp. 183-184).

[4] Si modeste qu'elle fût, l'innovation fut mal accueillie par plusieurs. Lagrange-Chancel (Préface d'Amadis, t. II, p. 109) s'élève contre « la fausse opinion de ceux qui voudraient corrompre la noble simplicité de la tragédie par des spectacles inutiles ». Et il attribue à cette corruption du théâtre une cause qui paraît singulière : « C'est un goût de l'enfance, qu'on a pris dans les collèges où ces sortes de spectacles sont plus en usage que les unités de lieu, de jour et d'action ».

Ailleurs, La Motte se fait gloire d'avoir multiplié les personnages. Dans Inès en effet, au lieu des trois ou quatre acteurs dont se contente la tragédie classique, nous en comptons près de dix. Cette multiplicité très naturelle des personnages a le mérite de faire disparaître les confidents, insupportables comparses [1]. Il se peut que cette heureuse combinaison soit due aux données mêmes du drame primitif plutôt qu'au génie novateur du dramaturge. En tout cas, c'est une bonne fortune pour l'œuvre et il semble que l'assentiment général aurait dû consacrer cette nouveauté heureuse. Il n'en fut rien, les critiques se déclarent en masse contre le poète outrecuidant, ils réclament les confidents traditionnels et le nombre convenu de personnages. C'est le conseil judicieux que Lagrange-Chancel donne à son rival. Tu devais, lui dit-il :

> « Suivre toujours de l'œil ton principal objet,
> Et chasser neuf acteurs étrangers au sujet.
> Tes cinq actes alors, et plus vifs et plus sages,
> Auraient bien mieux roulé sur quatre personnages,
> A qui de confidents pareil nombre ajouté
> Aurait fait un contraste et d'ombre et de clarté
> Qui t'aurait dispensé d'allonger ta matière
> Et t'eût mené tout droit au bout de ta carrière. » [2]

Tels étaient les conseils que les purs classiques donnaient aux esprits téméraires. Et cela prouve que, si timide, si mesuré qu'on soit, on est toujours le révolutionnaire de quelqu'un.

« Un préjugé fort établi dans le monde », c'est que l'*Amour conjugal* n'est pas propre au théâtre [3]. La Motte n'a pas craint de l'y porter, et il s'en félicite ; mais il avoue qu'il a eu des modèles qui lui garantissaient le succès de son audace : Duché de Vancy dans son « Absalon », et Lafosse dans « Manlius ». Il donne d'ailleurs les meilleures raisons pour justifier l'emploi de cette passion plus rassise et plus calme, et je ne vois pas que les contemporains, si vétilleux, lui aient gardé rancune de sa hardiesse.

---

[1] 3e Discours, IV. p. 277.

[2] Lagrange-Chancel, Œuvres, t. V. p. 108. — Cf. l'abbé Desfontaines : « Critique en vers d'Inès de Castro », citée par Ch. Nisard (Ennemis de Voltaire, p. 18) :

> « (Et) c'est bien *insulter au goût des spectateurs*
> Que leur offrir quatorze acteurs,
> Que Corneille et Racine auraient réduits à quatre ».

[3] 3e Discours, IV. p. 266. — Cf. Piron, préface de Callisthène (Ed. R. de Juvigny, I, p. 145). Il pense aussi que la forme la moins tragique de l'Amour, c'est l'amour conjugal ; il a pourtant réussi dans Inès, dans le Philosophe marié et dans le Préjugé à la mode. Il est vrai, ajoute-t-il, que dans Inès c'est un amour clandestin.

Mais une autre liberté qu'il prit ne passa point si aisément. L'apparition des enfants d'Inès. portés dans les bras de leur nourrice, faillit compromettre le succès de la pièce :

> « On pense voir la famille
> De Citron dans les Plaideurs ; » [1]

c'est l'idée qui venait à tous les esprits, et qui fit un moment hésiter le public entre le rire et l'attendrissement. L'actrice sauva la situation en apostrophant rudement les spectateurs incertains : « Ris donc, sot parterre » [2], cria-t-elle, et le parterre se mit à rire, mais de lui-même et de son hésitation à admirer une scène si pathétique. — Le public était vaincu, mais la critique ne fut pas désarmée. Du fond de sa loge le Régent cria à l'auteur : « La Motte, vous aviez raison » [3]; c'était un beau triomphe d'avoir ramené Philippe d'Orléans qui, à la lecture de la pièce, avait fait de fortes objections contre la plus belle scène. Mais La Motte avait tenu bon, comme il avait résisté aux instances de tous ses amis, effrayés de tant d'audace : ce jour-là, voyant les larmes couler de tous les yeux, il dut se savoir bon gré de son opiniâtreté ; il dut se croire un des grands réformateurs du théâtre. Et son mérite n'était pas médiocre : la situation était indiquée par les modèles portugais, mais La Motte ne les connaissait pas, que je sache. Il est vrai qu'il avait pour lui l'exemple fameux donné par Euripide dans son Alceste ; mais l'autorité de ce grand nom ne suffit point à le mettre à l'abri des aigres critiques des connaisseurs [4]. Lagrange-Chancel, dépité peut-être de n'avoir pas eu la même audace heureuse dans son imitation de l'Alceste grecque [5], saisit l'occasion

---

[1] Parodies du Nouveau Théâtre Italien, t. II, p. 240. Ces couplets « en mirlitons » seraient-ils de la façon de Mme du Deffand, dont Marais nous dit (Journal, II. 474. — Juillet 1723) qu'elle s'était « amusée à mettre la tragédie d'Inès en mirlitons » ?

[2] Anecdotes Dramatiques. — Art. Inès.

[3] La Harpe. Lycée. II. p. 255. — Cf. Marais.Journal. II, 434. — Mars 1723. « Il l'a lue au Régent en présence de deux femmes. et on dit qu'ils y ont bien pleuré ; et le lecteur même pleurait ».

[4] Desfontaines conteste le succès. « On ne saurait dire que ce spectacle soit ridicule, et cependant il a fait rire. Pourquoi ? c'est que *l'enfance dégrade la scène* ». (Paradoxes littéraires, I).

[5] Dans le Prologue des « Chimères », opéra-comique de Piron (1726), M. de la Cabale entendant crier Inès par le colporteur de brochures, s'écrie avec une emphase ironique : « Voilà, voilà du vrai beau, qui n'est calqué ni sur » Sophocle, ni sur Euripide ; en un mot, du nouveau, du moderne héroïque, trésor » éternel pour le théâtre et pour la poésie ! » — « Vingt-quatre sols ! » crie le colporteur. (Œuv., Ed. R. de Juvigny, V, 177).

de se moquer, non sans finesse, du poète rival qui se contredit en imitant lui aussi ces anciens qu'il critique avec tant de dureté :

> « Mais l'honneur d'imiter les anciens auteurs
> N'était dû qu'au plus grand de leurs persécuteurs,
> Et ce n'est pas pour eux de légers avantages
> Que de te voir blâmer et suivre leurs ouvrages ». [1]

Quant à la scène elle-même, l'exemple d'Euripide ne la défend pas ; elle est condamnée par celui de Racine, qui, dans Andromaque, a eu raison de ne point faire paraître aux yeux le jeune Astyanax. La Motte eût dû se montrer aussi discret :

> « Astyanax obscur attendrit plus nos cœurs
> Que si par sa présence il mendiait nos pleurs ;
> Le Cothurne au touchant veut joindre le terrible :
> L'enfance avec sa pompe est trop incompatible . » [2]

Voilà les raisons péremptoires que les pédants opposaient à l'attendrissement universel et aux larmes du public. Cette fois, c'est le public qui l'emporta. Quoique la scène soit un peu timide encore, que le poète ait pris trop de soin d'en esquiver et d'en dissimuler la naïveté un peu forte, elle n'en est pas moins une des beautés de la pièce et la plus heureuse trouvaille dramatique de La Motte.

On pourrait encore mentionner, parmi les *nouveautés*, les idées philosophiques, les sentences de politique ou de morale que La Motte met assez souvent dans la bouche de ses acteurs [3]. Mais le mérite d'avoir ouvert cette voie aux poètes tragiques n'appartient pas à notre auteur ; il s'y est engagé à la suite de Voltaire [4] dont l'Œdipe est aussi hardi et neuf par l'esprit qui l'anime qu'il est banal et routinier par l'exécution.

On apprécie mieux la valeur des innovations que La Motte a risquées dans ses pièces, si on réfléchit à la résistance qu'il rencontrait chez tous les gens du métier et dans la plus grande

---

[1] Œuvres, t. V, p. 107.

[2] Ibid., p. 106.

[3] Quelques exemples : Dans Romulus (Act. IV. sc. I), je relève une allusion à l'orgueil sacerdotal jaloux du pouvoir militaire :
> « (Qui) prétend à son trône asservir l'autel même ».
— Dans Inès les deux morales sont vivement opposées, la morale universelle et la morale particulière aux rois et aux politiques (Act. II. sc. II).
> *Alphonse*. — Nous sommes affranchis de la commune loi,
> L'intérêt des États donne seul notre foi … etc.
> *D. Pèdre*. — La nature a ses droits plus saints, plus légitimes ;
> Le plus vil des mortels dispose de sa foi … etc.

[4] Cf. Fontaine. « Le théâtre et la philosophie au XVIIIe siècle ». 1878. p. 25.

partie du public. Mais d'un autre côté, on lui est moins reconnaissant de ce qu'il a bien voulu tenter, si on songe qu'il n'a pas tenu la dixième partie des promesses qu'il semble faire dans ses discours. S'il avait été conséquent avec lui-même, s'il avait écrit les « Discours sur la tragédie » bien résolu à mettre d'accord la pratique avec ses théories, je ne crois pas qu'il fût devenu un grand poète dramatique, — trop de qualités lui manquaient, — mais il eût eu la gloire d'être compté parmi les novateurs qui devancent leur temps et préparent pour l'avenir des formes d'art nouvelles. Comme toujours, son caractère n'a pas été à la hauteur de son esprit : l'un pressentait des transformations nécessaires, l'autre n'avait pas assez d'énergie pour s'affranchir des entraves.

Si du moins la forme rachetait le fond ; si les mérites du *style* aidaient à l'illusion, on pourrait supporter la lecture de ces œuvres artificielles et ternes ; l'une d'elles même, « Inès de Castro », serait demeurée à la scène et l'on prendrait plaisir à la relire, au lieu que pour la parcourir il faut un courage que seule peut donner la nécessité. Mais, hélas ! cette partie si essentielle est précisément la plus faible de ces faibles tragédies. La versification est si dure et si rude ; si pauvre, si pénible est le style, si plates sont les épithètes, si gauches les phrases, et les expressions vagues et inertes tiennent tant de place dans le tissu du discours, qu'en vérité on se sent irrité contre le malencontreux rimeur. De tout ce fatras, il paraît impossible de tirer une utile critique, une leçon profitable. Certes les auteurs dramatiques de ce temps-là ne sont pas des maîtres en fait de style ; Voltaire lui-même, surtout dans ses premières tragédies, est loin d'être un modèle ; mais Voltaire est un Racine comparé à La Motte. Je ne vois qu'un écrivain qui lui soit décidément inférieur : c'est ce ridicule abbé Nadal ; ses Machabées dépassent en platitude et en lourdeur prosaïque Inès elle-même. Il importe peu pour les Machabées de Nadal, qui sont une détestable pièce ; mais c'est grand dommage pour Inès de Castro, car c'est une des plus belles tragédies qui aient été condamnées à périr faute de style.

On a cherché à donner une idée, la plus exacte qu'on a pu, de ce que vaut La Motte comme poète tragique. On a tâché, tout en tenant compte de ses trop rares mérites et des préjugés de l'époque, de faire voir quels étaient ses plus grands défauts, et de montrer que ces faiblesses, dues pour la plus grande part à la médiocrité de génie et à la négligence de l'auteur, sont imputables aussi au système dramatique qu'il suivait, semble-t-il, contre sa propre conscience, et

que par suite il appliquait mal. Certes la forme classique de la
tragédie n'était pas à ce point usée et épuisée qu'un poète heureusement inspiré n'en pût tirer des œuvres fortes et belles. Crébillon
a montré que cet effort n'était pas impossible. Voltaire le prouvera
mieux encore. Mais ce qu'on a prétendu démontrer, c'est que tous
les principaux défauts du théâtre de La Motte dérivent de l'observation trop fidèle des lois de la tragédie [1], et que lui-même a été
plus coupable que pas un de ses rivaux, parce que, voyant très
clairement les inconvénients du système, il n'a pas osé s'en
affranchir. Ce qu'on lui reproche en somme, c'est d'avoir, à l'âge
de cinquante ans, fait des pièces qui ne sont le plus souvent que
des tragédies d'écolier. Il a le mérite d'avoir deviné que l'ancienne
tragédie ne convenait point parfaitement à une société qui se
renouvelait ; qu'il faudrait créer une forme dramatique qui eût
plus de mouvement, plus de liberté, plus de variété. Tout cela
était bien vu ; mais La Motte eut le tort de ne pas aller plus loin
que ces projets et ces velléités ; moitié par timidité, moitié par calcul
et pour plaire à un public qui ne s'était pas encore dépris de ses
vieilles admirations, il imita les maîtres sans originalité, et par
là il perd à nos yeux tout le bénéfice de sa clairvoyance.

§ II. — LES COMÉDIES.

Poète dramatique, La Motte a encore composé des *comédies*, et
des *drames lyriques* de plusieurs sortes.

Des comédies, nous ne dirons qu'un mot : jeux d'esprit agréables,
mais sans portée, elles ne fournissent matière à aucune de ces
observations générales qui intéressent notre sujet.

Des sept comédies de La Motte, deux rentrent dans le genre italien :
elles furent représentées en effet par la troupe italienne : ce sont
les « Originaux » (1693) et « l'Amante difficile » (1716). Les cinq
autres furent jouées sur le Théâtre Français, avec des « divertis-
sements » ; ce sont des contes de La Fontaine « accommodés au
théâtre et ramenés aux bonnes mœurs et aux bienséances » [2].

---

[1] « L'art se perdait par l'imitation même des modèles ». Villemain, 18e siècle.

[2] On attribue aussi à La Motte la comédie des « Trois Gascons », dont
N. Boindin aurait usurpé la paternité pour avoir ses entrées à la Comédie
française. (V. Anecdotes dramatiques, art. « Les Trois Gascons »). Les mêmes
auteurs affirment que « La Matrone d'Ephèse » parut aussi sous le nom de
Boindin. L'éditeur des Œuvres complètes, 1754, insère la pièce comme étant
de La Motte tout seul, puisqu'il ne dit rien de son collaborateur.

Que dire des « Originaux », début malheureux de La Motte au théâtre et dans les lettres ? La pièce ne vaut ni plus ni moins que tant d'autres. C'est l'éternelle intrigue de la Comédie italienne. Colombine, fille de Goguet, aime le charmant Octave. Son père veut la contraindre à faire un choix parmi des prétendants plus ridicules les uns que les autres. Elle se dérobe à ces odieuses poursuites en feignant une aversion pour le mariage. Le valet Pasquariel vient à son aide, ménage des entrevues aux deux amants et fait si bien qu'il amène le père à les marier ensemble. Le sel est un peu gros, la plaisanterie [1] lourde, le goût mal assuré. Mais cette petite pièce paraît si exempte de toute prétention qu'on ne comprend guère que son insuccès ait conduit l'auteur à se faire Trappiste.

« L'Amante difficile » vaut mieux. D'après les auteurs des « Anecdotes dramatiques » [2], la pièce aurait été composée en canevas par un groupe de gens d'esprit pour prouver que les Comédiens italiens étaient réellement capables de jouer des pièces « à l'impromptu », mérite que leur contestaient leurs rivaux, les Comédiens français. L'idée première reviendrait à Rémond de Sainte-Albine, alors âgé de 18 ans ; La Motte, au défaut du paresseux Dufresny, « se serait chargé d'abord d'en remplir quelques scènes ».

Quoi qu'il en soit, la pièce est amusante et bien conduite. Silvia aime Lélio, mais elle lui cache l'état de son cœur ; elle se plaît à le désespérer, car elle veut s'assurer d'abord de la sincérité de son amour. Elle feint, pour l'éprouver, de vouloir épouser son rival Mario. Elle décide sans peine son amie, la coquette Isabelle, à feindre d'aimer Lélio. Victime de sa ruse, elle éprouve tous les tourments de la jalousie, mais elle dissimule sa souffrance. Enfin elle se glisse chez Isabelle, travestie en cavalier, elle excite la jalousie de Lélio, et celui-ci sort vainqueur de cette dernière épreuve.

L'intrigue est ingénieusement coupée de scènes bouffonnes entre Trivelin, Arlequin et Violette la suivante, à la main de laquelle aspirent les deux valets ; contre-partie plaisante de la double poursuite dont Silvia est l'objet. Tout cela est d'un art aisé, aimable et fin. Au reste nulle étude ; mais des remarques piquantes et de jolis détails. Cela ressemble à du Marivaux sans prétention.

Quinze ans après avoir fait jouer son « Amante difficile » en prose et en cinq actes, La Motte la reprit, la réduisit en quatre actes et la

---

[1] C'est à peu près le seul endroit des œuvres de La Motte où on trouve quelques intentions satiriques ; mais ce ne sont que des allusions littéraires tellement voilées qu'on n'en peut guère démêler la portée.

[2] Anecdotes dramatiques, art. « Amante difficile ».

mit en vers. C'était en 1731. Or, par un étrange caprice, La Motte versifiait une pièce en prose, dans le même temps qu'il ôtait les rimes à son Œdipe ! Remaniée, allégée des scènes bouffonnes, la comédie est encore agréable : pour une fois les vers de La Motte valent sa prose, ils ont de l'aisance et de la grâce. Il y a des scènes heureuses, que ne désavouerait pas un véritable poète comique.

Les autres comédies sont des Contes de La Fontaine arrangés pour la scène [1] : le *Talisman* (c'est « l'Oraison de St-Julien ») ; le « Calendrier des Vieillards », « Richard minutolo », et enfin « le Magnifique » [2], la meilleure de ces singulières adaptations des vieux fabliaux. L'entreprise paraît hardie ; mais c'était la mode alors d'aventurer sur le théâtre les situations les plus risquées de nos contes galants : le public ne se scandalisait pas pour si peu. Dans un Prologue général, La Motte nous montre « le Comédien » qui, par de spécieuses raisons et à force d'esprit, triomphe des scrupules d'une dame et de sa nièce, un peu effarouchées à l'idée de voir mis à la scène les Contes de La Fontaine : « *La dame.* — Allons donc ! En tous cas, nous avons nos éventails. *La nièce.* — Oh ! pour moi, je n'y entendrai rien [3]. » —Donc les mères eurent recours à l'éventail, les jeunes filles à leur naïveté, pour n'être pas choquées des badinages un peu lestes qui, de l'original, avaient pu passer dans la copie.

Ces comédies prestement menées, écrites en une prose légère et vive, eurent du succès à la scène. J'imagine qu'elles en eurent un plus grand encore dans les sociétés, car elles paraissent moins faites pour être représentées sur un grand théâtre que pour être jouées dans un château, par des amateurs, devant un paravent.

§ III. — LES DRAMES LYRIQUES.

La Motte a réussi également dans toutes les variétés du Drame lyrique. Il a fait six « opéra-tragédies », trois « opéra-ballets », une « pastorale héroïque », une « comédie-ballet ». Toutes ces pièces furent jouées de 1697 à 1709 [4], jusqu'au moment où l'auteur, briguant

---

[1] Ces adaptations paraissent avoir été à la mode vers ce temps-là. Les frères Parfaict (t. XV, p. 333), mentionnent en 1719 « le Faucon », par l'abbé Pellegrin et la D^{elle} Barbier. Il y a d'autres exemples.

[2] D'après les Anecdotes Dramatiques, le Magnifique serait le premier exemple d'une pièce en deux actes.

[3] Œuvres, t. V, p. 103.

[4] TT. VI et VII des Œuvres complètes.

les suffrages de l'Académie, crut devoir renoncer à un genre considéré comme inférieur.

Dans le drame lyrique même le plus régulier, qui est l'opéra, le poète est très libre. Le choix des sujets est illimité ; tout est permis, l'histoire de tous les temps [1], les légendes de tous les pays et même le merveilleux des romans de chevalerie [2]. La conduite des pièces n'est pas assujettie aux unités [3]. Même La Motte inventa un genre plus libre encore, qu'on appela « Fragments », parce qu'il y avait autant de pièces qu'il y avait d'actes . Les caractères sont dessinés légèrement ; la fantaisie dispense de l'observation. Une seule passion anime tout le drame, l'amour, plus tendre que profond, plus galant que passionné. Il suffit au poète d'avoir de la grâce, de la finesse, de trouver des détails aimables, des traits plus ingénieux que forts. Enfin le spectacle et l'accessoire deviennent d'importants moyens de plaire : ce ne sont qu'évocations, destructions de palais, incendies et tempêtes.

Nulle part ailleurs, La Motte n'a rencontré une forme poétique qui s'adaptât aussi bien que l'opéra à la nature de son talent. Le drame lyrique, tel surtout qu'on l'entendait alors, n'exige du poète aucune des grandes qualités que la nature avait refusées à La Motte, la force, la sensibilité profonde, l'invention. Il y faut de la facilité pour traiter légèrement des situations plus riantes que pathétiques, ou dont le terrible est tout de convention ; il y faut beaucoup d'esprit et d'enjouement, un tour aisé et élégant. La Motte possédait tous ces mérites secondaires à un degré supérieur. Aussi fut-il proclamé grand poète dans le drame lyrique ; on reconnut en lui le successeur et presque l'émule de Quinault [4]. S'il lui est inférieur dans l'expression du sentiment et dans la tendresse, il l'égale quelquefois par les grâces de l'esprit et le charme de la diction.

« *L'Europe galante* » est le modèle du genre appelé « fragments » : c'est une suite de petits actes isolés, vaguement reliés par une idée commune qui les encadre tous [5]. Vénus et la Discorde se disputent l'empire du monde ; la première l'emporte dans l'Europe. Le poète part de là pour nous promener à travers l'Europe « galante » et nous dépeindre la manière d'aimer des principaux peuples. La

---

[1] Scanderberg.

[2] Amadis de Grèce.

[3] Cf. La Harpe, Lycée, II, p. 378.

[4] Sautreau de Marsy : « Précis sur la vie et les ouvrages d'Houdar de La Motte » 1785, p. 8 : « Les littérateurs de son temps lui assignaient le premier rang après Quinault ».

[5] La Harpe, Lycée, II, p. 383.

France est personnifiée par Sylvandre, un berger volage ; l'Espagne,
par deux amants « fidèles et romanesques » qui soupirent et chantent
sous le balcon de leurs maîtresses ; l'Italie est représentée par
Ottavio, « jaloux, fin et violent » ; la Turquie par le sultan qui, blasé,
quitte sa favorite pour en prendre une autre. On le voit, la composition est simple et l'étude superficielle. Les vers sont agréables,
assez souvent prosaïques, libres sans grande variété, quelquefois
assez harmonieux et coulants ; il y a de l'esprit comme toujours et
des pointes un peu bien subtiles.

« *Amadis de Grèce* » est ce que nous appelons une « féerie ».
On y voit Mélisse, magicienne, éprise d'Amadis, disputer le preux
et beau chevalier à la princesse Niquée, à grand renfort d'enchan-
tements.

« *Marthésie*, première reine des Amazones », est un opéra qui
se termine d'une façon très lugubre : tout le monde meurt. La
donnée est analogue à celle de la tragédie de Romulus, mais les
rôles sont intervertis. Marthésie, victorieuse du roi des Scythes,
Argasipe, se met à adorer son captif : situation piquante qui donne
lieu à une très jolie scène entre la guerrière amoureuse et son
prisonnier, le plus galant de tous les Scythes. Il va mourir frappé
par Mars, son rival jaloux ; écoutez sa plainte :

> « ... Je ne sais, au moment que j'expire,
> Si je meurs de ses coups, ou bien de mon amour » [1].

« *Canente* », sans être un des bons opéras, renferme une scène
dramatique assez bien conduite (II, 6), et de jolis détails, des traits
de sentiment plus ingénieux que passionnés, comme ce cri de
douleur de Circé, qui aime le roi Picus sans pouvoir lui faire
partager son amour :

> « Hélas ! qu'il est loin de m'aimer,
> Puisqu'il ne voit pas que je l'aime ! » [2]

« *Omphale* » [3] encore est agréable. Argine la magicienne,
jalouse d'Omphale, est un personnage banal et dont on a abusé,
comme aussi des scènes d'enchantement, des évocations, apparitions,
incendies et écroulements de palais : c'était une loi du genre.
Les amours d'Omphale et d'Iphis, l'ami d'Hercule, donnent lieu à

---

[1] T. VI, p. 143.
[2] Ibid., p. 247.
[3] Avec la musique de Destouches.

plusieurs scènes jolies, pleines d'esprit, de galanterie subtile et quelque peu précieuse :

> *Omphale.* — Je sens croître encor mon amour
> Par le plaisir de vous le dire .....
> *Iphis.* — Quand vous cessez de le dire un moment
> Je cesse de le croire. [1]

La « *Vénitienne* » est une comédie-ballet, dont l'imbroglio est amusant, sans être bien neuf ; il s'y trouve une scène de fausse divination spirituellement traitée, où il semble que La Motte ait voulu se moquer lui-même de toute cette magie ridicule que la convention lui imposait. Le dialogue est vif et pressé, la pièce est gaie.

Une autre comédie-ballet, « *le Carnaval et la Folie* », échappe à l'analyse. La Motte nous dit qu'il a emprunté l'idée de la pièce à l'*Eloge de la folie*, d'Erasme : nouvelle preuve de la liberté qu'avaient les auteurs des drames lyriques d'aller chercher leurs sujets partout où il leur plaisait.

La tragédie de « *Sémélé* » passe pour un des chefs-d'œuvre du genre [2] : Jupiter, sous la forme d'un simple mortel, aime Sémélé, que Cadmus a fiancée au roi Adraste ; celui-ci découvre à Junon la trahison de son époux ; la déesse irritée suggère à Sémélé le désir de voir le roi des Dieux dans toute sa gloire : l'imprudente tombe foudroyée. La donnée est peu de chose, mais le poète y a semé de charmants détails, des pensées très fines, des peintures légères et gracieuses.

Issé [3] est un des modèles de ce genre faux et charmant, la Pastorale. La Bucolique est moins froide au théâtre que sous la forme du poème ou du roman. Le dramaturge a toutes les facilités pour faire admettre la convention ; celle-ci acceptée, tout le reste passe aisément. Une idylle écrite ne parle qu'à l'imagination, dont encore elle a peine à trouver le chemin ; une idylle en action parle aux sens et à l'esprit. Dans « *Issé* », nous sommes en pleine bergerie mythologique. Apollon, sous les traits de Philémon, courtise la jeune Issé, et le Dieu travesti, qui veut se faire aimer « sans le secours de sa grandeur suprême », n'a pas de peine à triompher de son rival, Hylas. De là des scènes variées d'amour, d'ivresse et de jalousie,

---

[1] T. VI, pp. 338, 339.

[2] La Harpe, Lycée, II, p. 383. « De tous les opéras faits depuis Quinault, Sémélé est, à mon avis, le meilleur ».

[3] « Pastorale-Héroïque », musique de Destouches, jouée à Trianon le 17 décembre 1697 ; à l'Académie royale de musique (en II actes), octobre 1708.

de tendresse et de désespoir..... Mais comment analyser une intrigue si légère jetée sur un canevas si ténu ? La Motte est à son aise en ce milieu factice ; il fait jouer avec dextérité les ressorts très fins de ces passions imaginaires ; il trouve l'emploi de tout son esprit facile et délié dans ces situations romanesques, idéalement fausses ; il a tout juste ce qu'il faut d'imagination pour animer ces acteurs de fantaisie, bergères musquées, bergers enrubannés de soie, d'une simplicité maniérée, qui soupirent avec grâce et se désespèrent avec de l'esprit.

Vérité, simplicité, sont choses variables : au moins ces bergers et ces bergères ressemblaient un peu aux belles dames et aux jolis seigneurs qui les applaudissaient ; ils valaient bien autant pour la vérité des mœurs que certains paysans de nos idylles modernes, qui parlent, dans un jargon faussement rustique, le langage abstrait et prétentieux des bourgeois humanitaires. Tels qu'ils sont, les faux bergers de La Motte sont tout à fait charmants, ils expriment leurs sentiments factices avec des grâces nonpareilles, leur langage est doux, leurs pensées naïves avec subtilité, leur voix harmonieuse. Oui, pour cette fois, La Motte a rencontré l'harmonie qui partout ailleurs semble le fuir [1]. Les exemples sont nombreux dans la pièce de couplets joliment tournés, d'une forme agréable, d'une versification molle ou forte suivant les cas [2].

« *Alcyone* » est un grand opéra, ou, comme on disait alors, une « tragédie-opéra ». Ce n'est pas la meilleure pièce de La Motte en ce genre, mais elle eut un grand succès à l'Académie royale de musique et la scène de la « tempête » demeura longtemps fameuse. C'est une page des Métamorphoses mise en drame. Rien de plus simple dans le merveilleux. Alcyone et Ceix s'aiment et vont se

---

[1] Cf. Sautreau de Marsy, p. 8. « Les poèmes qu'il a composés pour être mis en chants ont en général une versification élégante et facile ; les détails en sont gracieux, pleins de finesse et d'esprit. Il n'est cependant pas très sûr que ces pièces obtinssent aujourd'hui le même succès : ce n'est point seulement par des madrigaux que l'on se fait applaudir maintenant à ce théâtre, mais par la rapidité de l'action, la multitude des tableaux, la coupe des airs et l'intérêt du sujet. » — Cela a été écrit en 1785.

[2] Ceux-ci par exemple : « Heureuse paix, tranquille indifférence... » etc.
(III, 3).
... « C'est Issé qui repose en ces lieux... » etc.
(III, 3).
... « Arbres sacrés, rameaux mystérieux... » etc.
(III, 5).
et ... « Ici les tendres oiseaux.
Goûtent cent douceurs secrètes... » etc.
(III, 6).

marier. Pélée, qui aime Alcyone sans espoir, avoue **sa passion** malheureuse à son confident Phorbas, un grand enchanteur. Aidé par la magicienne Ismène, sa maîtresse dans l'art mystérieux si utile aux faiseurs d'opéras, Phorbas évoque les puissances infernales : le palais de Ceix s'embrase au moment où va être célébré l'hymen des deux amants. Le sorcier Phorbas prophétise, commande à Ceix d'aller consulter Apollon à Claros. Les amants se séparent, non sans avoir échangé les plus tendres adieux. Alcyone endormie voit en songe son cher Ceix qui périt dans une affreuse tempête. Pélée cependant se désole d'avoir été, par sa jalousie, la cause de tant de maux ; il veut mourir, et de la main d'Alcyone. Celle-ci, un moment ramenée à l'espérance par les consolantes promesses de Phosphore, le père de son amant, retombe dans le désespoir à la vue de Ceix noyé sur le rivage ; elle se perce, elle expire. Par bonheur Neptune intervient et ressuscite ces deux parfaits amants qui vont revivre d'une vie immortelle sous une forme nouvelle.

On voit que dans cette pièce les Dieux et les puissances infernales se donnent bien plus de mouvement que les faibles mortels. Ceux-ci se contentent de pleurer et de chanter leurs douleurs. Deux scènes d'enchantement, une tempête, deux apparitions de divinités, telle est la part du merveilleux dans cette pièce lyrique [1].

La Motte excellait dans les scènes d'enchantement ; l'évocation des Dieux infernaux au second acte d'Alcyone passa pour un chef-d'œuvre ; merveilleux de convention, au reste, et dont personne n'est dupe un instant ; magie amusante et inoffensive dont La Motte se moque tout le premier [2]. Toute cette fantasmagorie n'est là que pour le plaisir des yeux, pour préparer la tâche au metteur en scène et au machiniste, et plus encore peut-être pour procurer des « motifs » graves et nobles au musicien [3].

En somme les drames lyriques de La Motte sont supérieurs à ses

---

[1] Dans le ballet « Le triomphe des Arts » il y a aussi de bons morceaux. Ainsi l'invocation du poète Amphion aux murs de Thèbes (3ᵉ entrée, sc. 1, p. 172 du t. VI) ne manque ni d'allure, ni d'harmonie. — Le duo d'Apelle et de Campaspe (4ᵉ entrée. sc. 3, p. 180, t. VI) est bien joli encore.

[2] Voyez en quels termes à demi plaisants La Motte (dans le prologue de Scanderberg, t. VII, p. 198) fait parler La Magie qui rappelle à Melpomène et à Polymnie les précieux services qu'elle leur rend :

> « Eh ! sans moi, pouvez-vous enfanter ces miracles
> Qui dans vos lyriques spectacles
> Enchantent le cœur et les sens ?.. etc. ».

[3] Dans Alcyone on signalera la ravissante scène des adieux de Ceix et d'Alcyone (A. III. sc. IV. pp. 68, 69 du t. VII). Là ce sont bien des contemporains qui parlent le joli jargon de l'Amour, et la magie est bien loin.

autres poésies. Cette supériorité, il la doit à la facilité même du genre, aux grandes libertés qu'il autorise ; peut-être aussi en est-il redevable moins aux qualités d'esprit que l'opéra réclame qu'à celles qu'il n'exige pas. C'est qu'en effet, le drame lyrique touche par tous les côtés à la poésie légère, la seule forme qui convînt tout à fait au talent souple et mince de notre poète.

VII

Les Poésies légères.

Dès le début du XVIIIe siècle, la *poésie légère* prend dans la littérature une place très large qui ira s'étendant. Le XVIIe siècle a produit beaucoup de ces pièces fugitives, mais non pas autant que celui-ci. La Régence voit se multiplier ces productions éphémères, qui vont grossir les journaux, ou s'endormir dans les Recueils. Ce ne sont qu'épigrammes, bons mots versifiés, chansons, contes malicieux rimés à la minute, « mirlitons », madrigaux, parodies, etc.

D'où vient ce terrible gaspillage quotidien d'esprit et de rimes? D'abord d'un goût persistant du génie national, sensé, avisé, fin. prompt à saisir les ridicules des hommes et les vices des choses, qui aime les fredons plus que la musique, et la forme succincte d'un vers mordant plus qu'un long poème. Cette poésie courante semble suivre le développement de la vie sociale : elle s'étend et se vulgarise à mesure que le goût des réunions devient plus commun. Après la mort de Louis XIV, il se produit une rapide extension de la vie de société, soit dans les salons de la noblesse ou de la haute bourgeoisie, soit dans ces « ruelles » ouvertes à tout venant, les cafés. La réunion est devenue publique ; aussi les poésies légères sont-elles plus vives, et plus libres. Dans ces salons agrandis, c'est toujours l'esprit qui règne, mais il s'est émancipé, il s'attaque à plus d'objets et avec plus d'audace. Quant à la forme, elle est la même, ne variant que par le plus ou moins de liberté dans le choix des mots.

La Motte tient sa place parmi les poètes légers de son temps. Mais là encore, il est comme un intermédiaire entre les deux siècles. Il appartient plutôt à l'ancienne école ; il tient des classiques, même dans ce coin plus libre de la poésie. Il est surtout un poète mondain et un bel esprit de salon ; il n'écrit guère pour le grand public ; il

touche rarement aux sujets que d'autres abordent un peu à l'étourdie:
l'épigramme politique, la satire des mœurs ou des personnes, le
scandale du jour. Sur la plupart des grandes matières, il garde la
réserve discrète, la neutralité de bon ton, qu'observaient les écrivains
de l'autre siècle. Aussi bien n'était-il pas fait pour jouer un rôle plus
actif, pour se jeter dans la mêlée et recueillir des succès plus reten-
tissants auprès de la foule. D'abord il était très modéré dans
l'expression de son sentiment sur les affaires publiques ; s'il avait
une opinion, il ne croyait pas nécessaire de l'émettre avec fracas, au
risque d'un périlleux scandale. Il n'avait pas le tempérament sensible
et nerveux qui engage les auteurs dans les violentes querelles : sa
nature, comme sa raison, l'éloignait des invectives ou des insinuations
venimeuses de la satire. Il n'était ni par l'esprit, ni par la conduite, ce
qu'on appelait encore un « libertin » ; il était incapable de rimer
de licencieuses gauloiseries comme son rival Rousseau, même en les
rachetant par de pieuses paraphrases des livres sacrés. La gaieté
bruyante, la forte bonne humeur d'un Piron lui manquait. Enfin il
n'avait pas la malice ailée, l'enjouement cruel d'un Voltaire. Bien
des genres lui étaient interdits dans la poésie légère. Il lui restait le
badinage inoffensif, les jolies bagatelles. Jouer sur les mots, raffiner
sur les sentiments, varier à l'infini un thème commun, déployer des
ressources surprenantes de dextérité à propos d'un petit fait, d'un
mot, d'un rien : telle fut la part que La Motte se réserva. Là il
remporta maint triomphe à petit bruit.

Des raisons semblables expliquent que La Motte n'ait jamais
cherché à masquer la malice de son esprit ou les raffinements de sa
pensée sous la feinte simplicité du style « *marotique* »[1], si fort en
vogue à son époque. Cette imitation factice d'une langue prétendue
archaïque ne lui plaisait à aucun titre. Il était de ceux qui
n'avaient que dédain pour les écrivains « gothiques ». Ce sont les
purs classiques, les Rousseau, les Chaulieu, les Voltaire[2], qui
remontent plus loin que Malherbe : les indépendants, dont est La
Motte, se réclament du seul XVIIᵉ siècle et ne veulent rien voir par
delà. Puis, tout poète raffiné qu'il est, il a la franchise de ne pas

---

[1] Cf. dans le « Journal littéraire », année 1720, l'art. X : « Nouveau recueil
des Épigrammatistes français anciens et modernes, par Mᵣ B. L. M. ». L'auteur
de l'article résume l'histoire du style marotique ; il en donne la définition ; il le
distingue très nettement du Burlesque. Enfin, pour les règles du genre, il
renvoie les lecteurs curieux de les connaître au *P. du Cerceau* qui « est le
modèle que l'auteur voudrait proposer à ceux qui veulent s'exercer dans le stile
plaisant, et qui se sentent un génie tourné à la poésie marotique ».

[2] Voltaire suivit la mode ; plus tard il s'est moqué du « Marotisme ». V.
Mémoires sur la Satire. — Cf. Lettres de fév. 1738, au Prince royal de Prusse.

vouloir travestir son style et donner à sa pensée un vêtement
d'emprunt, qui lui sied mal ; il ne goûte pas le contraste de la langue
naïve et de la pensée recherchée. Le style de ses pièces fugitives, tout
maniéré ou précieux, est au fond plus naturel que les jolis pastiches
des poètes marotiques. Sans doute les Rousseau et les Voltaire ont
plus de talent que la Motte : leurs imitations de Marot valent mieux
que presque toutes ses poésies légères. Mais notre auteur n'avait
pas tort de parler la langue de son temps, d'exprimer en un tour
raffiné des pensées très fines, et de juger que la véritable affectation
était de les revêtir d'une forme vaguement archaïque et faussement
naïve [1].

Les poésies légères de La Motte sont très variées par la forme.
Parmi les petits poèmes libres qui n'appartiennent à aucun genre
déterminé, j'en citerai deux qui, sans être des chefs-d'œuvre, sont
des exemples de ce que La Motte a de meilleur.

La première pièce est la « Quête de Poisson à la cour, pour
mettre ses filles au couvent ». Le poète, qui semble avoir toujours
entretenu de bons rapports avec les comédiens, prête au vieil
acteur Poisson le secours de son esprit et de ses rimes :

> « Quatre filles ! Comment ai-je fait tout cela ?
>   Et maintenant qu'en puis-je faire ?
> Si quand l'ouvrage est fait on en demeurait là,
>   Ce serait une bonne affaire :
> Mais il les faut pourvoir, et c'est où me voilà.
>
> Les marier sans dot, cela n'est plus d'usage ;
> Je trouverais ce mot aussi beau qu'Harpagon.
>   On l'a proscrit, c'est grand dommage !
>   Que n'est-il encor de saison !
>
> ... Le Théâtre est un lieu glissant pour une fille ;
> Il ne les faut pas mettre en danger d'un faux pas.
>
>   Voyons donc ce que j'en dois faire.
> Guimpons-les, c'est le mieux ; elles le veulent bien.
> Mais on ne fait pas vœu de pauvreté pour rien.
> Hé ! bien, quêtons ; la Cour me tirera d'affaire ! [2]

---

[1] Ce qui plus que tout lui rendait suspect le badinage marotique, c'est qu'il
était trop aisé de le faire servir à la satire. Il redoute « ce tour enjoué », ce
« sentiment si vif et si délicat du ridicule », « ces expressions naïves et fortes »,
qui sont à ses yeux des « avances pour la satire ». Et sincèrement, il félicite
M. de la Faye, son ami, d'avoir « fui cette gloire injuste », de n'avoir admis dans
ses vers « qu'un badinage élégant et des grâces mesurées ». (V. t. VIII, p. 306,
Réponse au Discours de Réception de M. de la Faye, 16 Mars 1730). N'y a-t-il
pas là un cuisant ressouvenir de Rousseau et de ses Epigrammes que La Motte,
dans l'Ode sur « le Mérite personnel », qualifie de « larcins marotiques » ?

[2] Œuvres, t. II, p. 348.

Et le comédien s'adresse successivement aux premières personnes
de la Cour, les taxant suivant leur rang ou leur humeur généreuse.
Chaque demande est accompagnée d'un compliment approprié au
caractère du bienfaiteur. La pièce se termine par un agréable trait :

> « Mais que la Charité qui n'aime qu'à donner
>   Ne prenne point pour un outrage,
> De ce qu'en la taxant je semble la borner :
> Ce que j'ai demandé ne la doit point gêner
>   Elle peut donner davantage,
>   Je le prendrai sans chicaner. »

L'autre pièce que je veux citer est meilleure, exempte des
négligences qui font tache dans la première. Elle est intitulée :
« le Célibat. »

> « Veut-on que je prenne une femme ?
> J'y veux trouver ensemble et jeunesse et beauté,
>   L'esprit bien fait, une belle âme,
>   Agrément et simplicité,
>   Cœur sensible sans jalousie,
>   Complaisance et sincérité.
>   Vivacité sans fantaisie,
>   Sagesse sans austérité ;
>   Enfin pour la rendre parfaite,
> A toutes les vertus, joignez tous les appâts :
>   Voilà celle que je souhaite,....
> Trop heureux cependant de ne la trouver pas.
>   On meurt deux fois en ce bas monde :
> La première en perdant les faveurs de Vénus ;
>   Je redoute peu la seconde,
>   C'est un bien quand on n'aime plus [1]. »

Cette petite pièce n'est-elle pas d'un esprit bien fin, d'un tour
délicat, et presque irréprochable de forme ? Toutes ces qualités,
même la première, sont rares chez La Motte à ce degré et dans
cette juste mesure.

La Motte a fait quelques *Chansons ;* presque toutes sont médiocres ; il n'avait ni assez de bonne humeur, ni assez de malice
pour bien réussir en ce genre et surtout il n'entendait rien à l'esprit
et au goût du peuple. Une fois pourtant, pour amuser les malades
rassemblés aux Eaux de Forges, il rima une chansonnette assez
piquante sur de nouveaux arrivants, auxquels il prête malicieuse-

---

[1] Œuvres, t. II, p. 340

ment toutes les qualités les moins communes à leur âge ou à leur profession. On va voir arriver, dit-il :

I. Un abbé qui n'aime rien
Que le Séminaire,
Qui donne aux pauvres son bien
Et dit son bréviaire....

II. Un magistrat curieux
De jurisprudence,
Et qui devant deux beaux yeux
Tient bien la balance.

III. Une femme et son époux
Couple bien fidèle ;
Elle le préfère à tous
Et lui n'aime qu'elle.

IV. Un chanoine dégoûté
Du bon jus d'Octobre,
Un poëte sans vanité.
Un musicien sobre.

V. Un savant Prédicateur
Comme Bourdaloue
Qui veut toucher le pécheur
Et craint qu'on le loue.

VI. Un médecin sans grands mots,
D'un savoir extrême.
Qui n'envoie point aux eaux
Et guérit lui-même [1].

C'est là de la poésie de société sans prétention, une improvisation agréable que se permettait l'académicien en vacances pour dérider les visages de ses compagnons d'exil, et prendre sa part de l'effort général qu'on faisait pour abréger les heures et combattre l'ennui.

La Motte excellait dans ces jeux d'esprit qui ne demandent qu'un grain d'ingéniosité et de la facilité. Il réussissait à merveille ces futiles chefs-d'œuvre, qui font le désespoir des gens de talent et qu'il produisait sans effort. On a de lui tout un recueil d'*Enigmes* et de *Logogriphes*, qui sont des modèles. C'est un jeu pour lui de rimer ces rébus, de mettre sur la voie l'esprit du lecteur, puis de le dérouter, de tout dire sans découvrir rien. Exercice puéril sans doute ; vaine dépense de talent et d'esprit. Rien n'est plus vrai : mais tout le monde ne pensait pas ainsi vers 1720, et beaucoup ne dédaignaient pas ces bagatelles rimées, qui faisaient passer agréablement une heure de ces journées si difficiles à remplir [2].

« Les *bouts-rimés* revinrent à la mode il y a 30 ou 40 ans », écrit en 1754 l'éditeur de La Motte. Le poète remplit quelques-uns de ceux que lui proposa son ami l'abbé Buchet, moitié par complaisance moitié par émulation. Où l'émulation va-t-elle se loger ? Donc La

---

[1] Œuvres. Supplément, pp. 242, sq. — Voyez aussi, p. 238, une autre chanson. assez jolie et vive de tour, sur la « Différence des amants et des époux. »

[2] Un chef-d'œuvre du genre, c'est la description énigmatique et très précise du « mouchoir » (Voir Œuvres, Supplément, p. 195).

Motte donna dans le travers à la mode. Un jour il proposa des rimes qui avaient le mérite singulier d'offrir un sens avant d'être remplies [1]. Lui-même composa sur ces rimes plusieurs sonnets, qui font surtout honneur à son étonnante habileté à se plier aux lois les plus rigoureuses et à traiter tous les sujets [2].

Il y a, par bonheur, dans les « Œuvres diverses », quelques autres sonnets qui sont plus dignes de cette forme exquise, et plus près de valoir un long poème. On trouve dans le tome supplémentaire, tout juste entre les Logogriphes et les Bouts rimés, cinq sonnets sur des sujets religieux : ils sont remarquables. Par eux-mêmes ils sont bons sans être parfaits : on ne peut demander à La Motte qu'une perfection très relative. Ils prouvent du moins que l'auteur n'était pas incapable de s'élever avec les sujets, d'approcher même du sublime quand sa matière l'y portait.

Dans le premier sonnet sur « la grandeur et la puissance de Dieu révélées par ses œuvres », je note de beaux vers et un sentiment religieux qui paraît profond. Le second, sur « l'orgueil et la vanité de la science humaine », est comme la contre-partie des superbes prétentions philosophiques de l'auteur et de ses contemporains. Le dernier est inspiré par les âpres et subtiles discussions théologiques que le poète condamne avec rigueur [3].

Les deux autres sonnets, le troisième et le quatrième, sont vraiment beaux ; je veux les citer pour le plaisir de tirer deux morceaux excellents d'un fatras de poésies médiocres, et aussi par un sentiment d'équité envers l'écrivain qu'on a dû juger presque toujours avec sévérité.

Dans le premier, La Motte reprend une idée ancienne, à la fois philosophique et religieuse : la contradiction qui existe entre la misère réelle de l'homme et la haute destinée à laquelle il semble appelé :

> « Dans les pleurs et les cris recevoir la naissance
> Pour être du besoin l'esclave malheureux ;
> Sous les bizarres lois de maîtres rigoureux
> Traîner dans la contrainte une imbécile enfance ;

---

[1] Œuvres. Supplément, p. 214.

[2] Parmi les anciens poèmes à forme fixe auxquels La Motte s'est essayé, il y a deux Rondeaux (l'un régulier, p. 236 du Supplément, l'autre redoublé, p. 155). Il y a aussi un Noël (ibid., p. 167).

[3] Il paraîtrait pourtant que La Motte se mêla quelque jour de théologie : c'était un travers de ce temps-là. Il aurait entretenu avec une sœur qu'il avait, et qui était religieuse, une correspondance sur des points de doctrine. Il serait curieux de pouvoir le suivre dans cette discussion d'un genre tout nouveau pour lui et pour nous (V. Trublet, Mémoires ...., p. 375).

Avide de savoir, languir dans l'ignorance ;
De plaisirs fugitifs follement amoureux
N'en recueillir jamais qu'un ennui douloureux ;
Payer d'un long regret une courte espérance ;

Voir, avec la vieillesse, arriver à grand pas
Les maux avant-coureurs d'un funeste trépas ;
Longtemps avant la mort en soutenir l'usage ;

Enfin en gémissant mourir comme on est né :
N'est-ce que pour subir ce sort infortuné,
Que le ciel aurait fait son plus parfait ouvrage ? » [1]

L'autre sonnet est d'un sentiment plus purement chrétien : il est inspiré par la terreur du jugement que tempère l'espérance en un Dieu bon :

« Dans ce jour de vengeance où la nature entière,
Touchant avec frayeur à ses derniers moments,
Verra des feux du Ciel s'éteindre la lumière,
Et du monde brisé crouler les fondements,

La voix du Tout-Puissant, ranimant la poussière,
Rassemblera les morts du sein des monuments,
Il ouvrira ce livre, effroyable matière
D'inflexibles arrêts et d'affreux châtiments ;

Et comment soutenir ce tribunal suprême,
Où devant les regards de la Justice même
A peine le plus juste est digne de faveur ?

Tout m'y doit annoncer la rigueur de mon juge ;
Mais j'y dois voir aussi la croix de mon Sauveur
Et j'en fais aujourd'hui mon éternel refuge » [2].

Il nous faut revenir à la poésie légère. Nous retrouvons le poète mondain, superficiel et recherché dans la « *Correspondance galante et poétique* » [3] que La Motte entretint avec la duchesse du Maine. Sainte-Beuve [4] a conté l'origine de ce commerce d'esprit ; il a fait ressortir avec une finesse ironique ce qu'il y a de ridiculement maniéré dans ce manège de coquetterie quintessenciée entre un soupirant aveugle et une bergère quinquagénaire. Pourtant, comme cet épisode de la vie de notre auteur fait mieux connaître tout un

---

[1] Supplément, p. 210.
[2] Ibid., p. 211.
[3] Ibid., pp. 1 à 182.
[4] Sainte-Beuve, « La duchesse du Maine », Lundis, III, pp. 223, sq.

côté de son esprit, comme il éclaire aussi les mœurs et les goûts intellectuels d'une partie de la société, il ne sera pas inutile d'y revenir après le grand critique.

C'est au mois d'août 1726 [1] que La Motte attira l'attention de la duchesse du Maine. Dans une réunion du « mardi », Mme de Lambert lut des lettres qu'elle avait reçues de la princesse. La Motte, bon courtisan, « se distingua dans l'applaudissement général ». La Duchesse écrivit à ce sujet à Mlle de Launay ; elle feignait d'être effrayée de voir, par une trahison, sa « mauvaise prose » portée devant le redoutable tribunal. Le billet fut lu à « l'assemblée du mardi suivant ». La Motte, qui avait reçu les compliments les plus flatteurs, devait des remerciements à la Duchesse ; il se défendit modestement ; Fontenelle le détermina en lui proposant « d'écrire au nom du Mardi, puisqu'il n'avait pas le courage de le faire en son nom ». La Motte écrivit, on lui fit réponse et dès lors une correspondance s'échangea entre Paris et Sceaux : elle dura trois ans environ, jusqu'à la fin de 1729.

La Motte a cette excuse de n'avoir pas recherché le périlleux honneur d'amuser la duchesse du Maine. Il a fallu, pour le déterminer, d'abord les instances de ses amis. Ce sont les encouragements de Mme de Lambert, les coquetteries de la princesse, l'insistance de Mlle de Launay, les agaceries de M. de Sainte-Aulaire, qui le contraindront à prolonger un badinage où il est mal à l'aise. Mais la Duchesse s'ennuyait. Le temps était passé des ambitieuses espérances et de la fiévreuse distraction de l'intrigue. L'éternelle pastorale qu'on jouait à Sceaux devenait fade [2]. La petite cour s'était épuisée à distraire sa reine : l'abbé Genest, le plaisant et le complaisant, était mort : le marquis de Sainte-Aulaire, à 80 ans passés, commençait à n'être plus jeune ; la fatigue gagnait l'infatigable Malézieux ; Mlle de Launay sentait son courage l'abandonner et son dévouement fléchir devant les exigences d'un égoïsme que rien

---

[1] La 1re lettre, qui est de la duchesse à Mlle de Launay, est datée du 16 août 1726.—D'après l'abbé Trublet, l'éditeur et l'annotateur du volume supplémentaire des Œuvres de La Motte serait l'abbé Le Blanc, qui avait été lié avec Mme de Staal. Le manuscrit des lettres et poésies sur lequel il aurait fait l'édition aurait été de la main de celle-ci.

[2] Voir Avertissement du Supplément, p. IX. « A Sceaux, tout respiroit la Bergerie ; les rois même n'ont pas dédaigné d'y prendre la houlette ». — Il est bon de noter que La Motte eut pour les plaisirs de la duchesse d'autres complaisances. Pour la quatorzième « Grande nuit de Sceaux », il vint au secours de l'abbé d'Auvergne, et composa les trois tableaux du divertissement. On en trouvera l'analyse et l'appréciation dans Ad. Jullien, « Les Grandes nuits de Sceaux », pp. 41-42.

ne pouvait satisfaire. La Motte se trouva là tout à propos pour fournir un amusement nouveau. Il fut un peu la victime d'une sorte de conspiration ourdie contre son repos par tous ceux qui avaient charge de divertir la fantasque petite-fille de Condé. Seulement la victime n'est pas très digne de pitié, parce qu'une fois engagée elle se prêta trop complaisamment aux desseins de ses spirituels persécuteurs.

D'abord on ne montra pas trop d'exigence ; on se contenta quelque temps de simple prose. Il eût été sage de s'en tenir là. Parmi les lettres, les premières sont les meilleures ; elles sont plus naturelles, plus nourries de faits et d'idées. L'une d'elles [1] est tout à fait dans la manière des Epistoliers de la seconde moitié du XVIIe siècle ; c'est une série de portraits, dessinés d'une pointe fine. On voit Mme de Lambert « qui ne pense pas comme la plupart du monde », mais qui a quelquefois la faiblesse de paraître penser comme les autres ; Fontenelle « qui a mis le goût en principes » ; voici M. de Mairan, le géomètre : « c'est une exactitude, une précision tyran-» nique, et qui ne nous fait pas grâce de la moindre inconséquence ». C'est l'abbé Mongault, « homme tout plein de mauvais principes », qui « m'a soutenu cent fois que les femmes n'étaient faites que pour » aimer et pour plaire ». Des deux côtés les premières lettres sont moins maniérées, le faux sentiment n'a pas encore fait tort aux idées, et l'on y trouve d'agréables dissertations. Une entre autres, sur le goût, fait beaucoup d'honneur au tact et au sens de la duchesse du Maine et de Mme de Lambert qui pour cette fois lui a servi de secrétaire et d'interprète [2].

Mais, dès la 9e lettre du recueil (qui est la 3e de La Motte), la galanterie apparaît. La causerie spirituelle commence à faire place aux fadeurs, aux froides protestations d'un respect qui déguise le plus mal qu'il peut un sentiment qu'on veut faire croire plus vif, aux demandes maniérées de petites faveurs, aux fâcheries sans raison et aux réconciliations feintes. C'est dans cette lettre que La Motte s'avise tout à coup de demander comme une grâce unique que la princesse daigne signer son nom en toutes lettres. « Je ne sais quel goût j'ai pris pour ce nom là [3], mais je vous jure » que je ne saurais m'en passer ». La princesse s'engage ; mais voyez l'étourderie : n'oublie-t-elle pas de signer du nom adoré le billet même où elle promet cette inappréciable faveur ? Décidément nous voilà engagés sur la route du Tendre, et nous allons en parcourir toutes les étapes. La Motte pouvait douter encore de sa

---

[1] C'est la lettre 6me, de La Motte à la duchesse (Suppl., pp. 11-16).

[2] 7e lettre, à M. de La Motte (Suppl., pp. 16-19).

[3] C'était L** B** de B**, c'est-à-dire Louise-Bénédicte de Bourbon.

bonne fortune, hésiter à pousser son avantage. Mme de Lambert se charge de l'engager à fond dans les étroits chemins de la galanterie idéale ; elle lui fait la description la plus séduisante des effets charmeurs du regard de la divine princesse : « Quel regard ! tout s'y trouve, ce qui plaît, ce qui touche, ce qui séduit ; regard qui n'a jamais porté à faux, et qui fait toujours son effet ; regard enfin que l'amour fit dans sa malice, parce qu'il défend tout ce qu'il inspire » [1]. Ne voilà-t-il pas la sage et judicieuse Lambert qui rivalise de subtilité avec Madeleine de Scudéry ? Mais le plus original dans la situation de nos deux nouveaux héros de roman, c'est qu'ils ne se connaissent pas : La Motte n'eut l'honneur d'être présenté à la princesse que plusieurs mois après que s'était établie la correspondance et qu'il s'était posé en soupirant [2].

Dans la 12ᵉ lettre, La Motte s'est déclaré, avec une discrétion transparente. Il badine très joliment sur le charme qu'exerce le nom de la personne aimée. « Le nom est un portrait en raccourci, » qui réveille dans le moment l'idée de toute la personne. Supérieur » à ces portraits qui ne représentent que la figure, il rappelle tout » d'un coup l'esprit, le caractère, toutes les qualités personnelles, » et il fait plus ou moins cet effet, selon que la personne même a » fait plus ou moins d'impression.....etc. » [3]. Là-dessus, la princesse prend en pitié un martyr si discret, elle lui envoie son nom en lui permettant « d'en faire tel usage qu'il lui plaira » [4].

Notre amoureux est au comble de la félicité ; peu s'en faut qu'il ne meure de joie [5]. Mais déjà on lui reproche d'étaler son bonheur, de montrer à tous les lettres qu'on veut bien lui écrire. La Motte profite de son avantage ; il demande qu'on lui écrive une lettre qu'il ne puisse montrer à personne [6]. De son côté la duchesse est plus exigeante ; c'est en vers qu'elle veut qu'on lui écrive, en vers qu'il faut lui faire la cour [7]. Et sa raison est irrésistible : seuls les vers sont en possession de tout dire. — La Motte rétorque l'argument très subtilement : « les vers sont le langage de la fiction » ; on

---

[1] 12ᵉ lettre ; de Mme de Lambert à M. de La Motte (Suppl., pp. 27-29).

[2] Supplément, p. 74. — « M. de La Motte, au moment de son arrivée, lui fut amené par Mme de Lambert. Cette entrevue, la première depuis le commerce de lettres établi entre la princesse et lui, parut digne d'attention aux spectateurs curieux de la suite d'une si singulière aventure ».

[3] Supplément, p. 31.

[4] Ibid., p. 34.

[5] Ibid., p. 39.

[6] Ibid., p. 47.

[7] Ibid., p. 50.

croirait que sa poésie n'est qu'un vain badinage, au lieu qu'il s'agit de sentiments sérieux [1]. Au reste, un sentiment superficiel fait les poètes, un sentiment profond les détruit. Donc il n'écrira point en vers, ou du moins, il n'emploiera cette forme factice, laborieuse et fausse que les « jours modérés » [2].

Mais la plus belle résistance a une fin. La Motte mit de la coquetterie à céder, il se fit prier avant de redevenir poète, au moment même où il allait solennellement anathématiser la poésie. Mais quand il eut commencé à rimer, il rima abondamment. Tout lui devient prétexte à versifier. La princesse lui a donné la main gauche au lieu de la droite ; il met en vers cet événement [3]. On le consulte sur une question d'orthographe : non seulement l'académicien trahit le bon sens ; mais il chante en vers sa trahison [4]. Il envoie des étrennes poétiques à son idéale maîtresse [5] ; celle-ci lui fait des cadeaux plus solides : une bourse, une boîte d'ivoire, une canne à pomme d'or, un ruban, don plus précieux encore : il célèbre en vers ces menues faveurs. Mais l'amour le plus constant n'est pas toujours égal, il y a des dépits, des fâcheries, des réconciliations, admirables sujets à mettre en vers, et La Motte n'a garde d'y manquer [6]. Il ne se lasse pas de décrire la nature singulière de son étrange amour fait de respect très humble et d'élans très ardents. Parfois la peinture est délicatement tracée :

> « .... Voilà comment se caressent les corps.
> Avec un trouble égal et de pareils transports.
> Voyez aussi comment se caressent les âmes :
> Par mille sentiments, par mille tendres soins,
>   Elles s'embrassent l'une l'autre.
>   Laissez-moi vous dire du moins
> Comment la mienne en use avec la vôtre :
> Je lui rends quelquefois l'hommage du respect,
> Que mérite si bien la grandeur, la noblesse ;
> Et soudain, l'admirant sous un plus doux aspect,
> J'adore sa franchise et sa délicatesse ;
> Je regarde tantôt avec ravissement
>   Ce que le Ciel lui donna de lumière,
> Tantôt ce qu'elle y joint de grâce et d'enjouement,
> Et dans tous ces plaisirs j'éprouve le tourment,
> De ne pouvoir jamais l'embrasser tout entière .... ! » [7]

---

[1] Supplément, pp. 51-52.

[2] Ibid., p. 57.

[3] Ibid., p. 76.

[4] Ibid., p. 78. — Il s'agissait de savoir comment on doit écrire à l'impératif (2e personne) le verbe *Secourir*. La duchesse écrivait « *Secourre* » et voulait qu'on écrivît ainsi. La Motte fit triompher son opinion devant l'Académie.

[5] Supplément, p. 128.

[6] Ibid., pp. 96, 97, 133, etc.

[7] Ibid., p. 109.

Cela n'est que raffiné. D'autres fois le poète, à court de sentiment,
va demander aux sciences des madrigaux d'un nouveau genre.
Alors il est précieux comme un pédant :

> « Pour me distraire un peu de mon tendre esclavage,
>   Sur les sciences et les arts
>   J'ai voulu porter mes regards,
>   Et n'en sais guère davantage,
>
> A la géométrie en vain je veux toucher :
>   Depuis qu'en ses mystères j'entre.
> J'en apprends seulement que vous êtes mon centre,
> Et que je tourne autour sans pouvoir l'approcher » [1].

Il continue longtemps sur ce ton. le malheureux ! Trissotin dans
sa tombe dut être jaloux.

L'amour de notre académicien n'est pas toujours aussi éthéré ; il
s'émancipe parfois en d'étranges audaces, et à la faveur du rêve il
prend toutes sortes de libertés ; il est vrai que c'est au portrait seul
de son idole qu'il adresse des hommages si impertinents [2]. Malgré
cela, il a grand besoin de s'excuser auprès de l'original des vivacités
qu'il s'est permises envers son image.

La Motte lui-même a bien défini ce singulier commerce né du
double besoin de se distraire et de briller, commerce de deux
personnes qui l'une et l'autre étaient mieux pourvues du côté de
l'esprit que du côté du cœur :

> « Oh ! le plaisant hymen ! C'est aujourd'hui la noce
>   De l'esprit et du sentiment ».

L'esprit je le vois ; mais le sentiment ?

Ce badinage nous paraît suranné et puéril. Les plus sensés
parmi les contemporains ne pensaient pas autrement. Ce caprice
d'une princesse qui ressuscitait la préciosité [3] du vivant de Voltaire
n'a guère d'excuse. La cour de Sceaux fut un hôtel de Rambouillet,
moins sensé, moins naïf et qui n'eut pas d'influence utile. Pour
La Motte, il eut le tort de ne savoir pas résister aux séductions de la
duchesse et aux sollicitations intéressées de ses amis [4]. Mais on
peut dire qu'il expia sa complaisance par la peine qu'il prit à satisfaire,

---

[1] Supplément, pp. 153, sq.

[2] Ibid., p. 165.

[3] « C'était un retour à la préciosité » (Ste-Beuve, Lundis, III. p. 224, note).
— Cette maladie-là nous revient, en France, par accès périodiques.

[4] Aux yeux de la postérité, le plus coupable est peut-être l'éditeur, l'abbé
Le Blanc. dont l'amitié, zélée et indiscrète, a livré au public des bagatelles qui ne
portaient pas son adresse.

contre sa raison, aux fantaisies sentimentales de la Bergère de Sceaux. La duchesse du Maine, qui n'a rien fait pour la poésie, tout en protégeant beaucoup de poètes, a rendu à La Motte le plus mauvais service : elle l'a provoqué à céder à un défaut vers lequel ne le portait que trop la nature de son esprit ; elle a fait de lui un émule attardé et malheureux, de Voiture. J'imagine que La Motte, tout en se prêtant aux coquetteries tyranniques de sa protectrice, a dû regretter de s'être laissé engager si avant dans sa faveur compromettante, et que plus d'une fois, comme son confrère en bergerie, le vieux Marquis de Sainte-Aulaire, il dut soupirer après les fines et solides causeries de l'hôtel Lambert, s'écriant lui aussi et avec non moins de raison :

> « Je suis las de l'esprit, il me met en courroux,
> Il me renverse la cervelle,
> Lambert, je viens chercher un asile chez vous. »

On a montré et démontré que, dans tous les genres de poésie, petits et grands, et malgré quelques brèves et assez vaines tentatives pour innover, La Motte n'a jamais été en somme qu'un élève, impatient et soumis, des maîtres classiques.

De cette docilité du Poète, le Critique semble s'être voulu venger par l'indépendance de ses idées, la nouveauté et quelquefois la hardiesse de sa Philosophie.

« Il vient une génération vouée
au règne de la raison… » (L'abbé
de Pons. Œuvres, 1738, p. 337.)

LIVRE II.

***

LE PHILOSOPHE.

***

I) *La Motte est un philosophe. — Ce que c'était qu'un Philosophe, vers 1720. — Origines et causes. — Valeur philosophique de La Motte: les vers « forts de choses. » — Pourquoi il s'est borné à être un philosophe-critique dans les matières littéraires.*

La Motte est un *Philosophe.* Amis ou ennemis, les contemporains s'accordent à lui donner ce titre ou à lui adresser cette injure. — « M. de La Motte est poète, philosophe, orateur. » écrit Mme de Lambert [1] ; elle ajoute même : « M. de La Motte est un philosophe profond. » Fontenelle [2], Terrasson [3], Trublet [4], l'abbé de Pons [5], tous les partisans de La Motte, vantent à l'envi la finesse pénétrante et l'indépendante hardiesse de son esprit. Ses adversaires lui rendent le même témoignage par leurs attaques ; les épigrammes de Desfontaines ou de Bel sont adressées autant au philosophe qu'au poète et à l'écrivain. Plus tard Diderot [6], d'Alembert [7], Marmontel. Voltaire, reconnaîtront dans La Motte un de leurs devanciers: ils le trouvent trop hardi dans les questions littéraires, trop timide dans les autres matières, mais ils lui font l'honneur de le tenir pour un des leurs.

***

[1] Portrait de M. de La Motte par Mme la marquise de Lambert (Œuvres, 1754, t. I, p. 1).

[2] Réponse de M. de Fontenelle au Discours de M. l'Evêque de Luçon (t. I, p. 49, pp. 52-53).

[3] « La philosophie applicable à tous les objets de l'esprit et de la raison », 1754, p. 22.

[4] « Lettre à Mr T. D. L. F. », p. XXX.

[5] « Lettre à M… sur l'Iliade de M. de La Motte », p. 298.

[6] « Sur le projet d'une Encyclopédie ». (Ed. Naigeon 1798, t. I, pp. 74-75).

[7] « Éloge de M. de La Motte ».

Enfin La Motte s'est rangé lui-même parmi les philosophes [1].
Il n'abuse pas de ces grands mots de philosophie et de philosophe,
— ce qui est un des travers du temps, — mais, avec autant de
modestie que de fermeté, il affirme à plusieurs reprises qu'il
marche derrière Descartes [2], tout à côté de Fontenelle. Il fait
l'éloge de Descartes, qui « nous a appris à raisonner » ; grâce auquel
« le goût de la méthode s'est répandu jusque sur la poésie et
l'éloquence ». Quant à Fontenelle, il le regardera toujours comme
son maître : « Je fais gloire d'être son disciple dans la grande leçon
d'examiner et de ne souscrire qu'à ce qu'on voit » [3].

Mais quel était, vers 1720, le sens particulier du mot *Philosophe* [4] ?

Parmi les innombrables définitions qu'on a données alors de
l'esprit philosophique, nous en retiendrons deux. La première est
de Mme de Lambert [5] : « Philosopher, c'est rendre à la raison toute
» sa dignité et la faire rentrer dans ses droits ; c'est rapporter
» chaque chose à ses principes propres, et secouer le joug de
» l'opinion et de l'autorité. » L'autre définition, plus nette encore,
est de l'abbé Terrasson [6] : « La philosophie dont il s'agit consiste
» à préférer, dans les doctrines humaines, l'examen à la prévention
» et la raison à l'autorité. »

On voit quels sont les traits essentiels de la nouvelle philosophie.
C'est la défiance de toute autorité, de toute prévention ; c'est l'extrême
confiance dans la raison et le sens individuel ; c'est l'évidence prise
pour pierre de touche, l'analyse et la déduction pour méthode, la
vérité absolue proclamée hardiment comme la fin possible de toute
recherche.

Cette première philosophie du XVIIIe siècle est bien éloignée
de ce qu'elle a été dans l'âge précédent, de ce qu'elle sera
quelque vingt ans plus tard. Elle n'est plus un corps de doctrines
positives, un ensemble de conclusions certaines, régulièrement
déduites de principes assurés. Elle n'est pas encore ce scepticisme
systématique, arrogant, qui va s'exercer contre toutes les vérités
acceptées, croyances religieuses, foi politique, convictions philosophiques même. Le philosophe de 1720, en continuant Descartes,
prépare Voltaire.

---

[1] D'après ce qu'il dit quelque part (Discours sur la poésie, t. I, p. 54), il
semble se vanter d'avoir même « les yeux philosophes. »

[2] « Discours sur le différent mérite des ouvrages d'esprit » (t. VIII, p. 360).

[3] « Discours sur l'Eglogue » (t. III, p. 299).

[4] Sur l'engouement général pour la philosophie, voy. Vinet, Hist. de la Littér.
franç. au XVIIIe siècle, t. I, p. 32.

[5] « Portrait de M. de La Motte » (t. I, pp. 1 et 2).

[6] « La philosophie applicable à tous les objets.... » (1re réflexion).

Le trait frappant de l'esprit critique nouveau, retrouvé par Bayle, mis à la mode par Fontenelle, c'est l'amour extrême de l'indépendance, avec des habitudes de réserve prudente, et le sens et le goût de la mesure. Il n'aboutit pas au dogme, ni au système ; mais il ne conclut pas non plus à ce qu'on pourrait appeler le scepticisme positif, celui qui ne doute que pour nier, qui ne discute que pour détruire. Le « modeste scepticisme » [1] de Fontenelle, de La Motte, de Terrasson lui-même, n'est très hardi ni pour nier, ni pour affirmer ; il consiste surtout dans une certaine tendance de l'esprit qui, impatient des règles imposées, des réponses toutes formulées, veut à son tour examiner les choses et juger par lui-même. C'est une curiosité vive d'aborder tous les problèmes et de les résoudre en formules courtes et nettes ; c'est une joie de tout remettre en question, sans grand souci de rétablir solidement ce qu'on ébranle un peu au hasard ; c'est la griserie légère des intelligences émancipées brusquement après avoir été trop longtemps contenues. On est curieux, on est raisonneur, plutôt que décisif et tranchant. On se complaît dans la controverse ; on s'y attarde pour le charme même d'exercer la faculté critique qui vient de s'éveiller : cet esprit, volontiers paradoxal, quelquefois impertinent, n'est pas violent ni exclusif. D'ordinaire il est subtil dans le raisonnement, léger ou imprudent dans l'expression, mais mesuré dans les conclusions, comme il est discret dans le choix des sujets où il s'exerce. S'il touche aux plus hautes questions, c'est avec des détours très prudents ; mais le plus souvent il se restreint à l'examen des problèmes les moins dangereux à traiter : c'est l'esprit qui s'observe lui-même et s'étudie, agissant et raisonnant en toute liberté, de préférence dans la pure littérature. Aussi, pour être réputé philosophe, et grand philosophe, point n'est besoin d'avoir approfondi la métaphysique ou la logique, d'avoir traité les grands problèmes de la destinée des hommes ou des peuples ; un homme de lettres peut mériter ce titre : il lui suffira d'avoir porté dans l'examen des choses littéraires une certaine liberté d'esprit, une méthode rigoureuse de raisonner, la défiance de l'opinion et de l'autorité. Ajoutez, pour compléter ce portrait du philosophe, quelques traits accessoires : il est bon qu'il ait une certaine variété de connaissances, même superficielles ; qu'il ait l'humeur égale, l'air réservé, le ton doux et mesuré, de l'esprit, beaucoup d'esprit, enfin cette sorte de sérénité d'âme de l'homme que rien ne surprend, mais qui ne peut pas dire tout ce qu'il sait.

---

[1] Trublet, article sur Fontenelle, dans le « Mercure » de Juin 1757.

Tel nous paraît avoir été le « Philosophe » aux premières années du XVIIIe siècle, le disciple de Fontenelle : tel a été La Motte.

Plusieurs causes secondaires ont préparé ou accéléré le développement de l'esprit philosophique nouveau. Mais ce qui est certain, c'est qu'il ne se produisit point par une brusque révolution. Il découle naturellement des habitudes intellectuelles du XVIIe siècle. C'est par un mouvement lent et régulier qu'on passe de la critique laudative à la critique indépendante, du dogmatisme raisonneur au raisonnement sceptique.

Plusieurs écrivains ont très bien démêlé cette loi de continuité qui unit le XVIIIe siècle au XVIIe. D'après l'un d'eux, le penchant à raisonner a été développé par l'abus de l'esprit, ingénieux et fin, et aussi par les méthodes d'éducation [1]. « Le prix que nous attachons » aux vues ingénieuses, dit l'abbé Arnaud, aux idées fines et déliées, » à ce que nous appelons esprit ; l'empressement d'en avoir et d'en » montrer ; surtout l'éducation qu'on nous donne et qui consiste à » nous présenter des fautes plutôt qu'à nous conduire aux beautés, » à nous accabler d'une multitude de règles, à ne nous offrir des » modèles que pour confirmer ces règles et à nous cacher la nature » pour ne nous montrer que des exemples : voilà la véritable ori- » gine de notre penchant à raisonner, à discuter, à reprendre ; voilà » comment, pour nous former la mémoire, l'esprit et le jugement, » on appauvrit le trésor de nos sensations, en négligeant ou plutôt » en attaquant dès nos premières années le germe de notre sensibi- » lité ». Peut-on mieux montrer les effets de cette éducation trop critique que le XVIIIe siècle a empruntée au XVIIe ? Peut-on mieux prouver que c'est l'abus des règles et des modèles qui a fait négliger la nature et la sensibilité au profit de la raison et de l'esprit ?

Une autre vérité encore a été bien démêlée par l'abbé Terrasson. Il l'exprime avec une énergie un peu trop concise : « Le siècle » des talents n'est pas lui-même le siècle de la philosophie, » mais il le prépare et l'amène » [2]. Cela veut dire que la raison succède naturellement au génie [3], le jugement à l'imagination. Un siècle qui a produit de grandes œuvres, en provoquant l'admiration, fait naître la critique. L'admiration est déjà un jugement et un commencement de critique : de l'admiration à l'analyse il n'y a qu'un pas, vite franchi, et l'esprit philosophique a vu le jour. Modeste

---

[1] Suard. Mélanges de littérature, 2e édition, Paris, 1806. « Éloge d'Homère », par l'abbé Arnaud.

[2] Terrasson. « Philosophie applicable à tous les objets.... », p. 4.

[3] Cf. F. Ancillon. « Nouveaux essais philosophiques », Paris, t. II, p. 325.

d'abord, il ne demande que le droit d'appuyer ses éloges, de justifier son culte : c'est l'élève qui applique les principes de son maître, pour l'admirer d'abord, pour l'imiter ensuite, enfin pour le juger et généralement pour le blâmer.

Tel était l'état des intelligences au temps de La Motte. Bien peu étaient capables de se contenir dans l'admiration. La plupart éprouvaient sincèrement, sans trop d'orgueil, sans mauvaise intention de dénigrement, comme un besoin de contempler activement les trésors acquis, d'en faire le compte et le départ, de reviser les jugements admiratifs, d'analyser les méthodes pour en vérifier l'infaillibilité, de décomposer tout ce bel ensemble. Le malheur est que l'esprit une fois lancé ne revient plus en arrière. C'est pour lui un jeu innocent d'abord de contrôler son admiration ; mais peu à peu il s'échappe et s'émancipe ; il voit les défaillances de ses dieux qui ne sont plus que des hommes ; il s'étonne alors, il veut refaire ce qui n'est point parfait, il veut remettre debout cette pièce de l'édifice, et par degrés il démolit tout pour tout reconstruire.

Les « *Philosophes* », durant les vingt-cinq premières années du XVIIIe siècle, sont précisément à ce degré intermédiaire entre l'admiration et la critique. Dans toutes les matières et sur tous les sujets, ils se complaisent à démêler ce qui n'est plus bon, mais ils ne se hâtent point de conclure que tout est mauvais : ils cherchent le mieux qu'ils conçoivent, mais ils reconnaissent et admirent le bien qui existe. En tout ils acceptent l'ordre de choses établi ; ils se bornent à demander qu'on leur permette de l'améliorer et de le perfectionner en quelques parties. Ils s'élèvent résolument contre les excès de l'autorité et contre la prévention ; mais ils n'abusent point d'une liberté qui pourrait les mener loin ; contents de se sentir affranchis, ils s'amusent de leur indépendance nouvelle plus qu'ils n'en font usage ; nulle part ils ne rompent brusquement les liens qui les rattachent au siècle précédent. S'ils veulent briser une tradition trop gênante, secouer des préjugés trop pesants, c'est à une tradition très antique et à de très vieux préjugés qu'ils s'attaquent ; par une réserve adroite, les ennemis qu'ils se font ne sont pas les Français d'hier, mais les Grecs et les Romains ; ce n'est ni Boileau, ni Racine ; c'est Homère et c'est Aristote. Ainsi de toutes parts le jugement s'éveille, mais l'admiration subsiste ; la critique s'aiguise, mais la foi demeure à peu près intacte, du moins en apparence. Il va sans dire qu'on parle seulement des philosophes autorisés et des chefs du mouvement ; il y a au-dessous d'eux des disciples intempérants et téméraires dont les audaces font scandale ; il y a, en dehors du parti, des penseurs isolés dont les œuvres, quoique ne

portant pas l'étiquette pompeuse de la philosophie, auront dans
l'avenir une portée bien plus grande.

La Motte occupe une place très distinguée parmi ces philosophes
de la première heure. Sans doute il a réservé pour les questions
littéraires la meilleure part de son activité d'esprit. Pourtant il a
dit son opinion sur la plupart des grands sujets ; il l'a fait avec
décence et discrétion, mais avec une certaine liberté de jugement.
Voltaire lui rend à plusieurs reprises ce témoignage flatteur. Dans
les Odes, dit-il, « il y a presque autant de choses que de vers » ;
« il est philosophe et poète[1] ». Et ailleurs : « cet auteur était un sage
» qui prêta plus d'une fois le charme des vers à la philosophie[2]. »
Jusqu'ici les éloges de Voltaire sont sérieux ; c'est le philosophe qui
rend hommage à un modeste précurseur. Ailleurs le poète et
l'homme de goût se réveillent et mêlent malicieusement l'ironie à
la louange :

« Mes vers sont durs, d'accord, mais forts de choses »[3]

dit timidement le bonhomme Houdar à la porte du Temple du Goût.
Cherchons à déterminer en quoi consiste cette *force de pensées* et,
du même coup, quelle est la valeur de la philosophie de La Motte
sur les *grands sujets*.

On ne s'attend pas à rencontrer dans les poésies de La Motte de
ces pensées hardies qui préparent l'avenir en dévoilant les
faiblesses du présent, de ces vérités subversives d'où sortent les
révolutions. Comme Fontenelle, il observe sur ces matières une
sage réserve, qui tient moins à une prudence égoïste qu'à la nature
même de son esprit.

Sur tout ce qui touche à la religion, à la politique et même
à la morale, il professe une sorte de libéralisme conservateur et
conciliant. Il respecte ce qui existe, il admire toutes les puissances
et ne désapprouve aucun des actes du pouvoir légitime. Même
il a des trésors d'indulgence pour les pires abus de la force ; il
chante sur le ton de l'enthousiasme la Révocation de l'Edit

---

[1] Siècle de Louis XIV. Catalogue.

[2] Dictionnaire philosophique, article « Critique ».

[3] Temple du Goût. — A ce propos, voir dans la correspondance inédite du
président Bouhier une Lettre de l'abbé Gédoyn (30 avril 1732) sur le sens
ambigu de cette expression « forts de choses », qui appartient à Fontenelle
(Réponse à M. de Luçon). Cf. Lettre de Mathieu Marais, 3 avril 1732.

de Nantes [1] ; — ce n'est point par là que Voltaire admirait notre philosophe. Il respecte la Religion, et, s'il a des doutes, il les ensevelit au plus profond de lui-même, et si bien, que les adversaires qui raillent son incrédulité ont tout l'air de l'avoir calomnié. En politique, c'est le sujet le plus fidèle [2], le plus fécond en éloges hyperboliques, le plus adroit à amener le compliment dû au souverain et à renouveler ce lieu commun, usé depuis cinquante ans. Dans la morale [3], il n'est pas plus hardi : il professe qu'elle ne peut pas être indépendante de la Religion ; et lui, homme de théâtre, auteur de Comédies, de Tragédies et d'Opéras, il affirme délibérément [4], comme un Bossuet, que le théâtre n'a aucune valeur pour former les hommes à la vertu et aux bonnes mœurs. Dans tout cela, je ne vois que le chrétien et le sujet soumis. Où donc est le Philosophe ?

Pour le découvrir, il faut y regarder de très près. On aperçoit des traces de l'esprit philosophique dans quelques pensées plus libres, dans certaines insinuations que le poète entoure de toutes les précautions oratoires. Une opinion qu'il exprime volontiers, qu'il hasarde même parfois sous la forme d'un conseil aux puissances, lui est commune avec tous les bons esprits du temps ; elle fera son chemin, cette idée, elle deviendra un des articles de foi de la grande philosophie du siècle : c'est la haine de la guerre, haine moins chrétienne qu'autrefois, plus humaine et philosophique. La Motte aime la paix [5] parce que c'est l'état de nature, parce qu'elle procure l'abondance aux hommes et donne naissance à tous les arts ; c'est elle qui par le commerce rapproche les différents peuples qui ont besoin les uns des autres :

> « (Et) Bénissons dans l'abondance
> La nature dont la prudence
> Nous a liés par nos besoins. » [6]

Il semble avoir entrevu cette vérité, ou ce paradoxe moderne,

---

[1] Odes, p. 428 du t. I « Sur le zèle de la religion ». Ailleurs il tonne contre les « Fanatiques ». Or ce sont les protestants obstinés qu'il appelle ainsi, non pas les furieux convertisseurs.

[2] Voir Odes, t. I, p. 346.

[3] Discours sur les prix, 25 août 1714 (t. VIII, p. 368).

[4] 2e Discours sur la tragédie, t. IV, pp. 181-182.

[5] Odes, t. I, pp. 181-182.

[6] Odes. « La Paix ». t. I. p. 276. — Cf. Fables : « Les grenouilles », t. IX. p. 165 ; « le soc et l'épée », p. 182 ; « le conquérant et la pauvre femme », p. 193.

d'une alliance universelle des peuples se fondant en une seule humanité : vous, peuples, dit-il :

> « .... Ne songez qu'au nom qui vous lie,
>   Nom trop longtemps déshonoré.
>   Qu'importe quel peuple nous sommes !
>   Soyez amis, vous êtes hommes.... » [1]

Si les hommes sont frères, ils ne sont pas égaux entre eux. La
Motte répudie énergiquement la chimère de l'Egalité ; elle a peut-
être existé aux temps fabuleux d'Astrée [2], mais depuis lors elle n'a
pu engendrer que des maux :

> « Chacun sous ton règne sauvage
>   Serait à lui-même son Roi....
>   Toujours injustes, téméraires,
>   Toujours l'une à l'autre contraires,
>   Nos passions veulent des lois. » [3]

L'homme s'est donc volontairement assujetti à une puissance que
Dieu a affermie ; ainsi l'autorité royale est légitime, puisqu'elle
est consacrée par le Ciel et d'origine divine :

> « Je vois l'autorité suprême
>   Oui, l'autorité de Dieu même,
>   Gravée au front des Souverains. » [4]

Donc les rois sont des maîtres absolus ? Oui, mais leurs droits
sont limités par leurs devoirs, leurs privilèges sont compensés par
une lourde responsabilité : aux peuples qui leur doivent l'obéissance,
ils doivent eux-mêmes le bonheur et le bon exemple :

> « En vain portez-vous le tonnerre,
>   Vous n'êtes les dieux de la terre
>   Qu'autant que nous sommes heureux.
>   .... Les lois ne sont rien sans vos mœurs. » [5]

C'est à ce prix que le roi devient l'idole de son peuple qui soutient
son trône et assure sa puissance :

> « Gardé par cet amour fidèle,
>   Jamais son trône ne chancelle, etc. » [6]

---

[1] Odes. t. I, p. 275.
[2] « Astrée ». t. I, pp. 68-69. Cette ode contient toute une philosophie sociale en
abrégé.
[3] « Le Souverain », Ode. t. I, p. 176.
[4] Ibid., p. 176.
[5] Ibid., p. 177.
[6] Ibid., p. 190.

Quant aux monarques ambitieux, aux conquérants avides et injustes, le poète leur fait la leçon en termes assez rudes :

> « Est-ce donc pour troubler la terre
> Que sont formés les souverains ?
> Le ciel leur met-il le tonnerre
> Au lieu de sceptre dans la main ?
> Au gré de leur orgueil avide
> Faut-il que leur fureur les guide ?
> Le meurtre est-il un de leurs droits ?
> Et, grands à mesure qu'ils osent,
> Sera-ce par les maux qu'ils causent
> Qu'il faudra compter leurs exploits ? » [1]

Ces idées ne manquent ni de sagesse, ni d'élévation, ni même d'une sorte d'originalité, puisque ces lieux communs poétiques ne sont plus inspirés par la seule religion, mais plutôt par la raison et la sagesse profanes. Ainsi commençait à paraître, même chez les plus modérés, un sentiment nouveau de la justice et quelque chose qui ressemblait à l'amour de l'humanité [2].

Dans la *morale* surtout, par la liberté de ses jugements, par une tendance générale de son esprit, La Motte est digne du nom de philosophe. Non pas que les idées qu'il exprime soient toujours neuves et originales : il emprunte de toutes mains, à Pascal, à La Rochefoucauld, à Fontenelle, à bien d'autres. Mais le fait même de traiter librement ces graves sujets dans des Odes le met, suivant les idées du temps, au rang des philosophes. Le mérite qu'il réclame et qu'on lui accorde, c'est d'avoir été le premier à « mettre la raison en images ». Il invoque la raison à tout propos, ce nom revient jusqu'à cinq fois dans une seule Ode [3] : c'est à elle qu'il attribue indifféremment les vertus d'un grand roi, l'intégrité des bons juges, la sérénité du sage, la curiosité du philosophe et du savant [4]. Mais ce qui me paraît distinguer la philosophie morale de La Motte, c'est une sorte de modération dans les jugements qu'il porte sur l'homme, une pitié résignée, également éloignée du pessimisme et de l'optimisme. Il reconnaît que l'instinct est plus fort que la raison du sage :

> « La Raison n'a qu'un faible empire,
> Ses tristes autels sont déserts ;
> L'Instinct qu'elle veut contredire
> Est le moteur de l'univers » [5].

---

[1] « La paix », t. I, p. 274.

[2] Cf. des sentences philosophiques de même ordre dans les tragédies. (Romulus, t. IV, pp. 211, 214, 234, 235, 242, 245, 252, 260. — Inès de Castro, pp. 337, 339. — Œdipe, p. 503).

[3] « La réputation », Ode, t. I, p. 345.

[4] « Le devoir », Ode au roi, t. I, p. 62. — « Thémis », Ode, t. I, p. 393.

[5] « Le désir d'immortaliser son nom », Ode, t. I, p. 91.

L'égoïsme domine l'homme et le conduit, la vertu même n'est que l'amour-propre déguisé :

> « De quelque vertu qu'on se pique,
> Ce n'est qu'un voile chimérique
> Dont l'amour-propre nous séduit » [1].

Malgré notre orgueil, nous sommes voués au malheur par notre impuissance à atteindre « l'heureuse tranquillité » ; la volupté nous fuit, la connaissance de nous-mêmes nous échappe :

> « D'une ignorance curieuse
> Notre âme esclave ambitieuse
> Cherche encore à se pénétrer.
> Vaincue, elle ne peut se rendre,
> Et ne saurait ni se comprendre,
> Ni consentir à s'ignorer » [2].

L'homme misérable qui flotte sans règle au gré de ses passions est réduit à se fuir lui-même, à tromper par tous les moyens ce désir de connaître qu'il a et qu'il ne peut satisfaire [3]. Triste constatation dont le philosophe cherche en vain à corriger le mauvais effet en nous excitant à connaître nos passions pour apprendre à leur commander, à citer toutes nos actions « au tribunal de la Raison ». Excellent conseil, mais peu aisé à suivre. La véritable pensée de La Motte est plutôt dans ces vers de la fable des « fous » : [4]

> « Tout n'est qu'erreur, chacun a sa folie.
> Mais quoi ! l'une à l'autre se lie ;
> Le monde va son train et rien n'est arrêté.
> Téméraire qui se propose
> De le refondre à force de raisons :
> Penser y réussir c'est chose
> Digne des petites maisons ».

C'est la conclusion modeste d'une philosophie sans nobles illusions, mais sans vain orgueil.

---

[1] « L'amour-propre », Ode, t. I. p. 362. — Cf. dans les Fables : « Le bonnet », t. IX, p. 314 ; « Minos et la mort », p. 151.

[2] « L'homme ». Ode, t. I, p. 102. — Cf. la fin de l'ode « l'Amour » (p. 375) :

> « Sans principe certain, nos passions diverses
> Font nos divers raisonnements ».

Dans l'Ode sur « le devoir » (p. 62) il y a de curieux vers sur l'influence que leur tempérament exerce sur les rois :

> « D'un sang paresseux ou rapide
> Ils suivaient les impressions...., etc ».

[3] « La fuite de soi-même », Ode t. I, p. 279.

[4] T. IX, p. 337.

Toutes ces opinions isolées, ces vues parfois contradictoires sur l'homme et sur la vie sociale, ne constituent pas un corps de philosophie. Et pourtant les contemporains et Voltaire ne se sont pas trompés : derrière le poète il y a un *philosophe*. La Motte a subi l'influence des penseurs les plus hardis de son époque, des Fénelon, des Vauban, des Saint-Pierre et des Fontenelle. Il ne leur a pas tout emprunté, cela est vrai : il a laissé au premier ses nobles chimères, au second son patriotique dévouement, au troisième ses honnêtes et décevantes utopies, à Fontenelle sa sèche et pénétrante ironie. Mais des idées de tous, son cœur honnête et droit, son esprit juste et un peu court, s'est composé une sorte de philosophie appropriée à sa nature. Elle consiste proprement en un certain tour de son esprit [1], exempt de préjugés, ouvert à toutes les idées, prêt à accepter toutes les réformes raisonnables, excellent pour faire penser, pour soulever les questions discrètement, sans prétendre y apporter des solutions complètes et prématurées. Ces tendances libérales suffisaient à son temps : plus tard on sera plus exigeant. Le grand parti philosophique, vers le milieu du siècle, n'aura que dédain pour les penseurs modestes de l'école de La Motte [2]; on les traitera lestement de Beaux-Esprits [3], leur refusant par là le grand nom de philosophes. Voltaire et D'Alembert ont eu le mérite d'être plus équitables, en reconnaissant dans La Motte, poète médiocre, penseur timide et point du tout réformateur, un de ceux qui ont travaillé modestement, à leur heure et à leur rang, à préparer le grand mouvement philosophique qui aboutit, bien loin de là, à l'affranchissement des esprits, des consciences et des corps.

Si La Motte porta dans tous les sujets la liberté de jugement d'un esprit philosophique, il appliqua surtout ses rares facultés de critique aux matières de la *Littérature*. Il fut le *philosophe de la Poésie* et des Belles-Lettres, durant vingt-cinq ans.

Vers la fin du siècle, Perrault avait voulu rehausser la critique et la tirer hors des stériles débats. Il avait entrevu qu'il faut ramener tous les arts à un même principe, étendre à toutes les formes de la pensée la règle jusque-là réservée aux productions littéraires ;

---

[1] Voir Fables, t. IX, p. 248 : « le cheval », et p. 250 « le pyrrhonisme », où La Motte recommande le doute, mais un doute modéré.

[2] Grimm, parlant de Marivaux, dit ceci, qui s'applique aussi bien à La Motte, son maître : « Le souffle vigoureux de la philosophie a renversé depuis une quinzaine d'années toutes ces réputations étayées sur des roseaux ».

[3] C'est l'expression dédaigneuse qu'emploie déjà Montesquieu dans les Lettres persanes. Voltaire et La Harpe s'en serviront également.

il avait deviné la loi du progrès ou du mouvement, qui défend à l'esprit humain de s'enfermer dans l'admiration. Par malheur Perrault, confondant mal à propos les arts et les sciences dans son apologie du mouvement intellectuel, avait compromis la cause excellente qu'il défendait. La profondeur de sa pensée avait passé inaperçue sauf de quelques esprits supérieurs. Pour tous les autres, il avait été battu, et Boileau, qui parlait plus haut, paraissait avoir eu raison. Fontenelle, qui ne s'était pas compromis dans cette bagarre, avait à son tour, à petit bruit, traité avec mérite plusieurs points de philosophie littéraire [1] ; il avait jeté des vues lumineuses, des aperçus gros de conséquences sur différentes questions de détail. il s'était bien gardé de discréditer sa cause à l'avance en affectant de trop hautes prétentions. Il avait fait une guerre sourde et dangereuse au dogmatisme autoritaire de Boileau.

La Motte continua l'œuvre critique de Fontenelle, avec plus de franchise, ce qui lui donna les apparences de l'audace. Au reste Fontenelle, bon prince, lui laissait la voie libre. Depuis plusieurs années, il avait renoncé à la critique littéraire ; il s'appliquait à rendre populaires, à force de clarté et d'esprit, les mystères de la science [2]. Un partage amiable se fit du domaine philosophique, entre La Motte et son maître. Fontenelle porta dans les sciences ses qualités de littérateur raffiné, la grâce, l'art de bien dire et l'élégance piquante. La Motte, en traitant des sujets littéraires, sembla avoir emprunté à son ami quelques-unes des qualités de l'esprit scientifique, la rigueur d'analyse et de déduction, un peu de sécheresse aussi.

D'autre part, l'entreprise de réduire en principes toute la littérature se trouvait encouragée par les circonstances et secondée par le goût du public.

Chassé de la science, banni de la philosophie, presque abandonné des théologiens eux-mêmes, *Aristote* n'avait pas entièrement perdu pied en France. Il lui restait un coin de son ancien domaine ; dans les Belles-Lettres et les Arts, il demeurait le docteur universel, l'autorité sans appel, le maître. On s'avisa qu'il fallait le déposséder de son dernier asile ; qu'il importait d'achever l'œuvre de Descartes ; qu'il était temps de porter dans les Lettres le libre examen, le principe d'évidence et la méthode cartésienne. La Motte se chargea de cette tâche. Il s'en acquitta avec succès, si nous nous en rapportons aux louanges hyperboliques que lui donne Trublet : « Cet esprit » philosophique que Descartes avait porté dans les différentes

---

[1] Sur la Poésie en général. — Réflexions sur la poétique, etc.

[2] Les premiers « Eloges des Académiciens » sont de 1708.

» parties de la philosophie où il était encore moins connu qu'ailleurs,
» M. de La Motte, sur les traces de M. de Fontenelle, l'a appliqué
» aux belles-lettres et à la poésie : précieuse nouveauté, mais dont
» tout le goût et les fruits sont peut-être réservés à nos descen-
» dants » [1]. On croyait donc, autour de La Motte, qu'il avait eu
l'honneur de continuer Descartes et d'achever la ruine d'Aristote, et
lui-même pensait justifier ce qu'il peut y avoir de hardi dans son
entreprise par la nécessité de venger la Raison trop longtemps
opprimée par la « Prévention ».

Une autre cause dut déterminer La Motte, grand amateur de
succès faciles, et plus fait pour suivre le *goût public* que pour
s'imposer à lui en le contrariant : c'est que la curiosité se tournait
de plus en plus vers les débats littéraires. La manie de juger, de
disputer et de disserter s'était encore accrue depuis la fin du dernier
siècle. Il n'était si mince personnage qui n'eût pris part, ou qui
n'eût assisté, en sortant de la comédie, aux tournois d'esprit dont
retentissaient les cafés des gens de lettres. Sans doute les démêlés
entre les auteurs avaient fait plus d'une fois rire le public à leurs
dépens ; mais en France le rire et les plaisanteries qu'on se
permet sur les choses et les hommes n'empêchent pas toujours
qu'on ne soit dupe des unes et des autres. Aussi la mode s'était
établie des controverses littéraires. Les écrivains eux-mêmes
donnaient le mauvais exemple : ils enseignaient aux lecteurs à les
critiquer en se critiquant les premiers. Ils ne paraît pas un
volume de vers qui ne commence par une préface ou un discours,
bien prétentieux et pédantesque, sur le genre de poésie, sur son
origine, son essence, ses lois et ses règles [2]. Telle de ces dissertations est plus longue que l'ouvrage. Ainsi écrivains et lecteurs
étaient d'accord dans cette manie de disserter et de critiquer [3].

---

[1] Trublet. Lett. à Mᵉ T. D. L. F. (t. I, p. XXX). — Cf. abbé de Pons, p. 337.

[2] Piron s'est moqué de cette manie. (Edit. Rigolley de Juvigny. t.VIII. p. 355):

> « On ne voit qu'auteurs de préceptes,
> De méthodes, d'arts et d'essais :
> Mille Rose-Croix, point d'adeptes.
> Mille professeurs, nul profès....
> — ... Eh ! l'ami, fais nous des poètes !
> Sois-le toi-même, si tu peux ! »

Cf. Roy. Œuvres. Préface, p. 3. — J.-B. Rousseau, Préface de l'Edition de Soleure, p. 9. — Condillac, t. VII, p. 358.

[3] D'Argenson (Mémoires, édit. Didot, p. 323) signale cette maladie de juger : « .... Plus le siècle devient ignorant, plus il devient critique. Jamais on n'a lu si peu qu'aujourd'hui, jamais on n'a tant parcouru de livres ; jamais on ne s'est occupé moins sérieusement à l'étude des lettres et de l'histoire, jamais on n'a été plus prompt à juger les hommes et les choses ».

En écrivant ses Discours et ses Réflexions, La Motte n'a fait que suivre la mode et se conformer au goût général.

A quelle *partie du public* s'adressent ces confidences et ces leçons sur l'art d'écrire et sur les divers genres de poésie ? La masse, on vient de le voir, s'intéressait — un peu à la légère et de façon indiscrète — à toutes les contestations qui s'élevaient entre les auteurs sur des matières de goût et d'art ; mais la foule des lecteurs ou des spectateurs était plus curieuse de scandales qu'avide de s'instruire. Elle se mettait du côté des railleurs contre les raisonneurs ; plus sensible à une saillie amusante qu'à une discussion bien menée ou à une déduction correcte, elle abandonnait volontiers le sévère critique et le philosophe pour courir aux parades des Parodistes. N'oublions pas non plus que la majorité des contemporains était imbue des préjugés anciens, encore toute pénétrée de respect pour les grands maîtres de l'art classique, et médiocrement bien disposée pour les novateurs qui venaient la troubler dans la quiétude de ses vieilles admirations [1].

Ce n'est donc pas au grand public que La Motte s'adresse. Il parle pour une *portion restreinte des lecteurs*, pour les esprits réfléchis, exempts de prévention. Ceux-là n'étaient pas nombreux. C'est ceux qu'il appelle les « sages » [2]. Il constate, non sans regret, l'existence de ces deux publics : « le premier, dit-il, ne cherche » dans les disputes des gens de lettres que le plaisir malin de voir » les auteurs se dégrader les uns les autres........ L'autre espèce » de public, qui, par son petit nombre, à peine en mérite le nom, ne » cherche dans les contestations littéraires que l'éclaircissement de » la vérité » [3]. Il a peu d'estime pour la partie la plus nombreuse de ses juges : « Il est vrai que le public, — je n'entends pas par là les » gens les plus raisonnables, — fait un assez bon accueil aux » critiques, et même par préférence aux plus malins » [4]. La vérité, c'est que La Motte s'adresse à un public plus étendu que celui qui écoutait Mme Dacier par exemple, mais bien moins nombreux que le public qui va applaudir Voltaire. La foule des lecteurs et des juges s'est accrue depuis vingt ans, mais pas encore au point d'embrasser une très grande partie de la nation. Dans le nombre de ceux qui lisent, La Motte est obligé de choisir : la majorité est trop légère ou

---

[1] La Motte, (Discours sur la fable t. IX, p. 5), s'élève contre l'injustice du public qui qualifie de témérité l'émulation : « D'heureux génies sont par là découragés... etc. »

[2] 2e Discours sur la tragédie, t. IV, p. 140.

[3] Réflexions sur la critique, t. III, pp. 1, 2.

[4] 2e Discours sur la tragédie, t. IV, p. 139.

prévenue ; il n'y a qu'une élite d'esprits rares et impartiaux qui comprendront et goûteront ses audaces. Il se trouve donc que, tout en flattant le goût général pour la critique et la contestation, La Motte devance le plus souvent la foule de ses contemporains, surtout quand il émet des opinions hasardées et propose des réformes : alors il n'est plus suivi que par une petite troupe de fidèles [1]. Au reste il se résigne assez facilement à cette désertion ; quelques mouvements de dépit lui échappent : mais de bonne grâce il prend son parti des défaillances de l'intelligence publique ; il n'est pas de ces philosophes qui prétendent à l'apostolat ; il ne vise point à entraîner les foules, il lui suffit d'être compris du petit nombre des bons esprits pour lesquels il consent à « écarter les doigts » [2] de sa main remplie de vérités. L'approbation de Mme de Lambert, un sourire de Fontenelle, l'assentiment de quelque confrère de l'Académie, peut-être aussi le brouhaha bienveillant de son café d'habitude, en voilà plus qu'il n'en faut pour le convaincre qu'il a raison et que le public a tort, pour le consoler des insultes de ses confrères et de l'indifférence de la foule prévenue.

———

Il y a trois parties distinctes dans l'œuvre de philosophie littéraire de La Motte. Il y a la *Critique* proprement dite : il y a les *Théories* générales et enfin les Innovations ou les *Paradoxes*.

On étudiera d'abord la Critique.

Mais auparavant il a paru nécessaire de rechercher quel était l'état de la *Critique contemporaine*, quels étaient parmi les écrivains les *ennemis* et les *amis* de La Motte. On appréciera mieux par la comparaison les mérites de notre auteur et on aura pour ses défauts une indulgence plus équitable.

———

[1] Composée surtout de jeunes gens, de quelques courtisans et de quelques dames, et aussi de plusieurs des plus jeunes magistrats. (Cf. d'Aguesseau, Mercuriale VIIe).

[2] Expression d'E. Bersot, appliquée à Fontenelle (Etudes sur le XVIIIe siècle, t. I, p. 236).

II. — LA MOTTE ET LA CRITIQUE LITTÉRAIRE AU COMMENCEMENT DU XVIIIe SIÈCLE

§ *a.* — **La Critique érudite. — Mme Dacier. — D'Olivet et Desfontaines. — Gacon.**

La *Critique* en usage *au XVIIe siècle* subsistait, très puissante encore, vers le temps où La Motte commença à disserter sur la poésie. Boileau mort, son esprit lui survit. Malgré l'exemple donné de si haut par Fénelon dans son testament littéraire, le plus grand nombre des savants et des poètes persiste à juger les œuvres d'imagination d'après les règles et les principes, et non point par sentiment.

Cette critique peut se définir ainsi: elle était *dogmatique* et abusait contre ses contradicteurs de l'autorité des anciens; elle était *rétilleuse* et chicanière, se perdait dans les détails de la forme et du style; enfin elle était *rude* de ton et de langage.

Chacun de ces trois défauts se personnifie dans un écrivain: la morgue pédantesque est représentée par l'honnête Mme Dacier; la médiocrité d'esprit, tàtillonne, tracassière, par d'Olivet ou par l'abbé Desfontaines; et par Gacon la violence ordurière, la jalousie basse, l'envie calomnieuse.

Le camp des « *Erudits* » [1] était nombreux encore vers 1715 et leur parti puissant. On appelle « Erudits », par ironie, tous ceux qui, sans être toujours des savants, cherchaient dans l'antiquité leurs modèles et leurs autorités. En première ligne venaient tous les prétentieux traducteurs, les commentateurs infatués qu'une glose subtile ou une version heureuse faisait entrer dans les Académies. Ils avaient derrière eux la foule des amateurs lettrés, quelques gentilshommes instruits, des poètes latins, beaucoup des magistrats les plus savants, force abbés latinistes et encore la multitude des rimeurs fidèles aux

Les Erudits.

---

[1] C'est l'abbé de Pons qui mit le mot à la mode. Des plaisants en tirèrent le barbarisme méprisant « les Eruditionnés » (Voir Rivière Dufresny, Parallèle d'Homère et de Rabelais, 1747, p. 242).

goûts et aux habitudes d'esprit de l'autre siècle. La phalange gréco-latine était donc compacte, et, loin de céder pied, elle cherchait à gagner du terrain [1]. La plupart des corps savants tenaient pour elle. L'Académie des sciences [2], il est vrai, lui était contraire, et l'esprit du siècle allait de plus en plus vers l'Académie des sciences. Mais l'Académie française était tout au moins partagée. Quant à celle des Inscriptions [3], malgré une certaine liberté de pensée, elle reste attachée à l'esprit et à la méthode classiques : elle continue à étudier les anciens d'un point de vue trop exclusivement littéraire, admirant les auteurs, les interprétant avec finesse et avec goût ; mais trop préoccupée de les comparer et de les classer par ordre de mérite, elle néglige la connaissance approfondie de l'antiquité. L'*Université* [4], malgré les modestes réformes préconisées par Rollin, demeure attachée aux anciens errements ; elle persiste à lire les anciens dans un esprit étroit d'admiration et d'imitation routinière. Les *Jésuites* dans leurs collèges font le contraire de ce que faisaient leurs rivaux ; comme au temps de Boileau, ils prennent parti pour les modernes contre les anciens, pour la critique contre l'érudition.

La cabale érudite avait d'autres auxiliaires. Au-dessous de l'Académie française, il y avait ses filles, les Académies provinciales [5] qui, en retard sur les modes et les goûts de Paris, étaient plus résolument anciennes et classiques que leur aînée elle-même. A côté de ces associations de beaux esprits, il y avait encore un bon nombre de critiques isolés, poètes ou amateurs de petite ville, qui se rattachaient à des savants de Paris, ou même à des savants illustres de province, comme le président Bouhier [6] : ceux-là reflétaient, en les grossissant, les goûts orthodoxes et les passions ultra-

---

[1] Voyez le discours de M⁰ Dacier recevant G. de Boze (Recueil de harangues.., année 1715, pp. 300-307).

[2] Maury. Les Académies d'autrefois. t. II. l'ancienne Académie des Inscriptions et Belles-Lettres, pp. 64-65. — Cf. Terrasson, p. 8. « L'Académie des sciences a perfectionné le goût en établissant, d'après Descartes, les vrais principes ... ».

[3] Voir Maury, Ouvr. cité. pp. 37 et 43.

[4] G. Compayré. Histoire critique des doctrines de l'Education en France. t. I, pp. 434, sq.

[5] Par exemple celle de Soissons, plus tard celle de Marseille. Voyez dans le Recueil de plusieurs pièces..., les tributs annuels envoyés à l'Académie française par les académiciens de Soissons.

[6] Voir Président Bouhier : Correspondance manuscrite, à la Bibliothèque Nationale. On y compterait par dizaines ces poètes et ces littérateurs de petite ville : tous sont ultra-classiques.

classiques de leur patron. Tout ce monde là composait le grand parti
de l'érudition.

Toute cette école porte dans la critique les mêmes tendances et les
mêmes défauts. C'est une égale assurance à décider dans les matières
de goût, les plus sujettes de toutes à la contestation ; c'est un reste
de l'esprit scholastique qui fait de tous les Erudits — à quelque degré
qu'ils le soient — des commentateurs plutôt que des critiques, qui
les pousse à remplacer les raisons par les autorités et à clore les
discussions par des affirmations péremptoires. Ce procédé est
supportable tant qu'ils ne rencontrent pas de contradicteur à leur
admiration ingénieuse et subtile : les articles littéraires des Boivin,
des Sallier, des L. Racine sont superficiels, dénués du véritable
esprit critique, mais ils sont élégants, clairs et ils gardent toujours le
ton décent de la bonne compagnie. Si au contraire les représentants
de l'Erudition doivent descendre des hauteurs où ils se tiennent et
mettre le pied dans l'arène pour suivre un contradicteur moins savant,
mais spirituellement sceptique, le ton change et leur polémique perd
son beau sang-froid : ils deviennent violents, ils accablent leur
adversaire de citations et d'autorités sans lui ménager les injures et
la lourde ironie. C'est ce qui arriva à Mme Dacier quand La Motte
l'eut attirée sur le terrain de la polémique.

Mme Dacier est un des derniers représentants de cette critique Mme Dacier.
superbe et pédantesque, qu'on pourrait appeler la « *Critique
héroïque* ». Cette critique a ses mérites : elle a la foi, elle croit à
la Beauté, une et immuable, qu'on peut atteindre à de certaines
conditions. Surtout elle sait aimer ; elle ressent le charme des poètes
anciens même les plus étrangers au goût moderne. Mme Dacier,
à force d'aimer Homère, est parvenue à goûter sa divine simplicité.
Cette forme de critique a encore le mérite d'une grande sévérité
de goût, d'une fidélité tenace à la tradition, d'une défiance innée
des fausses beautés et des nouveautés décevantes. Mais ces qualités
sont gâtées par l'exagération des principes et la rudesse du langage.

C'est ainsi que Mme Dacier a mal défendu une cause excellente et
a compromis les intérêts d'Homère et de l'antiquité. Dans son
livre : « Des Causes de la corruption du goût », elle n'est pas aussi
violente ni aussi grossière qu'on l'a dit : sa polémique est plus
lourde qu'injurieuse, son ironie est pesante : elle croit badiner et
elle assomme. Elle traite un peu vite La Motte d'ignorant et
d'impertinent, mais elle n'a pas tort. Elle insinue qu'il est un impie
et un audacieux contempteur de la divine poésie des Livres

saints [1], mais cela est peu de chose, car elle a la modération relative de n'incriminer ni les mœurs, ni l'honnêteté de son adversaire, comme l'autorisait à le faire l'exemple des grands batailleurs du XVI° siècle et même celui des polémistes du XVII°. Si enfin elle relève vivement les étourderies de son spirituel antagoniste, c'était son droit. Toutes ces vivacités de langage, ces sévérités de jugement sont de menus péchés, que la passion fait excuser.

La faiblesse de cette critique est moins dans sa forme surannée et sa violence toute antique que dans l'esprit qui l'anime et dans la méthode qu'elle emploie.

Mme Dacier admire trop Homère, et elle l'admire mal.

Son admiration est sans réserve et sans nuance. Reconnaître une faiblesse, admettre une défaillance, ce serait commettre une impiété. L'Iliade est pour elle toute pareille à l'œuvre de Dieu : seule elle est exempte du péché originel ; seule elle a eu le privilège d'échapper à l'effet des siècles ; seule elle est demeurée immuable dans sa perfection souveraine.

Cette admiration aveugle porte à faux. Mme Dacier adore les poèmes homériques comme un Idéal absolu et unique, placé en dehors du temps. Elle sait peu de chose, et ne se préoccupe pas de rien savoir des conditions de la vie au temps d'Homère. Elle n'imagine pas ce qu'a pu être la poésie primitive ; pour elle, comme pour la plupart des contemporains et pour tous les « *anciens* », l'Iliade n'est pas un produit quasi spontané de la Nature, mais le chef-d'œuvre de l'Art le plus exactement composé.

Par suite la méthode de juger est vicieuse. Mme Dacier admire tout, justifie tout dans l'Iliade [2]. Et elle ne donne pas toujours de bonnes raisons de son admiration ; parfois la justification est plus spécieuse que solide, surtout elle est trop subtile. Mais le plus grave tort de cette polémique, c'est d'abuser de l'autorité. Est-elle à bout d'arguments, Mme Dacier ne connaît qu'un moyen : elle lance à la tête de son adversaire une citation écrasante, elle lui ferme la bouche en lui objectant l'opinion d'un Grec ou d'un Latin. Et quels noms lui oppose-t-elle ? C'est Eustathe l'archevêque ; c'est Aristote ou Horace, c'est Denys d'Halicarnasse et Plutarque, tous pêle-mêle, sans distinction de valeur, Aristote qui est un grand esprit étant mis tout à côté de Denys qui n'en est pas un. Sans doute c'est

---

[1] « Des Causes de la corruption du goût », Edit. d'Amsterdam, 1715, p. 150, où la légèreté de La Motte est qualifiée d'« affreuse impiété ».

[2] Ainsi (p. 138) la défense du discours de Phénix au chant IX. — Ainsi (pp. 126-127) la faible discussion sur les chevaux qui parlent.

bien la méthode de la polémique orthodoxe, religieuse ou littéraire, aux époques de foi. Mais quel effet pouvaient produire tous ces vieux noms sur des adversaires lettrés qui n'étaient que des demi-savants, ou sur un public irrespectueux, qui commençait à tenir pour suspect tout ce que l'autorité seule défendait, tout ce que le sens commun ne pouvait pas vérifier et contrôler sur l'heure ?

Cet usage immodéré des autorités est un des caractères essentiels de la critique érudite. La lutte est engagée, sur le terrain de la poésie, entre l'esprit ancien et l'esprit moderne, l'un intempérant peut-être et indiscret, léger et téméraire, mais puissant et destiné à vaincre : l'autre absolu, étroit, intransigeant, condamné à périr ou à se renouveler en ouvrant ses rangs et en élargissant ses idées.

Le second vice de la critique savante, c'est une tendance à se perdre *dans les détails*, à juger une œuvre, non point par l'ensemble, mais d'après les beautés ou les défauts secondaires de la forme et du style. Cette erreur (comme la première) est commune à toutes les écoles établies qui ont promulgué leur code et consacré leurs modèles. Méthode facile, mais vicieuse ; car elle repose sur un principe faux, c'est que toute œuvre doit être conforme aux règles et aux modèles établis, et que, pour en déterminer la valeur, il suffit de lui appliquer rigoureusement le canon classique.

Les représentants de cette critique étroite et formaliste sont innombrables. C'est par exemple l'ancien jésuite d'Olivet [1], contrôleur juré des mots et des syllabes, qui met en pièces Racine sous prétexte d'admirer et de faire admirer sa langue. C'est le poète Lagrange-Chancel que nous avons vu donner à La Motte de si judicieux conseils, en se fondant sur la pratique constante des maîtres dans l'art dramatique. C'est Racine le fils, docile élève en poésie et professeur plus timide encore. C'est Lefranc de Pompignan, violent ennemi de la liberté de penser en toutes les matières, de toute nouveauté dans la poésie comme dans le reste. C'est enfin la foule des critiques de profession qui contrôlent les beautés et constatent les défauts d'après le règlement de chaque genre. Mais surtout ils sont infatigables à relever les incorrections du langage, à dénombrer les fautes de l'écrivain.

L'infériorité de cette critique pédantesque, c'est qu'elle est plus touchée des défauts que sensible aux beautés : elle prononce ses arrêts, moins d'après les mérites réels de l'œuvre, que d'après l'absence des

D'Olivet.

---

[1] Cf. E. et J. de Goncourt, : Portraits intimes du XVIIIe siècle. 1857-58, t. II. p. 244.

fautes. Mais cette méthode était si bien établie dans les habitudes que les meilleurs et les plus libres esprits l'employèrent sans scrupules. La critique facile a subsisté pendant toute la durée du XVIIIe siècle, non seulement chez les Fréron, mais chez les La Motte et les Voltaire.

L'abbé *Guyot-Desfontaines* est le plus fameux de ces critiques à l'esprit étroit et méticuleux, de ces vigilants gardiens des genres et des formes. Les « *Paradoxes littéraires* », écrits en 1723, à l'occasion d'Inès de Castro, sont un modèle de critique partiale et impertinente ; c'est un chef-d'œuvre de badinage pédantesque [1]. Sur le fond même de la pièce, un respect superstitieux des règles enlève au juge toute clairvoyance et toute sensibilité. Tout occupé à étendre la tragédie sur le lit de Procuste, il ne voit pas ce qu'il y a d'original, il ne sent rien des beautés pathétiques. Les enfants d'Inès ont fait pleurer : qu'importe ? « On ne saurait dire que ce spectacle soit ridicule et » cependant il a fait rire. Pourquoi ? C'est que l'enfance paraît » dégrader la scène, où l'on est accoutumé à voir des hommes faits » et raisonnables, et rien de puéril ». Voilà qui est juger en sévère défenseur des bienséances : meure le pathétique plutôt qu'un principe ! Puis sans plus tarder, le critique abandonne l'examen de la tragédie qu'il a lestement exécutée au nom des règles, et il passe à la partie importante, instructive et amusante de son travail, à l'examen détaillé des menues fautes de goût et des peccadilles grammaticales. Il a, grâce à La Motte, la tâche aisée : il n'a point de mal à venger la langue et le bon goût. Mais au fond, que vaut une semblable critique ? Nulle discussion solide, nul principe, point de conclusion utile. L'unique argument, c'est qu'il ne faut pas faire ce que les maîtres n'ont point fait. Eh ! sans doute, il est utile de défendre les saines traditions contre les audacieux, et de monter la garde autour du langage pour le protéger contre les barbares ! Mais encore faudrait-il que l'Aristarque qui s'est chargé de cette besogne maussade y apportât quelque largeur de vues et plus d'intelligence que de zèle. Desfontaines du moins y mêle beaucoup de méchanceté et un peu de mauvaise foi : cela relève l'insupportable monotonie de cette critique creuse, et plate.

Être assuré de posséder la vérité par une sorte de révélation, et tout à coup voir contester cette vérité si évidente, c'est la plus dangereuse épreuve à laquelle puisse être soumise l'humeur d'un croyant, qu'il soit philosophe, théologien ou simple littérateur.

---

[1] Cf. Charles Nisard, « Les ennemis de Voltaire », pp. 12-13 et p. 17.

La foi littéraire aussi a ses fanatiques : pour ceux-là un sourire d'incrédulité est un crime, une raillerie devient un sacrilège. Ils ne peuvent admettre la bonne foi chez leurs contradicteurs, qui pour eux deviennent des ennemis. Ils sont incapables de discuter : les arguments sont trop lents et trop froids au gré de leur ardeur impatiente ; ils les remplacent par des anathèmes ; l'ironie même et la pitié dédaigneuse que leur inspire tant d'aveuglement ne suffit pas à leur colère, ils recourent aux injures, aux insultes, voire aux calomnies.

Chez les plus sincères parmi les érudits, ces dévots de la religion classique, l'ardeur même de la foi explique et excuse ces saintes colères qui s'échappent en invectives. Nous avons trouvé chez Mme Dacier de ces indignations fulminantes, mais Mme Dacier a l'humeur bénigne si on la compare à d'autres écrivains de son école. Au milieu d'une génération d'hommes qui s'essayaient si délibérément au scepticisme, le sang avait transmis à plusieurs un reste des ardeurs belliqueuses, des bouillonnantes colères qui soulevaient les uns contre les autres les grands érudits du XVIe siècle. Le calme et la décence, le respect des opinions et des personnes étaient des qualités inconnues à ceux qui, dans le camp des érudits, combattaient le bon combat.

La violence des passions littéraires, les habituelles intempérances de langage dans la discussion font comprendre qu'une telle époque ait vu fleurir un *Gacon*. Gacon s'appelait fièrement « le poëte sans fard » ; il n'était qu'un misérable bretteur, un bravo littéraire méprisé même de ses contemporains. Il n'avait d'autre mérite qu'une prodigieuse facilité à rimer des vers médiocres. Après s'être essayé sans succès dans la satire, il se rabattit sur la calomnie et l'injure versifiées. Il fit métier d'outrager tous les écrivains dont le succès ou le talent excitaient sa bile. A quel parti appartenait-il ? Il attaqua avec une égale méchanceté les chefs des deux écoles opposées, J.-B. Rousseau d'abord, La Motte un peu plus tard. Par ses habitudes d'esprit et par ses liaisons, il se rattachait plutôt à l'école classique ; mais tout le monde le reniait [1]. Il avait pourtant hérité de la plupart des vices les plus odieux de l'ancienne critique. En lui revivaient toutes les passions brutales des littérateurs d'autrefois, qui cherchaient à dénouer leurs différends en signalant un adversaire au mépris public et à la vindicte des lois. Les insinuations calomnieuses, les dénonciations formelles, les appels au bras séculier

[1] Mme la Duchesse du Maine, protectrice de Lagrange-Chancel, refusa la dédicace d'un ouvrage de Gacon.

sont les procédés favoris de Gacon. Le malheureux Rousseau,
impliqué dans la terrible affaire des couplets, est à la veille de
succomber ; c'est le moment que choisit Gacon pour l'accabler :
Rousseau est un diffamateur ; il a renié lâchement son père ;
Rousseau est un méchant et un perfide, c'est un corrupteur des
mœurs et un athée avéré ; Rousseau se rend coupable d'un certain
crime qui entraîne la peine du feu : Gacon l'affirme et le répète dans
sept rondeaux, renforcés de sept pages d'un virulent commentaire
en prose [1]. Car l'anti-Rousseau, ce monument prodigieux et abomi-
nable de la haine littéraire, forme un gros volume de 512 pages, dans
lequel le furieux exhale sa bile en des poèmes variés, Rondeaux,
Ballades et Sonnets ; et chaque pièce de vers est doublée d'une page
de prose, destinée à spécifier les imputations du dénonciateur. On
n'imagine pas une telle rage, qui ne peut se satisfaire à moins d'un
gros volume rempli d'injures, d'outrages et d'accusations atroces.
C'est là un trait qui condamne les mœurs littéraires de l'époque.
Sans doute c'est une exception et le mépris public fit justice de si
odieux procédés. Mais que la tentative fût possible, et que les ressentiments littéraires pussent pousser à de tels excès même un Gacon,
c'est ce qui prouve qu'un fond de violence demeurait dans les âmes,
à une époque de civilisation si polie et si douce à l'extérieur.

Il importait d'autant plus de signaler les écarts de langage d'un
Gacon, que les pires de ses procédés trouvaient des imitateurs chez
ses adversaires. L'abbé de Pons, irrité des attaques odieuses
dirigées par le poète sans fard contre La Motte, son ami et son
maître, eut le tort de répondre au dénonciateur par une dénonciation.
Et nous verrons que Gacon ne mourut pas sans laisser une postérité
d'écrivains méchants, de critiques perfides et dangereux, qui se
vengeaient sur l'homme des défauts de l'écrivain, qui renforçaient
leurs jugements sur les œuvres d'un auteur d'insinuations malveillantes sur ses mœurs, et même sur sa foi politique ou religieuse.

L'Epigramme.   L'arme la plus meurtrière dans ces duels d'amour-propre, est
l'*Epigramme*. C'est l'arme élégante et dangereuse qui convient
aux haines mondaines et aux jalousies de salon : elle blesse, et elle
rend la victime ridicule. Au XVIIe siècle on l'avait beaucoup
employée. Jamais on n'en usa avec plus d'adresse perfide qu'à
l'époque où nous sommes, pour se débarrasser avec grâce d'un
adversaire incommode. Alors l'épigramme prend un tour particulier.
Elle n'a pas la gaieté des bons mots de Piron, ni la légèreté

---

[1] L'Anti-Rousseau, 1711, IIe partie pp. 204, sq.

terrible des plaisanteries de Voltaire. Elle est plus méchante et plus cruelle avec une apparente naïveté ; le style marotique qu'elle affecte la rend plus traîtresse.

Parmi les « Erudits », un homme excelle à darder sur les « modernes » les traits acérés de l'Epigramme : c'est Rousseau le lyrique. Il leur fait plus de mal par ses fines moqueries que ne leur en eût causé un gros bataillon de critiques. A côté de lui, il a tout un essaim d'enfants perdus [1] : ces auxiliaires anonymes harcèlent sans répit un ennemi dédaigneux de cette tactique, qui reçoit sans riposter la grêle de traits que lui décochent des adversaires insaisissables.

On voit combien nombreuse et fortement organisée était l'armée des classiques dans les premières années du siècle. Cette critique ancienne se présentait au combat en bon ordre : en tête, les lourds hoplites, c'est-à-dire les commentaires pesants et les érudits, armés de l'autorité comme d'une massue ; au centre, les bataillons compactes des solides critiques, des glossateurs et scoliastes ; sur les ailes, les troupes légères, composées des poètes satiriques et des faiseurs d'épigrammes, qui semaient le désordre dans les rangs ennemis.

Avec le temps on reconnaîtra qu'il faut rendre les troupes plus maniables, réduire le nombre des lourds fantassins et multiplier celui des troupes volantes, plus meurtrières.

A partir de 1715 (autant qu'il est possible de fixer une date précise à des modifications dans les mœurs), il se produit une *transformation* dans les allures et les caractères d'une partie de la *critique érudite*. A côté des juges graves et sérieux, que leurs fonctions ou leurs prétentions autorisent à décider dogmatiquement, on voit paraître et bientôt se multiplier une autre espèce de critiques. Ceux-ci prononcent au nom des mêmes principes et avec une sévérité non moindre, mais ils prennent soin d'égayer leurs austères fonctions de censeurs à force d'esprit, de bonne humeur et de verve bouffonne. C'est la *critique badine* et folâtre qui vient en aide à la critique sourcilleuse et chagrine.

Ces troupes fraîches, qui viennent au secours de la vieille armée classique, forment une légion innombrable, composée de volontaires de toute origine. Tous les états, toutes les conditions ont fourni leur contingent. Les uns sont de simples poètes, les autres des journalistes,

---

[1] On retrouve les principaux dans le 2ᵉ volume du Recueil intitulé « Le portefeuille de Rousseau », Amsterdam, M.M. Rey, 1751.

ceux-ci appartiennent à la magistrature, ceux-là à la noblesse et à l'armée ; les abbés à eux seuls forment un gros bataillon.

Ces auxiliaires des vieux classiques ont emprunté à leurs ennemis les « philosophes » des armes pour les battre. Ils ont dépouillé la morgue pédantesque pour prendre les allures dégagées et le ton léger des critiques qui pérorent dans les cafés. Ils ont compris aussi qu'il était peu habile de ne chercher à convaincre que les savants et les lettrés ; ils veulent gagner à leur cause l'opinion publique, moins exigeante en fait de bonnes raisons et d'arguments, plus sensible au bon sens et à la belle humeur. Ils servent le public selon ses goûts : pour le convaincre, ils l'amusent ; ils plaident des causes sérieuses sur le ton badin. Et surtout ils varient de mille façons la forme et le ton de la critique. Ce sont des Chansons, des « Mirlitons », des Lettres au public[1], des Discours ; ce sont des pièces éphémères de toute espèce, des Calottes, des Parodies ou des Apologies ironiques.

Cette critique inférieure eut quelque importance à son heure ; il est nécessaire de la connaître pour apprécier la haute critique de La Motte. On examinera donc les deux formes principales qu'elle a revêtues ; la *forme humoristique* et bouffonne dans les « Calottes », les Parodies et les autres fantaisies de même nature ; la *forme ironique* dans les fausses et perfides Apologies, les Lettres apologétiques et les Articles de journaux.

§ 4. — La Critique humoristique : les Calottes. — Les Parodies.

« Les Calottes ». Le « *Régiment de la Calotte* » est une société singulière qui fut fondée dans les dernières années du règne de Louis XIV par Aymon, porte-manteau du roi, et par de Torsac, exempt des Gardes du corps. On entrait dans la Compagnie malgré soi[2]. Pour y être

---

[1] « Je puis encore revendiquer en partie l'invention de ces lettres factices qui ne parviennent jamais à leur adresse, parce que le public les intercepte..... » Desfontaines, Testament littéraire, p. 91.

[2] Voici une définition de cette bouffonne institution. Elle est tirée du « Régiment de la calotte » (au t. V du Théâtre de la Foire, par Lesage et d'Orneval, p. 1). La date est Septembre 1721. « Pour mettre au fait du Régiment de la Calotte ceux qui n'y sont pas, ils sauront que c'est un régiment métaphysique, inventé par quelques esprits badins, qui s'en sont fait eux-mêmes les principaux officiers. Ils y enrôlent tous les particuliers, nobles et roturiers, qui se distinguent par quelque folie marquée ou quelque trait ridicule. Cet enrôlement se fait par des Brevets en prose ou en vers, qu'on a soin de distribuer dans le monde. Mais la plupart de ces Brevets sont l'ouvrage de poètes téméraires qui, de leur propre autorité, font des levées de gens qui déshonoreraient le corps par leur mérite et par leur sagesse, si le commissaire ne les cassait point aux Revues ».

enrôlé, il suffisait d'avoir fait, ou de passer pour avoir fait, quelque extravagance en action ou en discours. Un brevet de Calotin, c'est-à-dire de fou, était adressé au nouveau sociétaire ; il contenait l'énumération plaisante des titres qui l'avaient fait admettre dans la grotesque compagnie. Durant la Régence, cette invention burlesque fit fureur, tous les personnages furent, bon gré mal gré, incorporés dans la célèbre association ; le Régent, Dubois, Law, le cardinal de Fleury en furent les membres les plus illustres. Les gens de lettres ne pouvaient éviter le sort commun, surtout après que les poètes badins et les critiques les plus malicieux, s'emparant de cette arme nouvelle, se furent faits les rédacteurs ordinaires des « Brevets ». Les principaux de ces rédacteurs furent Gacon, Roy, Grécourt, Piron et surtout l'abbé Guyot-Desfontaines [1]. Entre leurs mains les brevets de calotte devinrent le plus souvent de véritables satires littéraires, dans lesquelles les rancunes d'auteur se satisfaisaient, et où se continuait la lutte engagée par les défenseurs de la tradition contre les « Philosophes » et les novateurs en fait de poésie et de langage. Parmi les écrivains, ceux qui sont le plus rudement malmenés, c'est Fontenelle,

« Le vieux syndic des bourgeois de Cythère » :

c'est La Motte, qu'on raille et qu'on berne en cent façons ; c'est Voltaire [2] ; c'est tout le monde.

Les principales Calottes furent recueillies et publiées en 1752 [3] ; elles forment quatre volumes sous le titre général de « Mémoires pour servir à l'histoire de la Calotte ». Ces mémoires renferment quelques détails curieux, quelques pièces spirituelles et joliment tournées, des traits de satire quelquefois assez justes ; mais à côté de cela, que de platitude et de grossièreté ! Il en faut pourtant donner un échantillon. Nous aurions volontiers cité « le Coche » [4], qui est une pièce amusante, d'un goût plus fin et d'un tour plus heureux ; mais la satire du poète Roy n'est pas à proprement parler une Calotte. Il faut nous contenter d'une pièce moins bonne ; nous

---

[1] Voltaire, qui a eu à souffrir de la malice des rimeurs de Brevets, n'est pas tendre pour eux. Voici comment il définit les Calottes : « Une plaisanterie ignoble, toujours répétée, toujours retombant dans les mêmes tours, sans esprit, sans imagination, sans grâce, voilà ce qui a occupé Paris pendant quelques années ». (Mémoires sur la Satire, 1739, au t. XXIII de l'édit. Garnier).

[2] Au t. IV des Mémoires.... : La Tyriolade (1719), — le Char de triomphe de M. de Voltaire (1721).

[3] En 1751, la Société avait disparu.

[4] Le Coche est au t. III, p. 65, des Mém. pour servir à l'histoire de la Calotte.

choisirons « La Sentence de dégradation contre le sieur La Motte » : elle est un peu longue, mais elle donne une idée assez juste de ces brevets, de leur forme ordinaire et de leur ton.

> « De par le Dieu porte-marotte,
> Nous, Général de la Calotte,
> Voulant dans notre régiment
> Maintenir bonne discipline
> Et que la peur du châtiment
> Tout mauvais acte y déracine :
> Après maint avertissement
> Qu'avons donnés au sieur La Motte
> De se comporter sagement
> En chevalier de la Calotte,
> Ordre qu'il avait mérité
> Par des actions calottières
> En assez grande quantité
> Sur toutes sortes de matières,
> — Comme d'avoir mangé son fond [1],
> Et s'être rongé la cervelle
> Pour composer vers d'un tour rond,
> Moins durs que ceux de la Pucelle ;
> De s'être voulu retirer
> Dans un solitaire hermitage
> Pour sa conduite réparer
> Et vivre en dévot personnage ;
> D'avoir prouvé que les anciens
> Sont fort au-dessous des modernes,
> Et que les premiers, en payens,
> N'ont écrit que des balivernes,
> — Tous actes très certainement
> Dignes de notre régiment
> Ainsi que de la grande estime
> Que portons aux faiseurs de rimes : —
> Mais informés de bonne part
> Que le susdit La Motte-Houdart
> A, par avare économie,
> De notre Calotte ennemie
> Rattrapé de gros revenus
> Contre la coutume et les us
> De la gent vraiment calottine :
> Et que, par astuce très fine,
> Il aurait engagé la Cour
> A payer chèrement ses fables,
> Quoique d'un dur et fade tour,
> Par des sommes considérables ;
> Et qu'en outre, très prudemment

---

[1] La Motte, à ses débuts, se serait donc ruiné ? C'est le seul témoignage que je trouve, et il est suspect.

Aussi bien que très finement,
Il aurait engagé La Faye,
Proche parent du fils de Maye, [1]
A lui délivrer tous les ans
La somme de trois mille francs,
Sûrs, valables sur hypothèque
(Non sur fond de bibliothèque
Mais sur la terre de Condé,
Château superbe et bien fondé,
Et sur dix millions de terre,
Nonobstant et famine et guerre) ;
Ayant induit ledit seigneur
A lui faire si bonne étrenne
Pour le sublime et rare honneur
Qu'il aurait d'être son Mécène,
Et que même, en adroit auteur,
Il obligeait ce protecteur
A maintenir sa [2] poésie
Plus douce que n'est l'ambroisie,
De peur d'être sifflé partout
En Mécène de mauvais goût : —
— A ces causes, vu la sagesse,
Prudence, astuce et fine adresse
Dudit Houdart contre tous us,
Coutumes, règles et statuts —
— Le dégradons de la Calotte,
Et voulons, pour plus grande note,
Que par prière ou par amis
Il ne puisse plus être admis,
Quelque chose qu'il puisse faire
Dans la suite afin de nous plaire ;
— Lui reprenons notre cordon,
Girouette et calotte de plomb,
Supprimons les profits et gages
Sur les brouillards et marécages,
Et du registre ôtons son nom :
— Signé Torsac, plus bas Aymon. » [3]

Certes voilà de piètre poésie et de pauvre critique. Mais ces platitudes avaient leur effet : on les lisait, on en tirait des copies qu'on envoyait de Paris aux correspondants de la province. Cela servait toujours à dégrader des écrivains honnêtes et estimables : cela contribuait à former l'opinion. Tristes procédés littéraires, mœurs fâcheuses, dont plusieurs commençaient à sentir l'indignité

---

[1] Allusion à la grande fortune du marquis de La Faye, qu'on l'accusait d'avoir accrue encore au moment du « Système ».

[2] Le texte porte « la poésie », qui n'offre guère de sens.

[3] Mémoires pour servir à l'histoire de la Calotte, t. I, p. 78.

et qu'ils eurent le courage de chercher à corriger. La Motte fut de ceux-là, mais il eut plus d'esprit que Voltaire en cette occasion. Celui-ci se fâcha et en s'indignant donna satisfaction aux rancunes de ces ridicules ennemis. La Motte ne dit mot et feignit d'ignorer des attaques parties de si bas et si plates ; il répondit aux Desfontaines comme il avait répondu à Gacon, par un dédaigneux silence.

Les parodies. La Motte ne montra pas autant de ménagements envers les auteurs de *Parodies* [1] qui travestissaient ses pièces et lui portaient préjudice de toutes les façons, dans sa bonne renommée et dans ses intérêts. Dans son « 3ᵐᵉ Discours sur la tragédie », il juge avec sévérité ces mauvais plaisants, dont les bouffonneries font rire quelquefois, mais dont le procédé est trop facile et qui ont le triple inconvénient de détruire l'émotion sans contenir presque une seule critique juste et utile, de rendre la vertu ridicule et de décourager les bons poètes [2]. Un homme qui n'aime pas qu'on ait de l'esprit après lui et qui ne tolère point aisément qu'on se permette d'employer les armes dont il use lui-même, Voltaire est d'accord avec La Motte pour blâmer durement la liberté des parodistes et pour condamner ce genre si populaire de critique dramatique [3].

La parodie a existé dans tous les temps. Elle ne fut pas étrangère au XVIIᵉ siècle [4] : après le Cid, Andromaque fut travestie ; Molière parodia et fut parodié. Mais au XVIIIᵉ siècle, à partir de 1715 surtout, la parodie devint à la mode ; toutes les pièces nouvelles furent travesties, elles eurent parfois plus de succès sous le déguisement burlesque que sous la forme sérieuse. Les acteurs italiens rappelés en France par Philippe d'Orléans, les comédiens des foires St-Laurent et St-Germain, se livraient à l'envi à ces charges facétieuses, assurées d'un succès de scandale, presque toujours lucratif. Les auteurs de ces pièces étaient des hommes d'esprit, de joyeuse humeur et de verve facile, ce qui ne les empêchait point parfois d'avoir d'autres talents plus relevés. C'étaient Dominique et Legrand qui travaillèrent surtout pour le Nouveau théâtre italien ; Fuzelier, d'Orneval, Lesage et Piron, qui composaient d'ordinaire des livrets d'opéra-comique pour les acteurs forains, et qui prêtaient à ces malheureux, persécutés par leurs puissants confrères de la Comédie

---

1 Sur les Parodies, voir le § Parodies, dans l'Appendice : « Bibliographie ».

2 La Motte fit interdire la parodie de Romulus, durant les représentations de sa pièce à la Comédie française.

3 Cf. abbé Sallier. Discours sur les Parodies.

4 Subligny. La Folle querelle (Histoire de l'Académie des Inscriptions et Belles-Lettres, 1733, t. VII, p. 398).

française, le secours de leur esprit et les inépuisables ressources de leur veine inventive.

Entre tous les poètes du temps, La Motte fut assurément celui qui eut le plus à souffrir des impertinentes imaginations de ces railleurs. C'est son Romulus qu'on joue à la foire St-Germain de 1722 sous le titre de « *Pierrot-Romulus* ou *le ravisseur poli* » : [1] cet opéra-comique bouffon est ce que nous appellerions aujourd'hui une « *Opérette* ». Un jour, c'est la querelle des anciens et des modernes qui, à la foire St-Laurent de 1715, égayait le public aux dépens des deux partis : « *Arlequin défenseur d'Homère* », est une pièce très divertissante. Une fois, Fuzelier imagina de mettre à la scène et de tourner en ridicule les fables de La Motte, qui venaient de paraître et que l'on discutait avec passion ; le « *Momus fabuliste* » eut un grand succès et fut repris. Je pourrais citer encore le « *Chevalier errant* » [2], qui est la parodie de l'Œdipe ; la « Rupture du Carnaval et de la Folie » [3], travestissement médiocre d'un ballet de la Motte ; «Hercule filant » [4], et « Amadis le cadet » [5] parodies d'Omphale et d'Amadis de Grèce. Mais j'ai hâte d'arriver au chef-d'œuvre du genre, à « l'Agnès de Chaillot », une charge amusante et fine où l'on saisit tous les procédés habituels des parodistes.

« *Agnès de Chaillot* » [6], parodie de l'Inès de Castro, est intitulée : « Comédie, par M. Dominique, comédien italien ordinaire du roi, représentée pour la première fois par les comédiens italiens ordinaires du roi le 24 avril 1723 ». C'est la tragédie même, — situations et caractères, — transportée au village. Tous les effets comiques, — et il y en a de fort heureux, — dérivent de ce simple changement dans la condition des personnages, et dans le langage que l'auteur leur prête conformément à leur fortune nouvelle. Le roi est devenu Trivelin, ancien bailli de Chaillot; Don Pèdre, c'est Pierrot, fils du bailli ;

Agnès de Chaillot

---

[1] Théâtre de la Foire, t. IV, pp. 109 sq.

[2] Parodies du Nouveau Théâtre Italien, t. I, p. 151. 30 avril 1726.

[3] Ibid., t. II, p. 1 ; 6 juillet 1719.

[4] Ibid., t. II, p. 41.

[5] Ibid., t. III, p. 279. (Dans cette dernière Parodie, à signaler quelques mots d'argot : « *Jaboter, itou, micmac, falbana, etc.* »).

[6] Parodies du Nouveau Théâtre Italien, t. I, pp. 74, sq. Voici ce qu'en dit l'auteur des « Mémoires pour servir à l'Histoire des spectacles de la foire par un auteur forain », (2 vol. Briasson, 1743). II. p. 15. « En 1723, à la foire St-Laurent les comédiens Italiens nouveaux jouaient trois pièces nouvelles, le Triomphe de la Folie, le Bois de Boulogne et Agnès de Chaillot. Dominique, auteur de deux de ces parodies, permit à Legrand de mettre la troisième sous son nom. Elle eut un succès prodigieux, aussi pensons-nous la donner comme le modèle d'une bonne et véritable parodie. »

quant à Inès, elle s'appelle à présent Agnès et elle est la servante
de Monsieur le Bailli ; ainsi des autres personnages. L'auteur
suit pied à pied l'intrigue de la tragédie : la harangue, inutile
et si fort critiquée, de l'ambassadeur de Castille, subsiste dans la
Parodie, mais elle est plaisamment travestie en patois campagnard.
C'est Crouton, député de Gonesse, qui vient féliciter le bailli de ce
que son fils :

> « De l'arquebuse enfin ait remporté le prix. »

Il y a nombre de scènes plaisantes. Par exemple l'imitation
bouffonne du monologue du Roi [1].

Le Bailli. — « Quelques réflexions sont ici nécessaires
Pour balancer les droits des époux et des pères !
Eh ! bien, Bailli; tu dois punir un criminel ?
Quoi ! père, pourras-tu te montrer si cruel ?
Bailli, point de quartier, exerce la justice ; .....
Père, ne permets point que ton cher fils périsse.
Non, je le punirai, c'est l'arrêt du Bailli.
Oh ! non pas, s'il vous plaît, vous en aurez menti.
Punissons.... pardonnons... soyons dur... soyons tendre.
Hélas ! dans cet état, quel conseil dois-je prendre ?
Faites entrer les grands : le marguillier d'honneur,
Le Bedeau mon parent et le Carillonneur
Avec le Magister : dans une telle affaire,
L'avis de ces messieurs me sera nécessaire ....»

Très amusante encore la scène suivante, qui est la fameuse
scène du « conseil ». Voici d'abord l'opinion du bailli au sujet de son
fils et de la servante qui l'a rendu coupable :

> « Je le ferai partir pour le Mississipi.....
> Je mettrai ma servante à la Salpêtrière ».

Mais Arlequin, le bedeau, ouvre un avis plus sévère :

> « Le meilleur châtiment est de les marier ».

Le Magister opine comme le père :

> « C'est un petit mutin, quoiqu'il m'ait bien servi ;
> Je conclus avec vous pour le Mississipi ».

Mais brusquement le Bailli clôt la délibération sans tenir compte
des avis qu'il n'a pris que pour la forme :

> « La chose est inutile et n'en vaut pas la peine,
> Car vous n'êtes ici que pour orner la scène ».

---

[1] Acte IV, sc. 16.

Resté seul, le malheureux Bailli retombe dans ses incertitudes :
il exhale son inquiétude en termes burlesques : [1]

> « Mon fils va donc partir pour le Mississipi !
> Mais que deviendra-t-il quand il sera parti ?
> Bailli trop malheureux, te voilà sans lignée ;
> Tu n'en peux espérer d'un second hymenée :
> Ta race va finir : quel malheur pour l'Etat !
> Dois-je immoler mon fils aux clauses d'un contrat ?
> Chacun avec raison dira que je radote
> Et l'on m'enrolera bientôt dans la Calotte ! »

Supplié par Agnès, le Bailli, tout en colère, lui reproche d'avoir
trop tardé à avouer sa faute :

> « Mais vous avez voulu faire durer la pièce
> Pour étaler ici tous ces beaux sentiments
> Que j'ai lus et relus cent fois dans les romans [2] ».

La grande scène des enfants est vivement menée, mais les enfants
ne sont pas muets dans la parodie comme dans la tragédie ;
au contraire, ils glapissent de toutes leurs forces ce magnifique
alexandrin :

> « Mon papa, mon papa, mon papa, mon papa » !

Et c'est Arlequin, qui dit le mot de la fin et conclut sérieusement
au milieu des éclats de rire :

> « Tirons tous nos mouchoirs ; voici la belle scène [3] ».

« Agnès de Chaillot » donne la mesure de l'esprit moqueur du
premier XVIIIᵉ siècle ; de même « *Arnali ou la Contrainte par cor* »
résume l'humeur gouailleuse du XIXᵉ siècle adolescent. La parodie
est un genre inférieur, mais elle a son mérite, quand elle réunit à la
gaieté de la plaisanterie une certaine justesse dans la critique ;
c'est le cas pour les deux pièces qu'on vient de rapprocher. Au
reste il n'est pas si aisé de produire un chef-d'œuvre, même dans
ce genre facile ; il faut au parodiste de l'esprit, beaucoup de bonne
humeur, du mouvement, le sens d'un burlesque relativement délicat.
Pour bien inspirer le dramaturge bouffon, il est nécessaire encore
que la tragédie qu'il travestit se prête à la transformation. Il faut que
le modèle soit beau, noble et grand ; mais que ses beautés prêtent à
la controverse, que sa grandeur ne soit pas, du moins aux yeux du

---

[1] Page 99.
[2] Page 101.
[3] La « Scène à faire ».

vulgaire sens commun, trop éloignée d'un certain ridicule. C'est ce qui arriva en particulier pour l'Inès de Castro.

Nous en resterons là sur les Parodies. Ce genre de facétie populaire, malgré le dédain de La Motte et la colère de Voltaire, continua de plaire au public. C'est que cette gaieté un peu grosse, quelquefois licencieuse, effrontée même, convenait au goût d'un public railleur, sceptique et déjà nerveux. Car les mêmes hommes qui avaient admiré le poète tragique applaudissaient aux pantalonnades du parodiste ; tel qui la veille avait pleuré sur les malheurs d'Inès, le lendemain riait aux éclats des burlesques chagrins du Bailli de Chaillot. Contradiction très naturelle à cette époque de souffrance et de gaieté, de brusques colères et de résignation, de doute et de foi.

Non loin des Parodistes, dans le camp des critiques légers qui se proposent avant tout d'amuser le public, se tiennent ceux que j'appellerai les *Humoristes*. Ceux-là pénètrent plus avant dans les questions littéraires, ils se mêlent aux querelles, ils prennent parti. Mais ce qui les distingue, comme leurs confrères du Théâtre Italien ou de la Foire, c'est la gaieté, l'entrain et la verve moqueuse. Même s'ils appartiennent à l'une des deux armées en lutte, ils mènent la guerre à leur façon, en volontaires et pour le plaisir, plus curieux de faire rire que de convaincre, d'éblouir et d'amuser par leur esprit narquois que d'édifier de solides raisonnements. Parmi ces railleurs, qui furent célèbres à leur heure et qui eurent leur part d'influence, j'en retiendrai deux, *Saint-Hyacinthe* et *Rivière-Dufresny*.

St-Hyacinthe. « *Le Chef-d'œuvre d'un Inconnu* [1], poème heureusement » découvert et mis au jour avec des remarques savantes et » recherchées, par le Docteur Chrysostôme Mathanasius » : tel est le titre du plus fameux ouvrage de ce singulier aventurier littéraire, Hyacinthe Cordonnier, ou Saint-Hyacinthe. L'objet de cette fantaisie d'un homme d'esprit, qui était aussi un savant, c'est un commentaire, en deux cents pages, d'une chanson populaire qui n'a pas quarante vers. A l'imitation de Pierre Pithou qui découvrit et publia le « Pervigilium Veneris », Mathanasius se propose d'éditer et d'illustrer le prétendu chef-d'œuvre que lui a révélé Mme d'Ausone, laquelle l'avait recueilli de la bouche de M. Brignolles, toulousain.

---

[1] A La Haye. Anno Ævi MDCCXIV, ab Instauratis Litteris primo. — On remarquera les armes *parlantes* qui accompagnent le portrait du Docteur : « Un soufflet sur fond de gueules flanqué d'un âne dressé et d'un paon qui fait la roue surmonté d'un cimier avec un oison yssant. »

Dans une ample préface, le commentateur essaie de découvrir l'auteur probable de ce beau poème : il passe en revue tous les principaux poètes du XV⁰ et du XVI° siècle ; il remonte jusqu'à l'époque de Henri IV et de Malherbe, pour conclure enfin très doctement que le chef-d'œuvre est l'ouvrage de son auteur, qui est un Inconnu. Ces belles prémisses établies, le critique passe au commentaire, qui est bien amusant. Le Docteur prend chaque mot, l'explique surabondamment, l'illustre par des citations infinies, grecques, latines, françaises, prises dans les écrivains du XVII° et du XVIII° siècles ; il ne craint pas les longues et diffuses recherches soi-disant historiques, comme la docte digression sur la maison Colin et la maison Cathos ; il risque des étymologies grotesques ; il justifie avec un sérieux plaisant les hardiesses de langage et les admirables barbarismes [1] de son auteur ; enfin il déploie hors de propos une formidable érudition : telle est la dissertation sur l'emploi du nombre *trois* dans la poésie. Ce commentaire burlesque est, on le voit, la parodie de la critique pédantesque et savamment diffuse des éditeurs, commentateurs et glossateurs de l'époque. La satire n'atteint pas seulement les pesants érudits des écoles allemande et hollandaise, ou les pédants français d'un autre âge : il y avait encore en France, on l'a vu, des savants hérissés, des Mathanasius, sur qui tombait le persiflage de Saint-Hyacinthe.

Un autre badinage du même auteur, moins connu et qui n'est pas moins intéressant pour nous, c'est l'ironique « *Dissertation sur Homère et sur Chapelain* ». Saint-Hyacinthe, avec un sérieux affecté, fait un parallèle en règle d'Homère et de son ridicule rival. Il feint d'admirer également les deux poètes et de distribuer à tous deux l'éloge ou le blâme avec l'impartialité la plus philosophique. Chapelain est bien supérieur pour le choix du sujet et la conduite du poème ; l'emploi du merveilleux chrétien qu'on reproche à l'auteur de la Pucelle est très légitime, et si les noms de Belzébuth et d'Astaroth choquent nos oreilles, eh bien ! dans mille ans d'ici seulement, ils paraîtront très harmonieux [2]. Quant au style, il faut être juste : on a tort de blâmer chez Homère le mélange de plusieurs dialectes : c'est un calcul du poète qui a voulu par là intéresser la vanité de tous les peuples grecs et plaire à tous. Et le critique de glorifier son ingénieuse explication [3]. De même pour le style de Chapelain : « il a parlé allemand en français » ? Il a bien fait ; il a imité les poètes

---

[1] « Ouvra » pour « ouvrit », p. 53.

Page 14.

Page 42.

de Rome, qui parlaient grec en latin, et il a donné de l'ouvrage aux Scaligers futurs, ce qui est nécessaire. On dit que ces vers sont durs : sans doute, mais c'est l'effet d'un dessein profond et d'un art incomparable : le poète a voulu par là forcer l'esprit à s'arrêter sur les beautés de l'œuvre. C'est sur cette belle critique que l'auteur termine son parallèle. Il conclut ainsi [1] : « En voilà plus qu'il ne faut, Monsieur, pour montrer que Chapelain vaut bien Homère et

> « Que l'excellence d'un auteur
> Dépend de son commentateur ».

Cette conclusion ironique prouve que la dissertation est dirigée contre tous ceux qui lisent et commentent un écrivain avec un parti pris d'admiration ou de dénigrement ; les Anciens et les Modernes sont raillés indifféremment, les uns parce qu'ils se laissent aveugler par la prévention, les autres parce qu'ils sont dupes de leurs ingénieux raisonnements et des sophismes de leur logique [2]. C'est la revanche du sens commun contre deux exagérations également ridicules, celle du scepticisme hasardeux et celle du préjugé. Le but de l'auteur est d'amuser le public aux dépens des deux partis. Mme Dacier [3] et La Motte sont malmenés tous deux ; mais les partisans des Anciens et les Pédants sont encore plus maltraités que les « philosophes ». Quoi qu'il en soit, Saint-Hyacinthe est bien un des plus amusants parmi les critiques de l'époque et l'un des plus modérés dans l'usage qu'il fait de ces armes dangereuses, la Parodie et l'Ironie.

Dufresny. *Dufresny*, au temps où il avait le privilège du Mercure [4], publia dans ce recueil un « Parallèle d'Homère et de Rabelais » [5]. Il prend franchement parti dans la querelle homérique ; il se déclare un « moderne » déterminé. Mais ce qui nous intéresse ce n'est pas l'homme de parti ; c'est le critique enjoué et badin qui a su donner une forme originale à la défense de son opinion.

Dufresny s'est avisé de comparer les deux Homères, le sérieux et le bouffon, en imitant tour à tour et le style homérique et le langage

---

[1] Page 50.

[2] Contre l'autorité, cf. p. 12 : « Il est infiniment plus beau de se tromper d'une manière modeste sur la bonne foi d'un million de grands hommes que d'être assez insolent pour avoir raison seul et de son propre fonds ». Ceci est dit ironiquement, bien entendu.

[3] Cf. Lettre à Mme Dacier sur son Livre des Causes de la corruption du goût, 1715. Saint-Hyacinthe prend parti pour les modernes.

[4] De 1710 à 1716.

[5] Œuvres de M. Rivière-Dufresny, 1747, Briasson, t. IV, pp. 226, 285

de Rabelais. Voici en quels termes le critique humoriste déclare son intention de se moquer des règles établies et de protester contre l'admiration aveugle : « De même qu'un coursier agile, disait Homère,
» s'échappe quelquefois de la main savante du charretier tyrannique
» qui, l'attelant à son char, l'assujettit aux règles pénibles de l'art
» qu'inventa, pour dompter les chevaux, le centaure Pélectroïne ;

» De même un auteur peut s'échapper des règles tyranniques, qui
» donnent toujours des entraves au génie et quelquefois des entraves
» au bon sens ......

» De même que ce coursier, parcourant avec légèreté et les
» plaines unies et les monts escarpés, s'égaye en bonds et ruades et
» atteint du pied le baudet attentif à son chardon sauvage ;

» De même j'attaquerai en style rabelaisien quelque ânerie
» homérienne, pour délasser le public d'une admiration continuelle
» et gênante où l'on veut l'assujettir en faveur des anciens » [1].

Pour prouver son dire, l'auteur feint d'avoir trouvé « aux Indes orientales, ou occidentales, ou imaginaires » [2], deux peuples très différents [3] : l'un produit soudainement de son propre fond et sans engrais « fruits savoureux et fleurs gentilles » ; l'autre ne produit pas, mais tire tout du dehors, il est « opulent en collections et magasins scientifiques ». Ce dernier peuple est de beaucoup le plus nombreux. Ces deux nations s'appellent les « Produisants » et les « Éruditionnés [4] ». Voyons ce qui rend si commune parmi les Éruditionnés la maladie qu'on appelle prévention grecque. Il y a deux causes principales :

« *Primo*. — Les Éruditionnés sont semblables aux taverniers,
» lesquels, les ans passés, s'étant munis de vins, maintenant antiques,
» crient aux biberons : Plorez et déplorez la perte de ces vieux ceps
» de vigne qui jadis produisaient les mirifiques vins, dont nous avons
» en cave les originaux ; hélas ! n'en viendra plus de tels, car en
» l'an du grand hyver sont péris par gelée ces vieux souchons et
» sarments, et avec iceux a péri tout espoir de bonne vendange.

» Ainsi les Éruditionnés décrient toute production moderne pour
» mieux s'accréditer et avoir débit des vieilles productions et
» denrées antiques, desquelles leurs magasins sont surchargés.

» *Secundo*. — Posons le cas que puisse y avoir un Éruditionné de
» petite stature. Il sera toutefois ambitieusement désireux de paraître

---

[1] Œuvres de M. Rivière-Dufresny, pp. 237-238.
[2] Id., ibid., p. 240.
[3] Id., ibid., p. 241.
[4] Id. ibid., p. 242.

» plus grand qu'un Produisant de riche taille. Que fera l'Éruditionné
» bassel? Il grimpera sur les épaules d'un ancien comme singe sur
» éléphant. Or, ainsi grimpé sur un ancien, plus cet ancien sera
» grand, plus le grimpé-sus sera élevé, et plus dominera de haut le
» Produisant moderne.

« Voyez par là qu'intérêt eurent de prôner antiques œuvres en
» tous les temps, pays et mœurs, les Éruditionnés.

> « Ils font d'Homère
> Un dromadaire,
> S'imaginant que sur son dos montés,
> Haut élevés, grimpés, juchés, guindés,
> Ils prendront place
> Au coupeau du Parnasse ;
> S'associant à cet auteur fameux,
> Disant de lui tout ce qu'ils pensent d'eux,
> Ils l'éternisent,
> Le divinisent,
> Puis par droit de société
> Partagent sa divinité.
> Ce supposant, tous bons écrits modernes
> Sont près des leurs humaines balivernes [1] ».

Sur quoi le critique conclut plus raisonnablement qu'on ne
pouvait l'espérer après tant d'impertinences : « Parlons naturelle-
» ment. On a poussé trop loin l'entêtement pour Homère. On ne
» peut nier que puisqu'on l'a loué dans tous les temps, il n'ait
» mérité d'être loué. Aussi le louerai-je, l'admirerai-je et l'aimerai-
» je, jusqu'à l'adoration exclusivement ». Conclusion très sage, que
bien des « philosophes » auraient pu envier à un écervelé tel que
Dufresny. Mais son article a d'autres mérites : il est gai, vif et neuf
pour le temps. Dufresny méritait d'avoir un petit coin dans la
galerie des critiques contemporains.

§ C). — **La Critique « ironique ». — J.-J. Bel.**

Un des procédés familiers à la critique nouvelle, c'est l'*Ironie*.
L'ironiste se moque des gens avec gravité, ridiculise un auteur qu'il
affecte de louer et le ruine irrémédiablement sous couleur de le
défendre. Nous avons déjà vu employer cette méthode perfide de
juger. Mais celui qui en fit le plus habile et le plus cruel usage ne

---

[1] Œuvres de M. Rivière-Dufresny, pp. 243-244.

fut pas un écrivain de profession : il était conseiller au Parlement
de Bordeaux et s'appelait *J.-J. Bel.*

Le président
J.-J. Bel.

En 1724 il publia [1] sous le titre menteur d' « Apologie de M. Houdart
de La Motte » [2], une série de lettres critiques à l'occasion d'Inès de
Castro, dans lesquelles il prend un malin plaisir à déchirer le
poëte qu'il feint de défendre. La Motte venait d'être vivement
attaqué par Desfontaines dans ses « Paradoxes littéraires » [3].
Indigné du déchaînement du public contre M. de La Motte, et bien
qu'il ne soit pas de ses partisans déclarés et prévenus, Bel s'empresse
de voler à son secours. Mais hélas ! le prétendu sauveur n'est qu'un
perfide qui tend la main au malheureux en train de se noyer pour
l'enfoncer sous l'eau plus avant. L'impitoyable apologiste s'attache à
présenter les objections de la façon la plus impartiale, dit-il, c'est-à-
dire la plus maladroite et la plus accablante. S'il s'agit des critiques
adressées au caractère du roi Alphonse dans Inès de Castro [4], il
insiste à plaisir sur les bizarreries de son humeur, sur ses travers
indignes d'un roi et d'un père, il appuie lourdement sur les fâcheuses
contradictions de sa conduite [5]. « Alphonse sauve son fils quand il le
» *sait* marié et il l'a condamné quand il le *croyait* marié ». Les
objections bien posées de manière à ne pouvoir plus être réfutées,
l'auteur « court, comme il le dit, à la défense de M. de la Motte » [6].
Mais quelle défense ! Et comme on sent que l'avocat s'ingénie et se
travaille à rendre mauvaise la cause qu'il soutient et à ruiner son
client ! Est-il possible d'être plus gauche en affectant plus de zèle ?
M. de La Motte invente des caractères originaux : ainsi dans
Romulus, le chef de la conspiration « a un caractère bien nouveau » [7] :
c'est un « chef des conjurés poltron ! » Ailleurs Bel défend la versification de son poète à grand renfort de subtilités maladroites et de
paradoxes ridicules [8]. « On reproche aux vers de M. de La Motte
» d'être prosaïques. Cela est vrai, ils le sont presque tous et c'est
» tant mieux. Je vais vous le prouver. — N'est-il pas bien ridicule de

---

[1] Paris, Vve Moreau, in-8, sans nom d'auteur.

[2] Voici en quels termes Marais parle de l'Apologie (Corresp. Bouhier. — Lettre
de Marais à Bouhier, 17 fév. 1725, t. VII) : « On voit une apologie de M. de
La Motte qui est une pièce terriblement ironique. Cela est imprimé sans privilège... L'auteur est M. Bel, conseiller au Parlement de Bordeaux, qui a mis là
beaucoup d'esprit, de plaisanterie, d'ironie et même de pyrrhonisme ».

[3] V. Charles Nisard. Les ennemis de Voltaire, pp. 13 sq.

[4] 1re lettre, p. 11. Cf. pp. 19 et 20, p. 43.

[5] Ibid., p. 12.

[6] Ibid., p. 16.

[7] 2e lettre, p. 51.

[8] Ibid., p. 75.

» transformer en poètes les rois, les héros, de leur faire tenir des
» conversations poétiques, et cela sur-le-champ, et cela par une
» espèce d'enthousiasme subit?......Monsieur de La Motte a résolu
» de détruire ce préjugé.......Mais en homme sage et qui connaît le
» caractère de l'esprit humain, il s'est bien aperçu que le public se
» révolterait contre un changement trop subit, qu'il fallait le gagner
» finement, le conduire par des degrés insensibles, le tromper par une
» ressemblance approchée ; ne lui donner d'abord que des vers
» prosaïques, en fortifier l'habitude par une douzaine de tragédies,
» et faire en sorte, par ce stratagème, qu'il vît sans surprise la prose
» absolument maîtresse du théâtre »[1].

La défense est ingénieuse, et ce qui en double le piquant, c'est
qu'elle renferme une parodie de certains procédés de raisonnement
chers à La Motte. Les trouvailles du même genre, les répliques
bouffonnes, les réparties victorieusement grotesques abondent dans
cette bizarre apologie. Si la tragédie d'Inès n'a pas reçu des lecteurs
l'accueil favorable qu'elle a reçu des spectateurs, c'est, dit ingénument le traître avocat, qu'elle n'était pas faite pour être imprimée,
et que les copies qu'on en a prises aux premières représentations,
sont l'effet d'une conspiration formée par les ennemis de M. de La
Motte « afin d'exposer cet auteur au péril de l'impression »[2]. — Il y a
des faiblesses dans les tragédies de La Motte et dans ses fables ?
D'accord, mais cela tient à l'humaine imbécillité : « Telles sont,
» Monsieur, les bornes de l'esprit humain : il ne peut inventer et
» perfectionner à la fois. Un auteur original, tout occupé du mérite
» de l'invention, dédaigne des assujettissements trop exacts qui
» contraindraient son génie. Ainsi la force même de son esprit
» l'entraîne dans des négligences suffisamment rachetées par des
» beautés neuves[3] ».

Bel n'abandonne son sang-froid railleur que pour affecter
l'indignation la plus violente, quand il croit qu'on veut mettre en
doute la sincérité de son dévouement. Il se désole de voir qu'on
s'est mépris sur la pureté de ses intentions[4]. « Je fus bientôt
» certain de mon malheur ; je vis plus d'une fois les ennemis de
» M. de La Motte triompher, citer l'apologie avec éloge et y

---

[1] Cf. Une prétendue réfutation du défaut d'harmonie reproché à La Motte,
pp. 105-107.

[2] Apologie, 1re lettre, p. 28.

[3] Ibid., p. 28.

[4] 3e lettre, p. 80.

» renvoyer avec dédain les citoyens des cafés »[1]. Il proteste de sa loyale résolution de défendre un ami ; il sacrifie modestement ses prétentions d'homme d'esprit à sa bonne renommée d'apologiste zélé[2] : « J'abandonnerai volontiers les intérêts de mon esprit, pourvu » que l'on rende justice à M. de La Motte et à la droiture de mes » intentions ». Et de quel ton hypocritement indigné il condamne l'emploi du style ironique [3] ! «.... ce style de trahison qui devrait être » aussi défendu dans la République des lettres que la perfidie est » abhorrée dans la société civile ; ce style dont l'abus est si funeste » qu'il a mis Pascal en butte aux traits de la société la plus respec- » table de l'univers ». Mais l'auteur va trop loin et il se condamne lui-même quand il fait une allusion aux infirmités de La Motte qui devraient lui assurer les ménagements de la critique : [4] « N'y aurait-il » pas même de la lâcheté à recourir à la raillerie contre M. de La » Motte, et n'est-il pas dans cette situation de malheur où les » sentiments de l'humanité doivent le garantir de toute insulte ». Vraiment cela dépasse les bornes de l'ironie permise, et cette feinte et blessante compassion n'est plus ni spirituelle, ni gaie.

J'aime encore mieux, bien que ce soit le dernier mot du persiflage et de l'ironie sarcastique, la lettre de fausses excuses que l'auteur adresse à La Motte lui-même. Il est cruel de berner ainsi un adversaire qui ne se défend pas, mais au moins la plaisanterie est décente. Bel s'excuse fort de ce que le public s'est mépris et a travesti son apologie en critique [5]. Mais il sait, grâce à La Motte, le cas qu'il faut faire des jugements de la foule [6]. « Il y a longtemps que » vous m'avez appris le cas qu'on doit faire du public ; le mépris qu'il » a pour vos poésies m'instruit encore mieux là-dessus que vos » préceptes ». Ce qui le « déchire », c'est de voir la méprise partagée par La Motte lui-même qui « aurait formé le dessein de lui répondre ». Il attribue malignement la colère de son ami à ce qu'il n'aurait pas assez été loué ; il a fait pourtant ce qu'il a pu et il a conscience d'admirer La Motte plus que personne ; car, dit-il, « c'est » une assez grande gloire pour moi d'être, après vous, celui qui » sent le mieux tout le prix de votre mérite ». Il conclut par un trait

---

[1] La cause qu'il donne de la méprise est amusante : « On n'a pu croire que quelqu'un songeât à être sérieusement l'apologiste de M. La Motte ». — 3e lettre, p. 89.

[2] 3e lettre, p. 81.

[3] Ibid., p. 87.

[4] Ibid., p. 87.

[5] Lettre de l'auteur à M. de La Motte, p. 134.

[6] Id., ibid.

d'ironie malicieuse : il encourage La Motte à produire encore, à produire toujours des œuvres nouvelles, en comptant sur la « postérité équitable [1] » pour les admirer quelque jour ; il le supplie de publier enfin ce Clovis qu'il a annoncé dans l'épître dédicatoire de son Iliade, de faire connaître ses Prières chrétiennes, de faire voir le jour à ses Eglogues « dignes sans doute d'être placées à côté de » celles de M. de Fontenelle, mais bien au-dessus de celles de » Théocrite et de Virgile ».

Si on a insisté sur cette œuvre de malice et de cruauté froide — l'Apologie de M. de la Motte — c'est que ce genre de critique, presque nouveau alors, va faire sa fortune dans le monde et fournir des armes aux combattants des partis opposés : les journalistes classiques et orthodoxes l'emploieront sans scrupule, en y portant plus d'âpreté rancunière et plus de fiel ; les philosophes, et Voltaire tout le premier, adopteront eux aussi ce détour un peu hypocrite, qui consiste à louer un ennemi pour le mieux diffamer, à l'embrasser pour l'étouffer plus sûrement. Le sang-froid apparent et la feinte impartialité de cette méthode conviennent bien à une époque dont les passions violentes font effort pour se contraindre et se dissimuler sous le masque des plus nobles sentiments : où tout le monde, novateurs et conservateurs, a besoin de recourir à des détours et à des faux-fuyants pour couvrir l'énergie dogmatique des affirmations et la fougue des négations ; où le respect des opinions n'est qu'un leurre et le respect des personnes qu'une convention vaine. L'ironie donc fera son chemin, sans que la violence y perde rien.

La Motte eut le mérite de répudier des moyens de discussion qu'il jugeait également indignes de la raison et de la droiture d'un philosophe.

En résumé, la critique littéraire a, dans les premières années du XVIII° siècle, revêtu les formes les plus diverses. Elle a été, tour à tour ou simultanément, autoritaire et dogmatique avec les Dacier ; méticuleuse et formaliste avec les d'Olivet et les Erudits secondaires ; violente, injurieuse avec les Gacon ; maligne et venimeuse dans les Epigrammes de Rousseau ; voilà pour le début du siècle. Un peu plus tard, il se produit un changement : la critique classique elle-même devient plus gaie, plus fantaisiste et plus vive : les Calottes et les Parodies sont une débauche de l'esprit, une ivresse du sens commun lâché en toute liberté ; Saint-Hyacinthe et

---

Dufresny y introduisent la verve et l'humour, Bel y fait entrer l'ironie mordante et sarcastique.

Quelle place La Motte a-t-il prise dans cette armée si bigarrée de la critique ? C'est ce qu'on montrera tout à l'heure.

Auparavant il importe de faire voir quel rôle il a joué dans le conflit des opinions, quelle fut sa situation parmi les littérateurs et les juges de son temps, quels ont été ses *ennemis* et ses *amis*.

III. — LES ENNEMIS DE LA MOTTE

La Motte, « cet homme si digne d'être aimé, avait des
» ennemis ; il en avait en grand nombre et d'un grand poids, et il les
» méritait... »[1]. Ce jugement est vrai, mais pas dans le sens où
l'entendait Trublet. Ce qui est certain, c'est que La Motte avait
beaucoup d'ennemis, et qu'il ne pouvait point n'en pas avoir :
la modération de sa polémique et la douceur adroite de son caractère
ne suffisaient pas à désarmer les ressentiments qu'excitaient la
hardiesse de ses idées, ni les rancunes jalouses qu'éveillaient ses
nombreux succès et sa haute situation dans la « République des
lettres ».

Pendant assez longtemps il réussit à acquérir des amitiés
ou à déjouer la malveillance sourde de ses rivaux. Jusqu'à sa
réception à l'Académie, on l'a vu, il n'avait guère que des amis ;
il avait prévenu par sa diplomatie souple et insinuante des
inimitiés qui auraient pu lui nuire : Boileau le tolérait ; Fénelon se
donnait la peine de le séduire ; Rousseau tout seul était son ennemi
déclaré, mais le poëte diffamé n'était pas écouté et c'est plus tard
que, la faveur publique lui revenant, il put devenir dangereux
pour la gloire de son heureux rival. Le conflit homérique même,
bien loin de nuire au crédit de La Motte, ne fit que consacrer sa réputation et lui donner une sorte de popularité. C'est de ce temps en effet
que date la grande renommée de notre auteur ; c'est alors qu'il s'établit dans la littérature comme un maître et un chef d'école : « Au
» moment où le gouvernement passait d'un monarque absolu à
» un conseil de régence, le sceptre de la littérature était tenu
» comme à Sparte par deux rois d'un pouvoir limité, Fontenelle
» et La Motte »[2]. Sans doute l'autorité des deux amis ne fut
pas incontestée. Mais en somme, s'ils régnaient sur un peuple
turbulent, ils étaient rois, et leurs futurs rivaux étaient obligés
de reconnaître leur pouvoir ; c'est le temps où Voltaire croit
utile de flatter La Motte. Pour celui-ci l'heure de la décadence

---

[1] Trublet. Lettre à Mme T. D. L. F., I. p. xxj.
[2] Lémontey. Histoire de la Régence.

sonna vers l'année 1719. peu de temps après la publication des Fables. Alors ses anciens ennemis relèvent la tête. de nouveaux adversaires se dressent qui l'attaquent ouvertement avec une violence inusitée et une impertinence qui doit lui annoncer que son temps est fini. Desfontaines, Bel, La Chaussée, vingt autres lancent contre lui libelles, pamphlets. articles de journaux. L'apparition des tragédies, le succès même de l'une d'elles, n'arrêtent pas le mouvement de révolte : le dernier paradoxe de La Motte contre la Poésie achève de le ruiner dans l'esprit public. et c'est Voltaire qui se charge de porter les derniers coups au vieux lutteur. C'est donc pendant les dix dernières années de la vie de La Motte que se produisit ce déchaînement formidable d'inimitiés qui indigne si fort l'amitié du bon Trublet.

Le biographe se trompe quand. à cet acharnement contre un homme si doux et si courtois, il ne voit pas d'autres causes que la jalousie de rivaux irrités d'être vaincus dans tous les genres d'écrire, et la fureur de savants intéressés à maintenir des préjugés dont ils vivaient [1]. Trublet n'a pas vu que ce redoublement de violence marquait un changement dans l'état des esprits. Ce phénomène manifeste la venue d'une génération nouvelle d'écrivains. Il y a alors comme un retour offensif de l'école classique conduite par des critiques résolument conservateurs, tels que Desfontaines, mais secondée par quelques-uns des philosophes militants et par le premier de tous, par Voltaire.

Essayons de faire le dénombrement des ennemis de La Motte, de les grouper d'après la communauté des intérêts, et de déterminer la nature de leur haine et le caractère de leurs attaques.

Les Erudits et les « Anciens » déterminés ne furent pas les ennemis les plus violents. Dans la polémique ils sont plus modérés qu'on ne le croit ; ils le sont certainement plus que les poètes rivaux et les néo-classiques. Après tout, les Dacier, les Gédoyn, les Rollin, les d'Olivet, ne cherchent pas à déshonorer leur adversaire ; ils se contentent de l'accabler de raisons qu'ils croient bonnes et d'autorités qu'ils supposent irrésistibles. Leur conviction s'indigne des résistances et des négations ; ils crient à l'absurdité et à la mauvaise foi, mais ils ne diffament point l'homme dont ils flétrissent l'audace sacrilège ; ils maudissent l'impie sans le calomnier. Ils n'ont pas toujours assez d'esprit pour être méchants ; ils n'ont pas assez de sang-froid pour plaisanter de choses sérieuses et mettre les rieurs de

---

[1] Trublet. Lettre à Mme T. D. L. F., pp. xxj et xxiv.

leur côté. Aussi, de son conflit avec les champions de l'antiquité, La Motte sortit à peu près sauf ; les coups qu'il avait reçus, il nia qu'ils l'eussent atteint ; et le public le crut sur parole.

Si dans l'ardeur de la bataille on usa envers lui de certains ménagements, il va sans dire que dans le sein des Académies la lutte fut plus courtoise encore. Il fut souvent question, dans l'Académie française, de la retentissante querelle. Mais les allusions sont discrètes, les insinuations mesurées et décentes, comme il convient en pareil lieu. En 1711 M. de Valincourt [1], recevant M. l'abbé d'Estrées à la place de Boileau, fait un éloge enthousiaste d'Homère et de la traduction de Mme Dacier ; l'académicien-gentilhomme sait exalter Homère sans insulter ses contempteurs, louer Mme Dacier et ne point calomnier La Motte qui avait déjà entrepris les premiers chants de son adaptation et dont les opinions n'étaient un secret pour personne dans la docte assemblée. — Le 30 mars 1715, Dacier [2] reçoit M. Gros de Boze à la place de Fénelon : bien que tout bouillant encore d'un courroux domestique, il contient assez bien et son enthousiasme et son indignation : il réprouve énergiquement les erreurs d'un ennemi qui l'écoute, mais il a la force de respecter les bienséances et de se contraindre à blâmer les mauvais principes, sans outrager l'adversaire : « Venez, dit-il au récipiendaire, ...
» venez défendre avec nous le bon goût qu'on ne se lasse point
» d'attaquer ; venez soutenir l'honneur de la compagnie, venez
» nous aider à faire connaître à toute l'Europe que l'Académie
» française proscrit ces faux principes de poésie que des auteurs peu
» instruits ont voulu rappeler, malgré la censure de tous les siècles;
» enfin venez publier qu'elle enseigne que ce n'est point en méprisant
» les Anciens et chicanant sur leurs titres qu'on peut parvenir à les
» égaler ou même à les surpasser, mais en les estimant et les
» méditant et en les prenant pour modèles ». Certes l'apostrophe est véhémente et l'indignation perce sous les termes à demi mesurés que l'orateur académique a dû employer ; mais enfin c'est un honneur pour l'académicien passionné et pour le corps tout entier qu'un Dacier ait su, parlant d'un La Motte, contenir à ce point sa colère et se contraindre assez pour ne tonner que contre les erreurs de jugement, sans rien dire de désagréable pour le poète et pour l'homme. C'est à cette modération relative que La Motte se plaît à rendre hommage, et dont il reporte le principal honneur sur Valincourt, lorsque, recevant son ami le marquis de La Faye en

---

[1] Recueil de Harangues, année 1711, p. 305.
[2] Ibid., année 1715, pp. 307-308.

1730, il fait allusion à la franche et complète réconciliation qui rapprocha les ennemis de la veille : « Qu'il me soit permis de
» le rappeler ici avec reconnaissance : dès qu'il eut parlé, les pané-
» gyristes d'Homère me pardonnèrent de lui avoir trouvé des
» défauts et, je m'en flatte, ils me rendirent leur amitié, quoiqu'ils
» ne m'eussent pas soumis » [1].

Le président Bouhier.

A côté des Erudits de profession, il y avait tout un groupe d'hommes instruits, curieux de toutes les choses de l'esprit, litté-rateurs eux-mêmes et poètes distingués, qui avaient conservé le goût des anciens auteurs et le culte de la tradition. Ils ne prisaient guère les tentatives faites par les modernes ; ils n'estimaient pas beaucoup les novateurs en fait de style ou les auteurs de paradoxes bruyants contre la poésie française. Ces hommes d'esprit, de science et de goût, faisaient en général peu de cas de Fontenelle, de La Motte encore moins, et toute la « faction Lambertine » ne les sédui-sait pas plus qu'elle ne les intimidait [2]. Le centre et l'âme de ce groupe, ce fut le président Bouhier, magistrat et jurisconsulte, poète, archéologue, traducteur, académicien, qui dirigea du fond de son hôtel de Dijon tout un mouvement scientifique et littéraire. Parmi ses correspondants parisiens qui le tenaient au courant des œuvres et des événements littéraires, on remarque l'abbé Gédoyn, esprit modéré et juste, qui n'était pas l'ami de Fontenelle et de La Motte ; il reprochait [3] au dernier d'avoir toujours été « le partisan de l'ignorance » et d'avoir beaucoup contribué à faire tomber les lettres. Il y avait l'abbé Le Blanc, poète à ses heures, qui consultait sur ses vers tour à tour La Motte et le président bourguignon, qui louait le premier en écrivant au second, sans voir que la sympathie n'était pas bien vive entre ces deux hommes et que Bouhier, malgré les politesses prévenantes de La Motte, le tenait en médiocre estime [4]. C'était encore le latiniste d'Olivet qui, non content de dénoncer en pleine académie la conjuration des écrivains modernes pour ruiner la belle langue française, se permettait dans une lettre à Bouhier de trouver « diaboliques » les vers de La Motte qu'il détestait [5].

M. Marais.

Mais le plus déchaîné contre Fontenelle et La Motte, contre les « Sénèques et les Lucains » français [6], c'est Marais, tant dans ses

1 Recueil..., année 1730, p. 540.
2 Cf. Marais. Mémoires, III. 144 et 449.
3 Correspondance Bouhier. III. Lettre de Gédoyn à Bouhier, 2 janv. 1732.
4 Ibid., IV. Lettre de Le Blanc à Bouhier, 21 juil. 1729. Cf. Lettre du 19 janv. 1732.
5 Ibid., IV. Lettre de d'Olivet à Bouhier. 16 sept. 1729.
6 Marais. Corresp. avec Mme de Mérignac. Ed. Lescure, II, 379, décembre 1722.

Mémoires que dans sa correspondance avec Mme de Mérignac et le président Bouhier. Marais était un érudit, il lisait dans leur langue les poètes anciens et quelques-uns des modernes étrangers, tels que Dante, le Tasse et Milton ; il aimait et connaissait l'ancienne littérature nationale, au moins à dater de Villon ; il admirait Boileau. Mais d'autre part c'était un esprit libre, un sceptique modéré, un opposant à la façon des parlementaires : il avait été l'ami et le collaborateur de Bayle. On ne peut donc lui reprocher d'avoir l'esprit étroit ou d'être entêté dans ses vieilles admirations ; car s'il critique vivement les La Motte et les Fontenelle, il ne peut modérer l'expression de son enthousiasme quand paraît la première grande œuvre du plus grand des poètes modernes, la Henriade de Voltaire ; il la salue sur un ton d'admiration fervente qui rappelle l'enthousiasme de Properce saluant l'Enéide [1]. Cet homme, d'un esprit si ouvert et si éclairé, ne peut pardonner à La Motte ses impertinences anti-classiques, ni le succès de ses médiocres poèmes. Il se moque des fables [2] : « .... La Motte, grand faiseur d'Odes et ennemi d'Homère, se distingue » par le mauvais goût. Il vient de faire des fables à l'envi de La Fontaine » et a montré qu'il ne peut écrire que pour les cafés, et qu'il n'est pas » permis de travailler après les grands hommes qui ont emporté » la palme en certain genre ». Il raille les tragédies, il applaudit aux parodies qu'on en fait, aux critiques injustes et passionnées qu'on imprime [3]. A propos de l'affaire des Couplets, il se montre sévère pour Rousseau, mais il se montre du même coup injuste pour La Motte [4] : « Plaignons, plaignons les hommes qui abusent ainsi » de leurs lumières, et qui n'ont que de l'esprit sans avoir des » sentiments ». Dans la liberté de ses confidences épistolaires, ce très honnête homme se laisse aller à de belles et bonnes calomnies : à l'entendre, La Motte ne vaut guère mieux que les athées déclarés et sa conduite est celle d'un libertin. « L'abbé Hauteville loue » M. de La Motte et M. de Fontenelle que l'on connaît pour auteurs » de cette nouvelle éloquence et pour n'être pas des plus religieux » [5]. Il approuve hautement les Paradoxes Littéraires de Desfontaines « où La Motte est traité comme il le mérite » [6]. Il lui reproche en

---

[1] Journal et Mémoires, III, 114. — Cf. IV, 328 : « notre Voltaire ».

[2] Ibid., I., 286. Lettre à Mme de Mérignac, juin 1720.

[3] Ibid., II, 241, lettre de fév. 1722. Cf. II, 474, et 485 : sur Inès et Les sentiments d'un spectateur français sur la tragédie d'Inès, juill. 1723.

[4] Au sujet de l'Ode contre Rousseau, I, 131. Lettre 36, sept. 1710.

[5] Ibid., II, 243. Lettre de fév. 1722. — Cf. III, 417, sept. 1723: Mme de Tencin « aimait tant les modernes qu'on assure que La Motte...... »

[6] Ibid., III, 27 sept. 1723.

toute occasion de manquer de sensibilité et de n'avoir que de
l'esprit : d'avoir tout fait pour ruiner la langue, le goût et la
poésie. Ce qui l'irrite le plus, c'est une certaine assurance dans
le paradoxe, une sorte de modestie effrontée à contester les gloires
les plus solides. « La Motte ne fait point pitié, écrit-il à propos de
» la terrible apologie de Bel : car il est plus insolent que jamais »[1].
Les prétentions de La Motte à innover en tout et toujours, le mettent
hors des gonds ; c'est avec colère qu'il parle d' « un nouveau délire
» de ce Capitan du Parnasse, qui voulait donner au public un Opéra
» turc sans machines, sans divinités, sans enfer, sans décoration »[2].
Enfin son ressentiment ne désarme point devant la mort du mauvais
poète et du pernicieux critique. Ecoutez l'oraison funèbre qu'il fait
à La Motte, cinq jours après sa mort[3] : « Il emporte avec lui la répu-
» tation du Lucain et du Sénèque français, et nous laisse en possession
» d'admirer Homère et Virgile, de penser qu'il y a un langage
» poétique différent de la prose, d'estimer Malherbe et La Fontaine,
» et de ne point goûter les odes mesurées et les fables métaphysiques.
» Il n'a point tenu à lui qu'il n'ait perdu notre langue, notre goût et
» notre poésie. Mais nous en voilà délivrés ».

Marais, qui parle si souvent de La Motte, n'a pas trouvé une seule
occasion de le louer : partout il le harcèle de ses Epigrammes ou
l'écrase de ses injures. Je me trompe, il lui est arrivé deux fois de
lui rendre justice et de l'admirer : mais ce qu'il y a de piquant dans
ces éloges, c'est que Marais les accorde à son insu à un écrivain
qu'il déteste, et qu'il loue La Motte en croyant louer un autre. La
première de ces amusantes méprises, c'est à propos du « Mémoire
justificatif » de Saurin qu'elle lui échappe[4] : « Son Mémoire,
» dit-il, est un chef-d'œuvre d'éloquence et de bon sens. Il y a de
» l'élévation, des traits, du sentiment, du goût, de la critique, enfin
» un homme comme celui-là vaut cent Rousseau pour ne pas dire
» cent mille ». Or, qui a mis dans le fameux mémoire du goût, de la
critique, et du sentiment, sinon La Motte qui fut le collaborateur de
Saurin, et à qui on peut attribuer sans hésiter les qualités littéraires du factum ? L'autre méprise est plus piquante encore, parce que
Voltaire lui-même semble y être tombé. Il s'agit de la harangue
académique prononcée par le cardinal Dubois, le jour de sa réception.
« Celle du Cardinal, écrit Marais, est bonne, d'un bon style et très
» noble. Fontenelle a parlé dans le style moderne ; il y a de l'esprit

---

[1] Correspondance Bouhier, VII. Lettre de Marais à Bouhier du 23 février 1725.
[2] Ibid., IV. Lettre de Marais à Bouhier du 31 janv. 1732.
[3] Id. ibid. Lettre du 31 déc. 1731.
[4] Marais. Corresp. avec Mme de Mérignac, Ed. Lescure, I, 136, déc. 1710.

» à chaque mot et ce n'est pas le bon » [1]. O le plaisant effet de la prévention ! La harangue de Dubois est bonne assurément : mais elle est l'œuvre de La Motte qui était, à côté de Fontenelle, le chef de cette école du mauvais style moderne. Et cela prouve qu'en matière de critique il faut se défier du préjugé, et ne pas prononcer sur le mérite d'une œuvre d'après le seul nom de son auteur présumé.

C'est naturellement parmi les poètes ses rivaux, que La Motte rencontre les ennemis les plus acharnés à lui nuire : la « gent irritable » le malmena de cruelle façon. Tous à l'envi, petits et grands, le critiquent, le persiflent, l'injurient. Les Roy, les Gacon, les La Chaussée, les Rousseau, les Chaulieu, les Lagrange, les L. Racine et les Pompignan s'unissent en un formidable concert, dans lequel Voltaire aussi fait entendre sa note aiguë.

Voici d'abord le petit groupe des pires ennemis, je veux dire les anciens amis qu'une brouillerie a rendus des adversaires intraitables [2].

Le poète *Roy* avait été à ses débuts l'ami, ou pour mieux dire, le client de La Motte. Vers 1715, Roy était un de ces auteurs sages et réguliers qui briguaient les récompenses de l'Académie et qui les obtenaient, par leur industrie, au détriment de rivaux d'un talent

Le poète Roy.

---

[1] Corresp. avec Mme de Mérignac. II. 379, déc. 1722.

[2] Gacon fut de ceux-là. Car, avant d'écrire son méchant et plat « Homère vengé » et de rimer ses « Fables de M. de La Motte mises en vers », il témoigna de son admiration enthousiaste pour La Motte en une ode pompeuse. Je cite quelques vers de cette « Ode à M. de La Motte, sur sa réception à l'Académie française », parce que c'est chose rare, presque unique, d'entendre Gacon louer quelqu'un et louer un rival.

> « Suis-je dans Rome ou dans Athènes ?
> Quelle force ! quels heureux traits !
> C'est Cicéron ou Démosthènes
> Qui harangue dans ce palais....
> Mais quelle erreur trouble mes sens !
> Je suis en France et dans le Louvre :
> La Motte à mes yeux se découvre :
> Muse, tu connais ses accents, etc. etc.. » (Ap. Trublet. Mémoires, pp. 385-386.)

L'amitié des poètes est sujette à des retours. Peu d'années après, ce même La Motte, poète divin et divin orateur, n'est plus aux yeux de Gacon qu'un plat versificateur, un méchant écrivain et un malhonnête homme. A des attaques parties de si bas, La Motte dédaigna de prêter attention : il leur opposa un silence obstiné ; cela ne faisait pas le compte de l'insulteur qui ne vivait que de scandale ; furieux d'un calme qui le ruinait, il menaça son ennemi de le faire sortir malgré lui de sa superbe indifférence en publiant une « Réponse au silence de M. de La Motte ».

supérieur : tel l'abbé Du Jarry qui en 1714 fut couronné de préférence à Voltaire [1]. En 1715, Roy remporta le prix d'éloquence et le prix de poésie [2]. Il avait alors besoin de l'appui de La Motte, un des dispensateurs les plus influents de ces récompenses auxquelles il aspirait. Mais au bout de peu de temps notre poète se lassa de suivre la voie droite et monotone, qui menait tout doucement à l'Académie. Une humeur satirique s'éleva en lui, il renonça à sa modeste ambition et dédaigna la poésie sage et bien ordonnée pour écrire des épigrammes et de mordantes satires. Il y gagna d'avoir infiniment plus de lecteurs et de prôneurs, mais il y perdit le repos, la considération et la sécurité même. Sa première mésaventure date de 1728 : il avait publié « le Coche » [3], un poème burlesque où tous les Académiciens de la nouvelle école, les Fontenelle, les La Motte et leurs tenants, étaient bernés de la façon la plus impertinente [4]. Pour cette fois on se contenta de l'exiler hors de Paris. Quelque vingt ans plus tard, un nouveau trait d'esprit pensa lui coûter la vie : une épigramme assez médiocre qu'il fit contre l'Académie à l'occasion de l'élection du comte de Clermont, lui fut remboursée en coups de bâton par les gens de ce prince du sang [5]. Roy [6] eut sagement fait de s'acheminer à petit bruit vers le fauteuil académique, au lieu de s'attaquer imprudemment à un corps puissant dont il était si facile de se moquer quand on n'avait pu y entrer, mais qui trouvait à propos des vengeurs disposés à user en son honneur de cruelles représailles [7].

---

[1] Voir Recueil de Harangues ...... Années. 1713-1714.

[2] Ibid., Année 1715.

[3] Mémoires pour servir à l'histoire de la Calotte. Ed. 1752, t. III, p. 65. « Le Coche », allégorie par M. Roy.

[4] Cf. Correspondance Bouhier. VI. Lettre de Marais à Bouhier du 21 janv. 1728, où il est dit que la Sybille est Mme de Tencin, non Mme de Lambert.

[5] Palissot, Mémoires littéraires. 1775.

[6] Dans le Pantalo-Phœbeana (art. XXXVIII, p. 40) on trouve une épigramme dirigée contre Roy, élève ingrat et trop fidèle de La Motte :

> Contre La Motte en son œuvre nouvelle
> Le Roitelet, entasse maint brocart,
> Et si pourtant on dit son œuvre telle
> Que de La Motte on y sent le dur art.
> Or le public qui voudrait voir la hart
> Serrer le col du rimeur infidèle
> Jette le livre et dit : Singe d'Houdart,
> On n'écris point, ou change ton modèle.

[7] Cf. Lettre de M. l'abbé Trublet à Me T. D. L. F. p. 259. On dit que Roy aurait fait pour La Motte une Ode très élogieuse. « La lyre d'Horace ». S'il l'attaqua plus tard, c'est parce qu'il était ami de Desfontaines (v. Mém. Trublet, p. 371).

Du moins la guerre qu'il mena avec acharnement contre ses anciens protecteurs ne lui coûta pas si cher. La Motte ne fit pas attention aux attaques bruyantes de son ingrat élève ; Fontenelle se vengea des insultes par un joli mot : « C'est l'homme d'esprit le plus bête que j'aie connu. » Les satires de Roy sont répandues dans tous les recueils de l'époque ; il y en a dans les « Mémoires pour servir à l'histoire de la Calotte », il y en a dans le « Portefeuille de Rousseau », on en trouve dans la correspondance de Marais. Ses œuvres elles-mêmes en renferment un bon nombre ; mais là du moins elles se dissimulent : c'est dans les Odes qu'il faut les aller chercher. Dans une Ode à M. de Crébillon, il flétrit comme il faut La Motte [1] :

> Ce martyr de la raison,
> Ce poète léthargique
> Te veut tenir en prison (la muse)
> Sous les lois de sa logique.

Dans l'Ode quatrième, il exhale sa colère avec une énergie encore plus lyrique [2] :

> Je sifflerai ce Lyrique barbare,
> Des Grecs et des Latins ridicule ennemi ;
> Il accorde sa lyre, il chante et je compare
> Sa vapeur froide aux transports de Pindare :
> Serait-ce impunément qu'il m'aurait endormi ?

Ailleurs il nous représente l'Ode, pâle, chargée de fers, qui pleure le triste sort où La Motte l'a réduite [3] :

> Sur les bords de l'Alphée autrefois souveraine,
> Elle devint esclave aux rives de la Seine :
> D'un sophiste importun qui lui donna des fers,
> Elle accuse en pleurant les caprices divers :
> « Il rabaissa mon vol, il me coupa les ailes,
> » Reconnais-tu ma lyre à ces cordes nouvelles
> » Que sa pesante main y voulut ajouter ?.... »

Le Dieu du goût, ému de ces plaintes, délivre la prisonnière ; cette délivrance dut faire beaucoup de peine au « Sophiste importun » qui lui avait coupé les ailes. C'est sur ce ton d'animosité jalouse que Roy parle de son ancien maître : à ses yeux, La Motte avait le tort d'être arrivé dans les lettres à une situation à laquelle un méchant caractère et une noire humeur l'avaient seuls empêché de parvenir.

---

[1] Odes. I, 2, t. I, p. 12 des Poésies diverses de M. Roy.
[2] Odes. I, 4, p. 24.
[3] Le Goût. Odes, p. 286.

La mort même de **La Motte** ne modéra pas la rancune plus que poétique de Roy si, comme je le pense, c'est lui que Marais désigne dans deux lettres datées de 1732 par cette périphrase assez énigmatique « notre poëte de Chartres » [1]. Le rimeur en question avait écrit « une sorte de pompe funèbre satirique, en prose et en vers », d'où Marais a détaché deux épitaphes. Avant de les citer, faisons remarquer la parfaite convenance de ces attaques [2], suivant de si près la mort de celui qui en est l'objet ; admirons la courtoisie de ces mœurs littéraires qui permettaient de satisfaire de bas ressentiments en parodiant une épitaphe, le monument de la piété et de la douleur. Voici les épitaphes [3] :

I.

> « Il est donc mort, le grand Houdart,
> Avec ses discours si pleins d'art,
> Avec tous ses paralogismes,
> Avec ses brillants syllogismes,
> Ses phrases de petit collet ....
> Jeunes gens de bonne nature
> Fuyez loin de sa sépulture ... »

II.

> « Ici dessous, gisent les mânes
> D'un auteur de prose et de vers,
> Dont les écrits peu diaphanes
> Ont ennuyé tout l'univers.
> Contre Virgile et contre Homère
> Il exhala sa bile amère,
> Et fut vivement relancé.
> Depuis longtemps ses froids ouvrages
> Honnis, chargés de mille outrages,
> Au tombeau l'avaient devancé. »

Roy fut un homme de talent : il eut des idées justes et neuves, dont il ne sut pas faire l'emploi ; il gâta sa vie comme à plaisir et il rendit des hommes plus estimables que lui victimes du sourd mécontentement qu'il nourrissait contre lui-même.

La Chaussée.

Nivelle de la Chaussée est encore un ami de La Motte qui se tourna contre lui. Mais au moins il n'y eut dans son cas nulle rancune

---

[1] C'est à Chartres que Roy avait été exilé pour avoir écrit le « Coche ».
[2] La pièce citée se trouve tout au long, mais sans nom d'auteur, dans le Portefeuille de Rousseau, 1751, t. II, pp. 57 sq.
[3] Marais, Corresp. Ed. Lescure, IV, pp. 333 et 337.

personnelle, aucun sentiment vil : il attaqua le mauvais poète au nom du bon goût et critiqua l'auteur des paradoxes au nom de la poésie. Tout au plus peut-on lui reprocher, outre quelques vivacités de jugement et d'expression, d'avoir fait céder trop facilement l'amitié au plaisir de dire tout haut son opinion. C'est ce que donne à entendre un des rares correspondants du président Bouhier qui demeura favorable à La Motte. Dans une lettre du 19 janvier 1732, l'abbé Le Blanc affirme que La Chaussée n'attendait que la mort de La Motte pour publier son « Epître à Clio. » — « .. ... Il » y a environ deux ans, dit-il, qu'il lut la lettre dans une compagnie » où je me trouvai. On lui conseilla de n'en faire aucun usage ; » il le promit et vous voyez comme il a tenu parole ..... ». Ce manque de parole, peu louable à la vérité, indigne le bon abbé : il ajoute : « Pour moi, qui ai presque perdu l'habitude de travailler, je me » suis contenté de répondre en quatre vers à toutes les invectives » de ces rimeurs subalternes :

> « La Motte occupe un rang au Temple de Mémoire
> Où de ses ennemis nul ne doit aspirer :
> Eux-mêmes n'ont servi qu'à relever sa gloire,
> Leur haine après sa mort pouvait-elle expirer ? ... »

A la bonne heure, voilà de vaillante et honnête amitié : cela console des basses et envieuses épitaphes de tout à l'heure.

Revenons à Nivelle de la Chaussée. La première fois qu'il se hasarda à critiquer La Motte, ce fut à propos des fables, en 1719. Du moins, il eut recours à un pseudonyme impénétrable ; la pièce parut sous le titre de « Lettre de Mme la marquise de L.*** sur les fables nouvelles » [1]. La noble dame qui est censée donner son senti- ment sur les fables s'excuse d'abord de n'apporter dans sa critique ni « une grande suite, ni une grande doctrine » [2], parce que « son » sexe ..... est réduit au seul sens commun et à quelque usage de » la langue ». Cela ne l'empêche pas de railler les prétentions de La Motte dans son discours où « il semble se moquer du public qui » n'immortalise un auteur qu'après sa mort [3] ». Elle en veut fort aux beaux esprits qui prononcent d'un ton décisif sur le mérite des ouvrages et ne souffrent pas que le lecteur en appelle de leur impérieux arrêt ; il faut leur céder sous peine d'être injuriés par

---

[1] Nous l'avons trouvée dans le t. VI des Amusements du Cœur et de l'Esprit. Amsterdam, chez Henri du Sauzet (1746). Voir Bibliothèque Nationale, Z. 2284, Ha-b.

[2] Lettre de Mme le M^{se} de L.. p. 5.

[3] Ibid., p. 7.

eux. et cela l'indigne [1] : « En vérité vos beaux esprits exigent notre
» approbation bien tyranniquement pour un auteur qu'ils ont une
» fois déclaré bon. Un lecteur. le livre à la main, appelle-t-il de
» leur jugement, ou l'ose-t-il examiner, on le regarde comme un
» esprit séditieux : on lui fait son procès sans l'entendre ; d'une
» querelle d'esprit, ils en font une personnelle ; on ne l'épargne ni
» sur sa naissance. ni sur sa conduite : il semble qu'il soit nécessaire
» d'être de leur sentiment pour être honnête homme ; la critique se
» repousse chez eux par les invectives. les grossièretés y tiennent
» lieu de raisons .... Qui est-ce qui ose risquer le coup de plume
» avec ces gens là ? »

L'appréhension des représailles injurieuses n'arrête pourtant pas
notre critique : il examine les fables avec une attention scrupuleuse,
il ne passe rien. ni faute de goût, ni invraisemblance, ni faiblesses
de style, ni les emprunts faits aux autres fabulistes et qui sont
plus nombreux qu'on ne veut l'avouer [2]. Au reste. dans cette
première lettre, le ton est modéré, la moquerie est sans amertume.
Pour marquer que La Motte écrit trop vite, l'auteur dira : « M. de
» la Motte ne se donne pas la peine de peser ses mots et ne songe
» point aux idées qu'ils peuvent donner. Il me paraît courir en
» poste à l'immortalité ; j'ai bien peur qu'il ne crève sa monture en
» chemin... » [3]. Il veut faire entendre que le nouveau fabuliste
« tout farci de La Fontaine » [4] est plus pauvre que s'il ne s'était
pas enrichi aux dépens de son modèle : il dit familièrement : « C'est
» comme le chat qui avait mangé une livre de beurre et qui ne
» pesait que trois quarterons ». La conclusion est plaisante : « Pour
» moi je me rends, et comme j'ai déjà lu ses Odes dans MM. de la
» Rochefoucauld et La Bruyère, je lirai aussi ses fables dans La
» Fontaine : ce sera plus tôt fait » [5].

Le ton devient plus vif dans la seconde pièce, qui est intitulée :
» Réponse de M. D*** à Madame la marquise de L***, servant
» d'apologie aux fables de M. de La Motte ». Ici nous retrouvons la
critique ironique avec ses supercheries et ses perfidies : la feinte
apologie n'est qu'un long persiflage. Le froid railleur se donne pour
un élève heureux de s'acquitter envers « un si grand maître... qui a
» formé son esprit et son style » [6]. Et il s'amuse à écraser le pauvre

---

[1] Lett. de Mme la M^se de L., p. 8.
[2] Ibid., par ex. pp. 26, 29, 30. 31, 33, 39.
[3] Ibid., p. 38.
[4] Ibid., p. 41.
[5] Ibid., p. 50.
[6] Réponse de M. D* à Mme la M^se de L*, p. 53.

grand homme sous les lourds pavés de ses louanges hyperboliques
et maladroites à dessein. « N'avons-nous pas la satisfaction de voir
» que c'est lui qui donne le ton et le goût à tous les tribunaux
» littéraires et qui a ouvert le siècle ? N'est-ce pas lui qui a débarrassé
» la poésie de ces ornements superflus de peinture, d'images, de
» nombre et d'harmonie ? qui a fixé l'ode à un formulaire certain
» adopté par nos jeunes athlètes... etc. » [1] ? Certes les fautes d'un
tel homme ne sont que des beautés cachées, et ses imperfections
ne proviennent que d'un calcul profond. Son jargon est « une langue
à part » [2], qu'il a bien voulu créer pour les beaux esprits. S'il a
imité La Fontaine, c'est tant pis pour celui-ci qui n'avait qu'à venir
après M. de La Motte [3]. Au reste La Fontaine avait annoncé et
prédit son successeur quand il a dit modestement :

> « J'ai du moins ouvert le chemin ;
> D'autres pourront y mettre une dernière main ».

Si La Motte compose et écrit avec une précipitation irréfléchie
« c'est pour ne rien laisser perdre de ses trésors » [4]. Quoi d'étonnant
que l'apologiste triomphant conjure Mme de L*** de venir « à
résipiscence », s'écriant avec emphase que « la voix du peuple est
» celle de Dieu. — Tombez, s'écrie-t-il, tombez aux pieds d'un si
» grand homme, l'antiquité n'a rien de plus précieux que lui ».

La Chaussée avait peut-être raison de critiquer La Motte et d'abandonner un ami pour venger le bon goût et la poésie. Toutefois, cette
indépendance de l'esprit et du cœur ne lui porta pas bonheur : après
s'être moqué des paradoxes et des erreurs de son ami, il donna lui-
même bientôt dans des écarts du même genre. Il inventa le « comique
larmoyant » [5], et l'expérience lui prouva qu'il est plus aisé de se
moquer des idées neuves que de faire accueillir du public une invention originale.

J.-B. Rousseau est le plus fameux des ennemis déclarés de La J.-B. Rousseau.
Motte. On connaît la scandaleuse et obscure histoire de leurs démêlés.
La haine de Rousseau, haine longuement couvée, fit explosion après
l'élection de La Motte à l'Académie. Il ne fut pas maître de son
dépit ; il se crut la victime d'une injustice, ce qui n'est pas vrai :
La Motte fut préféré tant pour ses titres académiques que pour sa

---

[1] Réponse de M. D* à Mme la M[se] de L*, p. 53.
[2] Ibid., p. 53.
[3] Ibid., p. 71.
[4] Ibid., p. 91.
[5] « La fausse Antipathie » est de 1733.

bonne réputation d'esprit aimable et d'honnête homme ; au reste son élection fut faite, comme le dit très haut M. de Callières [1], qui le reçut, « par le concours unanime de tous les suffrages ». Rousseau ne vit ou ne voulut voir que sa supériorité poétique méconnue de parti-pris, et il ne pardonna jamais à son rival un triomphe qu'il lui plaisait d'attribuer à la cabale et à la brigue. On sait les tristes conséquences de ce dépit que Rousseau eut l'imprudence de laisser paraître. Les couplets diffamatoires, qui avaient cessé depuis quelques années, reparurent tout à coup, plus violents et plus haineux. Rousseau, qui avait certainement composé une partie des premiers couplets [2], fut accusé d'avoir écrit les derniers, qui ne sont pas de lui ; mais il paya pour sa mauvaise renommée. Bâtonné par La Faye, débouté de sa poursuite contre Saurin [3], enfin condamné lui-même et banni comme diffamateur [4], le poète expia chèrement les petites victoires de vanité qu'il avait remportées, et l'amère douceur des vengeances méchantes que son esprit et son humeur bilieuse lui avaient procurées. Il eut beau protester de son innocence et jurer qu'il n'avait pas écrit les couplets les plus affreux, il ne trouva pour le croire qu'un petit nombre d'amis, dévoués plutôt que convaincus, et quelques bonnes âmes si éloignées de toute pensée mauvaise qu'elles ne pouvaient croire au mal chez autrui. L'opinion fut sévère pour lui jusqu'à l'injustice ; elle le jugea sur son caractère et sur son esprit, l'un envieux, l'autre mordant et cruel. Et ce jugement, quoique sommaire et mal fondé en preuves certaines, était pourtant établi sur des présomptions si fortes que l'impression fâcheuse en subsiste encore aujourd'hui. Malgré l'habileté de sa politique à se ménager des partisans, malgré ce qu'il y a de noble opiniâtreté dans certains actes de sa conduite, enfin malgré le témoignage favorable rendu par plusieurs des plus honnêtes gens de l'époque [5], et la conspiration ourdie quelques années plus tard pour relever la réputation de l'homme en rehaussant la gloire du poète, tout ce qu'un juge équitable ose affirmer aujourd'hui, c'est que Rousseau est sans doute innocent du fait même qui lui est imputé, mais qu'il est moralement responsable d'une mauvaise action dont il avait donné le premier exemple, et d'un scandale auquel il avait préparé les esprits.

Revenant aux rapports de Rousseau et de notre auteur, nous devons dire que tout l'avantage demeure à La Motte pour la dignité

---

[1] Recueil de Harangues, III, p. 442.
[2] En 1700, sur l'air d'Hésione.
[3] 1711.
[4] 1712.
[5] Rollin, L. Racine, Pompignan.

de la conduite, la mesure et la parfaite convenance. Depuis les succès de La Motte à l'opéra et dans ses premières odes, Rousseau, qui ne réussissait pas au théâtre et qui n'avait encore publié ni ses odes, ni ses cantates, ne s'était pas privé du plaisir de dénigrer un concurrent heureux. Dans ses Epigrammes, il le criblait de traits moqueurs ; au café, il ne le ménageait point en ses propos ; il l'accabla dans les premiers couplets. A toutes ces attaques, La Motte ne daigna répondre qu'une fois, mais il le fit avec une vigueur et une verve qui ne lui sont pas habituelles. Cette réponse [1] est l'Ode « sur le mérite personnel ». Montrer la vanité du préjugé de la naissance, soutenir que la plus vile

> « Donne du lustre à la vertu »

c'était toucher Rousseau à l'endroit sensible et l'accabler sous le poids d'un souvenir honteux [2] ? Certes la leçon était dure, et La Motte prenait une rude revanche des piqûres faites à sa vanité d'écrivain. Plus loin le critique moraliste exerce de cruelles représailles contre l'auteur présumé des couplets anonymes et le rimeur des Epigrammes licencieuses. L'apostrophe est écrasante [3] :

> « Connais-tu ce rimeur perfide,
> Cette âme jalouse où préside
> La calomnie au ris malin,
> Ce cœur dont la timide audace
> En secret sur ceux qu'il embrasse
> Cherche à distiller son venin ?
>
> Lui dont les larcins marotiques,
> Craints des lecteurs les plus cyniques,
> Ont mis tant d'horreurs sous nos yeux :
> Cet infâme, ce fourbe insigne
> Pour moi n'est qu'un esclave indigne,
> Fût-il sorti du sang des Dieux ».

Qui donc est dépeint dans ces vers sinon Rousseau lui-même ? Ce qui dut le blesser et l'ulcérer plus que tout le reste, ce sont les conseils que son rival lui donnait d'un ton hautain :

> « Rousseau, sois fidèle, sincère,
> Pour toi seul critique sévère,
> Ami zélé des bons écrits :
> Tu vas pour la race future
> Ennoblir ta famille obscure,
> Et je suis ton frère à ce prix [4]. »

---

[1] Œuvres, t. I, pp. 526, sq..

[2] Cf. Autereau, dans l'Anti-Rousseau : « Complainte de Rousseau qui a renié son père ».

[3] Voltaire est indulgent pour cette Ode, quand il dit (Siècle de Louis XIV... Art. La Motte Houdart) : « Ce fut une leçon plutôt qu'une satire ».

[4] I. 528.

La riposte de La Motte était d'autant plus rude qu'il s'attribuait la supériorité morale et prenait le beau rôle de censeur et de conseiller de vertu.

Quelque ressentiment que Rousseau eût conservé de la leçon, il se réconcilia pourtant avec son ennemi ; il effaça et changea les derniers vers de son « Ode sur la naissance du duc de Bretagne [1] ». où il malmenait un peu fort

« Le Pindare des jeux floraux ».

C'est ce qu'il nous apprend dans une lettre non datée, qu'il écrit à M. de Machy. Il ajoute : « Ç'a été le premier fruit de notre » réconciliation qui est très-sincère des deux parts et qui a été fort » approuvée de tous les honnêtes gens. Les cafés en ont pâli et ont » regardé comme une trahison effroyable que leur général ait fait » la paix sans y comprendre ses alliés, mais je leur ai fait dire qu'il » ne tiendrait qu'à eux d'entrer dans l'accord ». Cette trêve dut être conclue lors de l'apaisement des colères soulevées par les premiers couplets ; elle dura quelque temps, mais non sans être compromise par les imprudentes saillies que Rousseau ne savait pas réprimer. L'armistice fut définitivement rompu en 1710 ; les insinuations du 7ᵉ et du 8ᵉ des fameux couplets étaient trop odieuses ; La Motte se déclara contre Rousseau ; il prit fait et cause pour Saurin et il mit au service de son ami ses hautes relations, son esprit insinuant et sa plume. Dès lors Rousseau ne garda plus aucun ménagement. Dans ses Lettres, dans ses Epitres en vers, dans ses Epigrammes, il saisit toutes les occasions de tourner La Motte en ridicule. Il le fait avec beaucoup d'esprit et de finesse, car sa haine. autant au moins que son goût, le rend très clairvoyant sur tous les défauts de son ennemi. Pourtant, plus que beaucoup d'autres, il épargne la personne même de La Motte : exilé loin de Paris, moins mêlé aux mesquines intrigues des gens de lettres, il néglige les petits ridicules, les minces travers, les anecdotes scandaleuses ou amusantes, pour juger les œuvres. les tendances et l'esprit de son adversaire. Il lui échappe bien encore parfois un trait de satire personnelle ; il se moquera des ridicules protecteurs du théâtre moderne [2] : ce sont « quelque étourneau titré », ou bien :

« Quelque veau d'or par Plutus illustré [3].
Ou quelque fée, autrefois sœur professe ,
Dans Amatonthe aujourd'hui mère abbesse [4] ».

---

[1] La VIᵉ de l'Edition de 1743.

[2] Epître au P. Brumoy (Ed. Londres, II, pp. 83 sq).

[3] La Faye, ou Law ?

[4] Mᵐᵉ de Tencin.

Mais d'ordinaire il se renferme dans la critique littéraire ; il réserve ses traits mordants pour les fautes de goût, le mauvais style, les prétentions et la fâcheuse influence de La Motte. Tantôt il raille « le vieux Ronsard » dont les « Odes par articles » « frisent bien le Perrault »[1], ces malheureuses Odes qui n'ont qu'un défaut :

> « C'est que l'auteur les devait faire en prose »[2].

Ailleurs il s'en prend au « traducteur qui rima l'Iliade », qui de douze chants prétendait l'abréger ;

> « Mais par son style aussi triste que fade
> De douze en sus il a su l'allonger »[3].

S'il s'attaque au fabuliste[4], il est deux fois heureux, car le trait atteint du même coup La Motte et l'Académie :

> « Enfin par son sublime organe
> Les animaux parlent si bien
> Que dans Houdart souvent un âne
> Est un Académicien »[5].

Le Recueil de poésies satiriques publié en 1751 sous le titre de « *Portefeuille de J.-B. Rousseau* »[6] contient une quantité de pièces dirigées contre Fontenelle, La Motte et leurs élèves : quelques-unes sont de Rousseau : ce sont des Épitres sur des sujets littéraires, dans lesquelles les novateurs ne sont pas ménagés. Les morceaux qui composent le second volume ont été écrits par les admirateurs et élèves du poète ; leurs auteurs se sont inspirés des sentiments littéraires du maître ; ils ont épousé ses haines, mais ils ne se croient pas astreints aux ménagements que celui-ci s'impose par respect pour lui-même, ou pour ne point sortir du rôle qu'il s'est tracé de chrétien fervent, qui pratique l'oubli des injures. Un de ces poètes anonymes, exilé aussi, conjure Rousseau de s'unir à lui pour venger

Le « Portefeuille de J.-B. Rousseau ».

---

[1] Cf. Préface de l'édition de Soleure, 1712 : « Un assemblage de jolies pensées rédigées par chapitres, etc. ».

[2] Épigr. II, 11. — Cf. Lett. 38e, édit. in-4e, 1743. Lettre à M. Boutet du 5 mars 1724 : « Les Odes de *** qui ressemblent beaucoup plus à des lettres qu'à des Odes, commençant toutes pour ainsi dire par le Monsieur et finissant par le Très humble serviteur ».

[3] Épigr. II, 12. Édit. de Londres.

[4] Épigr. 19 du liv. II.

[5] Voltaire (Dictionnaire Philosophique. — Art. Critique) blâme Rousseau (sans le nommer) d'avoir appelé La Motte

> « Certain oison, gibier de basse cour ».

[6] Amsterdam, chez Marc-Michel Rey.

« l'indigne esclavage du Parnasse en proie aux ravages de ses
» plus terribles fléaux ». Cet honnête homme s'irrite de voir le
triomphe des mauvais auteurs dirigés par un chef qu'il dépeint en
ces termes :

> « Quel est cet auteur fanatique
> Qui sur les plus sacrés auteurs
> Exerce un pouvoir despotique
> Qu'autorisent de vils flatteurs ?
> Devant lui marchent en tumulte.
> Le Bruit, l'Entêtement, l'Insulte,
> La Haine, la Décision,
> L'Orgueil, l'Envie et l'Impudence,
> Monstres régis par l'Ignorance
> Que couronne l'Opinion.
> Sa bouche ose outrager l'Horace
> Et l'Euripide de nos jours ;
> Et pour leurs œuvres excellentes,
> De goût et d'art étincelantes,
> Il montre un superbe dégoût,
> Lui dont les pesants hémistiches
> Sous mille épithètes postiches
> Ont étouffé l'art et le goût ».

La pièce se termine par un appel aux armes :

> « C'est ce moderne Salmonée
> Que je dévoue à ta fureur ;
> De sa cabale forcenée
> Ne crains point l'impuissante aigreur ;
> Il te suffit de le combattre,
> Seul en tombant il peut abattre
> La Ligue dont il est l'appui,
> Tel qu'un de ces chênes robustes
> Voisin de cent faibles arbustes
> Que sa chute entraîne avec lui » [1].

Rousseau répondit de son mieux au véhément appel que lui
adresse son auxiliaire anonyme ; il harcela tant qu'il put La Motte
et son école et il eut la satisfaction de voir avant de mourir la chute
de cette cabale orgueilleuse qui méconnaissait l'autorité de Boileau
et qui ne faisait pas assez de cas de son plus brillant élève [2]. Mais

---

[1] Portefeuille, II, Ode à Rousseau, pp. 4-6.

[2] Voltaire (Siècle de Louis XIV. Catalogue. — art. J.-B. Rousseau) constate ce
revirement de l'opinion en faveur de Rousseau contre La Motte. « Mais enfin les
succès de La Motte son rival, l'accueil qu'on lui faisait, sa réputation qu'on croyait
usurpée. l'art qu'il avait eu de s'établir une espèce d'empire dans les Lettres
révoltèrent contre lui tous les gens de lettres et les ramenèrent à Rousseau qu'ils
ne craignaient plus ».

en revanche, il eut le chagrin d'assister au triomphe d'un autre
poète rival dont il associait le nom à celui de La Motte dans ses plus
mordantes épigrammes [1]. C'est Voltaire que je veux dire, Voltaire,
ancien flatteur de Rousseau et qui se disait son respectueux élève,
mais qui, récemment émancipé, reniait son patron et affectait malicieusement de comparer les poésies lyriques de La Motte à celles du
grand Rousseau et ne craignait pas d'attribuer au premier la supériorité de l'intelligence et la haute portée philosophique, ne laissant
à l'autre que l'avantage d'une sonorité plus grande et d'une vaine
harmonie.

Cet hommage tardif que *Voltaire* rendait aux odes de La Motte
n'est pas, on le pense bien, tout à fait sincère, parce qu'il n'est pas
désintéressé ; c'est, pour ce juge si fin, mais qui est si rarement de
sang-froid, une manière de rabaisser Rousseau qu'on affectait de lui
préférer, et de continuer son incessante propagande philosophique
tout en se vengeant d'un rival en poésie. Au reste l'opinion de
Voltaire sur La Motte est malaisée à saisir, tant elle paraît
variable et fuyante : tour à tour il le loue ou le blâme, il l'exalte ou
le rabaisse. C'est que Voltaire a trop de passion pour être équitable ;
ses jugements littéraires reflètent l'état présent de son esprit plutôt
qu'ils ne résument exactement son sentiment sur un écrivain. Cette
mobilité d'impressions explique ce qu'il y a d'incertain et de contradictoire en apparence dans les jugements qu'il a portés sur La Motte.
A ce titre, il est intéressant de connaître les différentes opinions
qu'il a émises, suivant son humeur ou ses intérêts.

La première fois que Voltaire parle de La Motte, c'est, je crois, dans
une lettre datée de la fin de 1714 [2]. Il avait concouru pour le prix de
poésie et n'avait pas été couronné : on lui avait préféré l'abbé Juillard
du Jarry. Très mécontent de son échec, il s'en prend à son compé-
titeur ; il déclare que tous les autres poèmes valaient mieux que
celui qui fut choisi. Il se venge sur l'Académie tout entière, et plus
encore sur les membres influents de ce corps qui, par « reconnaissance », ont récompensé dans Du Jarry un complaisant et un flatteur.

---

[1] Épigr. 13e.— Voir Portefeuille, II, Ep. VI. contre Voltaire mis au nombre des
novateurs rebelles. — Cf. Jugement de Rousseau sur la versification de Voltaire
et de La Motte.

[2] « Lettre à M. D* au sujet du prix de poésie donné par l'Académie française
en l'année 1714 ». — Il y a une difficulté pour la date. Comment, en 1714, Voltaire
peut-il parler des Fables de La Motte qui ne parurent qu'en 1719 ? A moins
qu'il n'ait connu dès lors quelques-unes des Fables, par des lectures faites par
l'auteur, ou des copies qui auraient couru. A moins encore que la lettre n'ait
été retouchée plus tard ?

Même, par une tactique adroite, bien qu'il ne soit pas lui-même alors un admirateur très convaincu des anciens, il intéresse dans sa cause tout ce qu'il y a de défenseurs ardents de l'antiquité ; il s'en prend de sa déconvenue aux calculs politiques des contempteurs d'Homère et de Virgile, de Despréaux et de Racine, des corrupteurs du goût public. Voilà de bien graves accusations pour une petite ode dont on n'a pas voulu reconnaître le mérite. Mais Voltaire est tel ; dès qu'il croit qu'on lui a fait tort, il crie à la conspiration et à l'oubli du sens commun. Dans sa lettre il émet sur La Motte une opinion qui n'est pas très flatteuse : c'est un Lucain, c'est un Sénèque, « c'est un homme qui abuse de la grande facilité qu'il a à composer » et de celle qu'ont ses amis à approuver tout ce qu'il fait ». Malgré son dépit, il sent le besoin de ménager cet homme qui est une puissance ; il atténue l'effet de ses hardiesses par des corrections polies : « Il y a dans les écrits de cet auteur trop de beautés pour » que je le méprise ; mais enfin il y a trop de défauts pour que je » l'admire. »

Deux ans plus tard, Voltaire parle de La Motte en termes élogieux, mais il fait ses réserves. C'est qu'il s'adresse à un ami particulier du poëte, M. de La Faye. La lettre est datée du château de Sully, 1716. Ce qui plaît dans cette lettre d'un si jeune homme parlant des deux poëtes les plus célèbres — La Motte et Rousseau, — c'est le mélange de politesse mesurée dans les éloges et de libre équité dans les jugements. Voyez avec quelle finesse il loue et critique du même coup les poésies de La Motte. « Parfois je lis une belle strophe de » votre ami M. de La Motte, et puis je me dis tout bas : Petit misé- » rable, quand feras-tu quelque chose d'aussi bien ? Le moment » d'après, c'est une strophe peu harmonieuse et un peu obscure, et » je me dis : Garde-toi d'en faire autant. » — Quant à Rousseau, il le juge avec une sévérité qui paraîtrait excessive si on oubliait qu'il s'adresse à un homme qui ne l'aime pas. Pourtant il se montre équi- table dans le parallèle qu'il trace des deux poëtes lyriques. « Enfin, » voulez-vous que je vous dise franchement mon petit sentiment sur » MM. de La Motte et Rousseau ? M. de La Motte pense beaucoup » et ne travaille pas assez ses vers ; Rousseau ne pense guère, mais » il travaille ses vers beaucoup mieux. Le point serait de trouver un » poëte qui pensât comme La Motte et qui écrivît comme Rousseau, » quand Rousseau écrit bien, s'entend. » Ces derniers mots sont intéressants, car ils nous révèlent l'espèce d'idéal poétique que se proposait Voltaire à l'âge de vingt-deux ans.

Six ans plus tard, Voltaire semble vouloir retirer tous les éloges qu'il a accordés à La Motte ; il l'immole très lestement à son rival.

C'est que l'auteur de la Henriade écrit à Rousseau [1] comme au seul homme capable de lui donner de bons conseils en poésie; il le consulte comme « son oracle » et il ne peut faire moins que de lui sacrifier le rimeur de l'Iliade. Il lui promet de l'aller voir en Flandre : « Vous » êtes bien sûr que j'irai chercher à Bruxelles le véritable antidote » contre le poison de La Motte. » Le voyage eut lieu, comme on sait, mais il brouilla les deux poètes. On voit bien en cette occasion que Voltaire ne se décidait pas toujours dans ses jugements d'après les seuls intérêts de son amour-propre ou de sa fortune : brouillé avec Rousseau, il eût dû se rapprocher de La Motte. Au lieu de cela, sans rompre ouvertement avec lui ou avec Fontenelle, il ne laisse pas échapper une occasion de critiquer les œuvres de La Motte. Il vient de voir Inès de Castro, qu'il trouve avec tout le monde « mauvaise et très touchante » [2]. S'il se porte mal, il écrit qu'il a « renoncé à avoir de la santé, comme La Motte à faire de bons vers » [3]. Il s'écrie quelque part dans un mouvement d'indignation plaisante que « l'Antechrist est venu, » et que c'est lui qui a fait, entre autres œuvres détestables, « Œdipe en prose rimée et non rimée » [4]. Mais il n'est pas brouillé le moins du monde avec La Motte « et ses consorts » [5], et il ne manque pas d'envoyer par Thiériot « ses » respects à MM. de Fontenelle et de La Motte. » [6]

Peu de temps après son retour à Paris, en 1730, Voltaire engagea contre La Motte une polémique qui fit beaucoup de bruit.

---

[1] Lettre à J.-B. Rousseau, à Vienne, 13 janv. 1722.

[2] Lettre de juin 1723 à Mme de Bernières.

[3] Lettre à Thiériot, fin 1725.

[4] Lettre à M. de Formont, 10 déc. 1731.

[5] Lettre à Brossette, 14 août 1732.

[6] Un savant homme de ce temps-ci a émis sur les causes du refroidissement qui se produisit un peu avant 1730 dans les rapports de Voltaire avec les premiers philosophes du siècle, une opinion que je crois fausse, surtout en ce qui concerne La Motte. D'après M. Paul Lacroix (XVIIIe S , vol. I, § III), Voltaire, au retour de son exil, c'est-à-dire vers 1727, aurait « cherché à grouper autour de lui un consistoire de philosophes...... qui l'auraient secondé, comme alliés secrets ou apparents, dans la guerre qu'il se proposait d'entreprendre contre le catholicisme ». Mais, ajoute-t-il, « les hommes considérables qu'il essaya de gagner pour s'en faire des appuis et des instruments, La Motte-Houdart et Fontenelle, arrivés l'un et l'autre au terme d'une carrière brillante et honorée malgré leur réputation suspecte de philosophes incrédules...... n'auraient pas consenti à être les soutiens et les agents de la conspiration philosophique ». Je ne crois pas à cette prétendue conspiration philosophique ; je ne crois pas plus à une tentative d'embauchage dont il ne reste aucune trace, ni dans les œuvres de Voltaire, ni dans celles des hommes qu'il aurait voulu enrôler.

Le démêlé fut tout littéraire et très courtois de part et d'autre. La politesse qui ne cessa de régner dans cette contestation avait été si agréable à Voltaire qu'il ne cesse de s'en louer et d'en faire honneur à son contradicteur. Dans une « Lettre aux auteurs du Nouvelliste du Parnasse », Voltaire s'exprime ainsi [1] : « M. de La » Motte sait avec quelle franchise je lui ai parlé et que je l'estime » assez pour lui dire, quand j'ai l'honneur de le voir, quelques défauts » que je crois apercevoir dans ses ingénieux ouvrages [2] ». — Écrivant au P. Porée, et faisant allusion à la Préface de sa nouvelle édition d'Œdipe, où il combat les opinions de La Motte sur l'art dramatique et sur la versification, Voltaire se félicite d'avoir gardé dans la discussion le ton de la bonne compagnie [3] : « Je ne suis de son avis » sur rien ; mais vous m'avez appris à faire une guerre d'honnête » homme. J'écris avec tant de civilité contre lui, que je l'ai demandé » lui-même pour examinateur de cette Préface, où je tâche de lui » prouver son tort à chaque ligne, et il a lui-même approuvé ma » petite dissertation polémique. Voilà comme les gens de lettres » devraient se combattre.... » Et en effet l'approbation de la Préface d'Œdipe de Voltaire est un modèle de loyauté et de bonne grâce [4] de la part du censeur royal qui était intéressé dans l'affaire où il était à la fois juge et partie. Nous la donnons ici, parce qu'elle honore également les deux écrivains : « J'ai lu, par ordre de » Monseigneur le Garde des Sceaux, la « Préface d'Œdipe », où » M. de Voltaire fait plusieurs observations contre mes sentiments ; » elles m'ont paru polies et même obligeantes par les égards » personnels ; agréables et spécieuses par les raisons ; je me réserve » d'en examiner la force devant le public et, s'il est possible, comme » si j'étais hors d'intérêt » [5].

Voltaire eut toujours plus d'estime pour le caractère de La Motte que pour son esprit et, dans l'écrivain, il appréciait la raison bien plus que le talent poétique. C'est l'opinion qu'il conserve de lui quand nul calcul d'intérêt ne trouble plus son grand sens critique.

---

[1] En 1731, à propos d'une critique d'Inès : « Sentiment d'un spectateur français », de Desfontaines.

[2] Cf. Lettre à Thieriot, 30 juin 1731.

[3] Lettre au P. Porée, 7 janv. 1730.

[4] Voltaire. Mémoire sur la Satire. 1739. « On vit ce que je ne pense pas qu'on eût vu encore dans la République des Lettres, un auteur, un censeur royal devenir l'approbateur d'un ouvrage écrit contre lui-même ». Voltaire nous apprend ailleurs qu'il fit auprès de La Motte une démarche avec Crébillon le tragique pour demander à La Motte « la permission d'écrire contre ses sentiments. Il nous la donna. M. de Crébillon voulut bien que je tinsse la plume ».

[5] Fait à Paris, ce 17 janvier 1730. Houdar de la Motte.

En 1733, dans le Temple du Goût, il se moque bien encore du bonhomme et de son « ton de papelard » ; mais il ne lui tient pas rigueur et ne lui fait pas faire une trop longue station à la porte du Paradis des auteurs. « La critique le reconnut à la douceur » de son maintien et à la dureté de ses derniers vers, et elle » le laissa *quelque temps* entre Perrault et Chapelain, qui » assiégeaient la porte depuis cinquante ans en criant contre Virgile ». La pénitence est assez douce en somme. Par la suite Voltaire retrouva bien des fois sous sa plume le nom de La Motte ; il s'exprime avec impartialité et même avec une sorte de bienveillance. [1] Il aime à le citer comme le modèle de cette modération et de cette politesse honnête qu'il voudrait voir régner entre les gens de lettres, qualités qui lui manquent parfois à lui-même ; il fait justice un peu vivement des calomnies posthumes de Boindin ; il goûte l'esprit de La Motte « juste, » éclairé, délicat et fécond » [2] ; il lui accorde le titre de philosophe, mais il lui refuse celui de poète et de versificateur harmonieux ; il persiste à trouver ridicule sa tentative sur l'Iliade, « qu'il traduisit très mal, mais qu'il attaqua fort bien » ; il lui reproche d'avoir eu trop de l' « esprit épigrammatique » [3], et par là d'avoir contribué à la décadence des Lettres après les beaux jours de Louis XIV ; enfin ce qu'il pardonne le moins aisément au poète [4], c'est d'avoir trahi la poésie et d'avoir demandé pardon au public de s'être abaissé jusqu'à faire des vers.

En somme Voltaire n'a gardé contre La Motte aucune prévention : il parle de lui avec toute la sévérité et toute l'indulgence qu'il méritait par ses qualités et par ses défauts ; c'est le jugement désintéressé de la postérité qu'il commence à porter sur un homme « de talent qui, ayant fait tout ce qu'il a voulu, méritait » de vouloir faire mieux » [5].

Un de ceux qui de bonne heure avaient inspiré à Voltaire du Chaulieu. mépris pour la poésie froide et terne de La Motte, ce fut *l'abbé de*

---

[1] Quelques traits satiriques encore. Voir Pucelle, I, ch. 16, t. III, Ed. Garnier, pp. 296 et 352.

[2] Dans le Siècle de Louis XIV. Catalogue, art. La Motte. — Toute la fin est de 1752 : c'est qu'alors on publiait le Mémoire de Boindin sur les couplets de 1710 attribués faussement à Rousseau. (V. Note de Clogenson).

[3] Dictionnaire Philosophique. Articles : Critique, Esprit, Iliade, Vers, Poésie. « Cet auteur était un sage qui prêta plus d'une fois le charme des vers à la philosophie ».

[4] Dictionnaire Philosophique. Article : Art Dramatique.

[5] Jugement de Quintilien sur Sénèque, que Voltaire applique à La Motte. (Lettre à M. D* au sujet du prix de poésie).

Chaulieu. Le protecteur du jeune Arouet, l'ami de La Fontaine, n'aimait pas du tout le protégé de Fontenelle: il n'appréciait ni le « fin » et le « pensé » de ses Odes, ni les grâces maniérées de ses poésies légères, ni la familiarité prétentieuse et contrainte de ses Fables. Rousseau lui plaisait davantage, moins le poète des cantates et des odes, que le gaulois rimeur des Epigrammes et des Epîtres. Peut-être aussi Chaulieu était-il secrètement choqué de la régularité de conduite et de l'affectation de décence de La Motte, qu'il trouvait trop sage pour un poète et trop réservé pour un philosophe. Enfin lors-qu'il connut et critiqua La Motte, il était vieux, las de vivre, quelque peu enclin au mécontentement. Il vengea de son mieux ses anciennes amitiés et ses vieilles admirations. On a de lui plusieurs Epigrammes où il raille La Motte avec finesse. On sait le peu de cas qu'il faisait des « Fables », et comment Voltaire le mystifia en lui faisant admirer un des nouveaux apologues comme une œuvre récemment retrouvée de l'inimitable fabuliste. — Les Odes de Chaulieu, qui ne valent pas beaucoup plus que celles de notre poète, contiennent plusieurs traits satiriques à l'adresse de La Motte. Je n'en relèverai qu'un, le plus caractéristique. L'abbé épicurien, le spirituel rimeur d'impromptus, ne peut souffrir qu'on abuse de l'esprit. Dans une Ode écrite en 1708, il s'élève contre ce défaut; et il est bien évident, la date seule le prouve, que c'est La Motte et ses Odes qu'il a en vue :

> « .... Mais non, de quelque rime rare,
> De pointes, de raffinements,
> Tu cherches les vains ornements
> Dont une coquette se pare ;
> Et, suivant les égarements
> Où jette une verve insensée,
> Tu négliges les sentiments
> Pour faire briller la pensée » [1].

Chaulieu appartenait trop au XVII⁰ siècle classique pour juger avec indulgence la poésie négligée de La Motte ; mais il était un esprit trop hardi pour faire beaucoup de cas de ses velléités philoso-phiques.

Des purs poètes classiques attardés dans le siècle et qui furent les adversaires de La Motte, il y a peu à dire. Nous avons vu *Lagrange-Chancel* lui faire des leçons de l'art dramatique, en s'en référant à

---

[1] Œuvres de Chaulieu. Edit. 1750, Amsterdam et Paris, II, p. 111. « Contre l'Esprit ».

la Poétique de Boileau et à l'imitation puérilement scrupuleuse des maîtres.

Lefranc de Pompignan se borne à déplorer la décadence du goût, sans attaquer les auteurs. Provincial, il se lamente de voir Paris favoriser cette corruption du goût : partisans des anciens, admirateurs exclusifs des modernes sont à ses yeux également coupables. « Les sectateurs de ces opinions étranges sont communément des » personnes d'esprit, qui ont même de l'éloquence, du brillant, » de la facilité, et qui abusent de leur fausse dialectique pour » éblouir les femmes, les jeunes gens et les esprits médiocres [1]». En général ses doléances sont vagues et sans amertume ; il se plaint du mal croissant sans en rechercher les causes ni les auteurs, sans même se soucier d'indiquer les remèdes. Voici en quels termes il déplore la décadence des belles-lettres [2]:

> « Ce goût si pur, ce goût parmi nous conservé
> Du naufrage prochain peut-il être sauvé ?
> Rousseau vieillit, Rollin termine sa carrière...
> Un siècle sans éclat suit un siècle de gloire,
> Et le beau n'a qu'un temps ainsi que la victoire ».

Si l'auteur paraît assez résigné à une déchéance poétique, il recommande avec d'autant plus d'insistance d'étudier les anciens :

> « Qui se forme sur eux peut seul les égaler :
> Eux seuls t'enseigneront l'art de leur ressembler » [3].

Malgré les défaillances des poètes qui ont conservé les saines traditions, il ne doute pas un instant de l'infaillibilité des règles :

> « N'accusons jamais l'art des fautes de l'artiste »

s'écrie-t-il, avec une inébranlable et touchante conviction. Voilà qui est beau ; cela ne vaut-il pas mieux que de récriminer contre les erreurs du prochain et de faire un crime à La Motte de n'être pas Boileau ?

Racine le fils, qui était bien le meilleur des hommes et le plus chrétien des poètes, quoiqu'il n'eût pas hérité de l'humeur caustique de son père, ménage un peu moins La Motte que n'a fait son ami

---

[1] Discours pour l'ouverture des séances de l'Académie des Jeux floraux. — Ceci a été écrit en 1749, mais alors la Province était en retard de plusieurs années.

[2] Œuvres de M. le Mis de Pompignan, Paris, Nyon, 1784, 4 vol., in-8. T. II. p. 217. Epître à M. le Mis de Mirabeau. (Écrit en 1739.)

[3] Œuvres de M. le Mis de Pompignan, II, p. 220.

Pompignan. Pourtant sa bienveillance un peu naïve se révèle dans
une pièce qui date de l'époque des plus violents démêlés entre La
Motte et Rousseau. Dans une Ode [1] adressée aux deux poètes, Racine
intervient en conciliateur bénévole ; pour les ramener à la concorde,
il dépense sans compter les trésors de son érudition mythologique :
Atrée et Thyeste, Œdipe, Thésée, Lycambe paraissent tour à tour
et exhortent à la bonne entente les deux poètes ennemis, et c'est au
nom d'Apollon qu'il les adjure de se réconcilier :

> « Enfants d'Apollon, si vous l'êtes,
> Quel est l'outrage que vous faites
> Au sacré nom que vous portez ? »

Sentiments excellents, médiocre poésie. Nulle part l'honnête
poète janséniste ne s'écarte de la modération et du respect dû au
prochain. S'il lui arrive d'attaquer La Motte et de le condamner, il
ne le nomme jamais par son nom. Dans l'Ode sur l'Harmonie, il
s'élève contre les

> « Amateurs des pointes brillantes,
> Des jeux d'esprit et des éclairs » [2].

Au chapitre V des « Réflexions sur la poésie » [3], qui a pour sujet
les causes de la décadence des esprits, Racine attribue cet affaiblissement à des motifs divers, le désir d'innover, la recherche des
beautés artificielles et fardées, l'abus de l'esprit ; tout cela est
assez vrai, mais l'étude est bien superficielle. Sentant le besoin de
donner un nom et un exemple, L. Racine trace ainsi le portrait du
principal coupable, — du Sénèque moderne : « Nous avons vu après
» ces grands hommes un poète qui d'abord, embrassant le genre
» lyrique, faisait des odes dans tous les styles : style d'Horace, style
» anacréontique, style pindarique, tout lui était égal ; il devint poète
» épique en traduisant Homère ; il voulut être aussi poète dramatique,
» et même le rival de La Fontaine par des fables. Après tant de
» travaux poétiques, il écrivit contre la poésie en faveur de la prose,
» et l'on n'accusera aucun de ses ouvrages de manquer d'esprit.
» Mais quiconque dans les lettres aspire à la monarchie universelle,
» n'est propre à régner sur aucune partie. » Conclusion judicieuse,
modérée dans la forme, dure au fond. Mais sachons gré à L. Racine,
cet adorateur des dieux classiques, cet ami dévoué de Rousseau,
d'avoir su modérer l'expression du ressentiment qui l'animait contre

---

[1] Œuvres de L. Racine, Edit. 1808, t. II, p. 16.
[2] Id., ibid., p. 7.
[3] Id., ibid., p. 139.

La Motte, et blâmer les défauts de l'écrivain tout en respectant l'homme.

Ces classiques attardés, les Pompignan, les Racine, les Rollin, n'aimaient point La Motte, ils le détestaient même comme un corrupteur du bon goût ; mais leur colère était tempérée par leur vertu, et la vivacité extrême de la passion littéraire ne put l'emporter chez eux sur la dignité des mœurs et la modération du caractère. Ce sont là des qualités précieuses en tout temps, rares surtout vers 1730.

Voici d'autres critiques qui, appartenant à la même école, défendent les mêmes principes par d'autres procédés : ils remplacent les arguments par la plaisanterie et les bonnes raisons par des facéties d'un goût nouveau, sinon très pur. *Desfontaines et le Président J.-J. Bel.*

C'est à partir de 1723, c'est-à-dire après le grand succès d'Inès au théâtre et sa chute à l'impression [1], que la Motte vit s'élever contre lui deux adversaires acharnés, implacables, le président *J.-J. Bel* et *l'abbé Desfontaines*. Ces deux persécuteurs s'attachent à lui comme à une proie qui leur appartient : ils multiplient leurs attaques et varient leurs critiques avec une malice diabolique. A la vérité, durant plusieurs années, ils vivent de lui ; ils se font à ses dépens une réputation d'hommes d'esprit et de goût, de critiques et d'écrivains. Le nom de Desfontaines a seul surnagé, celui de Bel a sombré. Et pourtant il semble que, dans cette campagne si bruyamment menée contre les novateurs, ce soit le Président au Parlement de Bordeaux, oublié aujourd'hui, qui ait déployé le plus d'astuce inventive et de verve moqueuse. Desfontaines a le mérite d'avoir ouvert le feu et donné le ton, dans les « Paradoxes littéraires » (1723), qui commencèrent sa réputation d'Aristarque inflexible.

---

[1] Au livre VIIe du Gil Blas de Lesage, publié en 1724, dans « l'incomparable Don Luis de Gongora », on reconnaît aisément La Motte. — « Tous les auteurs, tant bons que mauvais, se déchaînent contre lui. Il aime l'enflure, dit l'un, les pointes, les métaphores et les transpositions. Ses vers, dit l'autre, ont l'obscurité de ceux que les prêtres saliens chantaient dans leurs processions et que personne n'entendait. Il y en a même qui lui reprochent de faire tantôt des sonnets ou des romans, tantôt des comédies, des dixains et des *letrilles*, comme s'il avait follement *entrepris d'effacer les meilleurs écrivains de tous les genres*. Mais tous ces traits de jalousie ne font que s'émousser contre une muse chérie des grands et de la multitude. J'ai si bien pris son esprit que je compose déjà des *morceaux abstraits* qu'il avouerait. Je vais à son exemple débiter une marchandise dans les grandes maisons où l'on reçoit à merveille et où j'ai affaire à des gens qui ne sont pas fort difficiles. Il est vrai que j'ai le *débit séduisant*, ce qui ne nuit pas à mes compositions ».

Mais c'est Bel qui, dans l' « Apologie de M. de la Motte » (1724), perfectionna la critique par ironie [1] et en tira les effets les plus puissants de causticité et de persiflage. C'est lui aussi qui, à la fin de l'ouvrage, inaugura la critique méticuleuse des mots et donna l'idée de dresser l'inventaire des locutions vicieuses, des termes inventés par les écrivains à la mode : ce catalogue se développa en un volume qui parut en 1726, et qui s'appela le *Dictionnaire Néologique* [2].

Ce Dictionnaire passe généralement pour être l'œuvre du célèbre abbé, et son historien, M. Ch. Nisard, le revendique pour lui seul [3]. Il nous importe assez peu à nous, historien de la victime, de savoir lequel des deux bourreaux a inventé cet ingénieux instrument de torture. Il nous semble pourtant qu'il est juste d'en faire remonter la honte ou la gloire à Bel plutôt qu'à Desfontaines. Il est vrai que le premier n'a pas réclamé contre l'opinion qui attribuait l'ouvrage tout entier à l'abbé [4] : mais cela prouve seulement que ce magistrat ne faisait pas plus de cas qu'il ne fallait d'un simple badinage. D'autre part l'abbé Irailh, dans son curieux ouvrage des « Querelles et démêlés littéraires [5] », affirme très expressément, d'après la « Vie de M. Fourmont aîné » parue en 1747, que le Dictionnaire Néologique est l'œuvre d'une Société littéraire et non pas de Desfontaines seul. Barbier et Quérard s'accordent à penser que ce fut Bel qui fit la plus grande partie du Dictionnaire. Il me semble probable que Desfontaines collabora à cette œuvre d'érudition railleuse et de persiflage laborieux, mais que l'idée et la plus grande part dans l'exécution reviennent à Bel [6].

D'après les deux bibliographes cités, c'est encore lui qui aurait imaginé d'écrire l' « Eloge funèbre de Torsac [7] », imitation burlesque des harangues académiques et surtout des Éloges des Savants, de Fontenelle. Si le fait est vrai, il a son importance. Car l'éloge funèbre du général de la Calotte n'est autre chose que le premier essai d'un genre particulier de critiques bouffonnes, et le prototype de trois pièces célèbres en leur temps et qui portèrent un

---

[1] Voir plus haut : « La critique ironique ».

[2] Au sujet du Néologisme voir à l'Appendice Biblhographique un § spécial sur cette curieuse querelle.

[3] « Les ennemis de Voltaire », p. 49.

[4] Argument donné par Ch. Nisard : Ibid., p. 49.

[5] 1761, 4 vol. in-12 (II. 163).

[6] Desfontaines a dû collaborer au « Pantalo-Phœbeana. On y trouve (Art. VIII. p. 8) des mots anglais : fustian, bombast, qui décèlent l'Abbé, presque seul alors à savoir l'anglais en France.

[7] Mémoires pour servir à l'histoire de la Calotte, II (au début).

rude coup au prestige littéraire de La Motte et de son école, je veux parler de l' « Eloge historique de Pantalon-Phœbus », de la « Réception de Mathanasius à l'Académie », et du « Pantalo-Phœbeana ». Ces trois pièces, qui parurent à la suite du Dictionnaire Néologique en 1726, en sont comme des applications. L'auteur a pris à tâche de n'employer dans ces pièces que des expressions vicieuses empruntées au Dictionnaire. « Les expressions les plus bizarres, les » tours les plus extravagants, y sont rassemblés et accommodés de » manière à former une histoire burlesque des faits et gestes » de Pantalon-Phœbus, une biographie invraisemblable, mais pleine » de sens et d'esprit, qui prend le héros à sa naissance et le suit » jusqu'à sa mort » [1].

Mais quel est le ridicule héros si singulièrement affublé de ce nom grotesque ? « Pantalon-Phœbus » est un composé de tous les différents personnages dont on parle dans le Dictionnaire; c'est « l'homme universel », dit l'éditeur. Sous ce nom figurent, tour à tour ou en même temps, les hommes les plus considérables parmi les « modernes », les « philosophes » et les « néologues » : c'est Fontenelle, c'est La Motte surtout, mais c'est aussi Marivaux, Moncrif, l'abbé Houteville, nombre de Pères Jésuites, et Crébillon, et Montesquieu, et Voltaire aussi. Quant au nom même, il a un sens ironique que nous révèle le biographe : « comme il paraissait déjà » en lui un génie également badin et sublime, on l'appella Pantalon- » Phœbus ». Nous ne dirons rien ici du discours de Mathanasius, ni de l'Eloge historique : ce sont surtout des critiques fantaisistes de la langue et du style des écrivains qu'on avait appelés les Néologues. Mais nous regarderons de plus près le « Pantalo-Phœbeana », parce que ce pamphlet comique est dirigé surtout contre La Motte et qu'on s'y est proposé de ridiculiser le vieil homme de lettres, ses œuvres, ses prétentions et jusqu'aux menus défauts de son caractère.

Le titre complet est : « *Pantalo-Phœbeana, ou Mémoires, Observations et anecdotes au sujet de Pantalon-Phœbus* ». L'ouvrage est composé de la même façon que tous les *Ana* qui abondaient alors, et l'on peut y démêler l'intention de jeter du ridicule sur les biographies trop curieusement exactes, dont la mode s'établissait [2]. C'est un recueil d'articles isolés dont les uns sont empruntés à un journal imaginaire de Pantalon-Phœbus, d'autres à un certain manuscrit critique, imaginé pour la circonstance, ou encore à des cahiers d'observations. D'autres fois l'auteur parle en son propre

---

[1] Ch. Nisard, Ennemis de Voltaire, p. 42.
[2] Voir Lémontey. Histoire de la Régence.

nom et conte quelque anecdote dont il a été témoin, ou quelque mot qu'il a recueilli. Tout cela compose un portrait en caricature du personnage et une biographie bouffonne. La Motte est représenté comme un bonhomme ridicule, gonflé d'une vanité niaise, sottement infatué de son mérite [1] ; il s'étonne naïvement de se voir dédaigné après avoir été adoré ; il s'indigne des critiques qui ont remplacé le concert d'éloges qui le charmait jadis [2]. Voici comment on lui fait juger Rousseau, ce rival que l'opinion publique, il ne sait pourquoi, s'obstine à lui préférer : « Je définis Rousseau le plus élégant et le plus » ingénieux plagiaire du siècle. Ce n'est qu'un imitateur, il n'a rien » de neuf, rien d'original. Virgile, Horace et Marot l'ont gâté [3] ». Le contentement qu'il a de lui-même dépasse toute mesure : « Je » regarde les éloges qu'on me donne comme ces devoirs que l'on » n'a point de mérite à remplir, tant ils sont indispensables, mais » qui déshonorent quand on y manque. Ce qu'il y a d'étrange est » qu'on se fait honneur aujourd'hui de me trouver mauvais poète. » Les temps sont bien changés : il y a vingt ans on aurait jeté » des pierres à un homme qui se serait avisé de dire que je fais mal » les vers. A présent on rit au nez de celui qui vante mes poésies. » Le dégoût passera et le temps ramènera les hommes à l'amour du » vrai et du beau. Ainsi soit-il ! » [4] Sa bonhomie calculée, sa courtoisie intéressée s'indignent de ce qu'aucune considération ne désarme une critique impitoyable. « Pour moi, je hais la critique, tant passive » qu'active. Puisque je loue tout le monde, tout le monde devrait » bien aussi me louer » [5]. — « ... Qu'on critique les détestables auteurs, » à la bonne heure ; mais qu'on ne s'attaque pas à des écrivains d'un » rang supérieur et d'une réputation établie, tels que M. de Fonte- » nelle et moi. Ce qu'il y a d'un peu consolant pour nous est que ces » indignes critiques sont forcés d'avouer que nous avons beaucoup » d'esprit l'un et l'autre. Mais ce qu'il y a d'enrageant est qu'ils » ont aussi beaucoup d'esprit eux-mêmes. Nous devrions bien nous » accorder et nous réconcilier de bonne foi ».

Ailleurs ce sont des anecdotes réelles de la vie de La Motte, que l'auteur dénature malicieusement ; ce sont des discussions qui ont été tenues au « Café des beaux esprits » [6]. Dans l'une, l'abbé de Pons dit joliment son fait à Boileau, « un passable mécanicien pour tourner

---

[1] Voir articles V, XIII, XVI, LXV, etc.
[2] Voir articles XIII, XIX et LIX.
[3] Article V, p. 5.
[4] Article XIII, p. 11.
[5] Article XIX, p. 14.
[6] Article XXIX, p. 23.

» le vers, mais pour poète, en vérité, il ne l'est point [1] ». Un autre
jour — c'était le 15 janvier 1714 — on entreprit « d'éclaircir ce que
c'était que l'Harmonie » ; la dispute dura l'année entière ; un provincial, qui assista d'aventure au commencement du débat, voulut
en connaître le résultat, mais au 22 décembre, la discussion n'était
pas encore à terme. « Morbleu, dit-il, faut-il qu'après onze mois, je
» m'en retourne sans savoir ce que c'est que l'Harmonie ! »

Parfois Pantalon-Phœbus laisse échapper des confidences moitié
mélancoliques, moitié indignées. A propos d'un jugement un peu
sévère de l'abbé Massieu, il constate [2] « que depuis quelque temps,
» l'Académie l'abandonne et se range du côté de ses critiques » ; ou
bien c'est la défection des PP. Jésuites, « ses bons amis », qui l'afflige,
mais il affecte d'en vouloir douter encore [3] : « On dit que depuis
» quelque temps les Jésuites cessent de me louer et qu'ils publient
» bonnement que je fais mal les vers. J'en suis fâché pour eux ; s'il
» est vrai qu'ils pensent ainsi, c'est que leur goût s'est gâté. » Un peu
plus loin, revenant sur ces incessantes attaques qui irritent sa vanité
sans pouvoir entamer sa confiance en lui-même, il fait le dénombrement des ennemis qu'il a [4] : « Voici la liste de ceux qui m'ont jusqu'ici
» attaqué : Mmes Dacier, Rousseau, l'abbé de Chaulieu, M. de Malézieu,
» Voltaire, l'abbé Massieu, M. Raymond de Saint-Marc, Fuzelier,
» M. Bel, l'abbé Desfontaines, l'abbé d'Olivet. Je compte pour peu
» de chose d'autres adversaires comme Roy, Gacon, etc.... Mes
» défenseurs sont aujourd'hui en petit nombre, mais un seul vaut
» mieux que tous mes ennemis ensemble ; je ne veux leur opposer
» que l'abbé de Pons et Marivaux, et La Visclède ». Dans ses confes-
sions si naïvement orgueilleuses, Pantalon-Phœbus revient souvent
sur l'impertinence de la critique, non sans amertume [5] : « Je ne sais
» pourquoi le public fait cas de pareilles rapsodies (les Paradoxes de
» l'abbé Desfontaines). On devrait l'en punir : toute critique piquante
» et ironique qui même ne roule que sur les ouvrages d'esprit, est
» un libelle diffamatoire. Nos ouvrages sont nos enfants ; est-il
» permis de maltraiter les enfants d'autrui ? » Et il ajoute, voulant à
tout prix sauvegarder son amour-propre d'auteur [6] : « Eh ! bien, je
» permets, moi, à chacun de dire que je suis laid et aveugle, et je
» ne crois pas qu'il soit permis de dire que je suis mauvais poète ».

---

[1] Article XXX, pp. 23-24.
[2] Article LVII, p. 63.
[3] Article LX, p. 67.
[4] Article LXI, p. 68.
[5] Article LIX, p. 66.
[6] Article LXIV, p. 69.

Parlant de la Henriade qui « n'est pas un poème » [1], mais qu'il lit et relit sans savoir pourquoi, par une faiblesse dont il a honte, le vaniteux écrivain se repent de l' « Approbation » qu'il a donnée à l'Œdipe de Voltaire et il se promet bien de ne louer plus si aisément. « Que voulez-vous ? J'aime à louer, c'est un penchant. Il » faut que je m'en corrige et que je m'abstienne de louer ceux qui » me méprisent ». Voilà un serment qui n'aurait pas été tenu si La Motte l'eût jamais fait. Le véritable La Motte était incapable de se venger des attaques en cessant de louer ceux qui méritaient de l'être ; sa seule vengeance était de se taire sur ses ennemis et de les oublier.

La caricature est assez spirituellement crayonnée ; mais c'est à peine si elle renferme cette parcelle de ressemblance qui est nécessaire à ces sortes de *grotesques* pour que, à travers le grossissement voulu des traits, un œil exercé puisse reconnaître l'original. La Motte aimait la gloire, il ne s'en cachait pas, même il était quelque peu vaniteux, mais il n'était pas suffisant et infatué de soi comme on nous le représente ; il ne montrait pas de rancune, et surtout il n'était pas le naïf et sot présomptueux dont les critiques en belle humeur se sont amusés à charbonner les traits. Au reste la ressemblance de ces croquis importe assez peu. Ce qui nous intéresse dans ce curieux pamphlet littéraire, c'est le jour qu'il jette sur les nouvelles mœurs littéraires. C'est une débauche d'esprit et de malice ; la liberté de jugement y dénégère en licence, la hardiesse de l'attaque déconcerte la défense. Cela est moins lourdement grossier que les invectives pédantesques de l'âge précédent ; le ton est plus vif, plus enjoué et plus mordant ; mais cette critique, pour être moins brutale, n'est pas moins méchante, même elle est plus incisive et plus cruelle. On sent qu'on approche des temps où les écrivains vont se séparer en groupes ennemis et se retrancher dans des camps opposés ; des armes perfectionnées, d'aspect moins terrible, mais plus dangereuses, sont dans toutes les mains ; tout à l'heure la grande mêlée va s'engager. Jusqu'ici on n'a fait qu'essayer ses forces ; les libelles du genre du Pantalo-Phœbeana ont déjà le caractère agressif, la vivacité entraînante, la gaieté gouailleuse des pamphlets nouveaux ; mais ils gardent encore quelque chose de la tactique pesamment pédantesque des âges anciens. Ces espiègleries sont trop prolongées, cette ironie a l'haleine trop longue et le souffle trop égal. Desfontaines lui-même en fait l'aveu dans une heure de franchise [2]. Mais Voltaire est là : entre ses mains, ces lourdes diatribes vont s'alléger et s'affiner, et l'instrument de combat du XVIII siècle philosophique, grâce à lui, sera parfait, poli et acéré, élégant et meurtrier.

---

[1] Article LXX, p. 73.

[2] Nouvelliste du Parnasse, 1731, I, p. 214. — Desfontaines dit de l'Apologie que c'est un ouvrage trop ironique et trop long.

IV. — LES AMIS DE LA MOTTE.

En face des ennemis de La Motte, il convient de placer le groupe des protecteurs et des amis. Ils sont nombreux aussi, et actifs et dévoués.

De protecteurs, La Motte n'en manqua jamais. Il fit si bien que tous les personnages les plus puissants de l'Etat tinrent à honneur de le servir d'une façon effective et solide. Chefs d'Etat et ministres, ils semblent se léguer le soin de veiller sur la fortune d'un poète si honnête homme, et qui flattait les grands avec tant de décence. Louis XIV lui réserva une part dans ses libéralités, restreintes par la dureté des temps. Le Régent, quoique plus porté vers les savants que vers les poètes, lui donna de bonnes preuves de sa bienveillance ; il le gratifia notamment de deux mille écus pour les estampes de ses fables [1]. Le ministre Dubois lui devait bien quelque chose, ne fût-ce que pour lui avoir écrit sa « Harangue de réception », et aussi pour lui avoir servi de rédacteur politique en certaines occasions ; je ne sais pas pourtant comment s'acquitta envers son collaborateur et son confrère à l'Académie, ce personnage qui n'a pas la réputation d'avoir été très libéral. Disons seulement qu'il le protégea. Après Dubois, le duc de Bourbon, puis le cardinal de Fleury lui accordèrent leurs bonnes grâces : il fut ainsi le protégé du ministère. Quant aux grands seigneurs, aux prélats éminents, aux femmes influentes qui accueillirent du poète l'hommage de ses œuvres et le récompensèrent de leur utile bienveillance, le nombre en est grand. Il suffit pour s'en rendre compte de feuilleter les Odes et les Fables, et de relever au passage les Dédicaces [2]. S'il faut en croire les médisants, La Motte, continuant une

---

[1] Don bien placé, au reste. L'Edition des Fables, dont les critiques blâment la cherté (15 livres), fait un fort beau volume qui aujourd'hui atteint un haut prix.

[2] On rencontre les noms les plus divers. Plusieurs Odes sont dédiées au Roi, à Mgr le Grand Dauphin (pp. 83, 175); au duc d'Orléans (66, 253) ; au prince de Conti (312) ; au duc de Bourgogne (307) ; aux ducs d'Aumont (166), de Coeslin (369) ; à Nosseigneurs les évêques de Nîmes (Fléchier), 109 ; de Strasbourg (Soubise), 356 ; de Soissons (Brulart), 362 ; d'Avranches (401) ; au comte et à l'abbé de Caumartin (387) ; au marquis de Dangeau (120) ; au chancelier Pontchartrain (72, 115) ; au P. Tournemine (415) ; enfin à Boileau (333, 387, 395. 502) ; à Fontenelle (316) ; à Saurin (341) ; à Rousseau (526) ; à Mlle Duclos (131).

tradition du grand siècle et reliant Voltaire à Racine et à La
Fontaine, aurait su se faire bien venir de la fameuse Mme de Prie, la
maîtresse du duc de Bourbon [1]. D'ailleurs il avait l'art de se ménager
des patrons dans tous les camps, et ses liaisons avec le Régent et
Dubois ne l'empêchèrent pas de cultiver l'amitié de Mme la duchesse
du Maine. Mais le fait qui montre le mieux par quelle adroite
politique La Motte intéressait les grands à ses succès, avec quelle
impartialité calculée il savait répartir et faire agréer ses hommages,
c'est le choix des hauts personnages auxquels le poète a dédié
chacun des six Livres de ses Fables: c'est d'abord Mgr le Duc
d'Orléans, régent du Royaume; aussitôt après vient Mgr le Duc,
qui sera premier ministre, le cas échéant; Mgr le Maréchal de
Villeroy, qui est une puissance, étant gouverneur du jeune roi, et
Mgr l'ancien évêque de Fréjus, qui est une puissance plus grande
encore, en sa qualité de précepteur adoré de son royal élève; enfin
c'est Mgr le duc de Noailles, ministre des finances et membre du
Conseil de Régence. Quant au VIe livre, il est dédié à Sa Majesté la
Reine de Prusse : il est bon de se concilier la faveur des princes de
l'Europe et, disons-le en passant, La Motte a été un des premiers
écrivains français qui ait tourné ses regards vers le dehors et
cultivé, avant Voltaire, l'amitié des monarques étrangers. Plusieurs
des rivaux et des ennemis de La Motte lui ont fait un crime de son
habileté, qu'ils ont taxée de « patelinage » [2]. Ce reproche est injuste:
La Motte se conforme aux mœurs des écrivains de son temps, et ses
prévenances et ses caresses ne dépassent pas les bornes d'une
courtisanerie décente.

Fontenelle.   En dehors des protecteurs et des illustres bienveillants qu'il
savait payer en flatteries délicates, La Motte eut de véritables amis
de l'affection desquels il eût pu tirer vanité. Le plus fameux est
Fontenelle. Non seulement le philosophe faisait grand cas du
mérite littéraire de celui qui l'appelait son maître, et dont il avait
facilité les débuts ; mais ce qui vaut mieux, il appréciait les qualités
de son caractère [3]. Cet homme qui fermait son cœur à tous les

---

[1] Voir La Régence, porte feuille d'un roué, publié par Roger de Parnes, 1884. —
p. 193 (novembre 1722).

[2] Gacon. Fables de M. de La Motte mises en vers, p. 25.

[3] Trublet. Mémoires, p. 188. (Ed. 1759). Sur la manière de juger de Fontenelle.
— « Il disait : Cela est neuf, ou cela est bien vu : si la forme égalait la matière,
alors l'auteur était pour M. de Fontenelle un esprit et un génie parfait, un
Descartes en philosophie, un Corneille en poésie, un La Motte en littérature.
Ce sont les trois hommes dont je l'ai entendu parler avec le plus d'estime et
à qui il donnait le plus de fonds d'esprit ».

sentiments un peu vifs et qui se gardait de l'attendrissement comme d'un ridicule, semble n'avoir pas été insensible à l'espèce de séduction qu'exerçait La Motte par sa douceur sereine et sa bonté. Je doute que leur amitié ait jamais eu beaucoup d'expansion et de chaleur, mais elle fut inaltérable : peut-on demander plus à des hommes de cette nature et qui vivaient dans un temps où la sensibilité, ignorée encore, n'avait point sa place, même dans les amitiés les plus fidèles [1].

Une amie plus tendre, ce fut la marquise de Lambert. L'aimable Mme de Lambert femme, une Précieuse qui avait infiniment de bon sens, a parlé de La Motte avec une vivacité d'admiration qui dépasse la mesure, mais qui est sincère. Pour elle La Motte est une de ces « âmes privilégiées » [2], dans la formation desquelles Dieu « a fait entrer les » métaux les plus précieux, » où il « a enfermé toute la magnificence » de la nature » ; il est une de « ces âmes à génie qui n'ont besoin » d'aucun secours étranger et tirent tout d'elles-mêmes. » Ces éloges hyperboliques, d'un tour un peu cherché, peuvent surprendre: elles ne choquent point, parce qu'elles sont plus spontanées qu'elles ne paraissent. J'ajouterai que cette chaleur d'admiration, qui nous fait sourire, nous qui ne connaissons que par ses écrits l'homme qui en est l'objet, est plus justifiée par les qualités intimes d'esprit et de cœur grâce auxquelles La Motte a conquis tant d'amitiés précieuses et d'affections dévouées. Pour une femme la séduction était complétée, je crois, par ce prestige de pitié qui entoure un homme de mérite atteint d'une infirmité cruelle noblement supportée : Mme de Lambert a fait une allusion presque attendrie à la cécité de La Motte, dont lui-même n'a pas su parler avec émotion. Il y a bien de la délicatesse dans ce passage du portrait où la marquise semble consoler son ami de ne plus voir les choses de la terre, en lui rappelant qu'il voit d'une vue plus claire les choses de l'esprit : « Quand ce monde » matériel a disparu à ses yeux par la perte de la vue, un monde intel» lectuel s'est offert à son âme ; son intelligence lui a tracé une » route de lumière toute nouvelle dans le chemin de l'esprit [3]. » Cette pitié s'exprime peut-être avec trop d'ingéniosité, mais elle demeure touchante.

---

[1] Cf. Diderot qui pleure en voyant Fontenelle.

[2] Portrait de M. de La Motte par Mme la marquise de Lambert. (Œuvres de La Motte, édit. 1754, t. I, p. 2).

[3] Ibid., p. 3.

Mme de Tencin. — Un peu plus tard, et toujours à la suite de Fontenelle, La Motte pénètre dans un salon où il était moins difficile d'entrer qu'il ne l'était d'être admis aux « mardis » de Mme de Lambert. Je veux parler du salon mondain, de société mêlée, toujours remué d'intrigues politiques, galantes ou religieuses, que Mme de Tencin venait d'ouvrir peu après son arrivée à Paris en 1714. La Motte, qui partageait son temps entre les réunions littéraires des cafés et les sociétés mondaines des salons, donnait aux uns ses matinées, aux autres ses soirées. Il devint assez assidu chez Mme de Tencin pour que les mauvaises langues cherchassent à cette intimité des motifs scandaleux, qu'autorisaient les très libres allures de la maîtresse de céans. L'explication est plus simple, mais elle n'est pas moins piquante. La Motte, mis en rapport avec l'archevêque, frère de son amie, s'était laissé gagner par lui — à quel prix ? je ne sais, — et il lui rédigeait ses lettres pastorales, ses mandements et ses discours. La malignité irréligieuse de Voltaire s'égaye fort de voir un académicien sceptique composer des homélies, un poète écrire gravement des morceaux d'éloquence sacrée, destinés à édifier les Pères de tout un concile [1]. Le fait lui-même est vrai ; à la mort de La Motte, Mme de Tencin se hâta d'aller retirer de chez lui toutes les pièces qui appartenaient à son frère et que le poète avait encore dans les mains [2]. En tout cas, il faut avouer que le secrétaire du prélat savait déguiser son style et revêtir le personnage de celui qu'il faisait parler, car dans tout le fatras du recueil de ce concile d'Embrun [3], il m'a été impossible de rien discerner qui ressemble à son style, rien qui rappelle même de loin le langage d'un lettré.

« la science du monde » et le « génie de la conversation » [1]. Ce parfait
honnête homme s'était lié avec La Motte bien avant l'affaire des
couplets ; dans cette aventure il se déclara pour lui avec éclat. Plus
tard, au temps du système de Law, il avait réalisé des bénéfices,
qui furent jugés par quelques-uns excessifs et scandaleux ; au moins
il ne paraît pas qu'il ait fait un mauvais usage de ces gains trop
faciles, car nous le voyons vers ce temps faire à La Motte une
pension de trois mille francs et, devenu son bienfaiteur, rester son
ami. Tout en l'estimant, en l'admirant même, il n'avait pas renoncé
au droit de le contredire ; il le lui fit bien voir quand La Motte
s'avisa de vouloir supprimer la versification. La Faye lui adressa
cette Ode en faveur des vers, dont une strophe a empêché son nom
de périr. La Motte répliqua, loua beaucoup le contradicteur et
persista dans son paradoxe. Leur bonne intelligence fut si peu
contrariée par ce désaccord passager et tout théorique que vers le
même temps, le marquis ayant été reçu à l'Académie, La Motte lui
adressa les compliments les plus délicats et les plus mérités, dans
un Discours qui est un modèle de bonne grâce, d'esprit et de bienveillance émue et souriante. Ainsi cette liaison, commencée dans les
cafés littéraires, cimentée dans quelques-uns de ces salons où l'on ne
jouait pas, mais où l'on causait encore, se continuait entre ces deux
hommes remarquables au sein de l'Académie Française [2].

Dans le salon de Mme de Tencin, La Motte put rencontrer Montesquieu.
Montesquieu, qui y venait durant ses séjours à Paris. Il trouva dans
celui qu'on appelait encore « le président Bordelais », non
pas un ami, mais un approbateur, dont le suffrage put compenser
l'amertume de bien des critiques. En 1723, Montesquieu va
entendre la tragédie d'Inès, si discutée, si violemment dénigrée
par les critiques et les poètes de profession. Il la juge non seulement avec indulgence, mais avec une estime déclarée et chaude [3] :
« J'ai entendu la première représentation d'Inès de Castro, de
» M. de La Motte. J'ai bien vu qu'elle n'a réussi qu'à force d'être
» belle et qu'elle a plu aux spectateurs malgré eux. On peut dire
» que la grandeur de la tragédie, le sublime et le beau y règnent
» partout. Il y a un second acte qui, à mon avis, est plus beau que
» tous les autres : j'y ai trouvé un art souvent caché qui ne se
» dévoile pas à la première représentation, et je me suis senti plus

---

[1] Discours de La Motte en réponse au Discours de réception de M. de La Faye.
(Recueil de Harangues... 1730-32, p. 21).
[2] Duclos. Mémoires, p. 25 (Ed. Belin).
[3] Montesquieu. Pensées diverses.

» touché la dernière fois que la première ». N'est-il pas curieux, ce jugement secret de l'auteur de l'Esprit des lois sur la « première » d'Inès de Castro ? Mais il y a un jugement plus piquant encore, dans les Pensées de Montesquieu. Il s'est amusé à comparer quelques-uns des poètes français aux principaux peintres des différentes écoles. Le procédé comparatif est par lui-même assez neuf, mais plusieurs des rapprochements sont très énigmatiques. Voici ce singulier passage : « S'il faut donner le caractère de nos poètes, je
» compare Corneille à Michel-Ange ; Racine à Raphaël ; Marot au
» Corrège ; La Fontaine au Titien ; Despréaux au Dominiquin ;
» Crébillon au Guerchin ; Voltaire au Guide ; Fontenelle au Bernin ;
» Chapelle, Lafare, Chaulieu au Parmesan ; Régnier au Giorgion ;
» *La Motte* à *Rembrandt*; Chapelain est au-dessous d'Albert Dürer».
Quelle étrange combinaison de noms et de talents divers ! Fontenelle et le Bernin ! La Motte et Rembrandt ! ces comparaisons sont-elles faites sérieusement ? ces rapprochements inattendus masquent-ils des épigrammes ? En tous cas, Montesquieu avait des façons qui ne sont pas banales d'entendre la critique et de louer les auteurs.

Parmi les gens de lettres, le nombre est grand de ceux qui ont loué La Motte. On en pourrait citer beaucoup dont le témoignage est de prix. Saurin [1], Terrasson, Maupertuis [2], Duclos, bien d'autres encore, faisaient cas de La Motte, recherchaient sa société et le plaisir de sa conversation, louaient son esprit et vantaient ses écrits.

Piron.

Mais il en est un parmi les contemporains un peu plus jeunes que notre auteur, dont le témoignage a d'autant plus de valeur que lui-même avait plus d'esprit et de sens poétique, et que d'ailleurs il s'était amusé plusieurs fois, suivant le courant, à rire aux dépens de La Motte et à travestir ses idées ou ses écrits : c'est *Piron*. En 1759, Piron, envoyant ses œuvres à M. Le Febvre, neveu de La Motte, joint à l'envoi un billet et des vers, les deux pièces remplies d'éloges flatteurs pour l'écrivain dont le souvenir commençait à s'obscurcir. Dans la lettre, le malin rimeur proteste de son respect pour La Motte, dont « il fut et dont il est toujours le plus grand et le plus sincère admirateur ». Mais dans ses vers il répand l'encens à pleines mains ; ce n'est plus seulement un acte de politesse obligée envers un parent

---

[1] Saurin, d'après Trublet, p. 392, est l'auteur de l'article du Journal des savants, janv. 1707 sur les Odes. « On dit que les odes de Malherbe vieillissent et que La Motte nous en console ».

[2] La Baumelle. Vie de Maupertuis, p. 11.

qui a conservé pieusement le culte d'une chère mémoire ; c'est l'expression très nette d'une véritable estime :

> « Sage et digne neveu d'un illustre écrivain,
> Orateur et poète, en tout genre admirable,
> Esprit universel, également capable
> Du naïf et du beau, du sublime et du fin,
>   Ici tout neuf, et là soudain
>   Imitateur inimitable ;
>
> Philosophe du reste humain, doux, agréable,
> Et d'un très bon exemple à tous nos beaux esprits,
> Qui (s'ils en profitaient comme de ses écrits)
>   Du monde seraient moins la fable
>   Et rehausseraient bien de prix :
> Lefebvre, tu m'as fait présent de ses ouvrages,
>   Que j'ai cent fois lus et relus,
> Et qui réuniront à coup sûr les suffrages
>   Quand l'envieux ne sera plus.... » [1].

Cet hommage plus que poli rendu à un poète mort par celui qu'on a surnommé « une machine à épigrammes » a paru intéressant à rappeler, et il a semblé juste de ranger Piron parmi les amis de La Motte, au moins parmi ses amis posthumes.

Celui qui nous a conservé cette curieuse Epître à l'éloge de La Motte, c'est Trublet, le biographe pieux. Avec l'abbé Trublet, l'abbé de Pons et Marivaux, nous allons voir ce qu'ont été les amis les plus dévoués de La Motte, ses gardes du corps, ses partisans convaincus, enfin les apôtres de sa renommée et de ses idées.

Trublet est plus connu par l'épigramme de Voltaire que par ses volumineux écrits. Ce compilateur infatigable est aussi un moraliste de quelque valeur [2], un biographe consciencieux, un écrivain correct. S'il n'avait pas eu de l'esprit, Voltaire n'aurait pas cherché à faire croire qu'il était une bête [3]. Ancien élève de l'abbé Desfontaines, il voulut comme son maître se faire un nom dans les lettres, mais il prit une tout autre voie. Après des essais poétiques sans valeur, Desfontaines voulut fonder sa réputation sur les ruines des renommées littéraires les mieux établies : il se fit critique et

Trublet.

---

[1] Trublet. Mémoires, 390.

[2] Essais de morale et de littérature, 1735, 2 vol.

[3] Trublet appliquait à la Henriade le vers de Boileau :
  « Et je ne sais pourquoi je bâille en la lisant. »

satirique. Trublet au contraire s'attacha aux écrivains les plus renommés ; il lia sa fortune à la leur, et quand tous s'éloignaient d'eux et les attaquaient à l'envi, il demeura fidèle à ses affections ; il tint bon jusqu'au bout et il ne déserta point la cause des La Motte et des Fontenelle, sans vouloir reconnaître que c'était se donner une sorte de ridicule que de s'obstiner à défendre des réputations contestées et des gloires croulantes. C'est cette fidélité, plus honorable qu'habile, qui lui fit écrire les différents articles de journaux où il défendait de son mieux. avec un enthousiasme trop peu mesuré, la réputation des deux hommes qui avaient été ses maîtres et ses amis. Ces articles, publiés dans le « Mercure » ou le « Dictionnaire de Moréri », il les réunit en un volume qui parut en 1759 sous le titre : « Mémoires pour servir à l'histoire de la vie et des ouvrages de M. de Fontenelle et de M. de La Motte ». Fontenelle était mort depuis deux ans seulement, mais il y en avait près de trente que La Motte n'était plus ; il fallait en vérité que Trublet eût à un haut degré cette illusion que donne l'amitié pour s'obstiner à parler, comme d'un vivant ou d'un mort de la veille, d'un homme disparu, englouti dans la marche rapide et tumultueuse de ce siècle oublieux et pressé. Le médiocre succès de l'édition complète des œuvres de La Motte, donnée en 1754, et dont il avait surveillé la publication [1], aurait dû éclairer Trublet sur le peu d'opportunité de son entreprise. Mais Trublet n'est pas de ceux qui renient leurs affections au gré des caprices de l'opinion. Il loue son grand ami, il le défend, il l'exalte dans un panégyrique passionné. Son attachement aveugle finit par attendrir.

Ces copieux Mémoires ont un mérite à nos yeux, qui n'en était pas un au jugement des contemporains : ils sont nourris de faits, de renseignements exacts, de ces détails qu'on traitait alors de futilités et de fatras, mais qui ont du prix pour nous qui aimons à connaître les écrivains jusque dans leur vie intime et leurs habitudes journalières, qui nous sommes habitués à ne pas séparer l'homme de l'auteur, et à ne juger l'un qu'après avoir étudié l'autre. Trublet s'est complu à recueillir dans ses Mémoires tous les renseignements utiles sur les ouvrages de son ami, des articles élogieux, des critiques même ; il nous fait connaître sa famille, son genre de vie et jusqu'à son régime ; il nous détaille ses infirmités [2]. Ces scrupules de biographe consciencieux ont pu sembler excessifs et ridicules aux contemporains, qui pensaient avec J.-B. Rousseau que « la vie

---

[1] Cf. Grimm. Correspondance... Edit. Furne, t. I, p. 169 (Juin 1754).
[2] Mémoires..., p. 354.

» d'un homme de lettres est quelque chose de bien sec et souvent
» bien petit » [1], et qu' « il ne faut s'attacher qu'aux particularités qui
» intéressent ses ouvrages ». Nous pensons autrement. Aussi devons-
nous savoir gré au bon Trublet du soin complaisant qu'il a apporté à
ses Essais biographiques ; le zèle de son amitié l'a poussé à braver
un des préjugés de son temps : il s'est résigné de bonne grâce à
passer pour un compilateur inintelligent ; mais la critique moderne
regrette qu'il n'y ait pas eu autour de lui et avant lui plus de compi-
lateurs de son espèce.

Si on veut comprendre par quelle amitié sincère et profonde, faite
de sympathie, d'admiration et de reconnaissance, il était uni à La
Motte, ce ne sont plus les Mémoires qu'il faut lire, mais la Lettre
qu'il écrivit sur son ami quelques jours après qu'il l'eut perdu [2]. Son
émotion est si grande que son style, d'ordinaire froid et terne, lui
emprunte une sorte de chaleur. « Vous la connaissiez, Madame,
» toute mon amitié pour M. de La Motte, cette amitié prise dès ma
» plus tendre jeunesse sur la seule lecture de ses ouvrages, où, sans
» le vouloir, sans y songer, il s'est peint si aimable ; cette amitié
» portée depuis à la plus vive tendresse par un commerce de
» plusieurs années ». Cette émotion contenue, mais sincère, fait
honneur à Trublet. Bien peu d'hommes alors étaient capables, sinon
de ressentir de tels sentiments, du moins de les traduire avec cette
franchise : ce n'est pas Fontenelle toujours, bien qu'il eût aimé La
Motte à sa façon, Fontenelle à qui on a pu reprocher d'avoir fait rire
en louant publiquement son meilleur ami, avec des pointes et une
coquetterie d'esprit qui n'était peut-être pas tout à fait de mise [3].

Marivaux fut pour La Motte moins un ami zélé et fidèle comme
Trublet, qu'un élève enthousiaste et un partisan actif et bruyant. Il
débuta dans les lettres sous le patronage de notre auteur, au moment
où celui-ci était engagé à fond dans la querelle contre Homère.
Marivaux prit parti d'une façon très délibérée contre les anciens.
En 1716 il lance avec quelque fracas son « Homère travesti, ou l'Iliade
mise en vers burlesques » [4] : zèle de néophyte qui outre la doctrine
du maître pour se faire remarquer ; formidable coup de canon

Marivaux.

---

[1] J.-B. Rousseau. Ed. 1743, in-4, lett. XII, pp. 308-309, 29 sept. 1730.

[2] Lettre à M⁰ T. D. L. F. sur M. Houdart de La Motte, du 10 janvier 1732.

[3] Correspondance Bouhier, IV. Lettre de l'abbé Le Blanc du 11 mars 1732.
« ... Comme il s'agissait d'un ami, et d'un ami qui lui était cher, je croyais qu'il
me ferait pleurer, mais il me fit rire et rire d'un bout à l'autre. Cela a fait dire à
des gens que son esprit lui était plus cher que tout ».

[4] 2 vol. in-12.

qui éclate isolé, après que la bataille est finie et les troupes
rentrées sous la tente . C'était un allié utile pourtant qui se
déclarait ; Marivaux défendait La Motte et ses idées dans les salons [1],
pendant que l'abbé de Pons le prônait à grand bruit dans les cafés.
Quelques années se passent : Marivaux ruiné se fait journaliste. Son
« Spectateur français » est plein des éloges qu'il donne à La Motte [2].
Il sort de la représentation de Romulus pénétré d'une telle admiration pour le génie de l'auteur qu'il semble avoir peine à trouver
des louanges dignes de lui : « Je disais en moi-même : on dit commu-
» nément l'élégant Racine et le sublime Corneille ; quelle épithète
» donnera-t-on à cet homme-ci ? je n'en sais rien, mais il est beau
» de les avoir méritées toutes les deux ». La vingtième feuille de son
journal est tout entière consacrée à l'examen d'Inès de Castro. En
vain l'auteur se défend du reproche de partialité, en vain il dit avec
une fermeté stoïque : « M. de La Motte avec tout son mérite et toute
» sa réputation ne m'effraie point, et devient à mes yeux un homme
» comme un autre, c'est-à-dire un simple sujet d'observation ».
Cette allure de juge intègre ne trompe personne : c'est une attitude
familière à Marivaux journaliste ; il la prend chaque fois qu'il doit
dire son sentiment sur une question controversée, où les opinions
sont arrêtées et les partis pris d'avance : par exemple, quand il
aborde la question des anciens et des modernes, ou lorsqu'il veut
exprimer sa pensée sur le style. Au fond il est tout acquis à l'auteur
d'Inès. Il ne cherche que des occasions de louer le poète, il les
trouve avec finesse, au besoin il les découvre avec subtilité. —
Ainsi le prince Don Pèdre avoue son amour pour Inès après avoir
promis de le taire : c'est une irrégularité, mais très heureuse, qui
vaut mieux cent fois que les « régularités glacées » où les « esprits
bornés » se plaisent. « Il y a des occurrences où c'est agir judicieu-
» sement que de mettre une étourderie apparente à la place d'une
» action qui se présente d'abord et qui serait dans l'ordre ordinaire
» de la raison » [3]. La conduite du prince est variable, contradictoire ?
oui sans doute, et c'est là qu'est le trait de génie. « Voilà bien la
» passion qui promène toujours nos idées d'une extrémité à l'autre ».
Et Marivaux continue longtemps sur ce ton ; défendant son maître
avec une ingéniosité, une souplesse et une abondance de ressources
peut-être excessive ; trahissant au passage ses goûts et ses préfé-

---

[1] Chez Mme de Tencin surtout (qu'il a peinte dans Marianne sous les traits de
Mme Derain) ; chez Mme de Lambert aussi. Voir Larroumet. p. 23.

[2] Œuvres de Marivaux, édit. Duviquet, 1830. t. IX. 3e feuille. 8 janv. 1722.

[3] Spectateur Français, 20e feuille, p. 198.

rences, son éloignement des héroïsmes forcés, sa prédilection pour les caractères moyens et plus proches de nous. C'est ainsi qu'il admire fort le personnage de Constance, qui est « comme disgracié, » d'ailleurs assez uniforme » [1], mais « le plus piquant de tous les caractères de la pièce ; elle se sacrifie, elle se dévoue, elle souffre », et tout cela sans faste, sans se parer d'une de ces ostentations romaines, qui gâtent ce qu'on fait de généreux en le vantant et qui humilient ceux qu'on oblige. « ... C'est un caractère absolument » neuf. Constance est comme une personne qui vivrait parmi nous, » qui vaudrait mieux que nous tous, et dont nous sentirions avec » plaisir la supériorité, sans y réfléchir avec l'étonnement qu'elle » mériterait ... ». Ce jugement est délicat ; il est aussi caractéristique de l'esprit et des tendances de Marivaux, jeune encore et inconnu, mais qui déjà rêvait sans doute à sa première comédie.

Dans ce même recueil, Marivaux a dit sa pensée tout entière sur les Anciens et les Modernes, avec une modération un peu suspecte parce qu'elle s'étale plus qu'il ne convient. Il proteste qu'il n'est d'aucun parti ; anciens et modernes lui sont indifférents ; il cherche seulement à juger par lui-même du mérite de chaque écrivain, « en » se mettant au vrai point de vue du siècle » [2]. Ses conclusions sont très fermes et originales : le jeune homme qui veut écrire ne doit être « le copiste de la façon de faire » [3] d'aucun auteur, ancien ou moderne ; il doit « se nourrir seulement l'esprit de tout ce qu'il sent » de bon, chez les uns et chez les autres » ; après cela « qu'il aban- » donne cet esprit à son geste naturel ». Son opinion favorite, c'est que, pour écrire naturellement, il faut avant tout « se ressembler » fidèlement à soi-même » [4], et que « penser naturellement, c'est » rester dans la singularité d'esprit qui nous est échue ». C'est pour cela qu'il s'éloigne avec une égale répugnance des deux camps, « ces » deux partis qui règnent aujourd'hui, et qui ont chacun leur formule » de critique et chacun leurs partisans, leurs élèves, qui sont dupes » des deux partis » [5]. Mais Marivaux ne voit pas, ou il n'avoue point, qu'en soutenant ces idées sensées ou en avançant ces paradoxes, il ne fait guère qu'accentuer la pensée familière à La Motte en lui donnant une fermeté plus grande et une netteté plus décisive.

Ailleurs, en prenant la défense du style prétendu précieux [6], c'est

---

[1] Spectateur Français, 20e feuille, p. 203.
[2] 7e feuille, p. 62.
[3] Ibid., p. 64.
[4] 8e feuille, p. 65.
[5] Ibid., p. 67.
[6] Le Cabinet du philosophe, 6e feuille, pp. 435 sq.

sa propre cause qu'il défend, mais c'est aussi celle de ses maîtres, de Fontenelle et de La Motte.

On peut dire de Marivaux qu'il a été durant toute la première partie de sa carrière un partisan résolu de La Motte et son apologiste zélé, quoique plus original et plus indépendant qu'un Trublet ou un abbé de Pons. On peut même ajouter qu'il a été son élève plus qu'on ne l'accorde d'ordinaire et plus longtemps ; cette influence qu'on ne conteste point en ce qui touche aux doctrines critiques communes, au tour d'esprit fin, curieux et observateur [1], elle s'étend plus loin peut-être. Quelques-unes des comédies de La Motte, d'un badinage aimable et aisé, quelques scènes des drames lyriques, aux sentiments joliment raffinés, ont peut-être agi sur la formation du génie de Marivaux [2]. En tout cas le Marivaudage a ses antécédents qui sont nombreux et divers, et il en faut chercher les origines les plus directes peut-être, chez les écrivains qui furent les maîtres — et les premiers admirateurs — de celui qui donna son nom au genre [3].

L'abbe de Pons. Trublet est l'admirateur respectueux et l'ami dévoué de La Motte ; Marivaux est un auxiliaire et un élève, qui s'affranchit bien vite de la tutelle ; nous allons voir une autre espèce d'amitié, celle qui pousse l'admiration jusqu'à l'enthousiasme, le zèle jusqu'au fanatisme. L'abbé de Pons est un modèle d'ami rare dans l'histoire des lettres, c'est un exemplaire peut-être unique de dévouement aveugle, d'abnégation, de foi. Pour rencontrer son semblable, il faut quitter l'histoire littéraire, fouiller l'histoire des philosophes ou des fondateurs de religion : là seulement on trouverait de pareils exemples de zèle et de piété, chez les commentateurs ou chez les apôtres.

C'était pourtant un homme d'infiniment d'esprit que l'abbé *J.-F. de Pons*, et si bien dégagé de tous les préjugés philosophiques et littéraires qu'on n'aurait pas prévu qu'il dût abdiquer si facilement sa liberté de penser pour jurer dans les paroles d'un maître. On rencontre de ces sceptiques pleins de foi et de ces athées qui élèvent des autels à leurs négations. Notre abbé, originaire de la Champagne comme La Motte, s'en vint à Paris pour achever ses études [4], tout à

---

[1] Larroumet, p. 160.

[2] Voir l'Eloge du bel esprit par Marivaux, p. 545.

[3] Voir Trublet. Mémoires, p. 210. — Cf. Larroumet, p. 164.

[4] Elève aussi des Jésuites, ignorant le grec. — Voir Mémoire en tête de l'édition de ses Œuvres, Paris, 1738, in-8, préparée par Melon, l'Economiste, son ami.

la fin du XVIIe siècle. Au physique, c'était un tout petit homme, joli de visage, et bossu : il essaya de se redresser la taille à l'aide d'un « rouleau de bois, poussé le long de son échine avec force et à » plusieurs reprises [1] »; l'opération ne réussit pas. L'abbé se résigna à vivre avec son infirmité, qui devait être légère puisqu'elle ne l'empêcha ni d'entrer dans les ordres, ni probablement de s'essayer à la prédication dans sa jeunesse. Pourvu d'un canonicat à l'Eglise collégiale de Chaumont, il rédige lui-même un mémoire fort vif pour défendre son bénéfice dont on lui contestait la possession ; son éloquence mordante lui vaut les applaudissements du public, il obtient gain de cause ; mais bientôt il se démet du canonicat reconquis, se fixe à Paris et se voue aux lettres dans lesquelles il obtient quelque succès. En 1727 sa mauvaise santé le force à se retirer à Chaumont, où il meurt en 1732, très chrétiennement.

Mais la vie de ce curieux personnage n'est pas dans ces rares événements ; elle est tout entière dans ses relations avec La Motte, dans ses succès de causeur et dans la part active et bruyante qu'il prit à la querelle homérique. L'abbé de Pons s'était réservé les cafés ; il veillait avec un soin jaloux sur ces lieux de réunion qui faisaient l'opinion publique. Il y discutait avec La Motte quand il était là ; en son absence, il le défendait avec vigueur et tenait tête à ses ennemis. « Il était naturellement fort éloquent; plus il s'animait » et mieux il parlait, sans que le mot propre se refusât jamais à lui. » Dès qu'il s'agissait des intérêts de M. de la Motte, son éloquence » devenait véhémente et quelquefois peu mesurée » [2]. Il fallait l'entendre tonner contre les partisans des anciens, qu'il flétrissait du nom de « stupides érudits » [3], et de « pieux fanatiques » [4]; s'élever avec une ironie suffisante contre Homère qu'il appelait le « monstre grec » [5], vanter « la nouvelle Iliade » qui « vaincra la jalouse rage » des confédérés et passera à la postérité comme un ouvrage digne » tout à la fois de son auteur et de notre siècle » [6]. Il disait très haut tout le mal qu'il pensait d'Aristote, le « divin Aristote » [7], s'exclamait-il en raillant ; ou bien il élevait aux cieux le grand Descartes, ce

---

[1] Mémoires, p. 8.

[2] Ibid., p. 11.

[3] Œuvres, p. 293. « Pauvres gens, nés sans génie, incapables de créer en aucun genre, qui se sont retranchés dans la plus profonde étude de la langue grecque ».

[4] Pantalo-Phœbeana, XXVI, p. 21.

[5] Œuvres, p. 300.

[6] Ibid., p. 292.

[7] Ibid., pp. 143 et 204.

qui était un moyen détourné de rehausser son idole, car « la cause
» de M. de La Motte n'est assurément pas moins victorieuse que
» celle de Descartes[1] ». Mais son bonheur et son triomphe c'était de
louer son ami, de l'exalter avec une chaleur d'enthousiasme, des
imprudences lyriques dont il ne sentait pas la ridicule exagération.
Avec quelle conviction[2] il lui immolait Boileau et tous les autres
poètes, jusqu'à dire (s'il faut en croire les Bel et les Desfontaines)[3]
qu'il était « le premier et le seul poète qui eût encore existé ».
C'était un terrible homme et un dangereux ami que le petit abbé de
Pons, quand le café terrorisé faisait silence pour l'écouter et que
lui, se grisant de sa parole, allait de paradoxes en jugements
incongrus et poussait l'éloge de La Motte jusqu'à la glorification et à
l'apothéose. On se moquait un peu de lui, mais il n'y prenait pas
garde, tant sa conviction était sincère, et il sortait du café très fier
de son triomphe d'une heure, tout bouffi de cette gloire factice de
son ami, qu'il faisait sienne et dont un rayon rejaillissait sur son
front.

Rentré chez lui, il ne laissait pas à son ardeur le temps de se
refroidir ; il prenait la plume et écrivait d'entrain quelque bruyant
factum, quelque pamphlet qui écrasait net les contempteurs de La
Motte et les défenseurs d'Homère. Près de la moitié du volume de ses
œuvres est occupée par les pièces où il célèbre le génie de La Motte,
où il le défend contre des attaques imbéciles et malveillantes. Dans
les autres opuscules, — surtout dans la « Dissertation sur les
Langues en général et sur la Langue française en particulier », —
il se console de n'avoir pas à défendre son maître en lui empruntant
ses idées et en les développant du mieux qu'il peut, pour sa plus
grande gloire. Ainsi dans sa « Nouvelle méthode pour former la
jeunesse française », il ne craint pas de traduire en affirmations
révolutionnaires les antipathies de son maître contre les anciens.
Il ne veut pas qu'on ait la cruauté de condamner de pauvres enfants
au supplice de charger perpétuellement leur mémoire « de latin[4],
» un vain jargon qui ne porte aucune lumière à leur esprit, qui n'offre
» aucun amusement à leur amour-propre ». Bien qu'il préconise
surtout l'emploi de la langue française qui a de quoi fournir
abondamment à l'éducation la plus complète, il permet le latin,
mais non pas dans les premières années qui sont « trop précieuses »
pour cela. Ces années, il les réserve à « meubler une imagination

---

[1] Œuvres, p. 297.
[2] Pantalo-Phœbeana, XXIX, p. 23 ; LXVI, p. 70.
[3] Cf. Œuvres, p. 204.
[4] Œuvres, p. 39.

vide de toute idée » [1], à mettre à profit l'impatiente activité de l'âme de l'enfant. — Il développe encore une opinion de La Motte, dans sa « Dissertation sur les Langues » : c'est que la langue française est supérieure aux autres, plus logique et plus claire, d'une richesse égale à celle du grec et du latin [2], qu'elle a des mots pour exprimer toutes les nuances d'une même idée ; même il se hasarde à contredire Fénelon — un des dieux de l'école nouvelle — et à soutenir que le défaut des inversions ne prouve rien contre les ressources de notre français, qui a aussi son harmonie, témoin les grands écrivains du XVIIe siècle [3]. L'abbé de Pons est si bien rempli et imprégné des idées de La Motte qu'il lui arrive de les exprimer avant que leur auteur leur ait donné le jour. Dans sa « Dissertation sur le poème épique », il se donne le plaisir malin de prévenir son inspirateur et de se livrer à une attaque en forme de la poésie ou plutôt de la versification : il se fait l'écho bruyant et indiscret des paradoxes dont retentissait le café Gradot, bien avant que La Motte lui-même se fût décidé à faire un aveu public de son mépris pour les vers. Au goût de l'abbé, la poésie française n'est rien « qu'un langage follement mesuré » [4]. « Le retour importun de la » rime, la répétition des mêmes nombres dans chacune de nos » phrases, me fatiguent et m'ennuient », dit-il d'un grand sérieux. Ce qui fait supporter la versification, si monotone, c'est l'habitude. A ses yeux, le poète français n'est pas autre chose qu'un « danseur de corde » adroit et souple. Et il conclut, conformément à des idées que La Motte exposait dès lors dans le cercle de ses amis, que « les » vers n'ont aucunes richesses qui n'appartiennent à la prose » [5]. Mais comme c'est l'opinion d'un autre qu'il expose, et comme il est de la race des disciples compromettants, il ne manque pas d'exagérer un avis soutenable et il dit : « Je crois que l'art des vers est un art » frivole ; que si les hommes étaient convenus de le proscrire, non » seulement nous ne perdrions rien, mais que nous gagnerions » beaucoup » [6]. Comme on sent bien que l'ennemi de la poésie n'est pas inquiet pour la fortune poétique de La Motte et qu'il en fait bon marché, naïvement et inconsciemment ! Les Séïdes du genre de l'abbé de Pons ont cet avantage qu'ils livrent et trahissent le fort et

---

[1] Œuvres, p. 41.
[2] Ibid., p. 147.
[3] Ibid., p. 300.
[4] Ibid., p. 134.
[5] Ibid., p. 141.
[6] Ibid., p. 143.

le faible de leurs chefs [1]. Celui-ci avoue ingénûment le cas qu'il fait du talent poétique de son inspirateur et de son modèle.

Il est très pénétré, comme La Motte lui-même, de la nécessité pour le lecteur de juger par lui-même sans attendre le jugement tout fait du public et des hommes célèbres ; de plus il croit fermement au progrès général de l'art depuis Homère et depuis le dernier siècle même. Sur ces deux points sa profession de foi est nette et formelle [2]. « Osez penser par vous-mêmes et ne prenez point l'ordre de ces » stupides érudits qui ont prêté serment de fidélité à Homère, de ces » gens sans talents et sans goût, qui ne savent pas suivre le progrès » des arts et des talents dans la succession des siècles, de ces Sco- » liastes fanatiques qui entrent dans une espèce d'extase à la lecture » de l'*Iliade originale*, où l'art naissant n'a pu donner qu'un essai » informe, et qui n'aperçoivent pas dans les travaux de notre âge » le merveilleux accroissement de ce même art». Non ; de Pons n'est pas tout à fait un de ces Scoliastes qu'il méprise si fort, mais c'est en tout cas le plus zélé des commentateurs, et personne comme lui n'a excellé à développer les idées d'autrui en les exagérant, à les répandre en les rendant plus systématiques, à les compromettre à force de tapage. Et le malheureux homme ne se contentait pas de se dévouer à la renommée de son héros, il lui sacrifiait, dit-on, jusqu'à sa famille, un neveu qu'il avait et qu'il obligeait à apprendre par cœur les fables de M. de La Motte, tout étonné après l'expérience de voir qu'il n'en pouvait rien retenir et que l'enfant, d'une mémoire si rebelle à ces philosophiques nouveautés, récitait sans broncher les naïfs apologues de La Fontaine. Le souvenir de cet essai malheureux — si l'anecdote est vraie — dut être cruel au bon abbé. Mais il était de ceux qui ne se laissent pas aisément déconcerter dans leur admiration. Il continua de prôner M. de La Motte, jusqu'au jour où il dut abandonner Paris, le café, ses chères disputes littéraires, laissant derrière lui la réputation d'un excellent homme très bruyant, très vif, d'une sorte de bohème des lettres, mais amusant, spirituel et de bonne foi. On l'appelait «le bossu de M. de La Motte»[3].

Les PP. Jésuites. Parmi les amis, les auxiliaires et les panégyristes de La Motte, il faut compter les *Jésuites*. Ces hommes d'esprit libre, d'un sens lit-

---

[1] L'abbé de Pons était un de ces partisans outrés dont le « zèle indiscret » paraissait excessif à Trublet lui-même. (Lettre... p. xxviij). « M. de La Motte était quelquefois obligé de faire la paix entre eux et ses autres amis plus modérés. Car les louanges excessives ont produit des critiques du même genre ».

[2] Œuvres, p. 290.

[3] Sur l'Abbé de Pons, voir Ste-Beuve. Lundis, XIII.

téraire très vif, donnaient volontiers leur avis sur les questions littéraires et prenaient parti dans les débats dont la poésie, le goût ou le
style étaient l'objet. Ils ne fuyaient pas la discussion, à condition
qu'elle se renfermât dans de justes limites. Ils ne perdaient pas de
vue leurs anciens élèves ; dans quelque condition que leur volonté
ou les hasards les eussent jetés, ils les suivaient, les applaudissaient,
tant que des divergences trop fortes d'opinions ne leur avaient
pas fait une loi de les oublier, ou qu'un changement de la mode
ne les avait pas avertis de ne plus penser à eux. La Motte n'omit
rien pour se ménager la bienveillance de ses anciens maîtres,
juges excellents d'ordinaire et dont le suffrage était compté pour
quelque chose dans le public lettré et délicat auquel il s'adressait.
Aussi, grâce à son adroite politique, grâce à la nature de son talent,
fin, mesuré, académique, trouva-t-il longtemps chez les Jésuites
des approbateurs qu'il ne rencontra point toujours ailleurs, par
exemple chez les professeurs de l'Université, plus enfoncés dans
l'admiration de l'antiquité païenne et moins sujets à varier dans
leurs préférences suivant les caprices de l'opinion.

Pendant un temps La Motte fut fort estimé et prôné dans les
collèges des Jésuites [1]. Leurs orateurs faisaient son éloge dans
les circonstances solennelles ; leurs poètes le traduisaient pour
s'exercer et pour donner des modèles à leurs élèves. Eloges et
traductions, les Pères mettaient tout dans leur langage, c'est-à-dire
en latin. Le 6 décembre 1713, le P. Sanadon, professeur de rhétorique
au collège de Louis-le-Grand, prononce une harangue latine, où il
exhorte ses élèves à éviter la corruption de l'esprit, — « *De mala
ingeniorum contagione vitanda* ». Après avoir loué comme il
convient les bons esprits et les notables talents, il passe à une
nouvelle gloire nationale, à un poète de mérite, qu'il supplie les
autres grands personnages cités ou présents d'admettre au partage
des louanges qu'on vient de leur donner, ce qui n'est que justice
puisque l'Académie française vient de le recevoir dans son sein, et
puisque l'opinion publique unanime l'a associé à leur gloire.
Cet illustre de fraîche date, c'est la Motte. Sans doute il
était présent à la cérémonie et à l'aide de ses souvenirs
classiques, réveillés et rajeunis par les lieux, il pouvait saisir et
goûter au passage ces compliments délicats. Mais s'il comprenait

---

[1] Cf. Gacon. Fables de M. de La Motte mises en vers, p. 7. « Le P. Porée, célèbre
professeur en éloquence, l'a mis en trio, si l'on peut user de ce terme, avec
Mgr de Fénelon, archevêque de Cambrai et avec M. Huet, évêque d'Avranches,
à quoi toute la Société des Jésuites a souscrit par la plume du P. de Tournemine, digne secrétaire des Journalistes de Trévoux ».

encore bien le latin, il dut rougir en s'entendant appeler, dans
cette langue qui brave l'honnêteté et qui confond la modestie :
« Ce poète, le premier des lyriques, en qui il semble que la nature
» ait voulu éteindre la vivacité du regard pour le douer d'une vue plus
» perçante de l'esprit ; en qui seul nous admirons réunies la sublimité
» de Pindare, la raison mûrie d'Horace, la gaieté légère d'Anacréon ;
» dont enfin Homère lui-même a imploré le secours, pour se voir
» aujourd'hui débarrassé de la grossièreté paysanne de son temps, et
» ramené heureusement à la politesse française et à l'élégance
» charmante de notre époque [1] ».

D'autres membres de la société, le P. *Thom. Maria des Antons*,
le P. Robert Rault, un autre encore qui se cache sous des initiales
très obscures, se sont appliqués à traduire en vers latins, sous le
titre de «Odaria Gallica», plusieurs des poésies lyriques de la Motte,
quelques-unes de ses Odes imitées d'Anacréon ou d'Horace, ou
des pièces originales, comme l'Ode au duc de Bourgogne et l'Ode
sur l'Emulation. Les ingénieux latinistes ont réussi, comme d'habitude, dans ces petits exercices d'esprit qui exigent beaucoup d'industrie et de patience ; il semble même que le décalque latin vaille
mieux souvent, soit plus ferme, plus élégant que le poème français.
Cela s'explique peut-être par la nature même de ces poésies, toutes
factices et artificielles, traductions timides, imitations banales, ou
développements superficiels et généraux : matière aisée en somme
à mettre en vers latins, parce qu'elle-même n'est guère qu'un
pur exercice de versification, analogue à celui auquel se
livraient les écoliers dans les collèges des Jésuites. Ces traductions,
ou plutôt ces restitutions à la langue latine de larcins faits aux
anciens, ne vont point sans de grands compliments et de poétiques
hyperboles. Un des imitateurs, dans une Ode liminaire, nous fait voir
le « vieillard de Téos », qui prend plaisir à remettre aux mains de La
Motte son art et sa lyre [2] :

> « Artes ipse suas et citharam tibi
> Gaudet sponte senex ponere Teïus. »

---

[1] Trublet. Mémoires, p. 377. « Quoniam vero ordinum distinctionem non
agnoscit, quæ viros conditionum omnium æquales facit atque illustrat, non
abnuent, credo, commemorati Præsules in suarum laudum societatem eum
admittere, qui jam ipsis et domestico Gallicæ Academiæ judicio, et publicæ
famæ præconio Sodalis adscitus est. Poetam illum dico, Lyricorum principem,
cui oculorum aciem hebetasse videtur natura ut ingenii sagacitate cerneret
acutius, in quo uno Pindari sublimitatem, Horatii maturitatem, Anacreontis
festivitatem suscipimus, cujus auxilium imploravit Homerus ipse, ut excussa
temporum suorum rusticitate, ad urbanitatem Gallicam, ad morum nostrorum
elegantiam fingeretur ».

[2] Œuvres de La Motte. I, p. 57.

Un autre enchérit encore ; ce n'est plus Anacréon tout seul qui se dépouille pour enrichir son successeur et son vainqueur ; c'est Pindare, c'est Horace qui l'inspirent ou le reconnaissent pour leur égal :

> « Alta canis ? sonat immenso tibi Pindarus ore.
>   Mollia ? dat faciles Teïa musa modos.
>   Per te nostratem miratur Gallia Flaccum,
>   Cui non inferior diceris ire comes.
>   Credo equidem, ipse tibi citharam donavit habendam. ... »

Et très modestement, l'imitateur supplie l'Horace français de lui céder la lyre qu'Horace latin lui a livrée :

> « Invidia major, tu mihi trade tuam.
>   Te puras Flacci Veneres modulosque secutum
>   Ipse sequar : posthac tu mihi Flaccus eris. »

M. de La Motte eut donc l'insigne honneur d'être l'Horace des versificateurs de la Compagnie. Les auteurs du « Pantalo-Phœbeana », qui ne respectent rien, n'ont-ils pas prétendu aussi que le P. Porée avait été appelé par quelques-uns « le La Motte latin », titre qui lui faisait plus d'honneur que celui de « Pline le cadet » [1] ?

Il y a bien parfois une voix qui détonne dans ce concert de louanges : celle du P. Desbillons, par exemple, que son grand amour pour l'antiquité rend un peu dur pour le moderne fabuliste, audacieux rival de l'inimitable Phèdre [2]. « Presque toutes ses fables, dit-il, » prouvent manifestement que les écrivains qui méprisent l'antiquité, » âge d'or du génie, malgré tout l'esprit qu'ils ont d'ailleurs, ne » savent ni trouver des idées heureuses et vraisemblables, ni les » traiter sans recourir aux mille recherches d'un art raffiné et mal-» heureux ». Le jugement est sévère, mais Desbillons écrit bien longtemps après que la gloire de La Motte a perdu son éclat et ce prestige de popularité qui le rendait cher à la prudente compagnie.

Le P. Tournemine pensait bien autrement et parlait à La Motte avec plus de ménagements, dans la lettre qu'il lui écrivait en 1730 [3], pour le remercier de lui avoir envoyé ses œuvres de théâtre. Le docte et vénérable religieux donne dans cette lettre une nouvelle

---

[1] Pantalo-Phœbeana, LX, p. 67.

[2] Desbillons. Fables Ed. 1759. Préface. « H .. .. cujus fabellæ prope omnes demonstrant ab hominibus antiquitatis aureæ contemptoribus, quamvis alioquin ingeniosis, res plerumque et excogitari parum plausibiles, et infelici prorsus artificio concinnari. »

[3] Trublet. Mémoires, p. 410.

preuve de son impartialité et de la liberté de ses jugements [1]. Ce qui paraît l'avoir frappé surtout et intéressé dans l'œuvre tragique de La Motte, c'est précisément cet Œdipe dont il était de bon ton de se moquer. Le P. Jésuite ne pense pas avec la foule, et les hardiesses les plus inconsidérées du poète ne lui font pas peur : « Votre » Œdipe m'a convaincu que nos grands poètes pourraient rendre à » la tragédie la pureté et la gravité du théâtre grec, émouvoir sans » amour, ou du moins sans galanteries romanesques. Il m'a encore » convaincu qu'une tragédie en prose réussirait, pourvu qu'elle fût » de main de maître ; car pour soutenir la prose dans le tragique, il » faut assurément un esprit plus sublime, plus pathétique, une » éloquence plus naturelle, plus forte et plus serrée, que pour faire » goûter une tragédie en vers. De combien de traits vifs et enlevants » la rime et la mesure n'émoussent-elles pas la pointe ? Vos discours » sont pleins de lumière. Le siècle puisse-t-il en profiter !.... » Il y a bien quelques restrictions apportées aux éloges ; mais en somme c'était une approbation très nette des plus téméraires innovations que La Motte risquait si timidement. Il dut être content de la lettre du P. Tournemine et s'applaudir une fois encore de trouver dans la Société [2], qu'il avait ménagée avec tant de soin, un secours et un appui contre le déchaînement des inimitiés auxquelles il ne pouvait résister qu'en faisant appel à tout son sang-froid et à toute sa philosophie.

On vient de voir quelles étaient les différentes formes de la critique littéraire dans les trente premières années du XVIII⁰ siècle, quels en étaient les procédés ordinaires, violence ou ironie sans pitié. Ensuite on a passé en revue les ennemis que La Motte s'était faits par son talent, par ses hardiesses, par ses qualités comme par ses défauts. En face des ennemis ou des adversaires, on a posé le groupe des amis et des auxiliaires, modérés ou fanatiques.

Nous pouvons maintenant étudier la critique de La Motte, comprendre par quelles qualités et quels défauts elle se distingue de celle de ses rivaux et de ses adversaires.

---

[1] Cf. son jugement sur Mérope.
[2] Par les Jésuites, La Motte se ménageait le Journal de Trévoux.

V. — LA CRITIQUE DE LA MOTTE. — QUALITÉS ET DÉFAUTS.

La Motte a eu le mérite de recommander la modération et la courtoisie dans les discussions littéraires, et d'avoir prêché d'exemple. — Il a eu le souci d'y porter l'ordre et la clarté ; il a recommandé d'employer une exacte méthode et de juger d'après le fond même et non d'après les détails de l'exécution ; enfin il a cru à la Raison : voilà pour les qualités.

Les défauts sont graves, d'autre part : sa critique, trop exclusivement rationnelle, abuse du procédé abstrait et déductif ; elle ne tient nul compte de l'histoire, ni de la nature, ni de la sensibilité ; et c'est ce qui l'a condamnée à l'impuissance, malgré la sûreté du jugement, un certain amour du beau et un réel souci de la vérité.

Il n'y a qu'une voix parmi les contemporains pour reconnaître la modération d'esprit, la politesse de ton que La Motte apporta dans l'exposition de ses idées, ou dans la réfutation des idées d'autrui. Ces qualités sont précieuses et nécessaires dans tous les temps ; elles sont d'autant plus méritoires chez notre auteur qu'elles sont moins communes autour de lui. Il est un des premiers qui les ait introduites dans la critique ; il est le premier même qui se soit hautement honoré d'en faire un constant usage. Toutes les opinions qu'il a soutenues fussent-elles fausses, toutes les théories qu'il a produites ne fussent-elles que des paradoxes sans solidité, il faudrait lui savoir gré de les avoir avancées avec modestie, défendues avec mesure et tact, par des raisonnements quelquefois trop subtils ou spécieux, mais sans recourir, même dans les moments de détresse ou d'irritation, aux arguments favoris des critiques d'alors, aux railleries déplacées, aux injures, voire aux calomnies.

Son modèle dans la discussion, comme dans tout le reste, ce fut Fontenelle. Cet homme, qui avait été en butte à tant d'épigrammes et de moqueries cruelles à l'heure de ses bruyants débuts, s'était vite cuirassé d'indifférence contre le sarcasme et l'injure. Il méprisait trop les attaques passionnées ou les traits spirituels qui ne prouvent rien pour s'abaisser à user de représailles, qu'il lui eût été facile d'exercer amplement. Plus tard, enfoncé dans sa philosophie sceptique et dédaigneuse, porté avec le temps à un rang si élevé dans le monde des lettres que les morsures pouvaient à peine l'atteindre au talon, il s'était rendu invulnérable aux coups de l'envie ou de la critique, ce qui était souvent la même chose. Il vivait dans une sorte de calme olympien, dans une sérénité un peu froide, qui tenait à distance les inimitiés dénigrantes comme les amitiés trop expansives. Il donna à son ami l'exemple de son dédain pour la satire et de son beau sang-froid dans l'exposition claire et calme des idées. Dans ses différents « Discours » [1] sur des matières littéraires, il lui avait donné des modèles de cette ferme modération, de cette audace tranquille et de ce dédain parfait des contradictions et des querelles personnelles. La Motte apprit beaucoup à cette école : il apprit à dire toute sa pensée sans crainte, mais avec ménagement, à s'inquiéter plus de la justesse du raisonnement que du danger des conséquences, à traiter les idées sans s'inquiéter des préjugés qu'il blessait et des amours-propres intéressés à conserver ces préjugés. Mais, comme il était de nature moins froide et plus souple, comme il y avait en lui, malgré toute sa finesse, un certain fond de simplicité, il ne sut pas toujours garder l'inaltérable sang-froid et l'ironique impassibilité de son maître. Il mit trop de lui-même dans l'exposition de ses idées ; il se passionna pour elles, se fit des ennemis sans le vouloir ; il leur répondit, ce qui était un tort ; il chercha à les gagner, ce qui était une faute de tactique ; il ne réussit ni à désarmer des adversaires contre lesquels il ne luttait pas à armes égales, ni à convaincre des critiques qui ne voulaient pas être convaincus.

La Motte avait une belle devise : « Justice et justesse » [2], c'est-à-dire la double équité, celle de l'esprit et celle du cœur, une qualité de l'intelligence et une vertu. Il fut presque toujours fidèle à sa devise, mais il lui en coûta cher. Mesurer les idées avec l'extrême justesse, passe encore : c'est une tâche malaisée, sans autres risques pourtant que celui de se tromper, ce qui est le propre de l'homme. Apprécier avec justice les opinions, c'est-à-dire les idées après qu'elles ont été adoptées par des hommes, qui y ont intéressé leurs passions et leur vanité, cela est autrement difficile et dangereux. C'est dans cette partie de sa tâche que La Motte échoua. Il échoua pour avoir voulu être trop juste, et rien que juste, envers ceux qui n'étaient point de son avis ; il prétendait les convaincre par des raisons et on lui répliquait par des plaisanteries ou des insinuations malveil-

---

[1] La plupart non publiés encore (v. Trublet), mais sûrement connus de La Motte.

[2] Trublet, Lettre à M⁽ᶜ⁾ T. D. L. F., p. xxvij.

lantes ; il ne s'adressait qu'aux intelligences, par des arguments, tandis que ses adversaires parlaient au public un autre langage, le piquant par des méchancetés, l'amusant par des facéties, le faisant rire par des quolibets. La partie n'était pas égale. La Motte fut battu, il vit tout le monde se détourner de lui, le laisser à ses raisonnements abstraits pour courir aux bouffons favoris. Vers la fin de sa vie, il comprit qu'il avait été dupe ; il en conçut quelque aigreur contre le public qui se faisait le complice de ses amuseurs, et contre la foule des critiques légers et des frondeurs impertinents qui remplaçaient la raison par un bon mot. Mais même alors, il ne sortit pas de la modération qu'il s'était imposée et il ne se permit que des récriminations générales, sans une seule attaque directe et personnelle.

Il éprouvait pour la satire un éloignement naturel, une répugnance instinctive [1]. Il ne pouvait souffrir qu'on mêlât les personnes à des contestations tout intellectuelles. Et il eût souhaité qu'on en usât de même à son égard. Ce grand mépris pour la satire est attesté par tous ses panégyristes, confirmé par ses adversaires ; lui-même s'en fait honneur. A ses yeux, autant la critique est légitime et utile, autant la satire est injuste et pernicieuse : « elle est injuste en ce
» qu'elle essaye de tourner les auteurs même en ridicule ; et elle est
» pernicieuse en ce qu'elle songe beaucoup plus à réjouir qu'à éclairer.
» Elle ne porte que des jugements vagues et malins, d'autant plus
» contagieux que leur généralité accommode notre paresse, et que
» leur malice ne flatte que trop notre penchant à mépriser les autres…
» Il faudrait donc dans la République des lettres traiter les sati-
» riques superficiels comme des séditieux qui ne cherchent qu'à
» brouiller, et les critiques sages, au contraire, comme de bons
» citoyens qui ne travaillent qu'à faire fleurir la raison et les
» talents » [2].

Comme il tient à ménager les amours-propres et peut-être les intérêts des auteurs, il s'est fait un système de critique original et pour le moins spécieux : ce système consiste à faire tout le contraire de ce qu'on fait d'habitude, à ne pas user envers les anciens de ménagements superstitieux [3], tandis qu'on réserve pour les contemporains toute la sévérité et toute l'amertume des jugements. « Tous les
» égards sont dus à ceux avec qui nous vivons, et nous ne devons
» rien aux autres que la vérité ». On peut ainsi, au lieu de reprocher

---

[1] Voir Trublet. Lettre à M⁰ T. D. L. F., p. xxvij. — Cf. Fontenelle. D'Alembert.
[2] Réflexions sur la Critique, t. III, p. 18.
[3] Ibid., p. 19.

aux contemporains leurs erreurs, en choisir de toutes pareilles dans les anciens et par là critiquer la faute sans blesser l'auteur. Le procédé est ingénieux.

Les qualités que La Motte aime le plus à louer chez les écrivains sont les siennes propres, la modération du langage, la douceur du caractère, la déférence courtoise envers les personnes. Dans sa « Réponse au Discours de M. de la Faye », La Motte décerne cet éloge, le plus précieux qu'il pût faire, et au nouvel académicien, et à celui qu'il remplaçait. « Quelle misère, selon M. de Valincourt, » que d'aimer assez son opinion pour s'aigrir contre ceux qui n'en » sont pas ! La République des lettres n'est-elle pas un état libre où » chacun a sa voix ? C'est même de cette liberté de penser que » s'accroissent ses trésors ; la vérité y demeure toujours chancelante » tant qu'elle n'a pas essuyé les épreuves des contradictions ». Pour M. de la Faye, La Motte l'estime et le loue moins encore de ce qu'il s'est permis, que de ce qu'il s'est défendu ; moins de l'esprit qu'il a eu, que de l'emploi qu'il n'en a pas fait et qu'il en aurait pu faire dans la satire. « Ce tour enjoué de vers que notre siècle se plaît à nommer » du nom de son inventeur [1], ce sentiment si vif et si délicat du » ridicule, ces expressions naïves et fortes, si propres à peindre d'un » trait durable, toutes ces avances pour la satire, trop bien accueillie » de nos jours, ne vous ont jamais tenté. Vous avez fui cette gloire » injuste, dont la malignité des hommes est si prodigue pour ceux » qui la flattent. Vous n'avez fait que vous jouer des mêmes armes » dont tant d'autres n'ont cherché qu'à blesser ; et vous avez » sacrifié aux droits de la société tous ces traits qui ne font honneur » à l'esprit qu'aux dépens du cœur.... »

Pour son compte, il s'est interdit tout ce qui pouvait jeter du discrédit sur ses adversaires en les rendant ridicules ou odieux. Attaqué lui-même de cette façon, il n'opposait aux assauts les plus violents qu'une indifférence flegmatique ; il « répondait par le silence », ce qui exaspérait ses ennemis. Le président Bel, irrité de voir que cette patience résistait à toutes les piqûres de l'amour-propre, s'est amusé à tourner en ridicule cet inaltérable sang-froid ; il feint de l'attribuer à un orgueil béat que rien n'ébranle : « C'est » en vain que tous les auteurs se sont armés pour l'attaquer ; en » vain ses ouvrages, joués publiquement sur le théâtre, ont été » livrés aux insultes les plus cruelles. Ce mépris général a-t-il rien » pu sur l'esprit de M. de La Motte ? A-t-il rien rabattu de la juste

---

[1] Le style dit « Marotique ».

» estime qu'il avait pour lui-même ?..... » [1] Non, cette indifférence systématique n'était pas l'effet de l'orgueil, mais un effort de la sagesse : La Motte méprisait simplement les fauteurs de scandale et les amuseurs publics ; il les plaignait un peu et il ne se sentait pas atteint par des traits qui, passant à côté de ses opinions et de ses œuvres qu'ils visaient, ne touchaient que lui-même, ses petits travers, ou même ses infirmités.

Deux fois seulement la patience lui échappa, et il malmena rudement des adversaires déloyaux ou méprisables. Nous avons vu le coup de riposte assez brutal qu'il asséna à Rousseau, dans l'Ode « Sur le mérite personnel ». Violence regrettable sans doute, mais qu'on excusera si on veut réfléchir à l'état d'esprit où devait être le poète : l'indignation généreuse que devait exciter la lâcheté d'attaques anonymes et insaisissables, le chagrin que lui devaient causer les soupçons offensants qui pendant longtemps errèrent sur plusieurs hommes qu'il appelait ses amis, tout cela explique, excuse cette explosion de mépris et de colère. — Dans une autre occasion, La Motte s'était montré dur et même violent envers un critique qui l'avait attaqué : c'est dans sa « Réponse à la critique du ballet des Arts » [2]. Dans ce factum abondent les épithètes rudes et les qualificatifs outrageants. Le poète accuse son critique de « stupidité » ; il lui reproche d'avoir « parlé ridiculement », de faire « voir dans ses remarques de l'ignorance, de l'infamie, de l'inso- » lence », de se permettre « d'infâmes pointes et des images » scandaleuses ». Il lui jette enfin au visage l'accusation d'avoir du « goût pour l'imposture ». « Peut-être est-ce une vieille habitude », ajoute-t-il par une insinuation flétrissante. C'est qu'aussi l'homme auquel il a affaire n'était guère digne de ménagements : c'était le poète Le Noble, déshonoré par une condamnation pour avoir produit de faux actes. Il n'importe ; si La Motte avait le droit de mépriser le personnage, il eût mieux fait de ne pas laisser éclater son mépris si haut et surtout dans la défense de sa propre cause. Il dut plus tard regretter la violence à laquelle il s'était laissé aller dans cette pièce, qui est son premier essai dans la critique. Il paraît avoir senti dès lors ce qu'il y avait d'excessif dans son emportement, car il termine par cette phrase ambiguë qui est une nouvelle insulte, mais qui renferme une sorte d'excuse embarrassée et où on sent comme un remords : « La satire n'est permise que contre les » ouvrages : on n'y doit nommer les gens qu'avec égard, et s'il

---

[1] Apologie de M. de La Motte, p.121.
[2] Vers 1700. (Œuvres, t. VI, pp. 195 et 231).

» était permis quelquefois de se dispenser de cette exacte circons-
» pection, ce serait contre des gens qu'un jugement authentique
» aurait livrés au mépris universel » [1].

Par la suite, La Motte ne s'abandonna plus à ces emportements
qui dégradent celui qui s'y livre et font du tort à sa cause. Même
dans les dernières années de sa vie, quand il était harcelé par des
railleurs impitoyables, quelque amertume secrète qu'il en conçût,
il eut la force de se taire ou de blâmer sans aigreur des procédés
de critique que réprouvaient la raison et le goût [2].

Dans la « dispute honnête [3] » qu'il eut avec Fénelon lors de sa
grande querelle avec M⁽ᵐᵉ⁾ Dacier, dans les nombreuses répliques
qu'il adresse à ses contradicteurs, La Motte observe la bonne foi et
la décence [4] ; il conteste sans se moquer d'une façon blessante ; il
contredit sans recourir aux injures [5]. A cette époque de sa vie,
il apporte dans les discussions les plus graves une sorte d'entrain et
de bonne humeur qui contrastent avec l'air chagrin et le ton maussade
de quelques-uns de ses adversaires. Il présente ses idées avec une
franchise aimable et de bon goût : « Je prends la liberté de dire ce
» que je pense. Il serait à souhaiter que chacun en usât de même » [6].
Il avance son opinion avec modestie, sans parti-pris ni entêtement, et
si on doit l'injurier au lieu de le réfuter, il s'y résigne sans rancune :
« Je ne donnerai mes sentiments que pour des conjectures, toujours
» avec respect pour ceux qui pensent autrement, et toujours prêt
» d'abandonner mes idées pour de meilleures. Je pardonnerais
» même les injures, à qui me détromperait à ce prix » [7]. Alors les
insultes ne lui font pas peur ; il s'en amuse, il prend plaisir à relever
chez M⁽ᵐᵉ⁾ Dacier les plus vives, les plus homériques de celles que la
dame lui adresse, sans prendre « la peine de les assaisonner du
moindre tour [8] ».

Il n'en veut guère non plus à ces écrivains qui, pour plaire à la
partie la plus maligne du public, « ne se proposent en disputant que

---

[1] Œuvres, t. VI, p. 229.

[2] Quelquefois même il en riait. Voir Réflexions, t. III, p. 176, où il conseille aux
faiseurs d'Epigrammes de n'en faire que contre lui : « Je leur promets de n'y
jamais répondre et de rire même à ce qu'il y aura d'heureux et de bien
tourné dans les injures qu'ils me diront. »

[3] Réflexions sur la critique, t. III, p. 45.

[4] De Barante. Tableau de la Littérature française au XVIIIᵉ siècle, 8ᵉ édit.,
1860, p. 55.

[5] D. Nisard. Littérature française. (Edit. Didot, 1880), t. IV, p. 19.

[6] Discours sur la poésie, t. I, p. 13.

[7] Discours sur Homère, t. II, p. 7.

[8] Réflexions sur la Critique, t. III, pp. 21, 23.

» le frivole honneur de vaincre à quelque prix que ce puisse être » [1].
Il se contente de dédaigner ceux-là et d'approuver les bons écrivains
qui ne cherchent qu'à éclaircir le débat, et ne « font attention qu'à
la solidité des arguments » [2]. Pour toute vengeance, il analyse
avec une clairvoyance cruelle la fâcheuse méthode de discuter
de ses adversaires. « Dès qu'ils ont avancé une opinion, il ne leur est
» plus possible de convenir qu'elle soit fausse ; ils se croiraient même
» déshonorés d'en rien rabattre ; et, moitié illusion, moitié mauvaise
» foi, ils font armes de tout pour la défendre. Plus les raisons
» contraires les frappent, plus elles les irritent : ils tournent toute la
» sagacité de leur esprit à imaginer des détours pour échapper à la
» vérité qui les presse ; et, raffermissant le mieux qu'ils peuvent leurs
» préjugés ébranlés, ils payent de subtilités, de hauteur et d'injures
» même, quand ils ne sauraient payer de raison. Plutôt que de ne
» pas triompher, ils se forgent des chimères et les attaquent...
» Quelquefois même, pour dernière ressource, ne pouvant discréditer
» les raisons, ils essayent de discréditer l'auteur qui les allègue, en
» lui reprochant d'autres fautes indifférentes au fait présent : ce qui
» n'est à parler juste que se venger lâchement de son propre tort » [3].
La Motte passe ensuite à l'étude des diverses « sortes d'injures
» usitées dans les contestations des gens de lettres » [4]. Il y en a de
« deux espèces », dit-il avec un sang-froid moqueur : « les unes sont
» des injures toutes crues, et telles que la passion les suggère
» d'abord, les expressions les plus naturelles du mépris et de la
» colère, des démentis en forme, des reproches directs d'impertinence
» et d'absurdité, et mille autres formules aussi polies ». Celles-là,
Mme Dacier ne les lui a pas épargnées et il s'en rit. « Il y en a
» d'autres plus ingénieuses qui, quoique également injustes, ne
» laissent pas d'égayer la matière et de faire passer la malice à la
» faveur de l'art » [5]. Ces injures plus fines ne le fâchent point,
mais elles ne le séduisent pas non plus : « J'en ai trouvé
» quelques-unes de ce genre dans Mme Dacier. Elles m'ont réjoui
» moi-même quoique ce fût à mes dépens. Je renonce pourtant à
» l'honneur d'en rendre de pareilles ; je me prive volontiers d'un
» avantage que je crois injuste, et je ne veux ni me faire lire, ni
» avoir raison à ce prix » [6]. La leçon est donnée avec délicatesse. La

---

[1] Réflexions sur la Critique, t. III, p. 3.
[2] Ibid., p. 2.
[3] Ibid., p. 3.
[4] Ibid., p. 20.
[5] Ibid., p. 23.
[6] Ibid., p. 24.

Motte s'expose aux coups avec une belle désinvolture et il refuse de les rendre avec une bonne grâce parfaite. Il y gagna plus qu'il n'y perdit : cette modération courtoise et cette « urbanité exquise » lui valurent de triompher devant l'opinion publique, bien plus que ses arguments et ses subtilités.

La lutte terminée, il se fit honneur encore en dégageant de la querelle une importante leçon qu'il adressa à ses confrères les gens de lettres [1]. « Les auteurs, après qu'ils ont défendu leurs senti-
» ments, doivent montrer, en se réunissant de bonne foi, que la
» diversité des opinions ne doit jamais aliéner les cœurs ; que l'estime
» et l'amitié peuvent se soutenir au milieu même de la contradiction ;
» et qu'il faut que les disputes des gens de lettres ressemblent à
» ces conversations animées où, après des avis différents et soutenus
» de part et d'autre avec toute la vivacité qui en fait le charme, on
» se sépare en s'embrassant, et souvent plus amis que si l'on avait
» été froidement d'accord » [2]. Sentiments élevés, langage très noble dans la bouche de l'homme qui eut le plus à souffrir de ces intempérances et de ces brutalités de la critique ancienne, qu'il voulait réformer et rendre plus douce et plus traitable.

La Motte ne réussit pas dans ce beau projet. Malgré les exemples qu'il prodiguait, les avertissements charitables qu'il donnait à ses confrères, la critique demeura grossière, ou bien, ce qu'elle perdit en violence brutale, elle le gagna en licencieuse gaieté et en légèreté facétieuse [3].

Victime plus que pas un écrivain de tous les mauvais plaisants, Aristarques bouffons, Quintiliens de la foire, La Motte finit par prendre, de ces coups d'épingle dont on l'assassinait, un peu de dépit et d'amertume. Sans quitter le ton calme et serein qui lui est habituel, il laisse échapper quelques dures vérités sur cette nouvelle critique injuste et mal intentionnée. Dans son « Second Discours sur la Tragédie » [4], il se venge à sa manière de ces juges téméraires qui s'improvisaient les guides de l'opinion et les censeurs de tous les talents. Il distingue deux sortes de critiques : les uns sont des jeunes gens « qui n'ont encore qu'assez d'esprit pour présumer d'en avoir

---

[1] Il ne publia pas les 4e et 5e parties qu'il avait écrites, louable preuve de modération.

[2] T. III, p. 280, § ajouté aux Réflexions sur la Critique.

[3] Pourtant. — est-ce une tactique ? — vers 1714, La Motte constate un progrès dans la modération des discussions, une sorte d'apaisement. (V. préface du Discours sur Homère, t. II).

[4] Œuvres, t. IV. Écrit en 1722

beaucoup » [1], et qui « plus pressés de décider que de s'instruire »,
ambitieux de « la gloire d'être imprimés avec quelque espoir d'être
lus », font leur apprentissage d'écrivains en rédigeant, en
amplifiant « des discours du monde, ramassés sans choix, sans
» examen et sans liaison ». — Les autres, « plus instruits et plus
» ingénieux » [2], n'ont pour but « que de briller aux dépens d'un
» ouvrage qui vient d'avoir quelque éclat, et de se donner tout à la
» fois un air de supériorité sur l'auteur qu'ils censurent et sur le
» public qui s'en est laissé séduire » [3]. Bien déterminés d'abord à
trouver des défauts, n'y en eût-il pas, rien ne leur coûte pour en
découvrir, ni « les infidélités, ni les sophismes ». Telle est la
revanche que prend La Motte sur tant de gens qui, sous prétexte
de le juger, s'arrogeaient le droit de le décrier et de le rendre
ridicule pour des sottises qu'il n'avait point dites, ou des fautes qu'il
n'avait pas commises [4].

Bien loin au-dessous des critiques, La Motte place les auteurs de
Parodies. Il ne leur fait pas l'honneur de s'irriter contre eux ; il
en parle avec une indulgence méprisante [5] : « Comme ce genre
» est pourtant un exercice de l'esprit et qu'il demande encore
» de l'adresse et du talent, il ne mérite pas un dédain si marqué ».
Et puisque le public s'en amuse on en peut parler, par simple considération pour ceux qui l'approuvent. Le premier défaut de la parodie
c'est d'être trop facile [6]. Elle est quelquefois pleine de sel, et
La Motte avoue qu'il s'est amusé le premier des inventions
ingénieuses de « l'Agnès de Chaillot » [7]. Seulement le genre même
lui paraît mauvais et dangereux pour plusieurs causes : ce badinage
fait tort à la tragédie, l'impression persistante du ridicule détruit
l'émotion dramatique. Les critiques des parodistes ne peuvent guère
tomber sur de vrais défauts [8], parce qu'ils songent plus à faire rire
qu'à bien juger. Un inconvénient plus grave, c'est de tourner la vertu

---

[1] Œuvres, t. IV, p. 136.

[2] Ibid., p. 137.

[3] Il y a, dans les Réflexions sur la Critique (t. III, p. 90), une jolie page
sur les artifices ordinaires à ceux qui disputent.

[4] « Il a paru une critique imprimée à laquelle je me dispense de répondre. Je
persiste dans la résolution d'en user toujours de même avec des auteurs trop
passionnés et de mauvaise foi, quand il y aurait même de l'esprit dans leur
ouvrage. Je crois devoir ce dédain aux mauvais procédés » (Préface des 1res
éditions d'Inès, 1723. — Œuvres, t. IV, p. 318).

[5] IIIe Discours sur la tragédie, t. IV, pp. 255-265.

[6] Ibid., p. 256.

[7] Ibid., p. 257.

[8] Ibid., p. 258.

en paradoxe et de la rendre ridicule[1] : « tandis que le poète tragique
» fait effort pour élever les âmes, par de grands exemples, au-dessus
» des sentiments vulgaires, le parodiste s'étudie à les faire retomber
» dans leur pusillanimité naturelle »[2]. Enfin la crainte du ridicule
peut décourager certains poètes tragiques : « Je ne serais pas
» surpris que des esprits un peu fiers négligeassent un talent
» dévoué par la mode au premier plaisant qui voudrait en rire »[3].

Cette grave et froide dissertation montre à quel point La Motte
était maître de lui-même. On sent bien qu'il a été touché, qu'il est
encore sourdement irrité contre les méchants railleurs qui se sont
donné le malin plaisir de populariser, en la ridiculisant, sa meilleure
tragédie, celle qu'il appelle tout bas son chef-d'œuvre. Mais il croirait
malséant de trahir sa rancune et peu spirituel d'avouer qu'il a
souffert, en récriminant contre ceux qui l'ont blessé. Il se tait sur
lui-même, il ne prononce pas les noms de ses critiques : cette affaire,
où tous ses intérêts sont engagés, il s'efforce de l'élever au-dessus des
mesquines querelles de personnes et d'en faire une question générale[4]. C'est la plus belle victoire que la raison de La Motte ait
remportée sur son amour-propre ; c'est le plus honorable effort que
se soit imposé la critique raisonnable, impersonnelle et courtoise,
pour garder la supériorité sur la critique satirique et personnelle.

Après nous avoir fait entendre ce qu'il blâme dans les procédés
indiscrets ou inconvenants de la critique contemporaine, La Motte
va nous dire quelle idée il se fait des *devoirs de la saine critique*. A
plusieurs reprises, il a tracé le portrait du véritable juge des œuvres
de l'esprit, mais nulle part avec autant de précision et d'élévation
que dans son « Second Discours sur la tragédie ». « La raison
» voudrait…, que les critiques ne fussent permises qu'à des gens
» éclairés et équitables…. Des gens éclairés n'établiraient sur un art
» que des principes certains et bien développés ; ils n'en feraient
» que des applications justes aux défauts d'un ouvrage, en faisant
» sentir précisément en quoi ils consistent et en fournissant les
» moyens de les éviter ; équitables d'ailleurs, ils ne reprendraient
» pas un écrivain de manière à l'aigrir et à l'indigner, mais avec
» des raisonnements solides, accompagnés d'égards qui les rendraient

---

[1] IIIe Discours sur la tragédie, t. IV, p. 262.
[2] Ibid., p. 263.
[3] Ibid., p. 264.
[4] Une seule trace de Parodie chez La Motte, mais sur un ancien : dans les
Réflexions sur la Critique, t. III, p. 146, il y a une Parodie du Discours d'Hector à
ses chevaux. Encore s'excuse-t-il de « cette bassesse ».

» plus persuasifs et qui, en encourageant l'auteur, l'aideraient à se
» corriger ; car il faudrait être maladroit pour ne pas trouver dans
» un ouvrage applaudi du public quelques occasions d'une louange
» légitime » [1]. Il ne faut pas l'oublier, ce portrait idéalisé du critique
éclairé et équitable, plus désireux de donner la raison vraie des
défauts que de les relever avec malignité, capable de faire accepter
la vérité déplaisante par un auteur de vanité chatouilleuse, héroïque
enfin au point de rechercher les beautés cachées d'un ouvrage et de
les mettre en lumière avec une clairvoyance sympathique [2], La Motte
le dessinait au moment où se coalisaient contre lui tous les écrivains
qui représentaient l'ancienne critique, avec son étroitesse de jugement, sa partialité passionnée, son intolérance violente, et tous ceux
encore qui représentaient la critique nouvelle, bruyante, moqueuse,
chicanière, parodiste et gaiement cruelle.

La Motte eut le courage de persévérer dans son parti pris, chimérique, mais honorable, de jugement équitable et de bienveillance
intelligente. Il donna encore une preuve de cette longanimité,
presque unique en son temps, lors de sa dernière querelle
littéraire, dans sa « Réponse à Voltaire » : la douceur, la fermeté
modeste, la complaisance à entrer dans les opinions de l'adversaire
y sont aussi sensibles que dans les meilleurs ouvrages qu'il a écrits
au temps de sa prospérité et de sa gloire.

Il se peut que La Motte se soit regardé lui-même et contemplé un
peu complaisamment quand il a voulu retracer la figure du critique
sage et impartial. Il eût pu choisir moins bien son modèle, et les
originaux du portrait n'étaient pas communs. S'il a fait cela, pardonnons à une vanité assez justifiée ; car y eut-il jamais beaucoup de
poètes assez désintéressés pour ménager leurs confrères vivants, et
réserver leurs jugements les plus durs aux auteurs morts depuis
des siècles ; assez généreux pour louer et conseiller leurs rivaux,

---

[1] 2e Discours sur la Tragédie, t. IV, pp. 139-140. — Écrit en 1723. — Cf.
Préface du Discours sur Homère : t. II. « Il ne faut pour exciter mes efforts que
la seule envie de mériter l'approbation des sages ».

[2] Cette prétention à l'impartialité absolue, La Motte semble l'avoir eue de
bonne heure. — Voir sa réponse à Boileau, au sujet de la XIe Réflexion sur
Longin (t. V, pp. 396-397) : « J'aurais peine à trouver des modèles dans les
disputes des gens de lettres. Ce n'est guère l'honnêteté qui les assaisonne : on
attaque d'ordinaire par les railleries, et l'on se défend souvent par les injures :
même les manières font perdre le fruit des choses, et les auteurs s'avilissent eux-
mêmes, plus qu'ils n'instruisent les autres. Quelle honte que, dans ce genre
d'écrire, ce soit être nouveau *que d'être raisonnable* ».

comme Trublet nous affirme que La Motte aimait à le faire [1] ; assez
magnanimes enfin pour faciliter les débuts à des émules dangereux,
service que, nous le savons, La Motte rendit à Voltaire ? Non, assurément. Aussi a-t-on cru devoir insister sur cette qualité dominante
de la critique de notre auteur — la modération — parce que,
rare toujours, elle fut presque inconnue dans ce temps-là.

Si La Motte a donné dans la belle erreur de croire qu'on pouvait
traiter les choses du goût comme les matières scientifiques et parvenir directement à la vérité dans ces questions délicates, sans risque
d'erreur ou de conflit entre des opinions contraires [2], cela tient à ce
que, de très bonne foi, il s'imagine que, grâce à une méthode rigoureuse, la *Raison* était capable de dégager, avec une sorte de sûreté
infaillible, des conclusions incontestables de principes certains. Il
lui est d'autant plus facile, jugeant les œuvres, de négliger les personnes, les intérêts et tout l'élément passionnel, qu'il ne voit dans la
littérature et la poésie que des « idées » exposées avec plus ou
moins d'art, des principes et des règles.

La Motte fait reposer sa critique tout entière sur la seule Raison :
c'est cette faculté unique, en laquelle il a foi, qui lui fournit les
notions premières sur lesquelles il s'appuie avec une pleine confiance ; c'est elle qui le guide et le soutient dans la discussion des
idées, qui lui fournit sa méthode, toute déductive et géométrique,
qui lui suggère son amour de l'ordre et la netteté de ses plans.

La Motte a foi dans la raison. Il faut fixer le sens de ce mot qui en
a reçu tant et de si divers. La raison, pour lui, ce n'est plus ce « sens
commun », cet acquiescement universel à un certain nombre de vérités
générales et de principes absolus qui a fait l'unité intellectuelle et
morale du XVII° siècle, qui a réuni par la conformité des mêmes
opinions tous les hommes de ce temps et inspiré le génie de quelques
écrivains, interprètes éloquents de ces idées et de ces principes
incontestés. — La raison, au jugement de La Motte et de ses amis,
c'est cette faculté de l'âme qui appartient à tous les hommes et à
toutes les époques, mais dont sont plus particulièrement douées
certaines générations heureuses et certains hommes privilégiés :
c'est le « sens propre », c'est la raison individuelle, supérieure aux
préjugés, indifférente à l'opinion du plus grand nombre, qui acquiesce

---

[1] Trublet. Lettre à M° T. D. L. F., t. I, p. xxvij.

[2] Cf. Discours sur le différent mérite des ouvrages d'esprit, t. VIII, p. 364. « On
se rapprocherait bientôt si l'on s'expliquait, mais on ne s'en donne pas la peine,
et souvent l'on aime mieux disputer que de s'entendre ».

aux idées plus qu'elle n'y croit, qui examine les principes avant de les admettre, exige l'évidence pour se rendre, mais qui, sur l'évidence, échaffaude avec méthode de vastes et fragiles édifices. Cette raison émancipée, maîtresse d'elle-même et responsable devant elle seule, l'autorité la met en défiance et pour elle l'assentiment général n'est qu'une présomption. C'est la puissance nouvelle, née avec Descartes, demain reine du monde, et qui s'essaie dans les lettres avec une liberté et une joie que ne lui permettent pas encore les autres sujets. Telle est cette Raison que La Motte allègue sans cesse, qu'il chante dans ses vers et qu'il invoque dans ses discours, c'est d'elle qu'il fait sortir tous ses principes, par elle qu'il contrôle ses conclusions ; c'est d'elle que tout part, à elle que tout revient ; elle est le fondement de ses idées, le critérium des opinions étrangères ; elle lui inspire ses théories et lui suggère ses paradoxes les plus osés. Seule elle lui suffit et lui tient lieu de toutes les autres facultés, du sentiment, de l'imagination, de l'érudition.

L'abbé de Pons n'a pas mal décrit cet état d'esprit particulier où était La Motte, sa confiance dans la raison, et la méthode de juger qui en découle. Il résume toutes ces qualités diverses et ces défauts en disant de son maître qu'il est un « Philosophe cartésien ». « Voici, dit-il, à quoi nous le reconnaissons : à une certaine
» méthode qui le guide si heureusement au vrai dans toutes
» les matières qu'il traite ; à cette sage circonspection qui
» mesure sa confiance ou sa retenue à l'évidence ou à la simple
» probabilité de ses vues ; à cette hardiesse de jugement que les
» préjugés les plus superbes n'ébranlent point ; à cet amour vif de
» la vérité qui le rend si prompt à lui faire hommage lors même que
» ses adversaires la lui présentent ; si l'on veut encore, à cette
» généreuse indifférence, à ce mépris constant qu'il oppose aux
» procédés violents de ses adversaires » [1].

L'analyse est juste. Mais il faut obtenir de notre auteur qu'il nous confesse lui-même cette préférence qu'il a, entre toutes les facultés de l'esprit, pour la raison. Il a fait cet aveu avec beaucoup de netteté dans un opuscule intitulé « Discours sur le différent mérite des ouvrages d'esprit » [2], petit essai de critique générale tout rempli de l'influence de Fontenelle et de l'esprit de Descartes.

Notre philosophe reconnaît l'existence de plusieurs facultés d'im-

---

[1] Œuvres de l'abbé de Pons, p. 337. (Observations sur quelques points concernant la traduction d'Homère).

[2] Œuvres, t. VIII, pp. 341 à 365. — Cf. D'Alembert, Eloge de La Motte : « Tous deux ont mis dans leurs écrits cette méthode si satisfaisante pour les esprits justes et cette finesse si piquante pour les esprits délicats..... »

portance inégale : ce sont la Mémoire, l'Imagination, le Jugement et
la Méthode. Toutes sont nécessaires à l'écrivain, mais non pas toutes
au même degré. La Mémoire n'est qu'un instrument utile ; l'Imagination entre dans la composition du génie, elle est indispensable; il
faut pourtant qu'elle soit soutenue et dirigée par le Jugement qui est
l'élément essentiel du goût. Mais de toutes ces facultés, la plus
haute, la plus rare, la plus précieuse, c'est celle qui tient de plus
près à la raison même, c'est la Méthode. C'est par elle que le siècle
est supérieur à tous ceux qui l'ont précédé : [1] « Point de prévention
» pour notre siècle, mais aussi rendons-lui justice : il a du moins
» sur les autres l'avantage d'avoir porté cet art plus loin qu'eux....
» Le goût de la méthode s'est répandu jusque sur la Poésie et
» l'Éloquence, car tel est l'usage et le prix de la raison qu'elle est
» bonne à tout, et telle est sa force qu'elle triomphe tôt ou tard
» des préjugés. » Rien d'étonnant à ce que La Motte, si bien armé,
marche hardiment à la conquête de la vérité dans les choses de
l'esprit ; on s'explique son assurance tranquille et sa modération
philosophique dans l'examen des idées et l'analyse des œuvres [2].
Ayant dans les mains cet instrument infaillible de la raison, qui
est la méthode, il peut se hasarder dans la mêlée confuse des
opinions pour y porter la lumière; il peut se mettre avec confiance
à la recherche des beautés certaines qui existent dans les ouvrages
à côté des « beautés arbitraires. » C'est ce qu'il exprime avec
beaucoup de précision dans ce passage : « Il y a dans les
» ouvrages d'esprit des défauts véritables et des perfections réelles ;
» je crois même qu'on peut établir des règles pour les peser avec
» assez d'exactitude, et pour n'accorder précisément aux choses que
» l'estime qu'elles méritent [3]. » On voit par ces paroles que
La Motte, ayant une foi entière dans la raison, croit aussi à
l'efficacité presque absolue des règles fondées sur la méthode;
il est convaincu que par elle, il est possible d'arriver à la vérité, que
la discussion est un moyen sûr d'y parvenir et que les qualités
d'esprit qu'on y porte, l'ordre et la netteté du plan, la rigueur de
la dialectique sont des procédés essentiels pour atteindre à ce but
suprême.

Un des articles de foi de la nouvelle École philosophique, c'est

---

[1] Œuvres, t. VIII, p. 360. — Cf. Discours sur Homère, p. 108. « Tout cela n'est
point la *raison* et cependant c'est à elle seule qu'il appartient d'apprécier toutes
choses ».

[2] Voir Discours sur Homère, t. II, p. 6. « Ne craignons point d'user de notre
raison, elle est l'arbitre naturel de tout ce que les hommes nous proposent ».

[3] Discours sur le différent mérite...., t. VIII, p, 342.

que, la raison étant prise pour point de départ et la méthode pour instrument, on peut à coup sûr, par la discussion, arriver à des vérités certaines dans toutes les questions d'art et de goût. En plusieurs endroits de ses discours, La Motte recommande comme le meilleur moyen d'éclaircir les questions et de faire faire à l'art des progrès [1], soit l'exposition claire, méthodique et impartiale des idées qu'un écrivain a conçues sur la matière qu'il traite, soit la controverse modérée et désintéressée entre les opinions contraires. Pour lui, il n'a négligé aucune occasion de dire franchement sa pensée. « ..... J'ai réfléchi sur tout selon ma portée ; j'ai voulu même » écrire et ranger ce que je pensais, dès que j'ai cru penser quelque » chose de raisonnable » [2]. Et de très bonne foi il engage les autres écrivains à faire comme lui. « Il serait à souhaiter que chacun en » usât de même. Après quelques contradictions qui en naîtraient, » les sentiments raisonnables prendraient toujours le dessus ; au » lieu qu'un respect outré pour les opinions établies ne sert qu'à en » éterniser les erreurs » [3]. Les réflexions qu'un auteur a faites sur sa matière ne sont pas inutiles à connaître : elles suggèrent dans d'autres esprits des idées plus exactes et plus approfondies. C'est le service que La Motte croit rendre au public en exposant ses idées sur la Fable : elles seront du moins pour le lecteur une occasion d'y penser, « et il y a des gens pour qui l'attention seule est un assez » bon maître » [4]. Pour les contestations entre plusieurs écrivains, elles sont plus profitables encore ; elles entretiennent une noble et féconde émulation, elles réveillent l'attention d'un public qui s'abandonne à ses vieilles admirations sans vouloir admettre au partage de ses louanges les jeunes talents et les génies originaux [5]; elles secouent les jeunes gens prêts à s'endormir dans une sorte de torpeur causée par une idolâtrie séculaire. C'est ce que La Motte dit avec beaucoup de force dans ses Réflexions sur la critique [6] : « Il faut du moins sauver les jeunes gens du préjugé dangereux où » les jette une admiration aveugle ..... » Mais le plus salutaire

---

[1] Il demeure fidèle à sa croyance jusqu'au bout (Voir sa Réponse... à Voltaire, 1730, t. IV. pp. 428-429). Il y prouve que la critique a été utile à Corneille et à Racine, utile aux spectateurs, qu'elle satisfait la Raison. « Chacun est jaloux de sa Raison ; on aime à la perfectionner et telle est la dignité de l'homme : on n'acquiert pas de lumières sans plaisirs quand même on y perdrait des illusions agréables ».

[2] Discours préliminaire (aux Discours sur la tragédie), t. IV, p. 6.

[3] Discours sur la Poésie.... t. I, p. 14.

[4] Discours sur la Fable, t. IX, p. 10.

[5] Ibidem, t. IX, p. 5.

[6] III, pp. 35-36.

effet de la discussion sage et raisonnable, c'est d'amener les deux
adversaires plus près de la vérité ; de les éclairer l'un par l'autre au
grand profit de la raison et du bon goût : « Quelques auteurs n'ont
» d'autre vue dans la dispute que d'entendre et de faire entendre
» raison. Le vrai leur est aussi bon de la main des autres que de la
» leur. Ils étudient dans ce qu'on leur propose ce qu'il peut y avoir
» de raisonnable : aussi contents quelquefois en avouant qu'ils se
» sont trompés, que le peuvent être ceux qui les réduisent à en
» convenir » [1].

Il semble que cette opinion sur les avantages des discussions
littéraires fût devenue de bonne heure une vérité indiscutée. J'en
trouve la preuve dans un discours envoyé par l'Académie de
Soissons à l'Académie française en 1723 : il est très probable que
l'Académicien provincial, M. Coudray, trésorier de France, n'est
que l'écho lointain et comme attardé d'une opinion établie au sein de
la grande Académie et du public littéraire. M. Coudray constate
avec un regret mêlé de résignation que « l'obligation de disputer est
» devenue en quelque sorte un *mal nécessaire* parmi les gens de
» lettres ; mais un *mal très utile* à la découverte de la vérité
» lorsqu'il est respecté par la politesse et la modération » [2].

Chez La Motte, cet amour de la contestation bienveillante vient aussi
d'une sage défiance de lui-même ; il est assez modeste pour éprouver
le besoin de s'éclairer, même sur ce qu'il connaît le mieux. Ecoutez
ces paroles sensées, très méritoires chez un croyant de la raison :
« Pour moi,.... me défiant toujours de ce que je dis quelquefois le
» plus affirmativement, je conserve encore des égards pour l'opinion
» contraire. Je soupçonne toujours qu'il y a dans les choses en
» question quelque face qui nous échappe toujours aux uns et aux
» autres et qu'il ne manque, pour être plus d'accord, que de se mieux
» entendre » [3].

C'est pour arriver à cette entente nécessaire qu'il recommande
avec insistance l'emploi d'une méthode rigoureuse dans l'examen des
questions ; il croit fermement à son efficacité pour guider à la vérité
les esprits de bonne foi. Cette méthode toute rationnelle et toute
cartésienne, il l'assimile quelque part à l'esprit géométrique : en
haine des scoliastes et des érudits qui jugent d'après les autorités
ou se laissent égarer par la prévention, il fait l'éloge de la méthode
scientifique appliquée aux choses de l'esprit. « Quel fléau, dit-on,

---

[1] Réflexions sur la Critique, t. III, p. 4.

[2] Recueil de plusieurs pièces d'éloquence et de poésie présentées à l'Académie
française. — J.-B. Coignard. — Année 1723, p. 244.

[3] Préface du Discours sur Homère, t. II, p. 2.

» pour la poésie, qu'un géomètre ! L'exclamation, qui est ironique,
» serait plus raisonnable si elle était sérieuse. L'esprit géométrique
» *vaut bien l'esprit commentateur*. Un géomètre judicieux ne
» parle que des matières qu'il entend : il examine les choses par les
» principes qui leur sont propres ; il ne confond point l'arbitraire et
» l'essentiel ; en un mot il apprécie tout et range tout dans son ordre.
» Il n'y a point de matière qui ne soit sujette à la plus exacte
» discussion : l'art poétique même a ses axiomes, ses théorèmes, ses
» corollaires, ses démonstrations ; et, quoique la forme et les noms
» en soient déguisés, c'est toujours au fond la même marche du
» raisonnement ; c'est toujours de la même méthode, quoique ornée,
» que résultent les véritables preuves » [1].

N'est-ce là qu'une boutade ? La Motte n'est pas éloigné de penser
que l'esprit géométrique peut s'appliquer avec fruit à l'étude de la
poésie et des belles-lettres et qu'on peut réduire en théorèmes les
propositions littéraires. Le procédé du raisonnement à priori, l'usage
immodéré de la méthode déductive ne lui répugnent pas : il traite
volontiers les choses du sentiment comme les matières abstraites, et
la littérature comme la science. C'est de là, nous le verrons bientôt,
qu'est venu le grand défaut de sa critique.

Il a du moins les qualités que comporte ce défaut de son esprit. Il
est passionné pour le *bon ordre* et le correct arrangement des parties,
dans l'exposition comme dans la discussion. Ses « Discours »
renferment des idées contestables, des raisonnements incomplets
ou des conclusions vicieuses : ils ont du moins le mérite d'être
conçus avec netteté et conduits avec suite. Dès le début, il
prend soin de nous avertir de ce qu'il veut faire, de bien marquer
son plan dans l'ensemble et dans les parties ; il y met même une
sorte de coquetterie [2]. Ce grand souci de l'ordre n'est pas une qualité
nouvelle ; mais ce qui est plus neuf et plus original dans la critique
littéraire, c'est ce besoin d'une clarté complète, ce désir d'éviter au
lecteur toute confusion ou tout embarras, de lui faciliter l'intelligence
d'idées jusqu'alors embrouillées à dessein par une phraséologie
pédantesque, embarrassées de citations et de commentaires.

---

[1] Réflexions sur la Critique, t. III, pp. 162-163.

[2] Voir par exemple : le début du Discours sur la poésie et chacun des Discours
sur la tragédie. — Dans le Discours sur Homère, non seulement il y a un plan
détaillé, très net, mais l'auteur a pris soin de résumer en une note marginale
chacune des propositions particulières.

Fontenelle avait rendu accessible à tous les esprits plusieurs parties de la science et de la critique religieuse ; La Motte rend au public un service du même genre pour tout ce qui touche à la littérature. Il porte la lumière dans l'obscur fatras des vieilles poétiques ; il éclaire des questions jusqu'alors obscurcies, il répand des notions nettes, incomplètes peut-être, souvent superficielles, parfois plus spécieuses que vraies, mais c'est le sort de tous ceux qui ont rendu populaires des questions complexes de fausser en quelque point l'opinion en lui fournissant des idées trop claires et des notions trop simples de choses compliquées. Ce besoin nouveau de plaire à tous par la séduction de la clarté, de la régularité, d'un enchaînement net et logique d'idées communes, à la portée de chacun, il n'est nulle part plus sensible que chez La Motte. Par là on peut dire qu'il a travaillé à développer l'esprit français dans le sens de ses besoins nouveaux.

Les *défauts* de la critique littéraire de La Motte tiennent à la nature même de sa méthode toute rationnelle et déductive. Ces défauts sont de deux sortes : ceux qui proviennent de l'*emploi exclusif* de la raison ; ceux qui naissent de l'*usage inopportun* de cette même faculté.

Malgré de belles apparences et des dehors prévenants ; malgré la netteté des divisions, le soin scrupuleux de définir tous les termes ; malgré la rigueur des déductions et la prudente défiance de lui-même qu'il affecte partout, les discours de La Motte ne laissent pas dans l'esprit du lecteur une impression forte et décisive. De vives et courtes lueurs éblouissent ; l'ensemble ne satisfait pas ; l'esprit demeure incertain et vaguement inquiet sur le fond même de la question si brillamment traitée. Le talent de l'avocat n'est pas douteux ; on l'admire, mais on ne se rend point. Cette résistance sourde du lecteur aux séductions d'une critique si insinuante et si spécieuse vient de ce que La Motte a appliqué à faux une méthode excellente en elle-même, mais qui ne convenait pas à la matière.

Traitant des sujets littéraires, il a eu le tort de croire que la raison et la logique, qui avaient émancipé l'esprit en philosophie, suffiraient aussi à l'affranchir dans la poésie et la littérature. De parti pris, il a négligé toutes les autres facultés de l'esprit : il s'est fait le métaphysicien de la littérature, il n'en a été ni l'historien ni le critique.

Certes la raison a une place considérable parmi les facultés nécessaires au critique. Mais l'erreur de La Motte et de plusieurs de ses contemporains a été de s'en exagérer l'importance et de lui sacrifier tout le reste [1]. Cette méprise a eu pour effet de lui faire traiter la littérature comme une science abstraite. Si bien que, plus il a dépensé de rigueur logique dans ses raisonnements, plus il s'est écarté de la vérité. Pour employer une de ses expressions qu'il applique à Descartes, il s'est «livré à une débauche du raisonnement» [2]. Sa critique jugée dans l'ensemble n'est qu'une « très mauvaise philosophie » et une « fausse métaphysique. » Qui donc le condamne ainsi? Deux juges qui ne sont pas suspects, deux philosophes déclarés, Voltaire [3] et d'Alembert [4].

L'erreur de La Motte vient de son éducation première et de la timidité de son caractère. Par routine et défaut de courage, il s'est mis dans cette situation fausse d'être à la fois un critique indépendant par l'esprit et un critique autoritaire par la méthode. D'une part il méconnaît tous les principes essentiels de l'Ecole : il nie l'autorité, il revise les jugements les mieux établis ; d'autre part, il continue à appliquer les procédés de la critique classique : il raisonne sur la littérature comme sur un sujet abstrait, il décide par voie de principes et de raisonnements absolus ; son demi scepticisme se fonde sur des preuves et s'étaie sur des arguments du même ordre que ceux sur lesquels les classiques ont édifié leur doctrine. Il n'a pas su pénétrer jusqu'aux vrais fondements de la critique, qu'il essaie de pratiquer à tâtons : il n'a pas vu que l'unique ressource de ceux qui ne voulaient pas s'endormir dans la contemplation des formes consacrées, c'était de recourir à l'histoire mieux comprise et, au lieu de considérer les œuvres de très haut et de très loin, de se rapprocher résolument des hommes et des choses ; il n'a pas compris qu'il fallait renoncer à rechercher je ne sais quelle uniformité du beau, quelle idéale et sublime monotonie de la forme artistique, pour se plonger dans le détail des beautés particulières

---

[1] Cf. Lefranc de Pompignan, Evêque du Puy : Essai critique sur l'état présent do la République des lettres, 1744. « Nous sommes moins raisonnables que nos pères, parce que nous voulons l'être trop ». — Plus loin il oppose les philosophes du temps aux grands hommes du XVIIᵉ siècle : « Ils savaient que, quoique la raison qui conduit le Géomètre et le Métaphysicien soit la même dans le fond que celle qui anime le poète ou l'orateur, leurs fonctions sont aussi différentes que les matières où elles s'exercent sont dissemblables ». — Cf. p. 10 : « On veut subtiliser dans une matière où les sentiments les plus simples sont les raisonnements les plus solides ».

[2] Discours sur la fable, t. IX, p. 27.

[3] Voltaire : Connaissance des beautés et des défauts de la poésie et de l'Eloquence, 1749, t. XXIII, p. 247.

[4] Réflexions de M. d'Alembert, de l'Académie des sciences, sur la personne et les ouvrages de M. l'abbé Terrasson.

et s'attacher à comprendre et à goûter les plus diverses manifestations de l'activité humaine. C'est dans la critique historique qu'était le salut des lettres, et non pas dans une vaine spéculation qui ne pouvait que se perdre en des rêveries métaphysiques, parce qu'elle n'avait pas pied dans la réalité par l'histoire, parce qu'aussi elle ne s'appuyait plus comme la critique classique sur l'expérience des anciens et sur l'autorité de la tradition.

Voyez par exemple combien vague et faible est la critique de La Motte appliquée à Homère. Il ne sait pas prendre une position nette et franche ; son discours aussi ne tient pas debout : c'est une suite de critiques mesquines, de chicanes étroites et sans portée. Nulle idée générale, nulle conclusion large et ferme. D'après quels principes juge-t-il ? Il est à peu près impossible de le démêler. Il commence par rejeter les témoignages anciens, il élimine l'autorité comme suspecte de prévention. Cela est bien : mais cette liberté prise, il ne restait au censeur d'Homère qu'un moyen de réviser le jugement et de renouveler l'opinion sur le poète grec. C'était de recourir à l'histoire, aux témoignages, à la comparaison des œuvres et des temps ; c'était de compléter les renseignements historiques par des hypothèses fondées sur des analogies ; en un mot de reconstituer l'époque à côté de l'œuvre pour voir quels rapports relient l'une à l'autre. La Motte n'a rien fait dans ce sens. Il se borne à étudier Homère comme un auteur, l'Iliade comme une épopée conçue et mûrie dans le cabinet. C'est sa raison imaginative qui reconstruit de toutes pièces cet organisme si compliqué et si simple, qu'est une épopée populaire. Pour le reste, comme il est demeuré bien plus qu'il ne le croit un élève de Boileau et d'Aristote, il juge le détail de l'œuvre d'après les règles établies, avec une rigueur plus sévère que ne l'avaient fait les autres disciples de l'école doctrinaire.

Le « Discours sur la poésie en général et sur l'ode en particulier», le premier ouvrage de critique générale que La Motte ait écrit, est conçu déjà et conduit d'après la même méthode abstraite et raisonneuse. Il en est ainsi pour tous les autres traités analogues. La « Dissertation sur la poésie, son essence et ses lois » n'est autre chose que le roman [1] métaphysique de la poésie, composé par un penseur hasardeux, qui n'est pas historien et qui n'est guère poète. Voici une preuve de la légèreté qu'apporte l'auteur à donner ses imaginations de raisonneur pour

---

[1] Voir, dans le Discours sur l'Eglogue, le roman de la poésie primitive (t. III, p. 284).

des faits certains. C'est à la fois une définition de la poésie telle qu'il la conçoit, et une histoire résumée de ses origines [1]. « La » poésie n'était d'abord différente du discours libre et ordinaire que » par un arrangement mesuré de paroles qui flatta l'oreille à mesure » qu'il se perfectionna. La fiction survint bientôt avec les figures, » j'entends les figures hardies et telles que l'éloquence n'oserait les » employer. Voilà, je crois, tout ce qu'il y a d'essentiel à la poésie». Est-il possible d'accumuler plus d'erreurs en moins de mots, plus d'hypothèses téméraires et d'affirmations impertinentes ? Peut-on plus délibérément se moquer de la réalité historique en se fondant sur les vagues conclusions d'une raison présomptueuse ? La dissertation qui suit, sur la nature de l'ode, est tout aussi téméraire. Le critique ne voit dans la poésie lyrique qu'une forme particulière de la littérature qui consiste dans un certain nombre et une certaine cadence, dans l'emploi d'un langage plus hardi et de figures plus libres [2]. Quant à la nature même de la poésie lyrique, telle que l'histoire la révèle, La Motte n'a pas l'idée de s'en enquérir : il imagine, il suppose, mais il ne se met pas en peine de contrôler ses hypothèses, de vérifier par les faits ses conceptions conjecturales.

La Motte ne considère pas la critique littéraire comme une sorte de science expérimentale ; il déclare nettement, en un endroit [3], que l'expérience est un fondement mal assuré des règles et un critérium incertain de la valeur des œuvres. Cela veut dire au fond qu'il se défie de tous les témoignages et de tous les faits, des preuves historiques et des arguments tirés des littératures diverses par voie de comparaison et de rapprochement. Il a donné toute sa confiance à la raison, qui est invariable et fixe, supérieure aux données fugitives et contradictoires de l'expérience historique. Aussi, bien qu'il répète plusieurs fois qu'il faut juger un poète d'après les idées et les mœurs de son temps, il se garde bien d'en rien faire. Comme il a jugé Homère [4], il juge Pindare [5], et les poètes primitifs, d'après les lois absolues du goût et les principes d'une raison supérieure, la raison de son temps perfectionnée par des siècles de réflexion accumulée. De même pour les littératures étrangères. Il n'a pas l'idée d'aller leur emprunter des lumières, des exemples et des preuves à l'appui de ses jugements, pas plus qu'il ne leur demandera des modèles ou des idées pour renou-

---

[1] Discours sur la poésie..., t. I, p. 14.
[2] Ibid., t. I, p. 25.
[3] Discours sur la Fable, t. IX, p. 21.
[4] Discours sur Homère, t. II, pp. 42, 96.
[5] Discours sur la poésie..., t. I, p. 45.

veler la poésie dont il sent et dont il constate l'appauvrissement. Dans toute son œuvre, je n'ai rencontré que deux allusions à la littérature anglaise [1], qui pourtant commençait à être connue en France par des imitations, des traductions et des jugements élogieux [2]. La critique rationnelle, dont La Motte est le représentant, n'était pas près encore de « perdre de vue le clocher de son village »[3].

La Motte ne fait guère plus de cas de la *sensibilité* que de l'expérience. L'imagination artistique, le sens de la nature, la sensibilité proprement dite, sont des facultés brillantes et dangereuses ; il convient de ne les employer qu'avec défiance et de ne pas se laisser duper par elles. On a vu que, s'il ne proscrit pas l'imagination, il la subordonne aux autres facultés de l'intelligence et surtout au jugement, c'est-à-dire encore à la raison [4]. Il ne laisse jamais passer une occasion [5] de marquer qu'il se défie de cette faculté indisciplinée, qui est plus souvent « aveugle » qu' « éclairée ». — « Un auteur judicieux, dit-il, commande à une imagination trop fertile... » Ce parti pris n'est-il pas significatif ? Quels jugements émus et sympathiques peut-on attendre d'un critique qui recommande de tenir pour suspecte l'imagination et qui, poète, a trop prêché d'exemple ?

On a montré, en étudiant les « Poésies pastorales » de La Motte, combien la nature était étrangère à ce poète de cabinet. Critique, il n'est pas moins indifférent à la beauté du monde extérieur. Ce mot même, — « la nature » — qui tout à l'heure va revenir dans les dissertations philosophiques et les écrits de toute sorte avec une persistance d'enthousiasme fatigante, ce mot, ne se présente presque jamais sous la plume de La Motte. Il ne demande pas au poète si ses œuvres reproduisent exactement l'image des spectacles familiers. Il ne se préoccupe point de savoir si les descriptions sont précises et animées [6] ; si les tableaux sont copiés sur l'original vivant. Il oublie constamment que les auteurs sont des hommes, qu'ils ont vécu dans un certain milieu, qu'ils avaient un tempérament particulier. Il lui arrive de faire allusion à l'influence des climats sur la

---

[1] 2º Discours sur la Tragédie, t. IV, p. 184. — Et au t. I, p. 555, dans « L'Ode de M. de La Faye, mise en prose ».

[2] Desfontaines du moins rendit ce service.

[3] Expression de Voltaire, dans Rigault : Querelle des Anciens et des Modernes, p. 263.

[4] Discours sur le différent mérite..., t. VIII, p. 348.

[5] Discours sur la poésie..., t. I, pp. 16, 28. — Réflexions sur la Critique, t. III, p. 138.

[6] Cf. Discours sur Homère, t. II, p. 51.

formation du génie des peuples ; mais cette idée. si pleine de conséquences très graves pour la critique et la science des littératures,
n'est chez lui, comme chez ses contemporains, qu'un lieu commun
sans portée. Cette influence, on la restreint à je ne sais quels effets
obscurs produits sur les esprits animaux par la chaleur du soleil,
par la légèreté ou l'épaisseur de l'air. Pour La Motte, il ne voit
dans le poète qu'un homme de lettres, semblable à lui, c'est-à-dire
une intelligence qui compte le moins possible avec ses organes et
qui met son orgueil à s'isoler de la grossière nature et du monde
extérieur. Il étudie les poètes, qu'ils s'appellent Homère, Pindare ou
Fontenelle, comme de purs esprits, qui n'ont rien eu à démêler avec
la nature du dehors, de même qu'ils ont été insensibles aux influences
sociales et historiques.

Le pire effet de la raison appliquée exclusivement aux Lettres a
été de faire dédaigner le *sentiment* au profit de l'esprit. Le propre
de la critique rationnelle, c'est d'être inaccessible à l'émotion,
d'exiger des preuves de ce qui ne peut être prouvé et veut être senti.
La littérature sortie du mouvement classique se défend de toute
passion vive comme d'un écart malséant, indigne de « l'honnête
homme ». Toute impression forte, tout élan spontané est proscrit
au nom du savoir-vivre. La sensation est bannie comme basse ; le
sentiment n'est admis que s'il est noble, un peu emphatique ; tout
mouvement de la sensibilité doit se déguiser pour être toléré.
prendre l'allure froide et compassée d'une idée, d'une conception de
l'esprit et avoir soin encore de se revêtir d'une forme correcte.
La Motte est bien de son temps. Quand il juge les choses
de l'esprit, il ne fait presque jamais entrer dans son jugement
le degré d'émotion, la spontanéité ou la force d'expression du
sentiment personnel. La grande sincérité d'un Homère, le
sublime aisé d'un Pindare, la naïveté franche et fraîche d'un
La Fontaine, ne le touchent pas. Il a trop négligé sa sensibilité,
il a trop longtemps oublié qu'il avait un cœur pour le retrouver
à son service quand il s'agit de juger des auteurs qui valent
surtout par ces qualités natives, si difficiles à soumettre à l'analyse.
C'est là le vice de cette école d'écrivains et de critiques ; c'est
aussi le mal dont souffrait l'époque tout entière. Bien des contemporains avait démêlé cette faiblesse. Un des premiers, d'Argenson
signale cette maladie du siècle [1] : « Le cœur est une faculté dont nous

---

[1] Mémoires de d'Argenson, p. 417. — Cf. Marais, passim.

» nous dépouillons chaque jour faute d'exercice, tandis que l'esprit
» s'aiguise et s'affine. Nous devenons des êtres tout spirituels. Les
» hommes perdent chaque jour de cette belle partie de nous-mêmes
» que l'on nomme la sensibilité. L'amour, le besoin d'aimer dispa-
» raissent de la terre.... La paralysie gagne le cœur ». Dans les
lettres, Fontenelle et La Motte étaient les chefs de cette école de
l'esprit, qui avait de bonne heure « relégué le sentiment dans
l'Eglogue ». Ces deux hommes étaient « doués de cette portion
» de goût que peut acquérir un esprit fin et juste, accoutumés à
» observer et à comparer, mais absolument privés de ce goût plus
» délicat qui tient à une sensibilité naturelle, sans laquelle on ne peut
» juger les productions des arts » [1]. Fréron porte sur l'abus de
l'esprit un arrêt qui est juste en sa sévérité : « Le sentiment et la
» nature ont deux mortels ennemis, l'esprit et l'art » [2].

Chez La Motte, ce dédain de la sensibilité, pour être moins
volontaire et systématique, n'était guère moins absolu que chez
Fontenelle. Il semble qu'à ses yeux tous les hommes soient doués
au même degré de la faculté de sentir et de rendre la sensation ; il
ne fait nulle différence entre Homère et Chapelain, entre Fontenelle
et Virgile. S'il résume son opinion sur les grands poètes lyriques,
il ne les distingue point d'après le génie même, c'est-à-dire d'après la
faculté d'éprouver des émotions vives et de les exprimer fortement [3] ;
il n'aperçoit que des degrés de talent et d'esprit, des nuances dans
l'art d'écrire. On sait avec quelle impertinence inconsciente il a parlé
de l'enthousiasme qui « n'est souvent qu'un beau nom qu'on donne
» à ce qui est le moins raisonnable » [4]. Il est clair qu'il n'y entend rien
et qu'il se défie d'un sentiment rare, qu'il est incapable d'éprouver. Sa
définition du sublime est ridicule [5] : c'est qu'il est incapable de s'élever
à ce niveau, de concevoir cet état particulier de l'âme où l'esprit et le
cœur sont également exaltés, et comme montés à l'unisson : « Je
» crois, dit-il, que le sublime n'est autre chose que le vrai et le
» nouveau, réunis dans une grande idée, exprimés avec élégance et
» précision ». Un homme qui définissait ainsi le sublime ne pouvait
être qu'un critique médiocre, incapable d'aimer la poésie et de
juger les poètes ! Esprit subtil et sec, cœur tiède, La Motte a pu

---

1 Grimm. Correspondance (Edit. M. Tourneux, t. III, février 1757). Sur Fontenelle : « Le défaut de sensibilité l'a laissé sans goût ». — Cf. Suard, Mélanges
de littérature, t. III, p. 385. — Cf. Portefeuille de J.-B. Rousseau, pp. 77 et 96.

2 Fréron. Année littéraire. 1754, t. VI. p. 127.

3 Discours sur la poésie.... fin.

4 Ibid., t. I, p. 28.

5 Ibid., t. I, pp. 35, 37.

avoir la finesse du goût, il n'en a jamais eu la profondeur, ni la chaleur communicative.

En résumé, l'abus du raisonnement dans des matières qui ne comportent l'emploi de la raison que comme un moyen de contrôle, et qui exigent avant tout l'usage des facultés sensibles, a eu pour résultat de rendre la critique de La Motte impuissante et incomplète. Elle est vague malgré tout l'appareil du raisonnement; elle est superficielle malgré ses prétentions à la profondeur; elle prétend embrasser les choses et les idées dans une vaste et puissante synthèse : en réalité, elle ne saisit rien d'une forte étreinte, parce qu'elle a laissé de côté dans son premier effort les éléments essentiels de la critique historique et les plus rares facultés qui composent le génie poétique.

Le premier tort de La Motte a donc été d'employer exclusivement dans la critique la méthode rationnelle. Son second tort est d'avoir souvent employé le même procédé *mal à propos*.

Quand on suit avec attention le développement des idées chez La Motte, la chaîne des raisonnements, on est vite rebuté et irrité par la faiblesse ou l'insuffisance de certains jugements ou de certaines argumentations. La modestie affectée de la pensée, la finesse des insinuations, les atténuations multipliées, ne suffisent pas à entretenir l'indulgence ou à satisfaire le bon sens. A chaque pas on est arrêté par des raisonnements boiteux ou faux, choqué par des demi-vérités ou des erreurs, blessé par des équivoques ou des légèretés de jugement difficiles à pardonner à un philosophe et à un logicien. La cause de ces défaillances de la raison chez un homme d'un sens si fin et d'un esprit si exercé [1], on ne doit pas la chercher, je crois, dans la mauvaise foi ou dans un entêtement de disputeur intraitable : La Motte était honnête homme même dans la discussion. Faut-il l'attribuer à l'esprit d'analyse qui, appliqué aux lettres et aux arts, ne peut produire que les apparences de la vérité, que le spécieux [2] ? Cette explication est incomplète. L'esprit d'analyse, appliqué aux belles-lettres, peut produire d'excellents effets, si on l'emploie avec mesure et avec tact. Chez La Motte, l'origine de tous les faux raisonnements, c'est l'insuffisance des renseignements certains, le défaut de connaissances solides qui doivent servir de fondement à l'analyse et au raisonnement, ménager les comparai-

---

[1] Sur le bon sens qu'avait pourtant La Motte, voy. Vinet, Littérature française au XVIIIe siècle, t. I, pp. 235 et 240.

[2] Nisard. Histoire de la littérature française, t. IV, p. 23.

sous fécondes et les rapprochements utiles, assurer l'argumen-
tation, en un mot empêcher l'esprit spéculatif de se perdre dans
le vide. Les fautes de raisonnement qu'il commet proviennent
presque toujours de ce qu'il a ignoré ou omis quelques-uns des
points essentiels de la question. Aussi ses erreurs consistent-elles
surtout en conclusions précipitées tirées de prémisses incomplètes,
en déductions trop rigoureuses fondées sur des principes mal assis,
en confusions de choses distinctes, en définitions fausses parce
qu'elles laissent à l'écart des éléments nécessaires, en raisonnements
mal édifiés d'après des analogies douteuses et incomplètes.

La Motte attache une importance particulière aux bonnes définitions ; il y porte toute la clarté et toute la précision dont il est
capable. Malgré cette sollicitude sincère et très louable, beaucoup
de ses définitions sont vicieuses parce qu'elles sont incomplètes et
n'embrassent pas tous les termes du sujet. Ayant défini la poésie, il
lui reproche comme une «singularité» [1] la contrainte peu raisonnable
qu'elle s'impose et qui est un préjugé contre elle, le « but du discours
» n'étant que de se faire entendre ». Est-il proposition plus fausse,
avec une apparence de raison ? L'objet de la parole est de se faire
entendre, sans doute, mais il est aussi de plaire : la voix humaine
persuade et charme tout autant qu'elle prouve et convainc.

Ailleurs, voulant définir la fable, il écrit [2] : « La fable est
» une instruction déguisée sous l'allégorie d'une action. C'est
» un petit poème épique qui ne le cède. au grand que par
» l'étendue ». Ici l'écrivain a péché par irréflexion et défaut de
logique, ce qui n'est pas son habitude. Si l'apologue consiste surtout
dans une action, il semble qu'il tient plus du poème dramatique que
de l'épopée. L'erreur n'est pas grave, mais la faute de raisonnement
est sensible. Qu'on se rappelle les définitions que La Motte a données
de l'ode, du sublime, on trouvera qu'il y a commis des erreurs
du même genre, dont la cause première est la méconnaissance de
quelque fait essentiel et la précipitation à généraliser des données
incomplètes.

D'autres fois, ce sont des légèretés de jugement qui surprennent :
La Motte écrit que « la Pharsale et le Lutrin sont aussi bien des
» poèmes épiques que l'Iliade » [3]. Il est évident qu'il s'est laissé aller
à dire plus qu'il ne voulait et qu'il sait lui-même que l'assimilation est
forcée et le rapprochement contraint. — On relèverait bien des

---

[1] Discours sur la poésie, t. I, p. 15.
[2] Discours sur la Fable, t. I, p. 11.
[3] Discours sur Homère, II, p. 15.

demi-vérités, des propositions contestables ou qui auraient besoin d'être redressées et corrigées. S'il dit que « le vrai mérite consiste » à reconnaître les défauts partout où ils sont » [1], il n'exprime que la moitié de sa pensée ; il nous laisse le soin de la compléter et de placer au-dessus de celui qui signale les défauts, le juge qui discerne les qualités, les admire et les aime.

Mais les erreurs les plus sensibles sont celles qui proviennent d'un abus de la logique ou de fausses analogies. La Motte soutient qu'il est impossible aux modernes de juger avec compétence des qualités du style dans un auteur ancien. « Personne ne possède assez » les langues mortes pour en sentir comme il faudrait les déli- » catesses, les grâces et les négligences » [2]. Nul, sans doute, n'osera relever le défi qu'il porte à celui qui « se croit en état de deviner » juste tout ce que Virgile eût corrigé dans son Enéide ». N'est-ce point pourtant condamner trop absolument l'intelligence des langues anciennes, permise sans présomption aux plus doctes et aux plus sensibles parmi les modernes ?

Ailleurs La Motte donne une preuve de sa promptitude à conclure suivant ses désirs plutôt que d'après la réalité. Il a établi que l'ode traite les sujets les plus différents ; il se hâte d'en inférer qu'elle n'a d'autre caractère essentiel que sa forme. Précipitation blâmable : l'unité de l'ode réside, non pas dans sa forme, mais dans son esprit même, dans un certain degré de chaleur et d'émotion qui ne se trouve pas également dans les autres genres de poésie.

Le plus notable exemple de raisonnement vicieux par fausse ana- logie se trouve, je crois, dans les « Réflexions sur la critique » [3]. La Motte prétend prouver que l'admiration séculaire dont Homère est l'objet ne prouve rien et qu' « un homme pourrait réclamer lui seul » contre tous les siècles ». A l'appui de son dire, il apporte un argu- ment qui ne vaut rien : « A la vue des premières expériences de la » pesanteur de l'air, qu'a servi le long règne de l'horreur du vide » ? Qu'y a-t-il de commun entre ces deux phénomènes qu'une vaine et fausse apparence ? Et conclure de ce qui s'est passé dans l'ordre des connaissances positives à ce qui se produit dans l'ordre des impressions artistiques, n'est-ce pas faire cette espèce de faux raisonnement qu'on appelle un sophisme ?

De même, quand La Motte confond deux choses distinctes, la perfection morale qui va progressant tous les jours et la

---

[1] Discours sur Homère, t. II, p. 1.
[2] Ibid., t. II, p. 85.
[3] Réflexions sur la Critique, t. III, p. 93.

perfection artistique qui doit, suivant lui, suivre la même marche [1], ne commet-il pas une erreur fâcheuse chez un homme qui se pique de raisonner juste et de redresser les erreurs des autres ?

A ces défauts habituels il faut ajouter une tendance mauvaise à exagérer la finesse, à lancer des pensées justes au fond, mais qui affectent de faux airs de paradoxes ; celle-ci, par exemple : « Rien » n'est souvent si ingénieux que le sentiment » [2]. L'idée n'est pas fausse et l'auteur, je le sais, prend soin de la faire accepter par une explication raisonnable ; pourtant elle a quelque chose de trop ingénieux qui risque de choquer et qui rend nécessaire une prompte correction.

Un dernier symptôme de ce singulier état de l'esprit, ouvert sur un seul côté des choses et fermé sur les autres, c'est la facilité avec laquelle La Motte s'enferme dans une idée et la pousse au paradoxe avec la plus impitoyable logique. Quand par exemple il ferme les yeux sur le mérite d'Homère et des Anciens ou quand il se bouche les oreilles au bruit charmant de la poésie, il est conséquent avec lui-même : c'est sa raison qui l'aveugle ou le rend sourd. Dans les deux cas, il raisonne à outrance avec un aplomb imperturbable et sans qu'on puisse le réfuter autrement qu'en lui opposant des faits qu'il a omis, des sentiments humains dont il n'a pas tenu compte. L'ensemble de son œuvre critique est fragile parce que son analyse, sommaire et fine, superficielle et profonde à la fois, n'a pas tenu assez de compte de la réalité et de la variété des phénomènes, de la multiplicité des manifestations de l'activité intellectuelle, ni des contradictions particulières dont la nature compose l'uniformité de son œuvre.

Nous sommes préparés à comprendre la valeur des théories littéraires de La Motte. Tout chez lui découle de l'idée trop haute qu'il s'est formée de la raison, de la confiance exclusive qu'il a mise en elle et de l'abus qu'il en a fait dans la discussion. Dès lors toutes les connaissances complémentaires sont tenues pour suspectes, rejetées au second rang ou proscrites : les témoignages et les autorités ne comptent plus : les enseignements de l'histoire sont omis ou réduits à peu de chose ; les comparaisons instructives ne sont point appelées à contrôler le raisonnement abstrait. Du même coup il tient en suspicion ou méconnaît l'ensemble des facultés sensibles qui tiennent plus de la nature extérieure que de la raison pure : l'imagination et toute la sensibilité sont presque des valeurs

[1] Réflexions sur la Critique, t. III, p. 189.
[2] Discours sur l'Églogue, t. III, p. 309.

négligeables dans le compte qu'il fait sommairement des éléments qui constituent le génie. Par contre, et en même temps que les qualités foncières et essentielles des grandes œuvres sont réduites à néant, la forme et tout l'accessoire des mérites extérieurs et acquis prend une importance exagérée : la forme cache le fond et l'étouffe. La conséquence de tout cela, c'est que le critique, qui a mis toute sa foi dans la raison et toute sa force dans la logique, est désormais peu capable de raisonner avec fruit, sinon avec suite. Il lui est défendu de rien conclure de décisif sur une question, de la traiter à fond et dans le vif, d'y jeter autre chose que des lueurs fugitives, et d'y porter une lumière égale et pleine. L'ensemble de ses déductions serrées et étroites n'a rien qui satisfasse et qui repose l'esprit ; le détail de ses petits raisonnements séduit parfois, mais le plus souvent étourdit, éblouit et confond. Il est arrivé à La Motte, malgré tout, d'avoir d'heureuses idées et de les énoncer avec quelque assurance ; mais l'insuffisance de sa méthode et la timidité vacillante de son esprit ont réduit ces idées à n'être que des aperçus ingénieux sans p ortée.

On verra, par l'étude des théories de La Motte et l'examen de ses paradoxes, à quel point il est dangereux pour l'esprit le plus ouvert et le plus entreprenant, de n'avoir pas la force de se faire une méthode appropriée à ses visées instinctives, et de rêver de faire une révolution dans les lettres avec des armes impuissantes, empruntées à l'arsenal des temps passés. Mais c'était peut-être la fatalité de cette époque inquiète et impuissante, sourdement travaillée de désirs nouveaux et dominée par des traditions invincibles, de ne pouvoir réaliser ce qu'elle souhaitait, de rêver un avenir plus libre sans pouvoir se déprendre d'un passé tyrannique, de réclamer d'autres moyens de plaire sans pouvoir aboutir à les inventer, échouant de façon misérable dans une critique mesquine, sèche et vide, dont les principes mêmes étaient empruntés à cette tradition qu'on voulait rejeter et dont on se targuait de secouer le joug. Ce contraste entre le fracas de l'effort et la pauvreté de l'effet sera l'intérêt même de l'examen qu'on va entreprendre des idées originales de La Motte et de ses tentatives d'affranchissement. Toute une époque se résume en lui, pour ainsi dire, avec ses vues ambitieuses et ses impuissances, ses besoins indistincts et sa soumission à la routine plus forte.

VI. — LA MOTTE THÉORICIEN.

Nous abordons la partie la plus délicate de cette étude. Dans l'œuvre critique de La Motte, si étendue et si variée, remplie d'affirmations hardies, reprises presque aussitôt qu'elles ont été avancées, de corrections, de réticences et de sous-entendus, il va falloir démêler les idées générales qui sont le fond même de sa pensée, arriver aux opinions qui en dernière analyse composent sa théorie de la poésie et de l'art d'écrire, enfin dégager les deux ou trois grand principes qui constituent ce qu'on peut appeler sa Philosophie littéraire.

Cette analyse comprendra deux parties. Un premier chapitre contiendra l'exposition des *principes généraux* qui ont guidé La Motte. On examinera successivement ses idées sur la nature et les lois fondamentales de l'art et de la poésie, — ses sentiments sur les règles, leur fondement et leur valeur, — l'importance exceptionnelle qu'il accorde au libre examen et au progrès ; enfin la portée de la querelle homérique qui a résumé tous ses efforts pour affranchir les lettres de l'esprit d'autorité.

Dans un second chapitre, on étudiera les *essais de réformes* que La Motte a tentés, les innovations qu'il a timidement rêvé de faire accepter sans les imposer par son exemple, et enfin les *paradoxes* qu'il a émis et dont le plus fameux est celui qui a achevé de ruiner sa réputation, le paradoxe contre la versification.

§ I. — **Principes généraux de la Philosophie littéraire de La Motte. — Ses idées sur la poésie et sa nature. — Théorie du goût. — Ses sentiments au sujet des règles : que toute sa critique est dirigée par l'intention d'affranchir les lettres du principe d'autorité et de les émanciper au nom de la raison. — La doctrine du progrès et la querelle homérique.**

Le XVIIe siècle jugeait la valeur d'un art surtout d'après son utilité morale. Les uns les condamnaient comme uniquement propres à corrompre l'esprit et les mœurs ; d'autres les défendaient en montrant qu'ils servent à instruire les hommes et à les rendre meilleurs. Les plus indulgents n'y voulaient voir qu'un jeu innocent, que la morale pouvait tolérer en vue du plaisir, mais en le surveillant·

Ces derniers étaient rares. Presque tous les critiques et la plupart des poètes avaient pris l'habitude de n'estimer les arts que d'après leur valeur morale. Le jugement purement esthétique, indifférent aux effets de l'art sur les mœurs, sensible seulement à sa beauté et à son charme, était à peu de chose près une nouveauté.

La Motte sut se débarrasser du préjugé : il comprit qu'il fallait envisager les choses de plus haut et reconnaître que la Poésie, comme la Musique et la Peinture, ou comme le talent du joueur de boules, a une valeur propre indépendante de l'emploi qu'on en fait [1]. Cela ne veut point dire qu'il est indifférent que le poète fasse un bon ou un mauvais usage de son art. La Motte pense au contraire qu'il doit l'employer « à mettre au jour la vérité et la vertu » [2]. Mais il estime que le critique philosophe qui raisonne sur l'art lui-même doit s'affranchir de toute prévention, si louable qu'elle soit, et considérer la poésie dans sa nature et dans son essence, sans s'occuper de l'objet auquel on la fait servir.

Pour lui, il prononce librement, contre les panégyristes et contre les ennemis de la poésie, qu'elle « n'est ni bonne, ni mauvaise », qu' « elle est indifférente en elle-même » [3]. L'agréable est sa fin, et non pas l'utile. « On voit que son unique fin est de plaire. Le » nombre et la cadence chatouillent l'oreille, la fiction flatte » l'imagination, et les passions sont excitées par les figures » [4]. Les

---

[1] Discours sur la poésie..., t. I, p. 22.
[2] Ibidem, t. I, p. 22.
[3] Ibidem, t. I, p. 20.
[4] Ibidem, t. I, pp. 17, 19, 21.

poètes jadis ont pu être des philosophes et même des théologiens ;
mais « ces matières ne sont point essentielles à la poésie, qui n'est
» par elle-même qu'un moyen de les rendre agréables ». Sans doute
tous les arts ont une fin, mais non pas nécessairement une fin
utile : « l'utile qu'on ajoute ne sert qu'à rendre la proposition
» équivoque, à moins que, sous ce nom vague d'utile, on ne veuille
» aussi comprendre le plaisir, qui est en effet un des plus grands
» besoins de l'homme » [1]. C'est là une opinion très philosophique,
et qu'on doit savoir gré à l'auteur d'avoir émise sans se soucier
des préjugés qu'il blessait.

Le malheur est que La Motte, en affranchissant la poésie, l'amoindrit. Il prétend qu'il la renouvelle en y faisant entrer la raison et la
philosophie. Le cadeau qu'il lui fait ne compense pas les pertes qu'il
lui cause. Bien avant qu'il songeât à lancer le paradoxe contre la
versification, il tenait son métier en médiocre estime; il le considérait
comme un exercice assez futile : conception sèche et pauvre de poète
artificiel pour lequel la nature n'a rien fait, qui doit tout à l'éducation, et qui ne s'adresse qu'à des gens dénués comme lui du sens
poétique, qu'ils remplacent par des idées et des habitudes d'écoliers.

Dès le début, La Motte estime que les détours ingénieux et les
moyens singuliers qu'emploie la poésie, s'ils sont charmants, ne sont
guère fondés en raison. L'assemblage mesuré des paroles est une
singularité qui forme préjugé contre elle, « car le but du discours
» n'étant que de se faire entendre, il ne paraît pas raisonnable de
» s'imposer une contrainte qui nuit souvent à ce dessein et qui
» exige beaucoup plus de temps pour y réduire sa pensée qu'il n'en
» faudrait simplement pour suivre l'ordre naturel de ses idées » [2].
Ainsi, aux yeux de ce poète-philosophe, c'est perdre son temps que
de s'astreindre à la contrainte de la mesure et du style poétique. La
« fiction » n'est qu'un « détour qu'on pourrait croire inutile ; car
» pourquoi ne pas dire à la lettre ce qu'on veut dire ?....» [3] Pour les
« figures », « ceux qui ne cherchent que la vérité ne leur sont pas
» favorables...»; ce sont «des pièges tendus à l'esprit pour le séduire».
Je sais bien qu'en cet endroit La Motte ne fait que résumer les
« principes sur lesquelles les anciens philosophes ont condamné la
» poésie » [4]. Mais lui-même en plusieurs passages ne montre pas plus
de considération pour elle. Qu'est-ce au fond, et pour des « yeux

---

[1] Discours sur la poésie...., t. I, p. 21.
[2] Ibidem, t. I, p. 15.
[3] Ibidem, t. I, p. 15.
[4] Ibidem, t. I, p. 15.

philosophes », que la poésie ? « Un art pluspénible qu'important »[1],
point autre chose. C'est une convention et un préjugé ; il est bon d'en
user et d'en jouir, à la condition de n'en être pas dupe.

Cette légèreté sceptique avec laquelle La Motte parle de la poésie
nous surprend moins si, nous rappelant que l'unique objet qu'il lui
concède est de plaire, nous envisageons d'autre part l'idée qu'il s'en
fait, et la définition qu'il en donne.

Au jugement de La Motte — nous le savons — il n'y a dans son art
que trois éléments essentiels : l'*arrangement mesuré* des paroles
qui chatouille l'oreille, la *fiction* qui flatte l'imagination, et les
figures (plus hardies que celles de l'éloquence) qui excitent les
passions [2]. Versification et figures sont bien des éléments essentiels
de la poésie, mais ce sont des éléments de pure forme. La « fiction »
même, quoiqu'elle tienne de plus près à la poésie, appartient en
bien des cas (et surtout chez les poètes artificiels) au métier et à
la pratique, c'est-à-dire encore à la forme. La Motte le reconnaît :
à plusieurs reprises il a signalé comme un ornement accessoire
cette fiction banale, si commune alors, qui consistait en « des fables
» et des prosopopées ». « Nous estimons les fables ingénieuses tout
» ce qu'elles valent ; mais nous ne les jugeons pas absolument
» nécessaires dans la poésie » [3]. Ailleurs il qualifie nettement
d'idées triviales les gracieuses fictions de la fable, si rebattues
par les poètes qu'après les avoir employées, tout comme les
autres, il croyait avoir le droit de s'en moquer [4]. Ainsi la poésie,
telle que La Motte la conçoit, consiste plus dans une convention
particulière que dans un état spécial de l'esprit ; elle est une
apparence plutôt qu'une réalité. Les éléments qui la composent sont
plus matériels, en quelque sorte, qu'ils ne sont spirituels et moraux.
Aussi pouvons-nous dès à présent comprendre l'évolution d'idées,
très régulière, qui amena La Motte à supprimer, non pas la poésie,
mais la versification, c'est-à-dire la forme de cette forme.

D'une part la poésie n'a pas d'autre objet que de plaire, et d'autre
part elle consiste essentiellement dans la combinaison ingénieuse
de certains éléments sensibles et qui doivent plus à l'industrie de
l'ouvrier qu'à l'inspiration du poète. Elle est un objet de luxe qu'on
peut faire servir au bien et au mal, mais qui de sa nature est indifférent
à l'un et à l'autre. Elle est aussi un art plus qu'un don de la nature
et un métier plus encore qu'un art. Ce qui domine l'esprit du critique,

---

1 Réflexions sur la Critique, t. III, p. 11.
2 Discours sur la poésie, t. I, pp. 15 et 16.
3 Discours.....prix. 1714. t. VIII, p. 376 (contre Rousseau).
4 Discours sur le différent mérite..., t. VIII, p. 346.

tant qu'il parle de la poésie, c'est cette préoccupation de l'agrément qu'elle doit produire, du soin ingénieux qu'elle exige comme forme savante. Et le jour où il essaie de résumer ses idées sur son art et de définir la poésie d'une façon complète, il nous donne la formule excellente en elle-même et nécessairement incomplète de l'art classique, mais rétréci, ramené à n'être plus qu'un exercice d'esprits raffinés, un joli travail d'ouvriers amateurs.

La poésie prise en elle-même est une imitation de la nature [1]. Mais par « nature » il ne faut pas entendre indistinctement tout ce qui existe ; il y a des objets rebutants que l'art n'est pas autorisé à peindre ; c'est d'une « nature choisie » qu'il s'agit, « c'est-à-dire des » caractères dignes d'attention et des objets qui puissent faire des » impressions agréables » [2], en remarquant bien qu'il y a « des » agréments de toute espèce : il y en a de curiosité, de tristesse, » d'horreur même ». L'imitation ne doit pas être « une ressemblance » entière et scrupuleuse de l'objet particulier qu'on peint » mais bien « une imitation adroite, c'est-à-dire l'art de ne prendre des » choses que ce qui est propre à produire l'effet qu'on se » propose » [3]. Dans cette analyse on sent percer le double souci de l'esprit classique, je veux dire l'idée d'un choix nécessaire dans les objets d'imitation, et l'idée du but directement poursuivi et du plan nettement suivi, deux préoccupations très sages, mais qui ont pour effet de raréfier la matière poétique et de restreindre la liberté du génie. De ces prémisses si exactement posées, La Motte tire la définition suivante : « Je croirais donc qu'il faudrait définir la poésie : » l'art qui, par le discours en vers, imite la Nature avec choix, et » avec un dessein sensible de donner certaines idées ou d'exciter » certains sentiments » [4]. Définition excellente en certains points, par d'autres côtés incomplète, mais dont le grand défaut est de ne tenir nul compte de l'élément premier de toute poésie, qui est la sensibilité, celle du poète et celle du lecteur. Ainsi définie, la poésie est trop réduite dans les bornes d'un art particulier, assujetti à une forme déterminée, restreinte dans son expansion et ses moyens d'expression, condamnée à produire certains effets d'après des méthodes trop réglées. C'est, telle qu'elle est, une des meilleures et des plus sincères définitions qui aient été données de la poésie artificielle.

---

[1] Réflexions sur la Critique, t. III, p. 188.
[2] Ibidem, t. III, p. 189.
[3] Ibidem, t. III, p. 190.
[4] Ibidem, t. III, p. 191.

Cette conception très particulière de la poésie savante est complétée chez La Motte par des vues précises et étroites sur le talent du poète et sur la méthode de composition poétique. Sans se rendre un compte exact de ce que fut la poésie primitive, des conditions originales de l'inspiration libre et de la nature du génie, il distingue assez nettement les grands génies et les talents, les premiers qui créent d'instinct, les seconds qui travaillent avec une conscience plus éclairée de ce qu'ils veulent et de ce qu'ils font. Il fait la part assez belle à l'instinct créateur, mais il ne dissimule pas ses préférences intimes pour les réfléchis et les raisonneurs. « La » plupart, dit-il, de ceux qui ont excellé dans quelque genre .... en » ont atteint la perfection par instinct, je veux dire par un jugement » confus et presque de simple sentiment, plutôt que par des » réflexions précises et approfondies.... Ces écrivains.... sentaient » et ne raisonnaient guère » [1]. Ne pas raisonner, c'est une réelle infériorité, au jugement d'un écrivain qui estime que l'avantage des modernes sur les anciens consiste dans l'usage plus général et mieux réglé de la raison.

Non seulement La Motte a proclamé à plusieurs reprises la supériorité de la raison et du jugement sur la sensibilité et l'imagination chez le poète, mais encore, s'il trace le portrait idéal du poète moderne [2], il ne manque pas de mettre au premier rang de ses qualités essentielles, non pas les dons les plus rares de la nature, mais les mérites intellectuels qu'on acquiert par l'éducation et qu'on développe par la réflexion. S'il définit le véritable esprit poétique, ce qu'il prise par dessus tout, c'est le jugement, le choix, le goût, en un mot les qualités communes aux poètes d'Académie, aux littérateurs de profession, mais dont les vrais poètes ne se préoccupent guère, parce qu'ils les ont de naissance ou qu'ils savent s'en passer : « En quoi consiste donc la perfection d'un esprit poétique ? C'est » dans une imagination sublime et féconde, propre à inventer de » grandes choses différentes entre elles ; c'est dans un jugement » solide, propre à les arranger dans le meilleur ordre, et enfin dans » une sensibilité et une délicatesse de goût, propre à entrer avec » choix dans les passions et dans les divers sentiments que le sujet » présente » [3]. La définition est bonne sans doute et fait une place à toutes les facultés essentielles du poète ; mais on y sent très bien percer la prédilection du dialecticien pour les facultés les plus exactes et les plus précises de l'esprit raisonneur.

---

[1] Discours préliminaire, t. IV, p. 5.
[2] Voir notamment : Discours sur les prix..., 1714, t. VIII, p. 373.
[3] Discours sur Homère, t. I, p. 95.

D'autre part le principal ressort poétique est la vanité. La Motte avoue ingénument qu'il considère comme très légitime ce désir de briller et de plaire qui seul détermine les vocations poétiques des modernes [1]. Seulement il estime que le poète raisonnable doit se mettre en garde contre le double orgueil qui le pousse à se faire une trop haute idée de son art, et à s'exagérer le mérite de ses propres ouvrages [2]. Quelle pauvre conception de la poésie et de son rôle ! La vanité puérile est permise au poète ; l'orgueil, passion saine et féconde, lui est interdit ! Libre à lui de se gonfler d'une mesquine fatuité d'auteur applaudi ; défense lui est faite de s'imaginer « que » la poésie est le plus grand don du Ciel » [3]. L'orgueil poétique est peut-être contraire à la raison et à la saine philosophie ; mais il inspire le poète et il le console. N'importe, il faut que le poète moderne se défende de cet enivrement et s'habitue à l'humilité philosophique, en se disant que son art n'est qu'un exercice de médiocre valeur ; car ces facultés précieuses dont il est si fier se retrouvent peut-être plus puissantes chez d'autres êtres qui n'en tirent pas vanité. « Quand un poète plus raisonnable s'est défendu » de cette ivresse par des réflexions solides et continuées qui se » sont enfin tournées en principes ; quand il a conçu que son art » n'est comme tout autre qu'un exercice de l'esprit qu'on n'apprend » bien qu'aux dépens de quelque autre chose qu'on néglige,... il » reconnaît alors dans toutes les professions des égaux et des » supérieurs, il découvre dans bien des gens qui ne sont pas poètes, » plus d'imagination et plus de sentiments, plus de raison qu'il n'en » eût fallu pour le surpasser » [4]. Cela veut dire que tous les chétifs triomphes de la vanité sont accordés au poète d'académie et de société, mais que le puissant gonflement d'orgueil qui exaltait les Homère et les Pindare est condamné au nom de la philosophie.

Le poète moderne, vaniteux et modeste, La Motte va nous le montrer à l'œuvre et, prenant son modèle tout près de lui-même, nous faire voir comment il compose. Ce poète là « ne se livre pas en » aveugle à la poésie » [5], comme le dit La Motte parlant de lui-même. « Il a réfléchi sur tout, selon sa portée ». Il est parti de ce principe qu' « un poète ne prétend parler qu'aux gens d'esprit » [6]. Dès lors il va mettre toute son attention à contenter les délicats, à satisfaire

---

[1] Discours préliminaire, t. IV, p. 7. — Cf. Odes.
[2] Réflexions sur la Critique, t. III. p. 165.
[3] Ibidem, t. III, p. 165.
[4] Ibidem, t. III, p. 167.
[5] Discours préliminaire, t. IV, p. 6.
[6] Discours sur la poésie..., t. 1, p. 39.

les difficiles, à éviter de blesser les esprits exacts et scrupuleux. Il esquivera les fautes plutôt qu'il ne recherchera les beautés, il craindra de choquer le goût par des écarts indécents, il fuira les enthousiasmes compromettants, il se contentera de faire briller sa dextérité en triomphant, comme s'il s'en jouait, des innombrables difficultés de son art compliqué : ce sera un savant ou un virtuose, mais non point un poète.

Le dédain de son art est au fond de la pensée de La Motte, et dès le premier jour. Il n'a jamais vu dans la poésie que l'effort déraisonnable, la dépense inutile de facultés précieuses, le temps perdu. Cet amusement d'oisif ne le satisfait point : c'est beaucoup de peine pour un mince résultat. La poésie peut servir, comme un utile instrument, à exposer et à propager de bonnes idées ; elle peut encore plaire à quelques femmes et à des grands seigneurs et pousser son homme dans les Académies ; mais il ne faut pas lui demander davantage. C'est une convention vieillie dont il est permis d'user, en attendant qu'on s'en débarrasse. L'objet de la poésie est futile, la forme en est conventionnelle ; elle n'emploie guère que les facultés secondaires de l'esprit, sa méthode de composition est à la fois difficile et enfantine, machinale et malaisée. La Motte a écrit ce blasphème : « Les poètes pensent d'ordinaire en vers ; et » c'est alors que la raison a beaucoup à souffrir » [1]. Il ne lui restait plus qu'à venger la raison en l'affranchissant d'une forme artificielle et fausse ; c'est ce qu'il a fait le jour où il s'est décidé à mettre d'accord sa pratique et ses principes et à supprimer d'un trait de plume et la versification et la poésie.

Cette théorie si nette de la poésie artificielle se complète et s'éclaire par une théorie du *goût* qui est du même ordre.

Le XVIIIe siècle est le siècle où l'on s'est le plus entêté à définir le goût. Cela se comprend à une époque où le bon goût était comme une forme de la politesse, une qualité futile et nécessaire. Les conventions littéraires étant presque aussi généralement respectées que les conventions sociales, on avait intérêt à être fixé sur l'ensemble des opinions reçues, comme sur l'ensemble des bienséances admises. Des deux côtés il y avait un fond commun de principes et d'idées universellement acceptées, qu'un honnête homme devait prendre en bloc, libre au reste d'accuser sa personnalité originale ou sa manière de penser par des nuances très fines. Presque tous les écrivains du siècle ont cru bon de définir le goût. Définitions

---

[1] Scène de Mithridate mise en vers, t. IV, p. 411.

nécessaires en un temps d'opinions collectives, et qui ne sont plus guère bonnes à rien dans une époque telle que la nôtre, où les diversités d'opinions et d'allures s'accusent plus librement, où toutes les idées, même excentriques, sont admises pour peu qu'elles soient sincèrement originales.

Parmi toutes les définitions du goût qu'a formulées le XVIIIe siècle, celle qu'a proposée La Motte se distingue par l'importance plus grande qu'il donne à l'élément judicieux et rationnel ; et pourtant presque toutes ces définitions ont exagéré la valeur de cet élément, au moins dans la première moitié du siècle. Pour lui, le raisonnement est la partie maîtresse du goût. Si une sorte d'intuition révèle du premier coup les beautés des choses, cette intuition n'est le goût qu'à la condition d'être immédiatement contrôlée par un raisonnement formel :

> « Le raisonnement qu'il devance
> Doit de près marcher sur ses pas » [1].

L'idée se précise dans le passage suivant : « Il se trouve deux
» sortes de jugement dans les hommes : les uns ne connaissent le
» vrai que dans la discussion ; les autres le sentent sans ce secours.
» Les premiers ne choisissent ou ne rejettent une idée qu'après
» l'avoir examinée dans tous les sens ; et cette manière de juger,
» quoique la plus sûre, nuit presque toujours par sa lenteur à
» l'agrément, parce qu'elle laisse refroidir l'imagination qui en est
» l'unique source ; les seconds, par des raisonnements soudains,
» qu'ils auraient même de la peine à développer s'il fallait en rendre
» compte, embrassent d'une seule vue les défauts et les beautés des
» choses ; et c'est cette sorte de jugement qu'on appelle le goût » [2].
Certes on a plus mal défini le goût, avant qu'on eût renoncé à le définir, ce qui vaut mieux. Malgré cela je dirai de La Motte que son analyse de la faculté critique est aussi incomplète que son analyse de la faculté créatrice. Des deux côtés il a trop restreint, s'il ne l'a pas omis, l'élément essentiel, qui est la sensibilité. Génie créateur ou intelligence compréhensive, c'est toujours la partie de l'âme la plus excitable qui est en jeu ; et le critique, s'il a plus besoin de la raison que le poète, n'a guère moins besoin de l'émotion. Chez La Motte, le poète artificiel et le critique raisonnable ne font qu'un ; qu'il écrive des vers réguliers et plats ou qu'il analyse les éléments de la poésie, c'est tout un. Dans la spéculation, il a méconnu la

---

[1] Odes, t. I, p. 350. « Le goût ».
[2] Discours sur le différent mérite..., t. VIII, p. 354.

faculté essentielle dont la nature ne l'avait pas pourvu, comme il avait dû dans la pratique renoncer à en faire usage : cette faculté, c'est le don de l'émotion.

De la théorie générale de la poésie, descendons aux applications. Quelles sont les lois que La Motte admet ? Quelle autorité accorde-t-il à la classification des genres et à la réglementation établie par les « Arts poétiques » ?

Celui qui, poète, a respecté si religieusement toutes les conventions et observé avec tant d'exactitude toutes les règles, admet aussi dans l'ensemble de sa théorie les lois fondamentales de l'art classique, la division des genres et l'autorité de règles invariables.

Mais, là encore, La Motte est entraîné tour à tour par un double courant d'idées. S'il ne respecte guère les anciens, il vénère les maîtres classiques du XVII° siècle, et à ce titre il admet sans difficulté leurs classifications et leurs règles ; mais comme philosophe, il fait ses réserves ; il discute l'autorité de lois et de principes qu'il a admis d'abord. Si on le suit dans ses discussions au jour le jour, on voit qu'il reprend volontiers d'une main et en détail ce qu'il a donné de l'autre en une fois.

Ainsi, après avoir admis la division de la poésie en plusieurs genres, après en avoir montré l'origine dans les facultés diverses des poètes primitifs [1], après avoir constaté que les lois essentielles de ces genres se sont établies suivant la pratique des grands poètes des premiers âges [2], on le voit se démentir à plusieurs reprises : il bouleversera par exemple la classification savante des espèces du poème épique [3], ou bien il renversera d'un seul coup les conventions qui déterminent la nature du poème dramatique [4].

Au sujet des règles, les opinions de La Motte ne sont pas moins variables. Tantôt il déclare qu'elles sont utiles et nécessaires ; il s'honore de les avoir respectées et d'en recommander le respect ; tantôt au contraire il s'élève contre le culte superstitieux dont elles sont l'objet. Nous allons chercher à accorder ces contradictions, plus apparentes que réelles, et à montrer que La Motte, partagé entre ses habitudes et ses tendances, a vu tour à tour dans les règles la meilleure et la pire des choses, les louant ou les critiquant selon qu'il cédait aux traditions de l'écrivain classique, ou selon qu'il se laissait aller aux velléités d'indépendance du philosophe novateur.

---

[1] Discours sur la poésie, t. I, p. 18.
[2] Ibidem, t. I, p. 23.
[3] Discours sur Homère, t. II, p. 15.
[4] 1er Discours sur la tragédie, t. IV.

Pour tout dire en un mot, La Motte croit à la valeur des règles, mais des règles modernes. Toutefois il ne leur accorde pas une vertu infaillible et il réserve expressément les droits de la raison et de l'avenir ; il accepte leur autorité sans abdiquer devant elles. Dans cette question, si étroitement liée à celle de l'autorité, La Motte obéit à une préoccupation constante, qui est de distinguer parmi les règles celles qui ne sont fondées que sur l'expérience, de celles qui reposent sur la raison. Les premières ont pour auteurs et pour garants les Anciens ; elles sont suspectes et ne peuvent être acceptées sans un contrôle sévère. Les autres sont les règles de l'art moderne ; elles s'appuient sur les préceptes et les modèles des grands écrivains du XVII° siècle ; elles marquent le progrès qui s'est accompli dans les temps nouveaux, durant lesquels le développement de la raison et de la méthode a produit un perfectionnement général de l'esprit dans les sciences, les beaux-arts et la morale. Ces dernières règles sont les seules valables aux yeux du philosophe. Encore convient-il de faire une réserve en faveur de la raison et de ne point aliéner l'avenir au profit du présent, quelque admirable qu'il soit : nous faisons mieux à coup sûr que les Anciens, nos neveux vraisemblablement feront mieux que nous.

Il y a trois points intéressants dans cette théorie : les règles anciennes, fondées sur une expérience hasardeuse, sont contestables et fragiles ; — les règles modernes, établies sur la raison, sont les seules bonnes ; — la raison enfin n'a pas abdiqué et le progrès doit se poursuivre.

On voit qu'à cette étude particulière des règles de la poésie, faite par La Motte en plusieurs fois et à diverses occasions, se rattachent étroitement ses idées fondamentales sur la prédominance de la raison, la progression indéfinie de l'esprit humain à l'aide de la méthode, et par suite la querelle homérique qui n'est plus qu'un épisode de la grande lutte en faveur de la liberté et du progrès.

Les règles de chaque genre sont fondées, en première analyse, sur la pratique des plus illustres et des plus anciens poètes qui ont écrit dans ce genre ; elles reposent donc sur l'*expérience* de ce qui a plu, sur une simple observation et une pure constatation, et non pas sur une explication raisonnée des lois supérieures qui établissent que ce qui a plu *devait plaire* [1]. Ces observations n'ont qu'une valeur expérimentale, c'est-à-dire nécessairement variable et sujette à contrôle. L'expérience fondée sur les œuvres des grands poètes est forcément bornée et incomplète, car elle est incapable de prévoir que

---

[1] Cf. Discours sur la Fable, t. IX, p. 21.

ce qui s'est fait d'une certaine façon puisse se faire autrement ; elle n'admet pas les exceptions ; elle ne tient pas compte des modifications que le temps introduira dans les procédés et les formules d'un genre. Cette expérience crée un préjugé dangereux, qui consiste à « tourner » en préceptes toutes les pratiques »[1] d'un poète ancien. Ainsi pour l'ode on s'imagine volontiers « qu'elle ne doit chanter que les » louanges des dieux et des héros »[2]; cette erreur vient « de ce qu'on » a pris pour l'essence de l'Ode la matière de celles qui ont eu » d'abord le plus de succès »[3]. La Motte accentue son opinion sur cette erreur préjudicielle dans le discours sur Homère : « C'est peu » pour le préjugé de ne pas condamner nettement les pratiques » d'Homère : il en fait des règles, et des règles qui ne souffrent » même pas d'exception. Il veut que la méthode d'Homère constitue » l'art et qu'elle fasse la nature et l'essence des choses »[4]. Ces observations particulières, recueillies par des esprits systématiques, renforcées par l'admiration séculaire, sont peu à peu devenues des lois absolues.

L'homme qui a le plus travaillé à enraciner ce préjugé, c'est Aristote. En général La Motte ne parle guère d'Aristote ; il le réfute sans le nommer : c'est sa méthode exagérée et faussée qu'il attaque plus que lui-même. Mais cette fois, il lui dit son fait à propos d'Homère : « Je crois .... que, son esprit de système lui ayant fait » entrevoir un art dans les poèmes d'Homère, il est devenu » amoureux de sa découverte, et qu'il a employé pour la justifier » cette subtilité obscure qui lui était naturelle, et qui donne tant de » peine aux commentateurs, quand ils travaillent à le rendre intel- » ligible et solide »[5]. Mais les plus coupables, La Motte l'a vu claire- ment, ce sont les enthousiastes du XVIe siècle qui ont déifié Homère et toute l'antiquité, qui ont jeté en travers de l'esprit moderne la race funeste des commentateurs dont il trace un très piquant portrait[6].

Donc les lois poétiques et les règles des genres, qui sont fondées uniquement sur l'expérience, sont souvent « utiles et judicieuses »[7], mais elles n'ont pas une autorité qui les impose à la raison ; elles sont rendues suspectes par leur origine même et viciées par le caractère d'aveugle enthousiasme qui distinguait ceux qui les

---

[1] Discours sur Homère, t. II, p. 105.

[2] Discours sur la poésie, t. I, p. 22.

[3] Ibidem, t. I, p. 23.

[4] Discours sur Homère, t. II, p. 20.

[5] Ibidem, t. II, p. 103.

[6] Ibidem, pp. 105 et 106.

[7] Discours sur la poésie..., t. I, p. 23.

ont établies ou consacrées. Le poète les observera, mais non pas avant d'avoir vérifié si elles sont approuvées et confirmées par l'esprit moderne et de les avoir lui-même soumises à l'épreuve de sa propre raison.

En effet l'opinion de La Motte est que le fondement solide des règles doit être cherché ailleurs que dans des observations particulières, si intéressantes qu'elles soient : ce fondement est dans « la nature même de notre esprit ». Il marque avec beaucoup de force cette distinction entre les deux assises sur lesquelles les règles reposent, l'expérience au-dessous, au-dessus la raison. « C'est dans
» la nature de notre esprit qu'il faut chercher les règles. Elles n'ont
» point été l'effet du caprice ni du hasard ; on les a *fondées d'abord*
» *sur l'expérience*, en attendant qu'on découvrit pourquoi les
» choses qui plaisaient devaient plaire : découverte qui *affermit*
» *les règles bien plus sûrement que l'expérience* ; car l'expérience
» est fautive, et comme on n'y démêle pas assez les circonstances
» particulières qui influent sur l'effet principal, on n'est que trop
» sujet à se tromper sur les causes, soit en ne les embrassant pas
» toutes, soit en ne les appréciant pas ce qu'elles valent, soit en
» prenant souvent l'une pour l'autre : au lieu que la *raison générale*
» *de l'agrément des choses*, prise du rapport qu'elles *ont avec notre*
» *intelligence*, est un principe aussi invariable que la nature même
» de notre esprit, et qui nous met en état d'user toujours habilement
» des circonstances particulières au profit du dessein que nous nous
» proposons » [1]. Ces paroles sont nettes, dans leur forme un peu abstraite. Cela veut dire que l'expérience, qui est l'observation trop souvent prévenue et partiale des beautés et des défauts des grands auteurs, ne fournit pas un fondement fixe et solide sur lequel on puisse édifier des règles invariables. Mais au-dessus de l'expérience il y a la raison, faculté immuable et exempte de préjugé qui embrasse d'un coup d'œil les effets et les causes, qui seule est capable de démêler les lois générales et d'établir les principes absolus par lesquels on produit des œuvres agréables et on discerne la cause même de leur agrément.

La Motte distingue donc deux sortes de règles en poésie. Les unes, que j'appellerai les *Règles expérimentales*, sont fondées sur la pratique des auteurs, et en partie sur l'admiration superstitieuse des commentateurs ; ce sont celles-là qui composent le Code poétique ancien qu'il voudrait abolir comme incomplet, trop

---

[1] Discours sur la Fable, t. IX, p. 21.

étroit, opposé à la raison et paralysant l'activité des modernes. C'est dans ce sens qu'il écrit que : « les règles ne veulent pas dire la raison »[1]. Au-dessus de celles-là, il y a les *Règles rationnelles*, qui reposent sur une conception plus élevée, plus large et plus impartiale des choses et des principes; elles sont dues aux progrès accomplis par l'esprit humain dans la suite des temps, mais surtout dans le dernier siècle et dans le présent, à l'accroissement des lumières, à l'heureux développement de la méthode[2].

Les fondements des règles étant tels, quel usage en faut-il faire ? La Motte estime qu'on ne doit un respect absolu qu'aux règles autorisées par la raison. Quant à celles qui ne relèvent que de l'expérience, il faut les soumettre à un contrôle sévère; on les admettra si la raison les tolère, sinon on les rejettera comme arbitraires et fausses.

La Motte condamne les règles arbitraires et exclusives[3], établies par une tradition sans critique, consacrées par une « admiration invétérée », par une « superstition aveugle »[4]. L'ensemble de ces règles secondaires sans fondement rationnel, constitue à ses yeux ce qu'il appelle dédaigneusement « l'art trivial. »[5] En maint endroit il cherche à rendre son lecteur plus libre qu'il ne l'a été lui-même à l'égard de toutes ces « institutions arbitraires. »[6] Il proclame que » le cœur n'est point esclave des règles que l'esprit a imaginées sans » son aveu »[7]. Sans prétendre abolir les règles dramatiques, il soutient « qu'il ne faudrait pas s'y attacher avec assez de superstition » pour ne pas les sacrifier dans le besoin à des beautés plus essen- » tielles »[8]. Et toutes les lois qu'il condamne comme arbitraires et exclusives, ce sont celles qui ont été imaginées après coup par les fanatiques admirateurs des anciens sans l'assentiment de la raison, prescriptions étroites de la poésie épique, réglementation aveugle du genre lyrique, formules invariables imposées à l'art dramatique. Il est convaincu que le poète et le critique doivent s'affranchir de ces

---

[1] Suite des Réflexions...., t. IV, p. 435.

[2] Discours sur Homère, t. II, p. 96 : « Il faut juger l'œuvre d'Homère eu égard aux lumières de notre siècle ».

[3] 1er Discours sur la tragédie, t. IV, p. 41. — Réflexions sur la critique, t. III, p. 107.

[4] Réflexions sur la critique, t. III, p. 130. — 2e Discours sur la tragédie, t. IV, p. 148.

[5] 2e Discours sur la tragédie, t. IV, p. 284.

[6] Suite des Réflexions..., t. IV, p. 435.

[7] 1er Discours sur la tragédie, t. IV, p. 41.

[8] Ibidem, t. IV, p. 44.

proscriptions méticuleuses et fixes et s'inspirer d'un principe supérieur, large et libre, qui est la raison [1].

Malgré sa sévérité pour les règles arbitraires, La Motte a toujours reconnu l'utilité des lois et des préceptes en poésie. Il admet l'usage des règles anciennes, car elles sont « utiles et » judicieuses, pourvu qu'on n'exigeât pas pour elles un respect » aveugle, et que, sans se révolter contre les exceptions qu'on » y peut faire, on fût toujours prêt d'admettre ce qu'on y peut » encore ajouter » [2]. Il établit ainsi avec beaucoup de sagesse la mesure entre le respect raisonné et la superstition aveugle, et il ménage très judicieusement la part de la tradition et la part de la liberté et du progrès. Une autre fois il donne les motifs qui le déterminent à respecter les règles : « elles forment un art » [3], dit-il, et par suite, elles ont une double utilité : d'abord « la contrainte » qu'elles imposent détourne de la carrière des esprits médiocres ; » .... en second lieu ces règles observées font par elles-mêmes » une grande partie de notre plaisir, à cause de la gêne même » qu'elles imposent et de l'agrément de la difficulté vaincue » [4]. Ces explications sont assez superficielles, mais elles prouvent que La Motte était pénétré de l'utilité d'un art organisé et de la nécessité de règles fortement assises.

Même il pousse trop loin ce respect de la régularité. Je ne parle plus de ses œuvres poétiques ; on a montré quelle était sa timidité d'écolier. Dans ses « Discours » mêmes, il professe une estime excessive pour les règles bien observées, pour la régularité correcte de la composition. Sa critique d'Homère est dirigée presque tout entière d'après les doctrines formulées dans le dernier siècle ; il refait l'Iliade conformément aux principes des plus récents théoriciens

---

[1] Ces idées au reste avaient fait leur chemin, et même dans le monde académique. Je n'en veux pour preuve que le passage suivant d'un « Discours sur la difficulté de composer » que l'Académie de Soissons envoyait comme tribut en 1725 à l'Académie française (Recueil des pièces... 1724-1725, p. 403). « La plume à la main, nous nous rappelons tous les préceptes de l'éloquence et nous nous y conformons quelquefois d'une manière si servile, que l'imagination, retenue à chaque pas, perd tout son feu et se refroidit entièrement. C'est ainsi qu'échouent beaucoup d'auteurs, par une scrupuleuse affectation d'observer les règles. Ces règles, qui ne sont que des observations sur ce qui peut plaire, deviennent à leur égard un obstacle pour y réussir. Sans s'en écarter, il faut éviter de s'en rendre esclave ». Ce que l'académicien de Soissons, M. Robert de Chalar, dit de l'Eloquence, c'est ce que La Motte disait de la poésie et il ne pensait pas autrement de l'observation des règles traditionnelles.

[2] Discours sur la poésie..., t. I, p. 23.

[3] 1er Discours sur la tragédie, t. IV, p. 43.

[4] Ibidem, t. IV, p. 43.

de l'épopée [1] ; il se borne à retoucher légèrement leurs idées et à leur donner un peu plus de souplesse. Il va plus loin : il estime que le Clovis et le St-Louis sont des poèmes épiques « de beaucoup » meilleurs que l'Iliade » [2], pour l'art qui a présidé à leur composition et pour l'exactitude avec laquelle ont été observées toutes les règles et toutes les bienséances. La Motte avoue, il est vrai, que c'est là un paradoxe et il confesse qu'au fond il ne fait pas grand cas de ces auteurs, parce qu' « ils ont mieux aimé blesser la raison » que de violer des règles arbitraires, qui doivent toujours relever » d'elles » [3]. Je crois pourtant qu'il estimait plus qu'il ne l'avoue tout cet ensemble de prescriptions formelles, à la condition qu'elles eussent été revues par les modernes, rendues par eux plus rationnelles.

Ce respect des règles tient à une opinion arrêtée de La Motte : il croit que les progrès de l'art sont liés intimement aux progrès du raisonnement. Il dira d'Homère qu'il n'a pas accommodé scrupuleusement les faits « aux règles d'un art qui n'a été bien développé que » depuis lui, quoiqu'il en soit le père » [4]. Il pense que l'art était à peine ébauché au temps d'Homère, qu'il s'est développé régulièrement par la suite, mais que c'est dans les âges tout récents qu'il est arrivé à revêtir une forme savante et complète. Il juge que la prévention pour l'antiquité est une entrave qui empêche l'esprit et l'art moderne de se développer suivant leurs voies. Il est convaincu qu'il faut affranchir les poètes de l'admiration, qui représente dans l'art l'autorité, pour leur ouvrir, par l'examen et la raison, le chemin du progrès.

C'est cette croyance au développement progressif de l'art, fondée sur la foi dans la raison, qui fait la véritable originalité des œuvres critiques de La Motte. Aussi allons-nous l'étudier avec un soin particulier.

Nous montrerons d'abord sa haine de l'admiration, de l'imitation et de l'autorité en littérature — principes auxquels il oppose le libre examen, l'invention originale et la liberté.

Après cela nous verrons que la querelle homérique s'explique par ces opinions mêmes : elle n'a été qu'une application de ses idées

---

[1] Voir Discours sur Homère, t. II, p. 37. Il admire l'art dans les caractères homériques (p. 37) ; il admire l'art dans les discours (p. 54) ; il loue Homère d'avoir conçu un plan d'ensemble (p. 96).

[2] Réflexions sur la Critique, t. III, p. 103.

[3] Ibidem, p. 104.

[4] Discours sur Homère, t. II, p. 140.

familières sur les dangers de l'admiration et la nécessité d'en appeler contre elle à la raison, qui seule pouvait affranchir la poésie et lui ouvrir des voies nouvelles.

La Motte avait très bien démêlé un travers de l'esprit littéraire contemporain qui, partant de l'admiration outrée des anciens, s'enfermait dans l'étude de leurs œuvres, se condamnait à une imitation bornée et aboutissait à tirer des maîtres des règles arbitraires et exclusives. Enthousiasme aveugle, imitation étroite, réglementation despotique, tout s'enchaînait et aboutissait au dogme et à l'autorité. C'est le danger que La Motte avait vu après Fontenelle ; mais il l'a signalé avec plus de franchise et d'obstination que son maître. Un demi-siècle après lui, un savant et un bel esprit, qui voulait réconcilier le goût et la raison, la poésie et la philosophie, d'Alembert, a repris ces idées familières à La Motte et les a exprimées avec plus de netteté et plus de force :

« C'est sans doute sur les ouvrages qui ont réussi en chaque
» genre que les règles doivent être faites, mais ce n'est point
» d'après le résultat général du plaisir que ces ouvrages nous ont
» donné : c'est d'après une *discussion réfléchie* qui nous fasse
» discerner les endroits dont nous avons été vraiment affectés d'avec
» ceux qui n'étaient destinés qu'à servir d'ombre ou de repos, d'avec
» ceux même où l'auteur s'est négligé sans le vouloir. Faute de
» suivre cette méthode, l'imagination, échauffée par quelques beautés
» du premier ordre dans un ouvrage monstrueux d'ailleurs,
» fermera bientôt les yeux sur les endroits faibles, transformera les
» défauts même en beautés, et nous conduira par degrés à un
» *enthousiasme froid et stupide* qui ne sent rien à force d'admirer
» tout ; espèce de paralysie de l'esprit, qui nous rend indignes et
» incapables de goûter les beautés réelles. Ainsi, sur une impression
» confuse et machinale, ou bien on établira de faux principes de
» goût, ou, ce qui n'est pas moins dangereux, on érigera en principes
» ce qui est en soi purement arbitraire ; on rétrécira les bornes de
» l'art et on prescrira des limites à nos plaisirs, parce qu'on n'en
» voudra que d'une seule espèce et dans un seul genre ; on tracera
» autour du talent un cercle étroit dont on ne lui permettra pas de
» sortir » [1].

Cette page du géomètre-littérateur renferme la substance même des idées que La Motte, géomètre lui aussi par goût et par tournure

---

[1] D'Alembert. — Réflexions sur l'usage et l'abus de la philosophie dans les matières de goût. — Édit. Belin, 1822, t. IV, p. 330.

d'esprit, s'était faites des dangers de l'enthousiasme : le plus souvent il égare la raison, conduit celui qui s'y abandonne à imiter sans originalité, à entraver le talent spontané et à enrayer le progrès.

Le premier ennemi de la raison, selon La Motte, c'est le sentiment irréfléchi, qui se transforme vite en une admiration décevante, en un « enthousiasme stupide ». Ce n'est point qu'il proscrive ni l'estime ni le respect des grands génies, ce qui serait absurde ; mais il veut que l'admiration soit toujours éclairée, et que le respect ne fasse pas tort à la clairvoyance. Dès 1709, dans son « Discours sur la poésie », il marque très nettement cette distinction essentielle : « Ce n'est pas contre une admiration éclairée que je
» m'élève, mais contre un sentiment aveugle que l'on s'impose sur
» la foi d'autrui, qui ne discerne point comment et jusqu'où les
» choses sont belles..... En un mot ce n'est point un préjugé légi-
» time que je combats, c'est un joug que je secoue »[1]. Vingt ans plus tard, il reprend la même idée et l'exprime avec une égale précision : « Oserai-je dire encore un mot sur le respect dû aux
» grands génies ? Il y a là, comme dans les meilleures choses, un
» excès à craindre : il ne faut pas pousser l'admiration pour eux
» jusqu'à n'oser porter les yeux sur leurs défauts. Car ils ne sont
» pas grands d'une perfection absolue, mais seulement d'une per-
» fection relative, qui consiste dans le grand nombre des beautés et
» la rareté des défauts par rapport à d'autres écrivains. La surprise
» de leurs beautés fréquentes nous porte d'abord à les croire infail-
» libles : mais si nous allions jusque là, ils deviendraient aussi
» propres à nous corrompre le goût qu'à le former, puisque nous
» les imiterions avec autant de confiance où ils se trompent que
» dans les endroits où ils sont le plus heureux. Il faut donc, en les
» admirant même, conserver toujours la liberté de son jugement et
» songer que tout lecteur est leur juge naturel ».[2]

Il distingue les lecteurs en trois espèces : les lecteurs « prévenus ». les lecteurs « dégoûtés » et les lecteurs « modérés ». C'est parmi les derniers qu'il se range, parmi ceux qui raisonnent leur enthousiasme et mesurent leur admiration : « Je me déclare, sans honte, de ces
» derniers, et je prétends que l'admiration de tous les siècles ne fait
» rien contre nous »[3]. L'admiration séculaire, l'enthousiasme accumulé des générations ne l'éblouissent pas. Ce concert de louanges hyperboliques dont on salue le nom d'Homère, « ce n'est
» qu'un préjugé d'éducation fondé sur des applaudissements qui,

---

[1] Discours sur la poésie..., t. I, p. 57.
[2] Discours préliminaire (1730), t. IV, pp. 13-14.
[3] Discours sur Homère, t. II, pp. 107-108.

» à remonter jusqu'aux premiers suffrages, ne sont la plupart que
» des échos les uns des autres » [1]. Le danger qu'il voit dans l'admiration, danger que s'exagère son étroite raison, c'est qu'elle
engendre la prévention et supprime le libre exercice du jugement
réfléchi. « Cette prévention est très dangereuse, et encore plus
» capable de corrompre le goût que toutes les causes qu'on me cite
» de Quintilien » [2]. Il en donne les motifs : « …. cette prévention
» tient le jugement en servitude ; on n'ose sentir ce qu'on sent ;
» on se passionne de commande pour ce qui ne mérite qu'une
» approbation tranquille ; on résiste aux premières impressions du
» défectueux ; et à force d'y résister on parvient enfin à le voir avec
» d'autres yeux ; on le souffre d'abord ; ensuite on le justifie ; bientôt
» on l'admire ; et quelquefois on l'admire sans remords » [3]. Ces
paroles décèlent l'espèce d'antipathie qu'un esprit juste et froid a
naturellement pour l'admiration passionnée. D'un tempérament
calme et d'un esprit trop sage, La Motte ne conçoit rien aux élans de
la passion ; il n'en voit que les écarts dangereux, sans tenir compte
des fécondes exaltations qu'elle produit. Pour son compte et sans se
l'avouer, il se serait contenté aisément « d'une approbation tranquille », même devant les chefs-d'œuvre les plus propres à élever le
cœur et à exciter l'imagination. Un homme qui n'est pas non
plus un poète bien ému ni une âme très sensible, mais qui avait
plus de conviction et de foi dans son art, J.-B. Rousseau a très bien
réfuté La Motte et vengé l'admiration en montrant que, loin de
paralyser l'esprit, elle est souvent une des meilleures sources d'inspiration. « Loin de me piquer …. de ne devoir rien qu'à moi-même,
» j'ai toujours cru, avec Longin, que l'un des plus sûrs chemins
» pour arriver au sublime était l'imitation des écrivains illustres
» qui ont vécu avant nous, puisqu'en effet rien n'est si propre à nous
» élever l'âme et à la remplir de cette chaleur qui produit les grandes
» choses que l'admiration dont nous nous sentons saisis à la vue
» des ouvrages de ces grands hommes » [4].

La Motte ne voulait, ou pour mieux dire, ne pouvait pas voir ces
heureux effets de l'admiration. Il se la représentait sous les traits du
pédant qui admire à froid et s'extasie de parti pris, du commentateur
qui épanche son enthousiasme intarissable en exclamations lauda-

---

[1] Discours sur Homère, t. II, p, 94.
[2] Réflexions sur la Critique, t. III, pp. 14-15.
[3] Ibidem, t. III, p. 15.
[4] Préface de l'Edition de Soleure. 1712, pp. 9-10. (Tout le passage est dirigé
contre La Motte).

tives [1]. Il a conçu pour les érudits et les savants prévenus, pour les
scoliastes panégyristes, un mépris qui va presque jusqu'à la haine [2].
S'il est peu instruit dans la connaissance de l'antiquité, il se fait un
titre de cette ignorance qui l'exempte de toute prévention. Avec
quel orgueil il réplique aux érudits : « l'esprit géométrique vaut
» bien l'esprit commentateur » [3]. Cet esprit commentateur n'est bon
qu'à gâter le jugement, et sur les matières de goût il vaut mieux
s'en rapporter au sentiment naïf des esprits peu cultivés qu'aux
fastueuses hyperboles des savants. « J'aurais plus de foi là-dessus à
» des esprits naturels et simplement cultivés par ce qui s'est fait de
» meilleur dans notre siècle, qu'à ces savants qui, par la longue
» habitude d'admirer tout dans les anciens, et par trop de déférence
» aux autorités, se sont fait pour ainsi dire un goût d'emprunt et
» tout à fait étranger à la raison » [4]. Plus loin, il accentue sa
pensée : « ... Un homme qui, sans grec et sans latin, aurait mis à
» profit tout ce qui se serait fait d'excellent dans notre langue, l'em-
» porterait sans doute sur le savant qui, par un amour déréglé des
» anciens, aurait dédaigné les ouvrages modernes. Les choses
» seraient d'un côté, les mots de l'autre, et ce serait au prétendu
» ignorant à juger des auteurs que le savant prendrait la peine de
» traduire » [5].

Le paradoxe de La Motte s'excuse si on songe à ce qu'était le
plus souvent l'érudition de ses contemporains. Pour imaginer l'étroitesse de vues de presque tous ces savants, leur parti pris d'apologie,
leurs futiles disputes et la réelle ignorance où ils étaient, au fond,
de cette antiquité qu'ils étudiaient incessamment, mais sans méthode
et sans largeur de vues [6], il suffit de se rappeler ce qu'étaient
les lectures qu'on faisait alors dans l'Académie des Inscriptions
et Belles-Lettres. Des jugements généraux et vagues sur un
poète ou un historien, de vaines comparaisons oratoires entre
deux écrivains, de futiles débats de préséance, des discussions
sans grandeur où l'on combattait à grand renfort de textes et
d'autorités sur des matières de bon sens et de goût, telles étaient
les occupations journalières du corps littéraire le plus savant de

---

[1] Dans le Discours sur Homère, t. II, p. 105, voyez un joli tableau de l'enthousiasme un peu factice soulevé par Homère à la Renaissance.

[2] Réflexions sur la Critique, t. III, p. 13.

[3] Ibidem, t. III, p. 162.

[4] Ibidem, t. III, p. 148.

[5] Ibidem, t. III, p. 149.

[6] Voir Alf. Maury, les Académies d'autrefois, t. II. L'ancienne Académie des
Inscriptions et Belles-Lettres, pp. 37, sq.

France. Le trait marquant de ces discussions, c'est l'abus de l'autorité, la tendance à vouloir « tout décider d'une manière absolue et catégorique »[1]. On peut donc admettre que La Motte n'avait pas tout à fait tort de chercher à réagir contre ces mauvaises « habitudes d'école », qui s'étaient répandues, des corps savants, jusque dans la littérature. Ce qui est blâmable chez lui, ce n'est pas qu'il ait voulu restreindre l'autorité trop grande des érudits, c'est qu'il ait totalement méconnu l'utilité, la nécessité des études anciennes pour former le talent des auteurs et le goût du public.

Fondée sur l'admiration, l'étude des auteurs anciens ne se proposait pas d'autre fin que l'*imitation*[2], souvent plus fidèle que judicieuse, des modèles grecs et latins. Aux jeunes gens, ils masquaient la nature. Terrasson le constate : « Les commençants, incapables » encore d'imiter la nature même, imitent d'abord les imitateurs. » La nature, qui est l'original universel, en perd le nom pour le » laisser à ses plus habiles imitateurs, écrivains ou peintres »[3]. Ce que le philosophe reproche aux commençants, on l'aurait pu reprocher aussi bien à tous les écrivains. Deux siècles d'admiration intéressée des anciens, le grand succès de leurs plus illustres imitateurs, avaient eu pour effet de mettre au second plan la nature et l'inspiration personnelle que remplaçaient « l'imitation des imitateurs » et l'étude des procédés. Jamais mieux qu'alors ne s'est produit le phénomène de déviation dans les moyens d'imiter qu'a si curieusement décrit Fréd. Ancillon. « L'étude des grands poètes est peut- » être funeste aux grands poètes. Elle ne peut pas leur ôter toute » leur grandeur, mais elle les empêche de s'élever aussi haut qu'ils » pourraient aller. Elle leur offre des beautés qu'ils prennent facile- » ment pour des modèles, et les modèles deviennent encore plus » facilement à leurs yeux des archétypes invariables. — Au lieu de » réfléchir les formes brillantes et originaires, la lumière primitive » de la nature, ils ne réfléchissent que des reflets et les réminiscences » de la mémoire troublent ou paralysent le jeu de l'imagination »[4].

C'est ce danger de l'esprit imitateur qui avait frappé La Motte. Il a tracé un portrait piquant et juste de ceux qu'il appelle « des auteurs de pure mémoire ». « Ce sont de prétendus orateurs et de » prétendus poètes qui, sans songer à rien recopier, ne font cependant » autre chose. Incapables de rien produire, c'est la seule mémoire

---

[1] Réflexions sur la Critique, t. III, p. 43.

[2] Cf. Maury, ouvrage cité p. 37.

[3] Philosophie appliquée..., p. 145.

[4] F. Ancillon. Nouveaux essais philosophiques. Paris, Belin, 1824, t. II, p. 330.

» qui leur fournit sur tout ce qu'ils font le dessein, les pensées, et
» même jusqu'au style. Pleins de ces bons auteurs qu'ils se sont
» rendus familiers, ils n'osent, parlons plus juste, ils ne peuvent
» penser que d'après eux. Ils appliquent leurs tours et leurs
» expressions aux circonstances présentes ; et souvent, simples
» traducteurs, simples copistes qu'ils sont des choses, ils croient être
» originaux pour avoir changé seulement les noms. En vain pré-
» tendraient-ils que les beautés qu'ils emploient ne laissent pas de
» leur être propres, quoiqu'elles leur soient communes avec d'autres,
» et qu'il n'y a qu'à les féliciter de s'être rencontrés avec de grands
» hommes : la trop grande conformité les décèle ; il y a toujours
» quelque chose d'original qui distingue ce que nous pensons de
» nous-mêmes, d'avec ce que nous imitons, au lieu que l'air servile
» de l'imitateur se ressent d'abord. L'expression même les trahit à
» chaque instant : dans la prose, ce sont des phrases, des périodes
» entières, ramassées des meilleurs ouvrages, et liées avec beaucoup
» de peine et fort peu d'art ; dans la poésie, ce ne sont que des
» hémistiches et des vers connus. Jamais une épithète dont ils
» n'aient l'exemple ; jamais une de ces manières de parler que le
» génie hasarde à propos, et dont le bonheur cache la hardiesse » [1].

Il ne faut point dire que c'est là un portrait de fantaisie. Il y en
avait beaucoup alors, de ces écrivains de pure mémoire, de ces
auteurs écoliers qui s'étaient fait une seconde nature de l'imitation
et une habitude du plagiat inconscient. Le plus illustre et le plus
original, ce fut, parmi les poètes, J.-B. Rousseau ; au-dessous
de lui, combien d'autres on pourrait citer, les L. Racine, les
Pompignan, les Lagrange-Chancel, mille autres encore et La Motte
lui-même. Mais après tout le public, assoupi dans ses vieilles
admirations, encourageait en les applaudissant les auteurs à
s'enfoncer dans la routine de leurs imitations surannées. La Motte
avait beau recommander l'imitation originale, conseiller aux écrivains
de s'inspirer librement de l'esprit des maîtres au lieu de s'imprégner
de leur manière et de leurs procédés, on ne l'écoutait pas : le siècle,
si ouvert d'ailleurs aux initiatives hardies, était tout acquis, en
littérature, aux imitateurs et aux copistes [2].

Au total, l'ennemi que La Motte combat, c'est le principe
d'autorité appliqué aux lettres. Admirer uniquement les anciens

---

[1] Discours sur le différent mérite..., t. VIII, p. 344.
[2] Voir dans le Discours sur la Fable (t. IX, p. 400) une jolie comparaison entre
la manière d'imiter librement et la façon d'apprendre la politesse.

conduit à les respecter uniquement ; n'imiter qu'eux c'est abdiquer dans leurs mains et se condamner à l'obéissance absolue, à une sorte de servage intellectuel. Pour l'écrivain, pour le critique, il y a deux partis à prendre : ou bien jurer foi et hommage à l'autorité des anciens et de leurs interprètes modernes, moins traitables encore et plus intolérants ; ou bien secouer le joug, faire appel à la raison, ne rien tirer que de soi-même, ne rien décider dont on ne puisse rendre un compte exact. Il va sans dire que, au jugement de La Motte, le bon parti c'est le dernier.

Sur le fondement même de l'autorité en littérature, La Motte est assez sceptique. Le grand crédit d'Homère, on l'a vu, n'est qu'un « préjugé de l'éducation »[1], et si l'on remonte jusqu'aux premiers suffrages, on voit qu'ils ne sont la plupart que des échos les uns des autres. Il se plaint qu'on lui oppose toujours trois mille ans d'admiration non interrompue[2], tandis qu'il y a de siècle en siècle les protestations nécessaires pour empêcher la prescription. L'admiration moutonnière des générations n'est pas pour l'effrayer : il en conteste, il en nie la valeur. « Quand il n'y aurait point de partage sur Homère, » un homme pourrait réclamer lui seul contre tous les siècles : et » si ses raisons étaient évidentes, les trois mille ans d'opinion » contraire n'auraient pas plus de force qu'un jour »[3]. Il ne fait pas grand cas d'Aristote[4], quoiqu'il évite le plus possible de se commettre dans une lutte contre cette ombre d'un grand nom. Mais pour les autorités de second ordre que Mme Dacier lui oppose confusément et sans choix, il les tient en un profond mépris ; même il se permet de contester le poids des témoignages du P. le Bossu et de Mme Dacier quoique « naturalisés grecs ou latins »[5]. Tous ces géants ne l'intimident pas[6].

C'est qu'il s'était fait, pour peser la valeur des témoignages, une loi d'estimation qui lui paraissait très sûre[7]. Pour tout ce qui touche au langage, les attestations des contemporains sont certainement irrécusables. Sur la vérité des peintures encore, leur déposition fait

---

[1] Discours sur Homère, t. II, p. 94.
[2] Réflexions sur la Critique, t. III, p. 89.
[3] Ibidem, t. III, p. 93. — A noter ce singulier raisonnement ontre l'autorité séculaire (Ibidem, p. 92) : « Dans 3000 ans d'ici, Homère comptera 6000 ans d'approbation, mais les 3000 dernières années ne seront que le fruit de la soumission aveugle aux premiers suffrages et non celui de l'examen ».
[4] Discours sur Homère, t. II, p. 103.
[5] Réflexions sur la Critique, t. III, p. 42.
[6] Ibidem, t. III, p. 17.
[7] Ibidem, t. III, pp. 41-42.

foi. Mais « quand leur jugement s'étend au delà des faits, et qu'ils
» prononcent sur des choses dont la raison commune est l'arbitre »,
alors leur autorité est contestable et ne peut être admise qu'après
avoir subi un contrôle. Il faut donc moins compter les suffrages que
les peser, et si les autorités particulières ne peuvent être entièrement
négligées, l'autorité elle-même doit être rejetée d'une façon absolue
comme principe et comme guide dans la critique et la composition.
Aucune personne, si grande qu'elle soit, aucun siècle, de quelque
prestige qu'il soit environné, aucune Académie, de quelque légitime
influence qu'elle dispose, n'a le droit de peser sur le libre jugement
de chacun. C'est cette vérité, assez nouvelle encore, que La Motte
fait entendre à Mme Dacier. Celle-ci avait en quelque sorte sommé
l'Académie d'imposer silence par un bon arrêt aux critiques
d'Homère. La Motte lui réplique avec beaucoup d'à-propos et de
force : « J'avertis ici Mme Dacier qu'elle a une idée fausse de
» l'Académie française. Elle la regarde apparemment comme un
» tribunal tyrannique, qui ne laisse pas la liberté des jugements en
» matière d'ouvrages d'esprit ; elle croit que l'admiration religieuse
» des anciens en est une loi fondamentale, et qu'en y entrant on
» lui prête serment de fidélité à cet égard. Ce n'est point là l'esprit
» d'une assemblée de gens de lettres et l'Académie ne tend à
» l'uniformité que par voie d'éclaircissement et non pas par voie
» de contrainte » [1]. Ces paroles sont remarquables : l'auteur y
proclame, non sans fierté, le principe nouveau de l'indépendance
des gens de lettres dans les choses de l'esprit ; il y revendique le
grand principe de la liberté de penser, que menaçait encore l'autorité par de violents retours agressifs.

A l'enthousiasme aveugle, La Motte oppose l'*émulation* ; à l'érudition étroite, le libre examen ; à l'imitation servile, la nécessité de
l'invention et de l'originalité ; à l'autorité immuable, la croyance au
progrès indéfini de la raison et de l'art.

Dès avant 1707, la Motte adressait à Fontenelle son Ode sur
l'*Émulation*, qui rouvrait l'interminable débat des anciens et des
modernes [2]. Ce qu'il proposait avec une intrépidité sereine, c'était de
remplacer la béate admiration, à laquelle il reprochait d'engourdir
les esprits, par une rivalité active, une émulation franche qui ne

---

[1] *Réflexions sur la critique*, t. III, p. 39.
[2] *Œuvres*, t. I, p. 316.

s'interdisait pas l'espoir d'atteindre, de surpasser même les anciens :

> « Dépouillons ces respects serviles
> Que l'on rend aux siècles passés ...
> Il faut, au mépris du vulgaire,
> Secouer, sage téméraire,
> Le joug de l'admiration ! »

Dès lors cette idée d'une émancipation possible, nécessaire, de l'esprit moderne, d'une lutte féconde avec les anciens, devient chez La Motte une opinion inébranlable, son lieu commun favori.

C'est cette persévérance à suivre la même idée et à la défendre qui donne l'avantage à La Motte, même sur ceux dont il a emprunté cette opinion, les Perrault et les Fontenelle. Ceux-ci en effet ne s'y sont pas attachés avec la même opiniâtreté. En 1713, La Motte, écrivant à Fénelon, réduisait ses prétentions pour les faire accepter : « Qu'on nous permette, insinuait-il, un examen respectueux, » une émulation modeste, nous n'en demandons pas davantage » [1]. Le prélat ne goûtait guère cette « émulation modeste », dont il prévoyait les prétentions grandissantes : « Rien n'est plus utile, » répondait-il, que de tâcher d'atteindre à ce que les anciens ont de » plus sublime et de plus touchant, sans tomber dans une imitation » servile » [2]. Mince concession en vérité, dont La Motte dut se déclarer satisfait par politique : le partisan le plus autorisé des anciens convenait avec lui qu'il était opportun d'engager la lutte, et il condamnait les imitations serviles. C'était au moins l'apparence d'une victoire.

Dès lors, la rivalité déclarée avec les anciens devient le point de ralliement de tout un grand parti dans les lettres. Les avantages de l'émulation sont un des lieux communs de la littérature, même officielle.

Sans doute l'espérance de surpasser les anciens était présomptueuse et chimérique. Fontenelle [3] avait été plus sage en reconnaissant qu'en de certains arts, peu importants par eux-mêmes, les anciens avaient pu atteindre la perfection, ce qui enlève aux modernes l'espoir de les surpasser, sinon l'assurance de les égaler ; mais lui-même sentait bien que cette porte ouverte à l'activité, c'était le commence-

---

[1] Lettre de La Motte à Fénelon, dans les Réflexions sur la Critique, t. III. p. 56. — Cf. ibid., p. 57 : « Ma hardiesse ne va qu'à poser pour principe la possibilité de surpasser nos maîtres ».

[2] Réflexions sur la Critique, t. III, p. 64. (Lettre de Fénelon à La Motte).

[3] Fontenelle : Digression sur les anciens et les modernes. Édit. 1764, t. IV, pp. 122-124.

ment d'un progrès, car il écrivait : « Rien n'arrête tant le progrès
» des choses, rien ne borne tant les esprits, que l'admiration excessive
» des anciens » [1].

S'il vaut mieux pour l'écrivain lire les œuvres anciennes avec la
pensée de leur disputer l'avantage, qu'étouffer son activité par une
admiration désespérante, il est préférable aussi de les aborder de
plain-pied en quelque sorte, de les juger librement plutôt que de les
étudier comme des textes sacrés, avec une adoration qui aveugle sur
les défauts. C'est ce que pensait La Motte. Il a toujours été persuadé
que, si belle que fût une œuvre, le jugement ne devait pas abdiquer
ses droits en l'examinant. Il donne à sa pensée, juste au fond, un
tour paradoxal qui lui fait tort : « Un homme pourrait réclamer lui
» seul contre tous les siècles ». C'est aller trop loin, dans des
matières où le sentiment a sa grande part, et où le suffrage universel
doit être consulté, au moins comme un témoin.

La Motte est plus raisonnable quand il montre que, dans les
questions littéraires, les avis sont toujours partagés, et que ces
contradictions sont utiles et servent au triomphe définitif de la
raison. « Elles nous affranchissent de l'autorité que pourraient avoir
» les suffrages réunis, et nous font rentrer dans tous les droits de
» l'*examen*. C'est à nous de chercher dans les choses mêmes en
» quoi l'admiration et le mépris sont équitables ou injustes [2] ». Il
faut, quand on étudie et qu'on juge les auteurs, ne jamais se laisser
séduire par le prestige qui entoure les grands noms, mais demander
à chacun ses preuves et ses titres. « Regardons toujours les choses
» en elles-mêmes ; et, si elles sont à notre portée, n'en jugeons
» jamais simplement sur l'autorité des autres : fussent-ils les juges
» les plus compétents sur la matière dont il s'agit, ils nous doivent
» des raisons et des raisons qui nous éclairent » [3]. C'est la même
vérité qu'il affirmait dès 1711, dans sa réponse à Boileau : «.... les
» esprits supérieurs, quelque chose qu'ils avancent, prétendent
» payer de raison et non pas d'autorité » [4]. L'érudition et l'esprit
commentateur n'allèguent que des autorités ; il faut s'en affranchir
et recourir aux lumières de la raison, car « c'est à elle seule qu'il
» appartient d'apprécier toutes choses » [5]. Il existe en effet un « bon
sens », qui est « uniforme » [6], qui juge indépendamment des temps

---

[1] Digression sur les anciens et sur les modernes, p. 131.
[2] Discours sur Homère, t. II, p. 6.
[3] Ibidem, t. II, p. 163.
[4] Réponse à M. Despréaux..., t. V, p. 396.
[5] Discours sur Homère, t. II, p. 107.
[6] Réponse à M. Despréaux...., t. V, p. 402.

et des lieux ; supérieur aux préjugés, il ne s'attache qu'aux choses mêmes, et c'est lui seul qui doit guider le lecteur et le poète dans l'étude de l'antiquité.

L'écrivain moderne doit par-dessus tout chercher à être original et neuf, à être « soi-même » [1] : il le doit, et il le peut. La nouveauté est nécessaire, dit La Motte, « sans quoi ce ne serait pas la peine d'écrire » [2]. La nouveauté est possible, et c'est à démontrer cette vérité, si vivement contestée par les écrivains les plus originaux, que La Motte s'attache avec insistance. « Qu'on ne dise pas qu'il n'y » a plus de pensées nouvelles, et que depuis que l'on pense l'esprit » humain a imaginé tout ce qui se peut dire.... Je crois que nos » pensées, quoiqu'elles roulent toutes sur des idées qui nous sont » communes, peuvent cependant, par leurs circonstances, leur tour » et leur application, avoir à l'infini quelque chose d'original » [3]. La nature ne s'épuise pas, les cerveaux sont aussi bons aujourd'hui qu'il y a trente siècles ; le soleil luit avec la même force [4].

Dans les arts, toutes les beautés n'ont pas été découvertes, les formes anciennes peuvent faire place à d'autres formes [5] : « Ce qui a » plu exclut-il les autres moyens de plaire ? Et ne saurait-on s'ouvrir » de nouveaux chemins sans s'égarer ? » [9]. Il est vrai qu'il est difficile de trouver la nouveauté, et surtout de l'imposer ou de la faire accepter à un public routinier. Ceux qui osent risquer une œuvre nouvelle y ont du mérite, car on est singulièrement ingrat envers eux. «... On ne tient pas assez de compte à ceux qui, au péril du » succès, prennent des routes nouvelles et osent faire usage de leur » génie » [7]. Il faut de la hardiesse à ceux qui veulent renouveler les moyens de plaire, mais cette hardiesse est nécessaire, et tous les temps l'ont eue et se sont bien trouvés de l'avoir eue, sans quoi l'art serait demeuré dans l'enfance. «.... Point de nouveauté sans har-» diesse. Où en serait l'art si l'on s'en était toujours tenu à cette » imitation timide qui n'ose rien tenter sans exemple ?...» [8]. En inventant et en renouvelant les procédés, nous ne faisons qu'imiter nos aînés. Par malheur les poètes sont timides, avides de succès

---

[1] Discours sur la fable, t. IX, p. 41.
[2] 2e Discours sur la tragédie, t. IV, p. 165.
[3] Discours sur la poésie..., t. I, p. 37. — Cf. La Bruyère : « Tout est dit. ...»
[4] Cf. Réflexions sur la Critique, t. III, p. 13. La Motte se moque de l'influence du climat, ce lieu commun ; il dit en plaisantant que les poèmes d'Homère sont l'effet d'un coup de soleil.
[5] Fontenelle. Digression sur les anciens et les modernes, t. III, pp. 115-116.
[6] Discours sur Homère, t. II, p. 15.
[7] Discours sur le différent mérite..., t. VIII, p. 347.
[8] Préface de la 1re Edition d'Inès, t. IV, p. 317.

faciles, plutôt qu'ambitieux de nouveautés périlleuses ; et La Motte lui-même s'accuse d'avoir obéi plus qu'il n'aurait dû à ce sentiment lâche et vulgaire : « Je n'ai osé heurter un préjugé si établi : d'un » côté c'est prudence : j'ai pris le plus sûr pour réussir ; mais de » l'autre c'est lâcheté : on ne tentera guère de nouveautés utiles » s'il ne se trouve pas des auteurs assez généreux pour risquer de » déplaire au public en essayant de l'enrichir » [1]. Mais ni les difficultés de l'invention, ni le mauvais vouloir du public ne peuvent prévaloir contre la nécessité de l'originalité.

L'originalité ! La Motte a démontré, par des raisonnements excellents, qu'elle était possible ; mais il n'a pas été jusqu'à la démonstration convaincante et lumineuse, qui eût été de produire lui-même des œuvres originales.

Le fondement de ces opinions que La Motte professe sur l'émulation et le besoin d'originalité, c'est la croyance très arrêtée au développement constant et indéfini des lumières et de la raison, au *progrès*. Il estime que ce progrès est déjà réalisé en partie, mais qu'il ne s'arrêtera pas. Il pense avec Fontenelle que « les hommes ne dégé » néreront jamais, et que les vues saines de tous les bons esprits » qui se succéderont s'ajouteront toujours les unes aux autres » [2].

Dans sa « Digression sur les anciens et les modernes » [3], qui a été écrite après le poème du Siècle de Louis-le-Grand, mais avant les Parallèles de Ch. Perrault, ce même Fontenelle prédisait avec confiance le triomphe de la raison sur le préjugé. « Il y a toutes les » apparences du monde que la raison se perfectionnera, et que l'on » se désabusera généralement du préjugé grossier de l'antiquité » [4].

Cette victoire du bon sens sur la prévention, La Motte la proclame, vingt-cinq ans plus tard. « Reconnaissons les progrès de » la raison. Il y a trente ans qu'une apologie d'Homère, telle que » M. Boivin l'a donnée, en aurait paru une censure impardonnable : » bien des savants auraient regardé comme un outrage pour Homère » le secours qu'on lui prête aujourd'hui. Convenir qu'il a bien des » défauts leur aurait semblé un blasphème ; et à l'heure qu'il est, » c'est leur unique ressource pour sauver l'estime due à ses vraies » beautés. C'est que la prévention se laisse vaincre insensiblement : » malheur à qui l'attaque le premier ! il en essuie toute l'opiniâtreté

---

[1] IVᵉ Discours sur la tragédie, t. IV, p. 391.
[2] Fontenelle. Digression sur les anciens et les modernes, t. IV, p. 130.
[3] Trublet. Mémoires..., p. 18.
[4] Fontenelle. Digression..., t. IV, p. 131.

» et tout l'emportement ; mais de jour en jour elle s'affaiblit, et il
» ne faut que continuer de la presser pour la détruire » [1].

Ces gains du bon sens et de la raison sont dus aux efforts
des modernes philosophes, mais plus encore au développement
général et constant de l'esprit humain, à une accumulation
continue des lumières et des connaissances. « Ne pouvons-nous pas
» soutenir modestement que les hommes, de siècle en siècle, ont
» acquis de nouvelles connaissances, que les richesses accumulées
» par nos aïeux ont été accrues par nos pères, et qu'ayant hérité
» de leurs lumières et de leurs travaux, nous serions en état, même
» avec un génie inférieur au leur, de faire mieux qu'ils n'ont fait ? » [2].

Sans doute cette assertion n'est vraie qu'à demi, et La Motte est
tombé dans l'erreur qu'a su éviter Fontenelle [3] : il n'a pas comme
son maître marqué la distinction entre les arts et les sciences ; les
uns, qui procèdent de l'imagination, se développent plus vite ; les
autres, qui tiennent surtout du raisonnement, se sont perfectionnés
tardivement. Mais cette confusion semble volontaire : car La Motte
ne sépare jamais les progrès généraux de la raison et de la méthode
du perfectionnement particulier de l'art et des procédés littéraires.
Il croit fermement que son siècle possède mieux que tous les autres
la notion du parfait, et il cite avec satisfaction ces paroles de Bayle :
« Il n'est pas question si les esprits sont meilleurs dans notre
» siècle qu'anciennement, mais si notre siècle possède mieux les
» idées de la perfection » [4]. Les époques primitives sont à ses
yeux « des temps de ténèbres » [5], la Grèce homérique était « dans
» l'imbécillité de l'enfance » [6]. La poésie des Grecs est un art qui
n'a été bien développé [7] que depuis Homère. Aussi l'Iliade n'a-t-elle
pas la perfection que le poète eût pu atteindre, « s'il eût été placé
» dans les bons siècles » [8].

De ces bons siècles, le meilleur est évidemment le XVIIe, celui
qui, par les préceptes et les exemples, a le plus contribué à faire
sentir le prix de « cette justesse et de ce choix » dont les anciens
n'ont pas eu la notion distincte. Ébloui par le prestige des grandes
œuvres de l'autre siècle, séduit par leur unité régulière de

---

[1] Réflexions sur la Critique, t. III, pp. 247-248.
[2] Ibidem, t. III, p. 88.
[3] Digression.., t. IV, p. 120.
[4] Réflexions sur la Critique, t. III, p. 187.
[5] Discours sur Homère, t. II, p. 29.
[6] Ibidem, t. II, p. 22.
[7] Ibidem, t. II, p. 40.
[8] Ibidem, t. II, p. 98.

composition, pénétré des mêmes principes d'ordre et de méthode,
La Motte est convaincu que « l'art s'est perfectionné en bien des
choses » [1].

Ces affirmations si formelles auraient gagné à être plus précises
et plus détaillées. La Motte ne s'est pas suffisamment expliqué sur
ce qu'il entendait par le progrès de l'esprit humain dans les arts. On
peut toutefois entrevoir le fond de sa pensée et démêler les principaux
éléments de cette perfection moderne qu'il exalte.

Dans l'exécution des œuvres, elle comporte les principales qualités
classiques, un peu élargies : l'unité, la régularité, la correction. Pour
la critique, elle vaut par les qualités philosophiques : exemption du
préjugé ancien, clairvoyance sur les défauts, netteté et finesse de
raisonnement, défiance ou indifférence à l'égard du sentiment.
Enfin il y faudrait ajouter une tendance mal réglée et peu éclairée
à l'émancipation et au renouvellement de formes anciennes. C'est
de tout cela qu'est faite la foi optimiste de La Motte et sa confiance
dans la continuation du progrès à travers l'avenir.

Car il est persuadé que ce puissant mouvement n'est pas fixé,
qu'il se prolongera à travers les âges. C'est un espoir qu'il exprime
à plusieurs reprises avec une sorte de confiance ingénue. Il n'a pas
su voir dans quel sens se ferait le mouvement des esprits; mais il
a le mérite d'avoir prévu qu'il s'opérerait, qu'une génération
prochaine le produirait ; et il a eu la conscience très nette de préparer
obscurément cet avenir. « Tout notre espoir, dit-il, est dans une
» génération nouvelle qui n'ait point encore fléchi sous les autorités
» et qui, par la longue habitude de se passionner ainsi, n'ait pas pris
» une espèce d'engagement contre la raison. » [2] Dans la dernière
année de sa vie, répondant à Voltaire, La Motte affirme une fois
encore et avec plus de fermeté sa confiance dans un renouvellement
de la poésie et une transformation du goût public. « Ce n'est pas pour
» moi que je prétends élargir la carrière ; c'est pour nos successeurs,
» c'est pour vous-même, Monsieur, si vous en avez le courage,
» quand des beautés supérieures à ces règles arbitraires demanderont
» que vous les violiez » [3].

Rapprochées d'autres assertions analogues, confirmées par toute
la conduite de La Motte dans ses débats littéraires, ces paroles
prennent une importance. Elles prouvent qu'il croyait positivement
et à un progrès acquis dans la méthode de composer et de juger,

---

[1] Réflexions sur la Critique, t. III, p. 106.
[2] Ibidem, t. III, p. 36.
[3] Suite des Réflexions sur la tragédie, t. IV, p. 429.

et aussi à un autre progrès non réalisé, qui était encore le secret de l'avenir.

Donc La Motte, de parti pris, tourne le dos au passé. La *querelle homérique* n'est que l'épisode le plus bruyant de la longue guerre qu'il soutint contre le préjugé des anciens, contre l'entêtement des adorateurs d'Homère et d'Aristote, contre l'autorité enfin et l'immutabilité, en faveur du progrès et de la liberté. On ne veut pas raconter à nouveau cette grande guerre ; elle a trouvé son historien. On cherchera seulement à en marquer l'opportunité, à en déterminer la portée. On insistera sur l'importance exceptionnelle que La Motte attacha à ce débat, car la querelle n'a été pour lui qu'une occasion d'affirmer avec éclat ses opinions et d'en vérifier l'exactitude.

Je crois que Rigault a plus que de raison amoindri le rôle de La Motte dans la Querelle, qu'il a trop restreint la portée de ses opinions. Il affirme que, au commencement du XVIII⁰ siècle, le débat s'est réduit « à une dispute sur Homère[1], » que ce ne fut qu'une « discussion de salon, piquante et superficielle »[2]. Il dénie à La Motte la profondeur des convictions et la suite dans les idées. « Le « Discours sur la poésie » est peut-être le seul de ses ouvrages » où il aborde directement le côté philosophique de la question des » anciens et des modernes ; encore ne fait-il que l'effleurer en » quelques lignes. Partout ailleurs il perd de vue les idées générales » du progrès et de la permanence des forces de l'esprit humain. » Cet écrivain que ses amis ont appelé un philosophe est moins » philosophe que Desmarets et Perrault, et avec lui la discussion » fait un pas en arrière, elle devient une dispute sur le mérite » d'Homère »[3].

Il est certain que les opinions que La Motte a soutenues ne lui appartiennent pas en propre ; mais elles n'appartiennent pas davantage à Perrault ni même à Desmarets (que La Motte affirme n'avoir jamais lu)[4]. Elles viennent de plus loin, et en tout cas, si La Motte les a empruntées directement à quelqu'un, c'est à Fontenelle, qui était un plus ferme esprit et plus philosophique que les deux autres et qui a traité la question avec plus de précision et de force.

Entre Ch. Perrault et La Motte, la différence est grande. Ils ont défendu le même principe, celui du libre examen et de la liberté,

---

[1] Rigault. Histoire de la querelle..., p. 376. Cela est vrai du moins pour Mᵐᵉ Dacier.

[2] Id., ibid., p. 388.

[3] Id., ibid., p. 392.

[4] Réflexions sur la Critique. t. III, p. 33.

contre l'autorité et le préjugé. Mais si Perrault se montre plus philosophe en étendant la question à tous les arts et à toutes les sciences (tâche aisée en ce qui concerne ces dernières), La Motte est peut-être plus original et plus hardi en restreignant le débat aux matières littéraires. Sa supériorité me paraît être dans la ténacité avec laquelle il s'est renfermé dans son rôle d'avocat du progrès, faisant trop bon marché du passé, mais réclamant avec une conviction inébranlable en faveur des formes nouvelles qui devaient se dégager des entraves du présent. Ce coup d'œil, si peu perçant qu'il soit, que La Motte a jeté sur l'avenir, lui assure l'avantage sur Perrault, plus renfermé dans la contemplation satisfaite des chefs-d'œuvre du siècle où il vivait.

Quant au ton même du débat, je trouve que La Motte en a fait moins une dispute entre lettrés, et bien plus une discussion de principes plus large et d'un plus grand retentissement, car il s'adresse, ne l'oublions pas, à un public plus étendu et plus varié. S'il a restreint l'objet du litige, il lui a donné plus de profondeur et plus d'éclat.

Je ne trouve pas juste de dire que La Motte a réduit le problème à une dispute, à une chicane de détails sur Homère. Il est vrai que dans le « Discours sur Homère » et dans les « Réflexions... », il a critiqué l'Iliade avec un scrupule si méticuleux qu'il nous paraît fatigant et puéril. Mais il ne faut pas oublier que c'était alors la méthode ordinaire et que, s'il y eût renoncé, La Motte risquait de se voir traité, plus encore qu'il ne le fut, d'impertinent, de téméraire et d'ignorant. Admettons que c'est un sacrifice qu'il a fait au goût et aux habitudes de son temps.

Que si on lui reproche de s'être attaché à Homère, de l'avoir pris comme le but unique de toutes ses critiques et de toutes ses médisances, on répondra qu'il n'a pas si mal choisi son adversaire et qu'il a bien calculé la portée de ses coups. En effet Homère c'est l'arche sainte ; sur son œuvre, fondement premier de toutes les règles, repose l'édifice entier de la littérature classique, le principe d'autorité et toute la doctrine. Lui détruit, l'échafaudage s'écroulait ; l'admiration était à terre et la raison triomphait.

Rigault reproche à La Motte de n'avoir abordé le côté philosophique de la question qu'une seule fois, en passant, et de l'avoir effleuré en quelques lignes. Il se peut que La Motte n'ait pas embrassé le problème d'une façon aussi large que Perrault, qu'il ne l'ait pas résumé avec une précision aussi nette que Fontenelle. Mais il ne me paraît pas juste de dire qu'il en a restreint la portée et qu'il ne l'a traitée à fond que par caprice ou par hasard. Nous avons vu au contraire que ce grave débat a été la préoccupation de sa vie presque tout entière. Pendant plus de vingt-cinq ans, il n'a point cessé de soutenir que les anciens n'avaient pas épuisé les sujets, tari les intelligences, ni fixé les formes à toujours. Qu'est-ce donc que cela, sinon défendre, en ce qui touche aux arts et aux belles-lettres, l'idée de la permanence des forces de l'esprit humain et du progrès ? [1]

Depuis l'Ode sur l'Emulation, qui est antérieure à 1709, jusqu'à la réponse à M. de Voltaire, le dernier ouvrage de La Motte, il n'est pour ainsi dire pas une page écrite par lui où ne se sente, plus ou moins vive et apparente, la préoccupation d'affirmer et de prouver la marche constamment progressive de l'intelligence humaine. Il se défend même quelque part de rentrer dans le débat « qui a fait une » espèce de schisme dans les lettres » [2], et de rabaisser la question à une dispute vaine sur la supériorité des anciens ou des modernes. « Je laisse à décider aux savants qui l'emporte des anciens ou des » modernes » [3]. Ce qui veut bien dire qu'il envisage les choses de plus haut, que ce n'est pas une chicane qu'il soutient, mais un principe philosophique qu'il défend, celui du mouvement et du progrès. Ce principe, il a passé sa vie à le maintenir, et la querelle homérique n'est qu'un moment de la lutte, celui où, la dispute s'échauffant, le différend a éclaté au dehors et a fait scandale. Mais avant et après cette retentissante mêlée, La Motte était et demeura presque uniquement préoccupé de soutenir plus paisiblement et par des procédés moins bruyants les mêmes idées et la même cause.

Grimm, annonçant la mort de Fontenelle [4], parle de la querelle avec trop de dédain ; ce n'est à ses yeux qu'une ridicule et vaine dispute dans laquelle Fontenelle et La Motte, « deux athlètes de cette force, » n'ont cependant fait que pitié » [5]. Mais Grimm est bien loin des événements pour pouvoir juger de l'opportunité réelle de cette lutte, et il n'est pas assez élevé au-dessus du débat pour se débarrasser des préjugés du système classique, restauré depuis lors. En réalité la crise qui, vers 1714, ramène l'éternelle question devant un public plus nombreux et moins prévenu, devait être utile ; elle était nécessaire même, si on se reporte à l'état des lettres, des études et du goût à ce moment précis.

---

[1] Expression de Rigault, p. 490.
[2] Discours sur la poésie, t. I, p. 57.
[3] Ibidem, t. I, p. 57.
[4] Correspondance, 1er fév. 1757, t. II, p. 98.
[5] Ibidem, 1er déc. 1754, t. I.

On a montré que les érudits formaient un parti puissant, uni, intraitable, qui interdisait aux autres des innovations et des libertés qu'ils se défendaient à eux-mêmes par un respect outré des anciens et des procédés traditionnels. On a vu aussi que les études dans les écoles et dans les corps savants étaient trop uniformément réduites à des commentaires admiratifs, ou à une recherche disciplinée d'objets d'imitation. Le goût enfin était captif dans la tradition et la convention classique ; il admirait de confiance et applaudissait par routine ; surveillé comme il l'était par des gardiens jaloux, s'il avait des velléités d'affranchissement, des désirs et des appétits nouveaux, il était réduit à les satisfaire avec des mets si grossiers qu'on ne songeait pas à les lui défendre, et c'est ainsi qu'il se laissait aller à ces débauches de choses excitantes, chansons, basses critiques, satires et pamphlets.

Au fond, il y avait un commencement de lassitude des œuvres magistrales, un dégoût naissant des austères beautés à la mode antique. Mais il était plus difficile qu'on ne l'imagine d'abattre ou d'ébranler un culte officiellement constitué et si sévèrement gardé depuis un siècle et demi. Demander que les anciens fussent traités comme les modernes, que des yeux mortels pussent apercevoir des défauts dans ces divins génies, « grand et prodigieux » effort de raison » [1] ! s'écrie Fontenelle avec ironie. Oui le résultat était modeste, mais l'effort était grand et demandait une certaine audace.

L'entreprise était opportune. Une divergence de vues s'accentuait chaque jour entre deux classes d'esprits : les érudits et les commentateurs qui entretenaient leur infatigable admiration en découvrant à chaque ligne d'un auteur des beautés de détail et des merveilles dans l'infiniment petit ; et d'autre part les philosophes qui dédaignaient la science patiente, l'érudition curieuse de petites choses et n'aimaient que les larges généralisations d'idées, les déductions et les conclusions hâtives. Les partisans des modernes donnaient raison au goût public en raillant les savants, éplucheurs de mots et déplaceurs de virgules.

Il faut bien dire aussi que l'antiquité, telle qu'on la concevait et qu'on l'admirait, prêtait le flanc aux attaques et se défendait mal. C'est une vérité devenue banale [2] que les hommes du XVIIe et du XVIIIe siècle n'ont guère connu qu'une antiquité idéale et fausse, agrandie et affadie, vague et inerte modèle à proposer aux écoliers,

---

[1] Fontenelle, Digression..., t. IV, p. 124.
[2] Cf. Rigault. Maury. Patin. Egger, etc.

au lieu d'être tout un monde vivant. Au moment où nous sommes, cette Grèce et cette Rome de convention commencent à paraître ce qu'elles sont, des abstractions mornes et vides, des images gigantesques, mais confuses et sans vie [1]. Au XVIIe siècle, on compte jusqu'à trois esprits supérieurs qui ont pénétré plus avant que la foule des admirateurs superficiels. Après qu'on a cité Racine, Fénelon, Mme Dacier, on est embarrassé, et il faut bien de la complaisance pour découvrir encore quelques autres amis sincères et éclairés de la première antiquité, celle qui est naïve, simple et un peu rude. [2] Il y a deux Homères alors. Il y a le vrai, il y a le faux : le premier que deux ou trois seulement comprenaient et goûtaient d'instinct dans sa simplicité nue et sa fraîcheur ; le second, c'est l'Homère de l'école, dénaturé, défiguré par trente siècles d'admiration, de critiques et de commentaires, l'Homère législateur, modèle unique et archétype de la perfection classique. C'est celui-là que la foule révérait de confiance, et sans le lire [3]. C'est le faux Homère que Fontenelle et La Motte ont voulu détruire, parce qu'ils pensaient que l'œuvre du monde la plus parfaite ne doit pas être toujours et partout proposée comme un modèle immuable, érigée en une sorte de canon inviolable. Par malheur La Motte n'a pas su discerner le véritable Homère derrière le faux. Il a bien fait tomber les lourdes parures qui faisaient du poète une sorte d'idole pesante et gauche ; mais il n'a pas réussi à dégager la svelte statue cachée sous ces ornements d'emprunt. C'était n'accomplir que la moitié de la tâche et la plus aisée : après avoir ruiné la fausse antiquité, il eût fallu restaurer la véritable. Cela est vrai ; mais cette partie de la besogne, ni La Motte, ni aucun homme de son temps n'était capable de la mener à bien ; il fallait, pour atteindre ce but qui semble si proche, que les esprits fissent un immense détour et revinssent à la naïveté homérique en découvrant à nouveau la nature. Après J.-J. Rousseau, et grâce à lui, c'est par l'intelligence de la nature qu'on est revenu à l'intelligence de l'œuvre homérique.

L'objet que se proposait La Motte durant la querelle était très précis. Respecter les anciens et les juger librement, les admirer où ils sont admirables, mais modérer et régler l'enthousiasme là où il cesse d'être raisonnable ; apprécier leurs beautés, mais savoir profiter également de leurs défauts ; enfin se ménager toujours l'espérance fortifiante qu'on peut les atteindre et les dépasser : tels sont les

---

[1] Voir Rigault, Querelle…, p. 268.

[2] Nisard ajoute Bossuet et Rollin. — Mettons encore Boileau. — Mais J.-B. Rousseau goûtait-il le charme de la poésie homérique ?

[3] Réflexions sur la Critique, t. III, p. 105. — Cf. Cartaud de la Vilate. Essai.

points principaux sur lesquels porte sa réclamation, et il faut avouer qu'il ne demande pas trop.

Le résumé le plus fidèle de ses revendications n'est pas dans le passage si « philosophique » du « Discours sur la poésie ». C'est dans les « Réflexions sur la critique » que je le trouve. C'est là qu'il montre avec le plus de précision et de mesure ce qu'il veut détruire et ce qu'il prétend édifier. « Les anciens ont été nos guides et nos
» maîtres, il faut les estimer et les étudier, mais non pas comme des
» maîtres tyranniques, sur la parole de qui nous devons jurer
» toujours, et qu'il ne soit jamais permis d'examiner. La question
» n'est pas, comme bien des gens se l'imaginent et comme les
» partisans outrés de l'antiquité semblent l'entendre, s'il faut
» mépriser ou estimer les anciens, les abandonner ou les conserver.
» Il s'agit seulement de savoir s'il ne faut pas les peser au même
» poids que les modernes, si *quand les idées du beau dans tous les*
» *genres sont une fois connues* il ne faut pas mesurer tout indis-
» tinctement à cette règle et effacer des ouvrages pour ainsi dire le
» nom de leur auteur pour ne les juger qu'en eux-mêmes » [1].

Ce sont là des paroles très sages et qui me paraissent bien rendre la pensée même de La Motte. Qu'il ait forcé la critique et dit plus de mal d'Homère qu'il n'en pensait, c'est l'effet naturel de la contestation. Il ne rendait d'ailleurs aux anciens que la moitié des coups qu'on lui portait en leur nom [2]. Qu'il ait exagéré le dédain, cela s'excuse aussi : pour réveiller les esprits et secouer la torpeur envahissante, il fallait peut-être frapper fort plutôt que juste. Qu'il ait méconnu entièrement le génie antique, c'est moins sa faute que celle de son temps, et ses adversaires mêmes, comme ses maîtres, étaient res- ponsables en partie de son erreur, puisqu'ils prétendaient lui imposer le respect de l'antiquité bien plus que lui en révéler l'esprit. Mais un critique impartial qui veut se rendre un compte exact des inten- tions de La Motte doit, je le pense, s'en référer aux paroles qu'on vient de citer.

---

[1] *Réflexions sur la Critique*, t. I, p. 16. — Cf. ibid., p. 56.

[2] Lefranc de Pompignan avoue que les défenseurs de l'antiquité « ont montré trop de hauteur et d'animosité contre leurs adversaires ». — Cf. Vigneul-Marville. Mélanges d'histoire et de littérature, (Paris, 1725) : « Quand je vois les savants d'aujourd'hui prendre parti avec tant d'obstination les uns pour les anciens, les autres pour les modernes, il me semble voir les deux femmes de la fable, l'une un peu bien mûre qui arrache les cheveux noirs de la tête de son mari, et l'autre encore jeune qui en arrache les cheveux blancs ; de sorte que, chacune tirant de son côté pour rendre son mari plus beau à son goût, elles le rendent tout à fait chauve. Il faut garder en cela beaucoup d'équité. Les anciens ont leur mérite et leurs usages et nous avons les nôtres ».

Quels ont été les *effets de la querelle* renouvelée sur le nom d'Homère? Ils ont été très divers, les uns bons, les autres mauvais, ou même à la fois l'un et l'autre.

D'après certains critiques du XVIII[1] siècle [1] et de nos jours, une des pires conséquences de cette malheureuse affaire aurait été l'affaiblissement des études anciennes. Le fait est vrai, mais il faut l'expliquer. Je crois pour moi que l'effet précède la cause, que le succès des théories modernes[2] est dû pour une partie à une décadence antérieure des études antiques. Les grands écrivains français avaient fini par forcer la porte, non seulement des collèges des Jésuites, mais de ceux de l'Université. Rollin, si épris de l'antiquité, est un des premiers qui cède à la contagion, et qui fait tort aux anciens de la Grèce et de Rome en consacrant anciens, par l'adoption, les grands écrivains du dernier siècle. Il faut convenir pourtant que la querelle contribua, moitié lassitude, moitié persuasion, à accroître l'indifférence générale pour les Grecs et les Latins. A ce sujet les témoignages abondent. L'un nous affirme avec sérénité que les dames n'accréditeront aucun ouvrage de l'antiquité, malgré la « délicieuse galanterie qu'on leur en avait promise »[3]. L'autre confesse avec regret que « les adorateurs » aveugles de l'antiquité, ces prétendus idolâtres, sont devenus eux-» mêmes plus timides et plus réservés à prodiguer leur encens »[4]; il craint même qu'ils n'aient été tentés « de démentir leur culte par » de secrètes impiétés »[5]. Il est donc certain que, si les vrais savants vont bientôt commencer à appliquer aux études anciennes une méthode plus saine et plus scientifique, le gros du public, à ce moment même, tourne de plus en plus le dos à l'antiquité.

La Motte donc a travaillé, pour sa faible part, à détourner ses contemporains de l'étude de l'antiquité. Mais, à tout prendre, il se trouve qu'il a rendu aux anciens un service involontaire. Qu'a-t-il fait pour Homère, par exemple? on peut se demander s'il ne lui a pas été plus utile que nuisible. Je ne parle pas de la recrudescence d'admiration et de l'entêtement plus obstiné dont ses

---

[1] P. Brumoy, Théâtre des Grecs..., éd. 1785 (La 1re Edit. est de 1731). — Rigault. Histoire de la querelle..., p. 510, et les textes qu'il allègue.

[2] Voir Rollin. D'Aguessau.

[3] Cartaud de la Vilate. Essai historique et philosophique sur le goût. Londres, 1751, p. 161.

[4] P. Brumoy. Théâtre des Grecs. t. I, p. 6.

[5] Cf. Desfontaines. Nouvelliste du Parnasse, XIIIe lettre, p. 268 : « On peut dire qu'un tel livre était nécessaire dans ce siècle où le mérite des poètes grecs était avili ou ignoré ».

attaques ont pu être la cause chez quelques savants entêtés [1]. J'entends parler du service qu'il a rendu à Homère en préparant de loin ce qu'on peut appeler sa restauration. Lui et ses amis ont contribué à débarrasser Homère de l'admiration aveugle et inintelligente qui lui portait ombre et le défigurait. On l'a oublié, ou à peu près, pendant longtemps ; mais cette espèce de repos n'a pas été inutile à sa gloire : il en est sorti comme allégé et rajeuni. Quand, à la fin du siècle. on l'a retrouvé, on n'a plus vu le maître de l'art, le modèle impeccable, mais seulement un merveilleux poète simple, varié, vivant, le maître de la nature. Les pauvres critiques de La Motte et de ses émules, son adaptation étroitement classique, ont pu de loin contribuer à produire cet étonnant phénomène, la découverte d'Homère et le réveil de la poésie pure.

Un autre résultat de la querelle soulevée par La Motte et dont le mérite lui appartient en grande partie, c'est le triomphe définitif du XVIIe siècle sur l'antiquité. Perrault avait ouvert la lutte ; mais c'est La Motte qui, après Fontenelle, la mena à bien. Sa grande victoire a peut-être été de donner au génie français, dont l'humilité diminue la force, le sentiment de sa valeur [2]. En effet c'est bien l'apothéose du siècle de Louis-le-Grand que La Motte refait, avec plus de discrétion que Perrault, et tout en réservant les droits de la raison et de l'avenir. Il est persuadé que la perfection en tout genre n'a jamais été plus près d'être atteinte que dans le dernier siècle. Pour les sciences et la philosophie, les gains sont incontestables. Dans la morale, la supériorité n'éclate pas moins ; c'est un point sur lequel La Motte insiste fréquemment [3]. Terrasson [4] vient à son aide et soutient, comme Proudhon de nos jours, que l'infériorité morale d'Homère par rapport à Virgile et aux modernes est un fait hors de discussion. Vauvenargues [5] semble penser de même quand il dit, louant Fontenelle : « la querelle des anciens et des modernes, qui n'était pas
» fort importante en elle-même, a produit des dissertations sur les
» traditions et sur les fables de l'antiquité qui ont découvert le
» caractère de l'esprit des hommes, détruit les superstitions et
» agrandi les vues de la morale ».

---

[1] Voir Réflexions sur la Critique, t. III, p. 175 : « Un savant même fit en latin un vœu public de lire tous les jours mille vers d'Homère. »

[2] Rigault. Querelle.... p. 508.

[3] Voir Discours sur Homère, t. II passim. — Réflexions sur la Critique, t. III. — Cf. Discours sur le différent mérite..., t. VIII, pp. 350-351.

[4] Terrasson. Philosophie applicable....., pp. 15-16.

[5] Œuvres. Ed. Furne, 1857, p. 256.

En ce qui touche à l'art et à la littérature, nous avons déjà fait voir que La Motte croit à un perfectionnement constant des méthodes qui a atteint son plus haut point dans le grand siècle. Pour le mieux prouver, recueillons le témoignage d'un de ses disciples et de ses zélateurs les plus déterminés, l'abbé Cartaud de la Vilate. Dans son « Essai historique et philosophique sur le goût » [1], cet écrivain se flatte d'établir, avec une sorte de fatuité qui n'a d'égale que son ignorance, que le bon goût véritable n'existe ni chez les Grecs, ni chez les Latins, ni dans le moyen âge chrétien, ni à la Renaissance [2]; il est né et il s'est développé au XVIIe siècle et c'est dans le XVIIIe qu'il est en train d'atteindre son développement complet. A l'en croire, ses contemporains sont des êtres privilégiés à qui la fortune réserve toutes ses faveurs ; eux seuls peuvent faire des chefs-d'œuvre sans fatigue et à coup sûr. C'est ce qu'il prouve par une galante comparaison [3] : « Un homme d'esprit a les mêmes ressources » aujourd'hui pour mettre des embellissements dans son ouvrage » qu'une femme qui est à Paris avec de l'argent pour se donner des » parures ; un ancien au contraire se trouvait dans la situation d'une » jeune bergère qui doit méditer ses agréments et les composer » elle-même. Nous possédons maintenant l'esprit de trois mille » ans ». Enfin il affirme que la supériorité décidée des modernes, outre celle du goût meilleur, c'est qu'ils savent mieux conduire leurs pensées et composer plus régulièrement. Terrasson exprime la même pensée : « C'est à la philosophie de Descartes que nous » devons l'exclusion des préjugés, le goût du vrai, le fil du raisonne- » ment qui règne dans les bons écrits modernes depuis l'établisse- » ment des trois Académies » [4].

Supériorité déclarée dans les sciences et dans la méthode de raisonner ; amélioration des mœurs et sentiment plus délicat des bienséances ; affinement et extension du bon goût ; progrès dans l'art d'exposer : tels sont les principaux avantages qui mettent et le XVIIe siècle et l'âge qui le suit, si fort au-dessus de l'antiquité.

Voltaire n'a pu qu'applaudir au triomphe d'une opinion qui était la sienne et qu'il devait rendre populaire par son « Siècle de Louis XIV ». Dans les chapitres réservés à l'histoire des idées

---

[1] Londres, 1751.

[2] L'opinion la plus curieuse sur l'origine du goût est assurément celle du sieur Frain du Tremblay. (Réflexions sur la délicatesse du goût, p. 251). — Il estime que le seul homme qui ait possédé le goût parfait, c'est Adam, et il le prouve.

[3] Ouvrage cité. p. 271.

[4] Philosophie applicable..., p. 140.

et des arts, il établit ce principe que « presque tous les chefs-d'œuvre
» de ce siècle sont dans un genre inconnu à l'antiquité ». Malgré
des variations infinies, depuis le scepticisme railleur de la « Lettre
sur Œdipe», jusqu'aux articles littéraires du «Dictionnaire philosophique », Voltaire n'a pour les anciens qu'une admiration tiède et
plus qu'indépendante, disons intermittente [1]. Au fond, malgré ses
objections et ses épigrammes contre La Motte et Perrault, il est
du parti de Perrault et de La Motte. Il en est surtout parce qu'il
partage leur admiration raisonnée pour les nouveautés heureuses
et les perfectionnements originaux introduits par les écrivains
du dernier siècle. Il croit comme eux que le siècle de Louis XIV
est l'âge d'or de la littérature, de la politesse et du goût. Il
a trop de bon sens pour rejeter comme eux et pour reléguer
dans un oubli respectueux les maîtres anciens ; il préfère les
assimiler à leurs glorieux élèves et les confondre avec eux : à
ses yeux les plus grands classiques du XVIIe siècle, suivant l'expression du poète Roy, « font corps avec les anciens » [2], conciliation
très juste et très heureuse. Voltaire se sépare encore de ses
devanciers et de La Motte sur la question du progrès continu et
indéfini, auquel il ne croit pas en ce qui touche aux lettres, aux
arts et au bon goût, dont il prévoit la décadence inévitable [3]. Ses
vues étaient justes pour le présent et l'avenir prochain ; elles
étaient courtes et fausses pour un avenir plus éloigné. Quoiqu'il en
soit, Voltaire est, pour les partisans des modernes, un élève fidèle
et ingrat : il les abandonne dans la guerre qu'ils font aux anciens,
auxquels ses sourdes attaques ou son indifférence sceptique font
payer cher le secours qu'il leur prête en public. Mais d'autre part il
s'attache aux modernes quand ceux-ci entreprennent de chanter la
gloire du grand siècle français. Et c'est peut-être aux Perrault et
aux La Motte qu'il doit, sinon l'idée première de célébrer l'âge
du goût, des règles sages et de la littérature correcte, au moins
un redoublement de conviction et de confiance dans la bonté de cette
cause. Le patriotisme littéraire, le seul qu'il ait conservé inébranlable, lui venait de là, pour une part.

Toute l'agitation philosophique que La Motte a entretenue dans
les matières de la poésie n'a abouti qu'à lui faire proclamer plusieurs

---

[1] Rigault. Histoire de la Querelle...., p. 506.
[2] Œuvres diverses de M. Roy, 1727. Discours sur l'Ode, t. II, p. 15.
[3] Rigault, Querelle..., p. 505.

principes excellents, très élevés, mais sans application immédiate et pratique : droits universels et imprescriptibles de la raison, progrès indéfini de l'esprit et de l'art. De cette agitation à son état le plus aigu est sortie la querelle homérique dont on vient de montrer les effets : méconnaissance du génie et des mœurs antiques, admiration croissante et absolue confiance dans les procédés littéraires et la méthode adoptée par le grand siècle.

Ce n'est là que la partie théorique et spéculative de l'œuvre philosophique de La Motte. Il nous reste à montrer les diverses applications qu'il a faites de ces principes, les réformes particulières qu'il a indiquées, les propositions paradoxales que n'a pas craint de risquer cet esprit timide et aventureux. Après le philosophe et le théoricien, voyons ce qu'a été le *réformateur* et le *novateur*.

§ II. — **Quelques idées neuves ou paradoxales.**

---

*Tentatives et aperçus originaux. — Le poète « met la raison en images » —
L'Epopée affranchie. — Boutade du classique révolté. — Eloge de
l'esprit. — Eloge de l'amour moderne.*

Les vues ingénieuses et « engageantes » abondent chez La Motte.
M. Nisard [1] le reconnaît. Ce sont des analyses fines et exactes,
comme celle qu'il fait des raisons du plaisir causé par l'imitation [2].
Ce sont des aperçus originaux et sensés : par exemple il
discerne très bien que le plaisir est un des plus grands besoins de
l'homme [3]. Tantôt il laisse tomber des idées précises et nettes qui
prennent naturellement la forme d'une maxime juste sans prétention. Il dira : « les louanges exagérées et les critiques injustes
» sont également honteuses à la raison » [4]. Il formulera un excellent
principe de style : « l'expression n'est presque jamais indifférente :
» si elle ne sert pas à la pensée, elle lui nuit. Il n'y a point de
» synonymes parfaits dans les langues » [5]. Parfois, au milieu d'idées
contestables, une pensée forte : « (La nature) fournira toujours
» assez de justes allégories pour les différents besoins de la
» morale sans qu'on soit obligé pour cela de lui faire aucune
» violence » [6]. En un endroit, La Motte s'applique à défendre cette
opinion douteuse, que personne ne peut bien juger de la
beauté d'une langue ancienne. Tout à coup, au milieu d'une
dissertation plus spécieuse que juste, on est surpris de rencontrer
une idée sensée développée avec finesse : « ... la façon très
» différente dont on apprend les langues mortes et les langues
» vivantes ne nous donne des premières qu'une connaissance
» superficielle et confuse, au lieu qu'on apprend les autres à

---

[1] Histoire de la Littérature française, t. II, p. 25.
[2] Discours sur la poésie, t. I, p. 17.
[3] Ibidem t. I, p. 21.
[4] Réflexions sur la Critique, t. III, p. 139.
[5] Discours sur Homère, t. II, p. 34.
[6] Discours sur la fable, t. IX, pp. 22-23.

» fond par la pratique et jusque dans les caprices de l'usage
» changeant » [1]. Il arrive aussi que le bonheur de l'écrivain
est moins dans l'idée même que dans le tour qu'il lui donne, dans
une comparaison piquante et lumineuse. Le bon goût, dit-il, « doit
» se former par la lecture des meilleurs écrivains, comme la politesse
» s'apprend par le commerce du grand monde » [2]. Le rapprochement
trouvé, l'auteur le développe avec esprit : « On ne s'y propose pas
» d'imiter précisément les manières de personne ; ceux qui s'en
» tiendraient là ne parviendraient qu'à une affectation ridicule
» et provinciale ; mais à force de voir avec plaisir les égards délicats
» que les gens polis ont les uns pour les autres, on parvient à cette
» politesse générale qui n'est qu'un sentiment prompt des bien-
» séances et que chacun assaisonne différemment selon son humeur
» et son caractère personnel ».

Il serait facile de multiplier les exemples de ces heureuses
rencontres, de ces idées de détail bien trouvées qui brillent comme
des lueurs vite éteintes sur le fond un peu terne du discours. Ces
pensées, plus précieuses par le contraste, sont faites de bon sens
aiguisé, d'ingéniosité, avec une pointe d'exagération qui en relève
la saveur.

Quant aux aperçus plus larges, aux idées de réforme réalisées par
l'écrivain ou seulement réalisables, on est frappé de leur rareté
relative. Dans la plupart des genres poétiques. La Motte n'a guère
donné aux auteurs qu'une direction générale, une impulsion peu
vigoureuse, et mal déterminée. Il lui arrive rarement de leur
indiquer une entreprise facile à tenter ; plus rarement encore il
essaie lui-même une réforme sur un point particulier. Il n'y a guère
que dans la tragédie qu'il ait montré, sinon comme poète, du moins
comme critique, une certaine audace et de la précision. Aussi, après
avoir signalé quelques-unes des vues plus neuves qu'il a émises sur
les genres principaux de poésie, parlerons-nous avec plus de détail
de ses essais de réforme dramatique.

Le plus important de ces conseils aux poètes est aussi le seul que
La Motte ait lui-même essayé de suivre. Je veux parler de sa volonté
bien arrêtée *d'introduire dans la poésie des matières nouvelles*, la
morale, la psychologie, la philosophie tout entière et, pour tout dire
en un mot, la raison. On sait qu'il l'a fait systématiquement dans
ses « odes par articles » : c'est leur seule originalité et leur unique

---

[1] Réflexions sur la Critique, t. III, pp. 155-156.
[2] Discours sur la fable, t. IX. p. 140.

mérite. Il y chante les arts et la science, il y discourt sur les sujets de critique les plus délicats, il analyse les passions, il défend les droits de la raison contre l'imagination et le préjugé. La tentative, que nous ne saurions trop blâmer, nous autres modernes, fit scandale à l'époque ; elle excita l'indignation des poètes de l'école, grands amateurs de fiction et toujours prêts à crier que c'en était fait de la poésie si on renonçait à la fable.

La Motte laissa passer la tempête et persista dans son opinion. En 1714, il trouva une occasion de répondre aux partisans de la mythologie. Il fut chargé de prononcer à la fête de St-Louis le « Discours sur les prix que décernait l'Académie ». Il en profita pour dire solennellement son opinion sur l'emploi de la fable et la nécessité de trouver d'autres ressources poétiques. Je citerai le passage de ce curieux discours où La Motte prend à partie ses adversaires, et surtout J.-B. Rousseau, plaidant ainsi sous le couvert de l'Académie sa propre cause. « Les poètes, dit-il, s'imaginent qu'il
» faut toujours des fables et des prosopopées ; ils refuseront le nom
» de poésie à une épître élégamment raisonnée parce qu'il n'y aura
» pas de fiction, selon l'idée qu'ils s'en forment..... Nous estimons les
» fables ingénieuses tout ce qu'elles valent, mais nous ne les jugeons
» pas absolument nécessaires dans la poésie. Ce qui nous y paraît
» indispensable, c'est une fiction régnante, une fiction de figures et
» de tours, qui donne de la vie à tout, qui mette la raison même en
» images, qui fasse agir et raisonner les vertus et les vices, et qui,
» en peignant les passions, fasse quelquefois sentir d'un seul mot de
» génie leur principe, leurs stratagèmes et leurs effets » [1]. Ah ! si La Motte avait fait ce qu'il recommande, ou s'il l'avait fait avec plus de talent, il aurait sans doute une petite place au milieu de nos poètes originaux. Il a du moins le mérite d'avoir pressenti les goûts et les besoins du temps nouveau, et s'il n'a pas réussi à dégoûter les poètes et le public des faciles agréments de la mythologie banale, il a pu se flatter d'avoir mis le siècle dans sa voie en donnant l'exemple d'une sorte de poésie plus réfléchie et plus philosophique. Il a commencé à incliner le goût vers la raison mise en images ; ses successeurs ne feront que le suivre avec plus de logique, quand ils renonceront à l'ode pour lui substituer l'épître ou le discours en vers, forme non seulement mieux appropriée à la facilité négligente des poètes, comme l'a avoué d'Alembert, mais aussi plus propre à admettre la philosophie [2].

---

[1] Discours sur les prix..., t. VIII, p. 376.
[2] D'Alembert, Réflexions sur la poésie. (Éd. Belin, IV, p. 303).

Dans l'*épopée*, La Motte s'est astreint à observer les règles admises avec une fidélité telle qu'il semble enchérir sur la rigueur des prescriptions du P. le Bossu. On se rappelle qu'il prétendait, dans son Iliade accommodée au goût du temps, avoir rendu le poème d'Homère plus régulier et plus correct : « Je crois avoir rapproché » les parties essentielles de l'action de manière qu'elles forment » dans mon abrégé un tout plus régulier et plus sensible que dans » Homère » [1]. Il est clair qu'il accepte les règles du genre telles que le XVIIe siècle les a formulées et suivies ; mais là encore il a laissé échapper une de ces protestations vagues et sans effet, que lui arrachait son aversion pour l'autorité des anciens plus peut-être qu'une conviction réfléchie et la certitude de pouvoir faire autrement qu'eux et mieux.

La Motte s'élève avec force contre la définition de l'épopée donnée par Aristote et adoptée par l'école ; il la trouve étroite et arbitraire. « Pour moi j'avoue que je ne vois rien d'essentiel au poème » épique que le récit d'une action. Que cette action soit grande, » pathétique ou simplement agréable, qu'elle se passe entre des rois » ou entre des personnes moins distinguées, qu'on y prodigue le » merveilleux ou qu'on s'y contente des causes naturelles : ces » différences feront bien de nouvelles espèces, mais elles ne change- » ront pas le genre. La Pharsale et le Lutrin sont aussi bien des » poèmes épiques que l'Iliade » [2]. Ces opinions sont hardies et subversives. Ce n'est pas assez : La Motte juge utile d'accentuer sa protestation en contredisant Aristote, sans le nommer : « Je ne sais » pourquoi j'ai restreint le poème au récit d'une action. Peut-être » que la vie entière d'un héros, maniée avec art et ornée des beautés » poétiques, en serait une matière raisonnable » [3].

C'est beaucoup d'avoir élargi le cadre de l'épopée et d'avoir ouvert la voie, au moins en imagination, aux plus grandes libertés. Cela ne suffit point à La Motte qui est en veine de hardiesse : il entend briser toutes les entraves, supprimer les dernières conventions et ne laisser plus subsister que deux éléments essentiels, qui sont de plaire et d'instruire : « Je regarde comme arbitraire le choix de la » matière, et même celui de la forme qu'on lui veut donner ; mais, » quelque choix que l'on fasse, il est essentiel de plaire par quelque » endroit, soit en attachant l'esprit par l'importance des événements, » soit en touchant le cœur par les passions des personnages, soit

---

[1] Discours sur Homère, t. II, p. 125.
[2] Ibidem, t. II, p. 15.
[3] Ibidem, t. II, p. 15.

» en amusant simplement par la variété et les grâces du sujet. Un
» poète qui réunirait tous ces avantages et qui, outre cela, ne
» plairait que pour instruire, mériterait sans doute la préférence ;
» mais encore ne faudrait-il pas donner pour règle inviolable la
» conduite de ce poème, parce que peut-être y aurait-il d'autres
» chemins pour arriver au même but » [1].

Il cite bien des exemples de ce poème affranchi qu'il imagine et
qu'il n'exécute pas. C'est dans l'antiquité les Métamorphoses d'Ovide,
et dans les temps modernes le Télémaque, cette épopée en prose,
que tout le monde se disputait et qui, inspiré par l'amour le plus
sincère de la plus pure antiquité, était usurpé par les modernes et leur
servait d'argument contre les anciens. Ce ne sont pas là des poèmes
épiques, objectaient les partisans des règles et des genres établis.
La Motte leur répondait très nettement : « Je le veux bien, mais ce
» sont des poèmes. Appelez-les d'ailleurs comme il vous plaira,
» pourvu que vous conveniez qu'ils peuvent faire autant de plaisir
» que ceux d'Homère » [2]. Bien des générations de poètes devaient se
succéder en France avant qu'on osât risquer une de ces œuvres
qui ne sont pas reconnues et classées officiellement, qui n'ont pas
d'autre nom que celui de Poème. La Motte a eu du moins le mérite
de concevoir qu'on pouvait faire de semblables poèmes. Accomplir
la tentative eût été un coup de génie ; la signaler, à cette date, était
le fait d'un esprit libre jusqu'à paraître aventureux.

Si, dans les deux grandes formes de la poésie, La Motte a tenté
une pointe en dehors des chemins battus, à propos d'un genre secon-
daire, la *poésie pastorale*, il a pris occasion de faire, sur deux points
particuliers, l'apologie du génie moderne, ce qui prouve encore
que jamais il ne perd de vue cette idée qui dirige toutes ses discussions.
Il a soutenu dans le « Discours sur l'Eglogue » que l'usage de
l'esprit raffiné et un peu subtil était légitime et même nécessaire dans
la littérature contemporaine. Il y a défendu aussi l'amour moderne,
supérieur à l'amour tel que l'exprimaient les anciens. Je citerai ces
deux morceaux de fine analyse.

« On fait souvent à certains ouvrages célèbres le reproche de
» trop d'esprit. Mais qu'est-ce au juste que les délicats entendent
» par trop d'esprit ? ce n'est assurément pas les mauvais raisonne-
» ments, les faux sentiments et les pensées fausses qu'ils taxent de
» trop d'esprit » [3]. Cela dit, La Motte entre dans le vif de la question,

---

[1] Discours sur Homère, t. II, p. 15.
[2] Réflexions sur la poésie, t. III, p. 108.
[3] Discours sur l'Eglogue, t. III, p. 306.

il discute le reproche de subtilité et d'affectation qu'on adressait alors à quelques écrivains, dont il était. C'est moins une défense qu'une triomphante apologie de sa méthode et de celle de Fontenelle, qui consiste à donner aux idées le tour rare et l'expression ingénieuse, à rechercher le côté le plus neuf d'une idée et la forme la plus brillante. « S'ils en veulent à des pensées trop fines, quoique vraies » et qui ne sont pas à la portée du grand nombre, j'avouerai que par » là l'auteur manquerait son but, s'il se proposait l'approbation géné- » rale ; mais je soutiendrai aussi qu'il en ferait d'autant mieux pour » ceux qui auraient de meilleurs yeux que les autres. S'ils disent » enfin qu'ils prétendent condamner l'affectation de dire toujours » des choses neuves, et toujours de la manière la plus heureuse » qu'il soit possible, je leur dirai que, s'ils n'ont d'autre preuve » d'affectation que ce choix, même toujours heureux. c'est qualifier » de défaut le talent le plus rare et la perfection même. »[1] Qu'est-ce donc autre chose qu'un plaidoyer très ferme en faveur du groupe d'écrivains curieux d'idées ingénieuses enveloppées dans une forme rare, groupe dont La Motte était le chef après Fontenelle, et aussi, dans une certaine mesure, un plaidoyer en faveur des modernes et de l'une des tendances les plus marquées du goût nouveau ? Marivaux, qui dans son « Spectateur Français » s'est honoré, plus qu'il ne s'en est défendu, de préférer la pensée fine à la pensée simple et la forme étudiée à l'expression naturelle, Marivaux n'a pas montré plus de vigueur dans l'apologie qu'il a faite de sa méthode de penser et d'écrire.

Préoccupé d'affirmer tous les avantages que les modernes ont sur les anciens, La Motte a dans le même ouvrage esquissé une agréable apologie de *l'amour* tel que l'ont peint les écrivains français. A son avis. la supériorité des modernes vient d'un double progrès, celui de la moralité et celui de la puissance d'analyse. Après avoir montré que l'amour, en Grèce et à Rome, n'a été conçu par les poètes que comme un délire des sens [2], quelquefois suspect, il fait le plus séduisant tableau de l'amour moderne. « L'amour a pris tout une » autre forme chez les modernes, et. sans remonter plus haut, » nos romans et nos tragédies l'ont élevé à des délicatesses » jusque là tout à fait ignorées. Les amants y sont une espèce » d'ambitieux et d'esclaves tout à la fois qui, en donnant tout » leur cœur, se proposent de régner sans réserve sur un autre.

---

1 Discours sur l'Eglogue. t. III, p. 307.
2 Ibidem, t. III, p. 323.

» Tous leurs soins, tous leurs projets ne tendent qu'à cette
» acquisition : leurs plaisirs, leurs chagrins et leurs jalousies
» ne roulent que sur ce qui la hâte ou la retarde : point de
» pli ni de repli du cœur qu'on n'y sonde et qu'on n'y découvre »[1].
Par ce délicat éloge de l'amour romanesque, c'est encore une
victoire des modernes que La Motte enregistre avec orgueil ; c'est un
nouvel encouragement qu'il leur adresse.

Les idées plus neuves que nous avons relevées jusqu'ici ne sont que
des protestations non suivies d'effet, ou d'ingénieuses réclamations
en faveur de l'art contemporain. En étudiant les *théories dramatiques*, nous rencontrerons des vues plus nettes, des critiques plus
précises, même des propositions expresses de réformes.

§ II (*suite*). — **Les Théories dramatiques.**

*Quelques innovations réelles, mais très modestes. — Objet de la tragédie. —
Les conventions dramatiques. — Critique des Trois Unités. — Le plan
d'un Coriolan, drame libre. — L'Unité d'Intérêt : querelle de La Motte et
de Voltaire.*

La Motte a cru renouveler la tragédie française. La vérité est que,
là comme partout, il a proposé plusieurs réformes et n'en a exécuté
aucune. Il a pris ses idées pour des faits, et ses rêves pour des réa-
lités.

Ses réformes effectives se bornent à quelques innovations de
détail. Il a introduit le *spectacle* dans son Romulus, mais
prudemment. Il a donné place à *l'amour conjugal* dans Inès,
malgré le préjugé. Dans l'Œdipe, il a cherché à appliquer ses idées
assez confuses sur *l'unité d'intérêt*. Un peu partout, il s'est efforcé
timidement d'intéresser les *confidents* à l'action, de réduire les
monologues et les *récits*. Mais il n'a guère réussi parce que, tout en
proclamant la nécessité d'une action rapide, il s'est bien gardé
d'appliquer résolument les principes qu'il posait.

Signalons encore deux innovations : La Motte a l'honneur d'avoir
composé la première comédie en deux actes, et celui d'avoir fait

---

[1] Discours sur l'Eglogue, t. III, p. 322.

précéder la tragédie d'une petite pièce [1]. Le compte des nouveautés réalisées est au complet.

Mais si La Motte est un novateur timide, c'est un théoricien aventureux. Il médite de bouleverser cette tragédie dont il a respecté les règles les plus arbitraires. D'où lui vient ce redoublement de hardiesse ?

La tragédie a toujours été en France la forme de poésie la plus populaire, celle qui exerce sur le public l'action la plus forte. La ruiner pièce à pièce dans sa forme classique eût été un avantage signalé pour le parti des philosophes novateurs et des « hérésiarques littéraires » [2]. Non pas qu'ils n'admirassent au fond cette forme si achevée du drame [3]. Ce qu'ils détestaient dans la tragédie régulière, c'était encore l'antiquité qui en avait fourni les exemples et les leçons ; c'est la tyrannie des tragiques grecs et d'Aristote qu'ils prétendaient secouer. S'ils dépossédaient leurs adversaires de cette dernière forteresse, ils triomphaient.

L'indépendance plus grande de pensée s'explique encore chez La Motte par son âge même. Outre que sa situation littéraire lui permettait de parler avec plus d'assurance, il était de ces hommes que les années enfoncent dans leurs opinions. Ces raisonneurs calmes ont un entêtement doux qui les rend insensibles à la contradiction et invincibles au temps même ; ils suivent d'un pas tranquille la marche méthodique de leurs principes et aboutissent posément à des conséquences qui feraient reculer les plus fougueux révolutionnaires, gens de premier élan et fort sujets à reculer.

Rappelons que La Motte avait pris au théâtre de l'opéra des habitudes et des allures plus libres que ses confrères, les poètes tragiques. Lui-même avoue cette influence ; il lui arrive de justifier les innovations qu'il introduit dans la tragédie en alléguant ce qui se fait tous les jours à l'opéra sans que le public songe à s'en plaindre. « Raisonnement défectueux, lui crie Voltaire. L'opéra est le pays » des fées » ; on n'y voit, on n'y entend que des extravagances, et les fautes les plus ridicules y sont rendues nécessaires par l'asservissement de la musique. Lequel des deux a raison ? Il n'importe. Ce qui demeure, c'est que La Motte, auteur d'opéras et de tragédies, était tenté de faire passer dans la conduite de ces dernières la liberté de procédés qui lui avait si bien réussi dans l'autre genre.

---

[1] Anecdotes Dramatiques : Article Romulus. — Article : Italie galante. — Article : le Magnifique.

[2] L'expression est de d'Alembert, qui l'applique à La Motte lui-même.

[3] Voir l'éloge de Racine par La Motte, dans : Scène de Mithridate mise en prose, t. IV, pp. 418. 420.

Et de fait La Motte semble avoir l'intelligence plus ouverte sur l'art dramatique. Ses vues sont plus larges, ses principes plus étendus, ses critiques plus franches ; ses idées ont plus de précision et de portée pratique.

Tout d'abord il estime que la tragédie, comme toute poésie, n'a qu'un objet nécessaire, c'est de plaire. Instruire ne vient qu'après. Même il n'est pas convaincu que le théâtre donne de bonnes impressions morales, et moins encore d'utiles leçons. « Nous ne nous » proposons pas d'ordinaire d'éclairer l'esprit sur le vice ou la vertu » en les peignant de leurs vraies couleurs ; nous ne songeons » qu'à émouvoir les passions par le mélange de l'un et de l'autre » [1]. Opinion qui a le mérite de la franchise. Aussi La Motte conclut-il, avec Mme de Lambert, qu' « on reçoit au théâtre de grandes leçons » de vertu et qu'on en remporte l'impression du vice » [2].

Plaire étant le but du poème dramatique, le plaisir causé vaut plus que toutes les règles observées. « Quelle pitoyable méprise ! Faire » valoir contre l'intérêt du plaisir des règles qui n'ont été inventées » que pour le plaisir même » [3]. Et ailleurs : « Il est bien entendu que » des beautés exquises de pensées et de sentiments prévaudraient » pour l'effet à ces précautions et c'est ce que je sous-entends presque » toujours dans les règles que j'imagine pour la perfection de la » tragédie » [4]. Doctrine très libérale en vérité et qui ouvre la voie à tous les procédés dramatiques, également légitimes à condition qu'ils fassent naître le plaisir.

Il suit de là que le succès est l'unique et infaillible marque de l'excellence d'une œuvre ; contre le succès ne peuvent prévaloir les critiques les plus ingénieuses fondées sur les règles. C'est ce que La Motte dit de lui-même en faveur de son Inès tant applaudie et tant critiquée. « J'admire les critiques de perdre tant de raisons à » prouver qu'un ouvrage qui plaît universellement n'aurait pas dû » plaire. Il me semble voir des mécaniciens qui, à la vue d'une » machine qui exécuterait actuellement ce qu'on en aurait promis, » prétendraient démontrer qu'elle ne saurait aller.... Quelle folie » d'opposer les principes à l'expérience ! » [5] La pensée est juste, mais combien La Motte était imprudent de réveiller ainsi les souvenirs

---

¹ Discours sur la tragédie, t. IV, pp. 181-182.

² Avis d'une mère à sa fille. — Cf. La Motte. 2e Discours sur la tragédie, t. IV, p. 182.

³ 2e Discours sur la tragédie, t. IV, p. 189.

⁴ 3e Discours sur la tragédie, t. IV, p. 283.

⁵ Ibidem, t. IV, p. 265.

dangereux pour lui de ses attaques contre Homère et d'exprimer avec tant de vivacité une vérité dont il était si facile de se servir contre lui-même !

L'art du poète tragique est plutôt un métier qui s'apprend par la pratique qu'il n'est un art mystérieux dont on trouve le secret dans les traités. L'expérience personnelle est supérieure aux règles écrites ; les représentations dramatiques « convainquent par sentiment » de ce que les « traités ne font que persuader par raison »[1]. C'est au défaut de cette expérience qu'il faut attribuer l'irrémédiable faiblesse des pièces composées par des tragédiens de cabinet, et surtout par « ces poètes dramatiques engagés dans des sociétés qui » ne leur permettent pas l'étude du théâtre »[2].

Cette méthode expérimentale qu'il recommande au dramaturge, La Motte l'emploie lui-même dans sa critique partout où il se propose de rechercher les moyens légitimes de plaire. Or, il constate que le public ne goûte que ce qu'il connaît, n'aime que les choses et les procédés familiers. Ce penchant est louable s'il vient d'un juste respect des conventions théâtrales ; il est mauvais s'il naît d'un entêtement paresseux et d'une routine qui a horreur de toute nouveauté. Or c'est cette dernière prévention qui encourage par le succès l'indolence des poètes, qui maintient l'art dans l'ornière où il s'enfonce. « Le malheur est qu'on s'en tient à la marche » ordinaire et que, content de faire le mieux qu'il est possible dans » la méthode reçue, on ne s'avise pas de raisonner sur la méthode »[3]. La tolérance bénigne du spectateur consacre et renforce les pires abus, comme l'usage des monologues qui est une espèce de folie[4]. Telle est la puissance de la routine ! « N'en sommes-nous pas réduits » à avouer que la force de l'habitude nous fait dévorer les absurdités » les plus étranges ? »[5]

Mais si « la coutume donne souvent autant de force aux fausses » beautés que la nature en peut donner aux véritables »[6], c'est au poète à s'accommoder à cette tendance invincible du public : ne pouvant aller contre la routine des spectateurs, il doit s'y plier et s'en servir pour le bien commun.

C'est ici que La Motte montre une réelle largeur d'esprit en faisant la part très grande aux *conventions dramatiques*.

---

[1] Discours préliminaire, t. IV, p. 17.
[2] Ibidem, t. IV, p. 17. — Entendez par là les PP. Jésuites.
[3] 2e Discours sur la tragédie, t. IV, p. 156.
[4] 3e Discours sur la tragédie, t. IV, p. 280.
[5] Ibidem, t. IV, p. 281.
[6] Ibidem, t. IV, p. 282.

Les spectateurs d'une part, de l'autre le poète, ont un égal besoin et une égale volonté de passer ensemble une sorte de transaction amiable. Les premiers ne sont pas très « délicats sur les convenances » [1], et ils acceptent volontiers toutes les invraisemblances et toutes les fictions dont l'auteur croit avoir besoin. « Le spectateur ne s'avise » pas de compter les moments pourvu qu'on le touche, et il » sacrifie, sans y penser, un peu d'exactitude à son plaisir » [2]. Le public, pourvu qu'on l'amuse, s'inquiète peu des moyens [3]. Aussi la critique doit-elle passer à l'écrivain les ressorts souvent factices qu'il emploie et que le public tolère. « Que les philosophes ne » nous chicanent pas sur les pressentiments, sur les instincts que » nous employons..... Qu'ils ne trouvent pas à redire, par exemple, » qu'un père, à la présence de son fils inconnu, sente une émotion » secrète qui devance l'éclaircissement : ils nous démontreront sans » doute que ces instincts ne sont pas de la nature et que c'est le » préjugé seul qui les a imaginés : mais laissons-les démontrer ce qu'il » leur plaira, allons à notre but, et profitons des préjugés du public » pour son propre plaisir. Ce qu'il croit naturel a sur lui les droits » de la nature et fera les mêmes impressions » [4]. Le public veut bien accepter les yeux fermés les combinaisons les plus invraisemblables et les inventions les plus étranges, pourvu qu'on le récompense de son indulgence par des beautés qui lui agréent. Quant au système dramatique adopté par le poète, s'il rompt trop brusquement avec ses habitudes et avec les traditions, il est évident que le public résistera et opposera longtemps une terrible force d'inertie. C'est affaire à l'écrivain de vaincre cette résistance plus passive qu'énergique, à force d'audace et d'originalité.

Cette audace, La Motte l'a recommandée aux autres et il s'est imaginé la posséder lui-même. Je ne fais que rappeler les suppressions et les réformes secondaires qu'il conseille : les récits [5] et les monologues [6] réduits au strict nécessaire, les confidents intéressés à l'action, la peinture de l'amour [7] rendue moins générale et moins vague. Ces honorables velléités de réformation ne furent que des bouffées d'indépendance qui s'évanouirent en paroles [8]. Mais

<hr>

[1] 3e Discours sur la tragédie, t. IV, p. 282.

[2] 2e Discours sur la tragédie, t. IV, p. 148.

[3] Cf. Suite des Réflexions....., t. IV, p. 431.

[4] 2e Discours sur la tragédie, t. IV, p. 162. (Cf. p. 159).

[5] 1er Discours sur la tragédie, t. IV, p. 39. — 2e Discours sur la tragédie, t. IV, p. 186.

[6] 3e Discours sur la tragédie, t. IV, p. 280.

[7] Ibidem, t. IV, p. 277.

[8] 1er Discours sur la tragédie, t. IV, pp. 31-33.

La Motte, sans d'ailleurs se hasarder davantage dans la pratique, osa porter de plus rudes coups à l'édifice majestueux de la tragédie classique : il a prémédité la ruine des *trois unités*.

Les vénérables unités ne sont à ses yeux que « des principes de fantaisie » [1]. C'est surtout l'unité de lieu et l'unité de temps qu'il condamne comme peu raisonnables. De la première il dit nettement : « Loin que l'unité de lieu soit essentielle, elle prend ordinairement » beaucoup sur la vraisemblance » [2]. Sans la supprimer, il en affranchit le poète, en ses besoins : « Je dispenserais donc en bien des » rencontres les auteurs dramatiques de cette unité forcée qui » coûte souvent au spectateur des parties de l'action qu'il voudrait » voir et auxquelles on ne peut suppléer que par des récits toujours » moins frappants que l'action même » [3].

Pour la seconde règle, La Motte n'est pas plus indulgent : « L'unité » de temps n'est pas plus raisonnable, surtout si on la pousse à la » rigueur comme l'unité de lieu : car en ce cas il ne faudrait prendre » pour l'action que le temps de la représentation même » [4]. Il part de là pour défendre non pas ses œuvres dramatiques, qui n'ont pas tant de hardiesse, mais le théâtre libre de je ne sais quelle nation, qu'il ne prend pas la peine de mieux désigner : il est probable qu'il pense aux Anglais. « Eh ! quel reproche ferait-on au goût » d'une nation qui aimerait mieux une étendue de temps vraisem- » blable et proportionnée à la nature des sujets, que cette » précipitation d'événements qui n'a aucun air de vérité ?... Je sais » qu'on courrait de grands risques à prendre de telles libertés ; » mais je sais aussi que ce ne seraient pas des défauts bien réels. » Quelques réflexions ou quelque habitude plieraient facilement » l'esprit à ces suppositions et l'on ouvrirait peut-être par là une » carrière plus vaste aux sentiments, en délivrant le poète du » joug des préparations qui occupent d'ordinaire une grande partie » des pièces » [5].

Malgré la modération voulue de la critique, si on considère que les deux règles du *Temps* et du *Lieu* sont proprement les éléments constitutifs de notre tragédie classique, on reconnaîtra que La Motte a montré, comme théoricien, une indépendance de jugement peu commune. S'il y avait eu alors un poète assez audacieux pour

---

1 1er Discours sur la tragédie, t. IV, p. 39.
2 Ibidem, t. IV, p. 38.
3 Ibidem, t. IV, p. 39.
4 Ibidem, t. IV, p. 39.
5 Ibidem, t. IV, p. 40.

pénétrer par la brèche qu'il venait d'ouvrir dans la forteresse classique, la rénovation du drame pouvait être avancée d'un siècle.

Pour *l'unité d'action*, La Motte ne prétend pas la ruiner, comme les autres. Il veut seulement la modifier et l'élargir. On verra bientôt dans quel sens et dans quelle mesure il l'a corrigée, en lui donnant le nom nouveau d'*unité d'intérêt*.

Ces critiques diverses du système classique, La Motte les a résumées, il leur a donné un corps en esquissant le plan d'une Tragédie qui eût été affranchie de toutes les règles. « Je ne serais » pas étonné, écrit-il, qu'un peuple sensé, mais moins ami des » règles, s'accommodât de voir l'histoire de *Coriolan* distribuée en » plusieurs actes » [1].

Qu'il soit tiré directement de l'histoire romaine ou emprunté à Shakspeare, le sujet de cette tragédie modèle n'est pas mal choisi. La légende de Coriolan est un drame tout fait, en quatre tableaux : I. Coriolan est banni. — II. Il part pour l'exil. — III. Il fait alliance avec les Volsques. — IV. Il épargne Rome.

Dans ce plan, les unités de lieu et de temps sont sacrifiées à dessein. L'immuable uniformité de l'art classique est rompue encore en un endroit : la pièce ne comporte que quatre actes, au lieu de cinq, ce qui est la règle, ou de trois, ce qui est l'exception tolérée. Telle est la part de la critique. Voilà ce que La Motte enlevait à la tragédie traditionnelle.

Voyons maintenant quelles *réformes positives* il propose, et comment il reconstitue le poème dramatique.

Les innovations portent sur trois points : le développement du spectacle, — la multiplicité des événements, préférable à la simplicité de l'intrigue, — la substitution de l'unité d'intérêt à l'unité d'action.

Le « Coriolan », tel qu'il est esquissé, suppose un plus grand déploiement du spectacle, la mise en scène plus exacte d'événements multiples. Cette réforme, La Motte la réclame en termes formels : « Je désirerais ... qu'on .. tendît .. à donner à la tragédie une » beauté qui est de son essence, et que pourtant elle n'a guère parmi » nous ; je veux dire ces actions frappantes qui demandent de » l'appareil et du spectacle .... Les Anglais ont un goût tout opposé. » On dit qu'ils le portent à l'excès ; cela pourrait bien être » [2]. Il y a

---

[1] 1er Discours sur la tragédie, t. IV, p. 41.
[2] 2e Discours sur la tragédie, t. IV, p. 183.

là en effet deux dangers : l'un c'est la difficulté même de rendre
vraisemblable et décente la représentation des événements ; l'autre
réside dans l'horreur qu'il ne faut pas exciter par une imitation des
faits brutale et repoussante. C'est à l'auteur d'éviter ces écueils
d'un système excellent d'ailleurs. Car « .... en supposant une fois
» ces défauts évités, combien d'actions importantes que le spectateur
» voudrait voir et qu'on lui dérobe sous prétexte de règles, pour ne les
» remplacer que par des récits insipides en comparaison des actions
» mêmes » [1]. Il y a tant de vérité dans ces observations que bientôt les
poètes les plus classiques — Voltaire le premier, — n'hésiteront pas à
rendre à la tragédie « cette beauté qui semble être de son essence »,
et à développer l'appareil du spectacle. Mais ce ne fut chez la plupart
qu'une concession simulée, une manœuvre adroite pour retenir le
public en piquant sa curiosité par les séductions un peu vulgaires
d'un art tout matériel. Les successeurs de La Motte ne comprirent
pas le sens de la réforme qu'il proposait : il demandait que le
poète pût mettre sous les yeux du spectateur l'action même
et les scènes les plus dramatiques [2]. Après lui on donna plus de
place à l'accessoire, aux machines, au vain plaisir des yeux ; on
n'osa point exposer aux regards les situations tragiques. L'insipide
récit continua de bercer l'auditoire et de lui épargner les trop vives
émotions du spectacle.

La Motte avait très bien discerné le défaut qui rend la tragédie
insupportable aux étrangers, et peu attrayante même pour beaucoup
de Français. Il avait vu que ce qui manque à ce drame paresseux et
bavard, c'est l'*action*, le mouvement et la variété. « La plupart de
» nos tragédies ne sont que des dialogues et des récits [3]. » Il voudrait
que l'action s'étendit aux dépens de la conversation, que les personnages entrassent en conflit dès la première scène, au lieu que
d'ordinaire on voit paraître le poète qui expose par l'organe de
comparses complaisants la donnée de sa pièce. « Je reviens à dire
» que toute la tragédie doit être action, et, s'il se peut, la première
» scène aussi bien que les autres » [4]. Les acteurs ne doivent parler
que poussés par des mobiles sensibles et des intérêts évidents, et
non pas pour complaire au dramaturge et le tirer d'embarras.
« C'est par cette méthode que le spectateur est d'abord dans l'illu-
» sion ; il n'aperçoit pas le poète sous les personnages, parce que
» l'art des préparatifs disparaît et qu'il se tourne en mouvements

---

[1] 2ᵉ Discours sur la tragédie, t. IV, p. 183.
[2] Ibidem, t. IV, p. 183.
[3] Ibidem, t. IV, p. 183.
[4] Ibidem, t. IV, p. 156.

» et en passion [1]. » Le conseil est bon ; mais pour le suivre il fallait rompre tout à fait avec le système classique ; il fallait mettre sur la scène toute la suite des faits et compliquer l'intrigue en multipliant les incidents.

Devant cette conséquence de son principe La Motte ne recule pas. Comme il estime que la tragédie est tout action, il conclut qu'il vaut mieux employer l'intrigue compliquée que l'intrigue simple. Il pèse les avantages et les inconvénients des deux méthodes avec une impartialité clairvoyante [2] ; il se détermine pour ce qu'on appelait l'action implexe, c'est-à-dire celle qui unit la variété des incidents à l'unité du sujet. — « ... J'avoue que je penche beaucoup pour la » multiplicité d'incidents, par la raison que dans un événement trop » simple la variété ne peut être que fine, et que l'uniformité du fond » est bien plus frappante que la diversité des circonstances : que » dans la multiplicité (bien entendu qu'elle se rapporte toujours à un » seul intérêt) l'esprit et le cœur sont émus à tout moment par des » tableaux sensiblement variés, et qu'ainsi et la curiosité et la » passion y sont à la fois et plus sûrement satisfaites » [3]. Cette théorie. c'est au fond celle de Corneille.

Une seule action fournie par l'histoire, fût-elle la plus dramatique du monde, ne donne souvent que la matière d'une belle scène , ce qui suffit pour le peintre, mais non pas pour le poète. « Celui-ci a » besoin d'imaginer des circonstances qui multiplient pour ainsi dire » une action trop simple, qui mettent le même caractère et la même » vertu à diverses épreuves, et toujours dans l'esprit du fait principal. » de manière qu'il entretienne continument par la variété même la » passion qu'il s'est proposé d'exciter dans les cœurs » [4]. Bérénice est le chef-d'œuvre du genre simple ; mais l'exemple de Racine n'est pas bon à suivre et lui-même eût été imprudent de risquer plus d'une fois une entreprise si difficile. Et ce chef-d'œuvre même, qui n'a jamais pu « faire qu'une impression d'élégie » [5], a besoin d'être un peu oublié pour être revu, au lieu que le Cid. « malgré sa multi- » plicité d'incidents. attache encore, tout répété qu'il est depuis près » d'un siècle ». Il est donc sage, il est habile, tout en maintenant l'unité de l'intérêt, de multiplier les événements, de varier les inci- dents, les épreuves et les périls auxquels sont exposés les person- nages principaux. Cette méthode peut s'accorder à la rigueur avec

---

[1] 2ᵉ Discours sur la tragédie. t. IV, p. 156.
[2] Ibidem, t. IV, p. 150.
[3] Ibidem, t. IV, p. 151.
[4] 1ᵉʳ Discours sur la tragédie, t. IV, p. 30.
[5] 2ᵉ Discours sur la tragédie, t. IV, p. 152.

la doctrine classique de l'unité absolue ; mais elle tend à lui échapper puisqu'elle permet au poète de raviver la curiosité par des combinaisons variées d'événements et de se soustraire à l'inconvénient fatal de l'action trop simple, qui est « de dégénérer bientôt en une languissante uniformité » [1].

Nous voyons ainsi se développer peu à peu et s'accentuer les idées novatrices de La Motte. Le « Coriolan », affranchi des unités de lieu et de temps, tout en action et en tableaux, aurait admis une multiplicité d'incidents, de traverses et de péripéties qui, sans nuire à l'unité fondamentale, celle de l'intérêt, en eût fait un drame d'une espèce nouvelle, très différent de la tragédie régulière, abstraite et simple.

L'*Unité d'intérêt* est la conception la plus originale de toute la théorie dramatique de La Motte, celle qui aurait pu avoir les plus grosses conséquences s'il l'avait appliquée.

En dehors des trois unités classiques [2], La Motte en reconnaît une quatrième qui est indépendante des autres et qui leur est supérieure. Il l'appelle l' « Unité d'intérêt ». Elle est distincte de l'Unité d'action : « Si plusieurs personnages sont diversement intéressés dans le » même événement, et s'ils sont tous dignes que j'entre dans leurs » passions, il y a alors unité d'intérêt » [3]. Par exemple dans l'Œdipe de Corneille et dans celui de Voltaire [4], il y a bien unité d'action, mais il n'y a pas unité d'intérêt, parce que le même péril menace successivement deux personnages qui, tour à tour, nous émeuvent : Thésée et Philoctète d'abord, puis Œdipe [5]. Dans le *Cid* au contraire, s'il n'y a pas unité d'action, il y a unité d'intérêt puisque la sympathie s'attache uniformément à Rodrigue et à Chimène qui courent ensemble le même danger.

Comme La Motte a négligé de définir cette unité nouvelle, nous tâcherons de dégager sa pensée en la précisant.

L'unité d'intérêt consiste d'une part à fixer (comme fait l'unité d'action) l'attention des spectateurs sur un objet unique ; mais d'autre part (et c'est sa valeur propre) elle consiste à concentrer toute la sympathie de l'auditoire sur plusieurs personnages [6],

---

[1] 2ᵉ Discours sur la tragédie, t. IV, p. 150.

[2] 1ᵉʳ Discours sur la tragédie, t. IV, pp. 37-44.

[3] Ibidem, t. IV, p. 44.

[4] Suite des Réflexions..., t. IV, p. 433.

[5] Ibidem, t. IV, p. 431.

[6] 1ᵉʳ Discours sur la tragédie, t. IV, pp. 37-45. — Suite des Réflexions..., t. IV, pp. 431-435.

toujours présents, toujours agissants, qui animent et vivifient l'action même, laquelle ne serait sans eux qu'un assez froid problème. L'unité d'action dirige et retient la curiosité sur un point déterminé : le meurtrier de Laïus sera-t-il découvert et puni [1] ? L'unité d'intérêt occupe l'esprit de la même manière, mais de plus elle excite et entretient une émotion sympathique qui accompagne constamment les mêmes personnages : qu'adviendra-t-il d'Œdipe, et de ses enfants ? Seule, l'unité d'action n'est pas suffisante, parce que d'elle-même elle n'éveille que la curiosité, et parce qu'elle risque de disperser la sympathie sur « trop de héros » [2]. S'ajoutant à elle, l'unité d'intérêt apporte dans la tragédie un élément nouveau : l'émotion passionnée qui s'attache avec persistance à un ou deux personnages, dans lesquels le drame tout entier se résume et se reflète.

Une tragédie parfaite est celle qui concilie sans violence les deux unités. Coriolan eût été une excellente tragédie parce que, si les unités de lieu et de temps n'y avaient pas été observées, les deux unités supérieures de l'Action et de l'Intérêt s'y fussent trouvées appliquées en même temps.

Sans doute La Motte, — effrayé de son audace — fait de grands efforts pour masquer sa témérité, et pour concilier l'unité classique de l'action avec cette autre unité qu'il a imaginée. Il épuise les subtilités de sa dialectique à démontrer qu'il n'y a rien de changé dans le Théâtre classique parce qu'au lieu des trois Unités il y en a une de plus.

On a peine à croire pourtant qu'il ne se rendit pas compte des conséquences d'une innovation si modestement proposée. Répondant à Voltaire, il lui dit, d'un ton doux, ces paroles qui ont une grande portée : « Ma pensée ne va donc en cet endroit qu'à prouver que » l'unité seule d'un grand intérêt pourrait plaire par elle-même, au » lieu que les trois unités sèchement observées pourraient encore » glacer les spectateurs » [3].

Oui, l'unité seule d'un grand intérêt peut plaire en dehors de toute règle. C'est le principe essentiel, la loi suprême de l'art dramatique. Une pièce qui n'observerait ni les unités de lieu et de temps, ni même l'unité stricte de l'action, serait encore un drame, et pourrait être une très belle œuvre. Que faudrait-il pour cela ? Un héros principal, intéressant par la grandeur, l'énergie, la tendresse

---

[1] Suite des Réflexions..., t. IV, pp. 433-435.
[2] 1er Discours sur la tragédie, t. IV, p. 44.
[3] Suite des Réflexions..., t. IV, p. 434.

de son caractère; — ce héros placé dans une situation dramatique, non plus condensée en une « crise » [1] unique, comme dans la tragédie, mais qui se développerait largement en des crises successives et variées, en des incidents pathétiques ou touchants : — le héros serait le plus souvent sur la scène; absent, il y serait suppléé par un personnage étroitement lié à sa fortune par l'amour ou la crainte, et auquel l'intérêt se communiquerait ; [2] — ces deux héros de premier rang agiraient au lieu de dialoguer toujours, provoqueraient les événements ou leur résisteraient au lieu de les commenter verbeusement. Tel aurait été à peu près le « Coriolan » en quatre tableaux esquissé par La Motte. Il eût été plus voisin du *Drame* moderne que de la tragédie classique, surtout si l'auteur, comme on peut le supposer, l'avait écrit en prose.

C'est grand dommage que « Coriolan » n'ait pas été écrit. Qu'il eût ou non réussi, La Motte, prenait rang parmi les novateurs. Au lieu de cette gloire, il n'a que le mérite d'avoir été un critique assez souvent sagace, un théoricien ingénieux et quelquefois profond. Il a suggéré plutôt que proposé franchement des réformes qu'il est curieux de constater à la date où elles se sont produites, mais qui ne pouvaient avoir d'effet. C'est au feu de la rampe et devant le public que s'opèrent les réformes théâtrales, ce n'est point par des discours sur l'art dramatique, si original que soit le discoureur [3].

En 1730, l'année même où La Motte publiait ses Réflexions sur la tragédie, Voltaire donnait une nouvelle édition d'Œdipe. Il crut qu'il lui appartenait de réfuter de téméraires assertions et de faire justice de paradoxes blasphématoires : il écrivit une préface où, avec plus de verve et de vivacité que de logique et de méthode, il s'érigea en vengeur des règles méconnues. La Motte répliqua par un opuscule intitulé « Suite des réflexions sur la tragédie », ouvrage intéressant en ce qu'il est le dernier mot de la pensée de notre auteur, qui maintient son opinion, et qui répond souvent avec avantage à son bouillant et dédaigneux adversaire.

Après avoir agréablement raillé « ces raisonnements délicats, tant rebattus depuis quelques années », qui « ne valent pas une scène de génie » [4], Voltaire aborde la question des règles dramatiques. Il les défend avec une énergie un peu surprenante chez le poète qui

---

[1] Cf. Schlegel (Littérature dramatique).
[2] Suite des Réflexions.... t. IV, p. 435.
[3] Cf. Schlegel, t. II, p. 290.
[4] Préface d'Œdipe, t. I, p. 48. (Edit. Garnier, 1877).

hier admirait Shakspeare, et qui demain prétendra l'imiter. On dit
qu'alors Voltaire songeait à entrer à l'Académie. Pour lui, il déclare
que les principes de l'art « sont tous aisés et simples, tous puisés dans
la nature et dans la raison », qu'il est inutile de disserter à l'infini
sur des règles qui sont d'elles-mêmes « bonnes et nécessaires ». Ces
règles, « les Pradon et les Boyer les ont connues aussi bien que les
» Corneille et les Racine : la différence n'a été et ne sera jamais que
» dans l'imitation. » Ces « sages règles du théâtre », « ce sont les
» Français qui, les premiers d'entre les nations modernes, les ont fait
» revivre », et, comme la raison triomphe enfin de tout, les autres
peuples, et même les Anglais, avouent « l'obligation qu'ils nous ont
» de les avoir retirés de cette barbarie » où M. de La Motte nous
voudrait ramener [1]. L'unité d'action est fondée sur ce que « l'esprit
» humain ne peut embrasser plusieurs objets à la fois ». Principe
excellent en soi, mais qui appelle l'interprétation ; car enfin, cet
objet peut être plus ou moins vaste sans cesser d'être un, plus ou
moins varié sans égarer l'esprit. Le développement progressif d'un
caractère n'est pas moins séduisant et attachant pour l'intelligence,
que le dénouement normal d'une situation unique. L'unité de lieu
repose, selon Voltaire, sur ce principe « qu'une seule action ne
» peut se passer en plusieurs lieux à la fois », et il le défend par ce
faible argument : « M. Le Brun a-t-il peint Alexandre à Arbèles et
» dans les Indes sur la même toile» ? L'exemple, mal choisi, ne prouve
rien ; le raisonnement même est sans force, car, si un seul fait ne
peut se passer que dans un seul endroit, il est presque impossible
que la suite des faits qui constitue une action dramatique, même la
plus condensée, se passe en un même lieu. — Pour l'unité de temps,
Voltaire ne la défend pas mieux : « Si le poète fait durer l'action
» quinze jours, il doit me rendre compte de ce qui se sera passé
» dans ces quinze jours [2] . . . » Conclusion très fausse en elle-même
et qui ne serait pas juste même appliquée à la tragédie la plus
régulière. Mais ces exigences s'expliquent par un parti pris de
Voltaire de soutenir, avec une rigueur dont il s'est souvent départi,
la pure doctrine. Il défend de toutes ses forces la conception
ultra-classique de l'action rapide et de l'intérêt concentré ; un seul
moment intéresse le spectateur et le retient, c'est celui de la
« décision » [3]. Et il prononce ces paroles qui marquent bien que
deux systèmes contraires sont en présence : « Je ne suis point venu

[1] Préface d'Œdipe, t. I, p. 49.
[2] Ibidem, t. I, p. 50.

» à la comédie pour entendre l'histoire d'un héros, mais pour voir
» un seul événement de sa vie » [1]. Il pousse à l'extrême et presque
à l'absurde les conséquences logiques du système : « le spectateur
» n'est que trois heures à la comédie ; il ne faut donc pas que l'action
» dure plus de trois heures » [2]. Or quelle est la tragédie classique qui
remplit cette condition ? Athalie elle-même dépasse la limite. Mais
enfin Voltaire fait des concessions ; il étend à 24 heures l'unité de
temps [3], et l'unité de lieu à l'enceinte d'un palais. C'est tout ce
qu'il peut faire, car « plus d'indulgence ouvrirait la porte à de trop
» grands abus » . Telles sont, à ses yeux, ces règles « toutes puisées
» dans le bon sens et toutes faites pour le plaisir », dont il ne conçoit
pas qu' « un peuple sensé et éclairé » ne fût pas l'ami.

Ces règles bien observées produisent la simplicité, mérite « que
demandait Aristote » et qui est bien préférable à la multiplicité
des événements : car si le Cid nous plaît, ce n'est pas à cause de cette
multiplicité, mais malgré elle. La Motte enfin a tort de se targuer
d'avoir inventé l'unité d'intérêt ; cette unité prétendue n'est autre
chose que celle de l'action : car les différents intérêts doivent se
rapporter au principal acteur, ils doivent être comme « des lignes
» qui aboutissent à un centre commun », sans quoi l'intérêt est
double et « ce qu'on appelle action au théâtre l'est aussi ». Le
dernier mot de Voltaire est une profession de foi orthodoxe :
« Tenons-nous en donc, comme le grand Corneille, aux trois unités,
» dans lesquelles les autres règles, c'est-à-dire toutes les beautés,
» se trouvent renfermées » [4].

La Motte réfuta Voltaire avec sa courtoisie habituelle. En le
combattant, il le couvre de fleurs ; mais il ne craint pas de lui faire un
reproche que beaucoup de ses adversaires lui ont adressé : il relève
sa légèreté impertinente et les procédés peu exacts de sa polémique.
« Votre précipitation à me répondre et votre facilité à dire avec
» grâce ce qui se présente à votre esprit ont fait que vous ne vous
» êtes pas mis en peine de m'entendre et que vous avez cru pouvoir
» vous passer d'exactitude » [5]. En somme Voltaire réfute ce que
La Motte n'a pas dit, et il ne répond pas à ce qu'il a dit. La leçon
était dure pour le pétulant critique.

---

[1] Préface d'Œdipe, p. 50.
[2] Id., Ibidem, p. 50.
[3] Chez D'Aubignac (Pratique du Théâtre), c'est 12 heures.
[4] Préface d'Œdipe, t. I, pp. 51-52.
[5] Suite des Réflexions sur la Tragédie, où l'on répond à M. de Voltaire, t. IV,
p. 424.

Malgré sa clairvoyance sur les défauts de tactique de son adversaire, malgré la supériorité de sa dialectique, La Motte est inférieur à Voltaire pour la fermeté des principes et la netteté des opinions. La tranchante précision des lois formulées par son antagoniste semble le déconcerter : il cède le terrain sans presque résister. Il met un empressement excessif à s'excuser d'avoir médit des règles et à protester de son respect pour les unités. « Pour » ce qui me regarde, j'ai trouvé l'unité d'action fondamentale, » et les deux autres utiles ; j'en ai même dit les raisons, et je » n'en ai condamné que la superstition qui coûte quelquefois ce » qui vaudrait mieux que les règles » [1]. On sent bien que l'auteur maintient son opinion, qu'il continue à croire qu'il y a des beautés originales supérieures à une sèche observation des règles ; mais sa protestation est timide. S'il s'attache à démontrer, contre Voltaire, que l'unité d'action et l'unité d'intérêt sont bien en effet deux choses distinctes et d'une portée très différente, il le fait mollement encore, avec une exactitude de raisonnement trop circonspecte, et sans déterminer avec assez de force les grandes conséquences qu'impliquerait la substitution de l'unité d'intérêt à l'unité d'action. Il faut chercher avec soin dans cette discussion régulière et froidement méthodique pour y démêler quelque expression précise et vive de la pensée secrète de l'écrivain. Telle est pourtant cette vigoureuse sortie faite au nom de la raison contre les règles immuables : « Vous » vous récriez d'abord qu'un peuple sensé ne saurait ne pas être ami » des règles. Oui, Monsieur, si les règles voulaient dire la raison : » mais comme elles ne signifient là que des institutions arbitraires, » on peut fort bien avoir le sens commun sans les exiger » [2]. Mais s'il veut résumer son opinion et en déterminer les conséquences, il ne le fait pas avec la bruyante franchise des véritables novateurs, qui vont volontiers au delà de leur pensée et tirent au-dessus du but ; il demeure toujours en deçà : « Ma pensée ne va qu'à prouver que l'unité seule d'un » grand intérêt pourrait plaire par elle-même, au lieu que les trois » unités, sèchement observées, pourraient encore glacer les specta- » teurs. Voilà tout ce que j'ai prétendu insinuer » [3]. Cette extrême modération dans l'expression d'une vérité neuve et paradoxale peut être d'un sage et d'un polémiste courtois ; à nos yeux elle a l'inconvénient d'amoindrir la valeur d'une idée féconde, en la présentant obliquement, d'un air timide, ce qui en masque la valeur vraie. Tant de réserve discrète et de circonspection ne devaient pas agir sur le

---

[1] Suite des Réflexions..., t. IV, p. 430.
[2] Ibidem, t. IV, p. 435.
[3] Ibidem, t. IV, p. 435.

public, bien plus sensible aux tranchantes affirmations de Voltaire et à son dogmatisme si franc.

Quelle fut l'issue et quels furent les résultats de cette querelle sur les unités dramatiques? L'issue, ce fut le triomphe des règles et l'éclatante confirmation de leur autorité. Comme a dit un critique du temps : « La Motte fut terrassé par de bonnes raisons et par d'excellents vers » [1]. Le public crut volontiers ce qu'on lui disait, que le bon goût venait d'être sauvé et que le sauveur était M. de Voltaire. — Les résultats directs et immédiats furent nuls, au moins du côté de La Motte, dont la tentative d'émancipation avorta par sa faute propre autant que par celle de son siècle. Sans doute la réforme du drame et son émancipation n'étaient pas préparées encore, la transformation des mœurs n'était pas assez complète pour amener celle du système dramatique. Mais aussi l'auteur de la réforme s'était montré par trop timide : ceux qui accomplissent des révolutions se préoccupent moins de tout concilier ; ils n'insinuent pas leurs idées avec tant de délicatesse, ils les imposent. Il est possible que plusieurs des idées de La Motte, quelques-unes de ses vues les plus libres, ne soient pas tombées dans l'oubli avant d'avoir déposé leur germe en bonne terre. On a remarqué que tel principe révolutionnaire de l'art dramatique, proclamé à grands fracas en Allemagne, n'était que le développement systématique d'une opinion émise à petit bruit par le discret La Motte [2]. En tous cas, il est avéré que certains de ses aperçus vagues et indistincts, en France et moins d'un demi-siècle après lui, ont été repris et mûris par d'autres, et ayant pris corps, ont fait leur chemin dans le monde.

Mais le principal effet de la querelle, ce fut de précipiter un mouvement général que je ne voudrais pas appeler une réaction classique, qui fut pourtant comme une restauration de l'ancien système littéraire et de l'ancienne forme. Il y eut tout au moins une revanche du bon goût et de la tradition contre les paradoxes des novateurs sceptiques tels que Fontenelle, ou sincères, mais inconséquents, tels que La Motte. — Un critique [3] de nos jours, du sens le plus juste, estime que, vers 1735, « les paradoxes de Fontenelle et de La Motte avaient » fait leur temps ». Et il ajoute : « Tous ceux dont l'opinion pouvait » compter tenaient à honneur de relever le drapeau du gand siècle ».

---

[1] Rigoley de Juvigny. Discours sur les progrès...., p. 151.

[2] Voir B. Julien, préface des « Paradoxes littéraires de La Motte », p. VIII. — Cf. Schlegel, II, p. 299. — Vinet — Joret : Herder..., etc.

[3] L. Etienne : La littérature d'une génération, 1720-1750 (Revue des Cours..., 2 avril 1870).

§ II *(suite)*. — **Le Paradoxe sur la Poésie.**

Jusqu'à la fin de sa vie, La Motte batailla : à la différence de Fontenelle, il aimait la discussion et ne détestait pas le bruit. Vers la fin de l'année 1729 ou au commencement de 1730, il lança la dernière et la plus étonnante de ces idées incomplètes qui par certains côtés irritent le bon sens et qui, par d'autres, retiennent l'attention.

Le dernier paradoxe du Poète Académicien, ce fut de contester l'utilité des vers et de renier la poésie. Ce suprême défi jeté à la tradition causa au « Parnasse » un « soulèvement » [1] et provoqua une sorte de scandale. La Faye, Voltaire, La Chaussée, Desfontaines, défendirent avec succès la cause de la Rime et la cause de la Poésie avec plus de zèle que de bonheur [2].

Un jour donc La Motte s'avisa de dire qu'on pouvait composer des Tragédies en prose. L'idée n'était pas neuve [3] ; mais il l'adopta, il la lança avec une intrépidité à la fois sereine et circonspecte [4].

Pour appuyer son dire, il remit en circulation, en les exagérant, les critiques de Fontenelle et de Fénelon sur la versification française et sur la rime [5].

Puis, piqué par la contradiction, il aventura le « Paradoxe » proprement dit : il soutint par arguments et par preuve que la poésie n'est pas indispensable et que l'éloquence tient fort bien sa place même dans les hauts sujets. Il écrivit « La libre Eloquence, ode en prose », au cardinal de Fleury.

Et pourtant l'opinion, poussée au paradoxe par manière de jeu, est plus sérieuse qu'elle ne veut le paraître : on y démêle le dédain constant du philosophe pour la poésie, du penseur pour les bagatelles rimées. Cette indifférence et cette insensibilité poétiques, nous les retrouverons jusque chez les défenseurs les plus convaincus de la

---

[1] Suite des Réflexions, IV, p. 454.

[2] D'après l'abbé Irailh, (Troubles et démêlés. p. 273), il faut ajouter les abbés Nadal et d'Olivet, et le président Bouhier.

[3] Voir Anecdotes dramatiques. article Œdipe. — La Serre fit son Th. Morus, l'abbé d'Aubignac une Zénobie, Fontenelle une Macbate.

[4] 4ᵉ Discours sur la tragédie, IV, pp. 350 sq. — Ecrit probablement à la fin de 1729.

[5] Comparaison de la 1ʳᵉ scène de Mithridate avec la même scène réduite en prose, t. IV, pp. 397-420.

poésie. Si bien que dans ce débat le mérite singulier de La Motte, c'est celui d'une clairvoyance plus grande et d'une franchise relative : il a insinué, sans oser le dire tout haut, que ni lui ni son siècle n'avaient de si grands besoins de poésie qu'on ne pût logiquement se contenter de l'éloquence et faire l'économie de la versification.

Pourquoi ne ferait-on pas des *tragédies en prose* ? Le préjugé seul s'y oppose. Car enfin, la prose est le langage naturel de la passion ; les vers ne sont qu'une « mascarade étrange du discours »[1]. Le temps qu'il perd à rimer, l'auteur l'emploiera à perfectionner son œuvre, à resserrer et animer le drame, à corriger le style. Ainsi la voie sera ouverte à beaucoup d'écrivains, très capables de composer une belle tragédie[2], incapables de la versifier comme il faut[2].

Le géomètre d'Alembert démontra qu'une tragédie doit être écrite en vers. Mais plus tard, il entra mieux dans la pensée de La Motte et en précisa les conséquences[3]. Pour que ce drame eût chance de vie, il faudrait que les personnages fussent « des hommes du commun », non des rois et des princesses ; — il faudrait que l'action fût si vivement menée, l'intérêt si constant qu'on ne pût s'apercevoir si les acteurs parlent en vers ou en prose. — Il aurait fallu surtout que La Motte eût tenté l'épreuve lui-même devant le public : alors on pourrait juger sa tentative par le résultat, au lieu qu' « on est en droit de lui dire la même chose qu'à tant » d'écrivains patriotes : parlez moins de population, et peuplez ».

Cette dernière faiblesse, le « bel esprit dissertateur » en avait eu conscience ; il l'avait confessé avec un peu de confusion. « C'est » lâcheté, dit-il ; mon exemple, pour peu qu'il eût été heureux, en » eût encouragé de plus habiles. On ne tentera guère de » nouveautés utiles s'il ne se trouve pas des auteurs assez généreux » pour risquer de déplaire au public en essayant de l'enrichir »[4].

Par sa couardise, La Motte trahit une des plus défendables causes qu'il ait plaidées. Déconcerté par la rude riposte de Voltaire[5] (qui pourtant sur ce point ne lui oppose aucune raison victorieuse) il atténue, il abandonne presque une opinion qui valait la peine d'être

---

[1] 4ᵉ Discours sur la tragédie, t. IV, pp. 392 et 393.

[2] Ibidem, t. IV, p. 396. — L'idée ne fut pas désapprouvée de quelques lettrés. — Cf. le P. Tournemine, Lettre à La Motte, t. IV. — Trublet. Ed. de Fontenelle, 1764, t. XII, p. 165. — Lagrange-Chancel, 1758, t. III, p.146.

[3] Notes à l'Eloge du Cardinal Dubois (Ed. Belin, 1821, t. III, pp. 154-155).

[4] 4ᵉ Discours sur la tragédie, t. IV, p. 391.

[5] Préface d'Œdipe, 1730.

soutenue [1]. Il biaise ; il ne demande plus « qu'une simple tolérance
» pour ceux qui, avec de grands talents pour la tragédie,
» n'auraient pas celui de la versification [2] » ; il supplie que quelqu'un
tente l'épreuve, quitte à renoncer à l'entreprise si elle ne réussit pas.

Ainsi fond et s'amoindrit entre ses mains une idée première qui était
sensée. Pour la rendre féconde peut-être, il eût suffi d'un peu de logique et de hardiesse. Je suppose que La Motte eût donné son « Coriolan »
en quatre actes, débarrassé des unités, tout en tableaux pathétiques,
tout en action, et qu'il l'eût écrit en prose : n'eût-il pas fait d'abord
une tentative honorable pour donner un corps à ses rêveries incon-
sistantes et confuses ? Et ces esprits entreprenants dans l'imitation
qui suivent les novateurs et complètent leurs ébauches, n'auraient
pas manqué de pousser son essai à ses conséquences naturelles :
derrière lui ils auraient eu vite franchi la distance qui séparait la
tragédie à demi émancipée du libre drame en prose.

Au lieu de concentrer ses efforts sur la tentative modeste, mais
après tout réalisable, de la tragédie en prose, La Motte s'égare et se
disperse en vaines critiques et en récriminations sans effet sur les
défauts et les faiblesses de notre versification.

Durant vingt-cinq années, il n'a fait que paraphraser les doléances
de Boileau sur la difficulté d'accorder la rime et la raison. Seulement
il a pris le parti de mettre tous les torts du côté de la rime, et il a
fini par prononcer le divorce en faveur de la raison.

Dans ses Odes, il maudit de bon cœur « l'art tyrannique » qui lui

> « ..... Impose la torture
> D'une scrupuleuse mesure
> Et du retour des mêmes sons [3] ».

Il se plaint d'être le « jouet de la rime rebelle », capricieuse personne
au joug de laquelle la raison s'est sottement laissé assujettir [4].

Mais c'est surtout après avoir été encouragé dans le doute par
Fénelon qu'il s'enfonce dans son parti pris de dénigrement. L'auteur
du Télémaque lui a écrit : « La rime gêne plus qu'elle n'orne les
vers » [5]. La Motte n'entend rien à la « mauvaise délicatesse » de
l'adorateur des anciens. Il ne retient que ce qui excuse sa paresse
et confirme sa prévention. « Notre scrupuleuse délicatesse rend les

---

1 Suite des Réflexions...., t. IV, pp. 439 sq.
2 Ibidem, t. IV, pp. 439 et 440.
3 Odes, La réputation, t. I, p. 340. — La date est 1707.
4 Odes, L'orgueil poétique, t. I. p. 402.
5 Réflexions sur la critique, t. III, p. 51 (1713).

» beaux vers presque impossibles dans un long ouvrage » [1], dit
encore le prélat. Cette condamnation d'un juge prévenu est pour
lui sans appel. Il adopte cette opinion, il la répète comme sienne :
« la cadence trop uniforme de nos vers.... est agréable un certain
» temps ; mais à la longue elle fatigue » [2]. Et dès lors il ne fera plus
qu'abonder dans le sens de Fénelon.

Par hasard Fontenelle sur ce point se trouvait être d'accord avec
Fénelon, quoique pour d'autres motifs. Bien longtemps avant le
paradoxe de La Motte. il avait tourné en dérision le vain travail de
la versification. A la beauté naturelle du discours, avait-il dit [3],
« l'art de la poésie ajoute, sans aucune nécessité. sans aucun besoin
» pris dans la chose, les rimes et les mesures. Les voilà devenues
» une beauté par ce seul caprice de l'art, et par la seule raison
» qu'elles gêneront le poète et que l'on sera bien aise de voir
» comment il s'en tirera » [4].— Un peu plus tard [5], il avait dit encore :
« La prose est constamment le langage naturel et la poésie n'en
» est qu'un artificiel ». — Fort de ce double témoignage, appuyé de
l'autorité du dernier des anciens et du premier des modernes, La
Motte ne garda plus de ménagements envers un préjugé qui le
gênait comme poète, et qui blessait sa rectitude de raisonnement
comme philosophe.

Il proteste que l'harmonie dans les vers ne doit pas prévaloir
contre le bon sens et que jamais il ne préférera « les droits de l'oreille
à ceux de l'esprit » [6]. L'observation des règles métriques et musicales
de la versification lui paraît un assujettissement pénible et assez
ridicule : « Rien n'est plus puéril ni plus chimérique que d'épuiser
» son attention autour des syllabes et de penser pour ainsi dire
» subordonnément à l'harmonie » [7]. Il ne voit et n'apprécie dans les
vers français [8], et surtout dans l'alexandrin, que le mécanisme

---

1 Réflexions sur la critique. t. III, p. 63 (1714).

2 Discours sur Homère, t. II, p. 124 (1714).

3 Réflexions sur la poésie...... Ed. 1764, t. III. p. 120 (écrit en 1685 d'après
Trublet).

4 Remarquons que La Motte ne connaît cette opinion de Fontenelle que par
sa conversation. car les Réflexions sur la poésie ne furent publiées qu'en 1742
(Trublet).

5 Réflexions sur la poésie ..... (vers 1700).

6 Réflexions sur la Critique. t. III, p. 254.

7 Ibidem, t. III, p. 271.

8 Ibidem, t. III, p. 260. — 1er Discours sur la tragédie, t. IV, p. 48. « Ces
règles observées, la versification est égale ». — Et plus loin (t. IV, p. 50) :
« L'alexandrin a été destiné à la tragédie comme plus voisin de la prose ». —
Au même endroit il suggère l'idée d'écrire les tragédies en vers libres.

matériel de l'hémistiche et de la rime ; il ne sent pas l'harmonie propre d'un beau vers, ni le charme d'une phrase poétique. Pour lui, la symétrie, qui flatte d'abord l'oreille, devient bientôt insupportable dans un long ouvrage [1].

C'est la rime surtout qu'il rend responsable de tous les défauts de notre poésie. Il la maudit avec une verve lyrique. « Rime aussi » bizarre qu'impérieuse, mesure tyrannique, mes pensées seront- » elles toujours vos esclaves ? Jusques à quand usurperez-vous sur » elles l'empire de la raison ? » [2] — L'Éloquence lui conseille de rejeter ces entraves : « Renonce donc à cette rime si lente et si » capricieuse, à cette mesure intraitable qui, sous espoir d'agrément, » n'amène souvent que la langueur, compagne de l'uniformité » [3]. — A quoi bon se donner tant de mal par un puéril orgueil de vaincre des obstacles inutiles à surmonter ? « .... Qu'est-ce que ce prétendu » mérite que nous mettons à si haut prix ? le vain mérite de la diffi- » culté. Extravagance de la part de ceux qui imposent ce joug, et » de la part de ceux qui le reçoivent ; travail également frivole et » pénible ! » [4] L'unique effet de ce rude labeur, c'est de faire tort à la pensée et au bon sens : « La rime et la mesure sont toujours des » entraves pour la justesse, et le meilleur succès qu'on puisse » attendre en s'y assujettissant, c'est de paraître n'avoir pas été gêné ».

Pour achever de ruiner le fol orgueil des poètes assembleurs de syllabes, il nous dévoile sans vergogne les plus tristes secrets du métier poétique. Le tableau est tracé avec une sorte de verve humoristique : « Je demande pardon à mes confrères si j'expose ici la » manière humiliante dont nous travaillons la plupart. Nous » pensons vaguement à la matière que nous voulons traiter : » nous y tendons notre esprit pour appeler les idées. S'il s'offre » quelque chose de raisonnable, nous tâchons de découvrir » aux environs de notre pensée quelques rimes qui nous fassent » entrevoir un sens aisé à lier avec ceux que nous avons déjà dans » l'esprit. S'il ne s'en présente que d'éloignées, nous les rejetons » bien vite, en désespérant de les assujettir à nos vues. S'il s'en » présente une plus heureuse, elle devient une espèce de bout-rimé » qu'il faut remplir. Nous marchons ainsi de tâtonnement en tâton- » nement pour trouver notre compte ; et l'on peut dire que le

---

[1] L'ode de M. de La Faye mise en vers, t. I, p. 564.

[2] La libre éloquence, ode en prose, t. I, pp. 531-534.

[3] Ibidem, t. I, p. 534. — Dans Voltaire (Lettre sur Œdipe) il y a une boutade contre la Rime.

[4] Comparaison de la 1re scène de Mithridate ..... t. IV, p. 408. — Cf. sur la difficulté vaincue, Fontenelle, Voltaire même.

» hasard des rimes détermine une grande partie du sens que nous
» employons. De là ces ongles rongés, ce front sourcilleux, ces
» gestes irréguliers qui sont comme le véhicule des idées et qu'on
» appelle si mal à propos Enthousiasme : car quel mot convient
» moins à des rêveurs qui pensent, pour ainsi dire, à vide et qui,
» tout furieux qu'ils paraissent, sont bien moins échauffés de
» l'abondance et de la force des pensées, qu'impatients de n'en point
» avoir, ou de n'en avoir que de déraisonnables ? » [1].

La Motte pensait, en somme, que le mérite de la versification n'est
« qu'un agrément de convention et contre nature » [2]. Quoi de plus
raisonnable que de rompre avec cette convention d'un charme
contestable, d'une difficulté extrême, et de revenir au langage
naturel, qui est la prose ?

Il eut enfin l'audace d'aller jusqu'au bout de sa pensée : en 1729,
il composa, « la Libre Éloquence, ode en prose ». C'est là qu'est le
véritable paradoxe. Mais il faut tout dire : La Motte ne prétend pas
supprimer du coup la poésie, ni même les vers. Il veut seulement, par
manière de badinage, montrer qu'on peut à la rigueur s'en passer.
Il ne prétend pas révolutionner les Lettres, mais seulement donner
le jour à une opinion un peu hasardée : c'est une « saillie de philosophe » [3] et même d'un philosophe « de mauvaise humeur [4] ».
« L'ode suivante, dit-il, a été faite par une espèce de défi, sur ce
» que des gens prétendaient que la prose ne pouvait s'élever aux
» idées et aux expressions poétiques. Je pensais au contraire qu'elle
» peut prétendre à tous les genres : et, pour le prouver, je traitai la
» matière même avec tout le faste et toutes les figures de l'ode... » [5].
Il s'agit d'une gageure, et tout le débat que La Motte soutint contre
M. de La Faye, son ami, a le caractère d'une dispute pour rire, entre
gens d'esprit en belle humeur, qui ne prennent pas tout à fait au
sérieux les opinions contraires qu'ils soutiennent [6].

Faire une ode en prose ! La plaisanterie était un peu forte,
puisque, de l'aveu de La Motte, l'ode est « la dernière qui doit aban-

---

[1] Comparaison de la 1re scène de Mithridate..., t. IV, p. 411.

[2] Ibidem, t. IV, p. 410.

[3] Suite des Réflexions sur la tragédie, t. IV, p. 449.

[4] L'ode de M. de La Faye mise en prose, t. I, pp. 543 et 572.

[5] Ibidem, t. I, p. 530.

[6] Ibidem, fin, t. I. p. 572. La Motte attribue la contradiction de La Faye à une
malice ingénieuse. « Il a voulu voir si, malgré l'intérêt que je puis avoir à la
versification, j'aurais le courage de la réduire à son juste prix ».

donner la versification »[1]. Mais il alléguait que la poésie même est indépendante de toute mesure. Ainsi « le Cocu imaginaire est versi-» fication sans poésie, le Télémaque est poésie sans versification »[2].

On n'en peut pas dire autant de la « Libre Eloquence » : s'il n'y a pas de vers, il n'y a pas davantage de poésie, à moins qu'on n'entende par là les figures et tout l'attirail pédantesque de la littérature artificielle. La Motte veut prouver que l'avantage de la prose sur la poésie, c'est « d'être plus maîtresse du discours »[3]. Cette conclusion est ou une vérité banale, ou une erreur. La poésie ne dit peut-être pas tout ce que dit la prose, mais ce qu'elle dit, elle le dit autrement et mieux.

Ceux qui ont réfuté le paradoxe ne se sont mis en frais ni de belle poésie, ni de bonnes raisons. L'ode tant vantée de La Faye, par le fond et la forme, est plus près du médiocre que de l'excellent[4]. L' « Epître à Clio »[5] de La Chaussée est assez plate. Desfontaines persiffle agréablement le malencontreux novateur, mais il ne discerne pas non plus la différence essentielle[6] qui existe entre la prose et la poésie. Voltaire, quoiqu'il n'aille pas au fond des choses, entrevoit la seule réfutation qu'on devait opposer aux sophismes de La Motte, qui est l'agrément même des vers, le plaisir inexprimable qu'ils procurent, l'harmonie charmante qui naît de cette «mesure difficile»[7]. Mais lui non plus ne démêle pas le point important du débat : il n'a pas vu qu'il y a dans la poésie autre chose qu'un art, plus qu'une forme savante et exquise, qu'il y a un état de l'âme particulier, une chaleur ou une tendresse, une exaltation profonde de tous les sens et de toutes les facultés, que les autres formes, et même la plus haute éloquence, n'excitent pas au même degré ou avec la même persistance.

Cette réfutation du paradoxe, personne peut-être en ce temps-là n'était capable de la trouver ni de la faire valoir. En somme, — et c'est ce qu'il reste à montrer, — les plus délicats parmi les lettrés se donnèrent beaucoup de mal pour défendre la versification ; mais personne ne songea à plaider la cause de la poésie elle-même qui était bien plus compromise.

---

[1] Ode de M. de La Faye..., t. I, p. 557.

[2] Ibidem, t. I, p. 554.

[3] Suite des Réflexions sur la tragédie, t. IV, p. 454. — Cf. La libre Eloquence, t. I, p. 540.

[4] Voir le Nouvelliste du Parnasse, t. II. Lettre 51e.

[5] Ibidem, lettre 10e, t. II, p. 198.

[6] Il ne fait consister cette différence que dans la cadence et la mesure.

[7] Préface de l'Edition d'Œdipe, 1730, t. I, p. 57.

La hardiesse de La Motte, ici encore, est moins dans les conclusions qu'il exprime que dans les conséquences qu'il laisse entrevoir ou qu'il suggère. Il avoue les mauvais soupçons que son paradoxe avait fait naître bien à tort. « ... J'ai donné lieu de soupçonner que » je méprisais assez les vers pour en condamner tout à fait l'usage »[1]. Il proteste qu'il n'a jamais eu semblable pensée : il se compare finement au Misanthrope qui « tout amoureux qu'il est de Célimène, » est pourtant frappé de tous ses défauts »[2].

Que demande-t-il ? Pour « les gens raisonnables à qui la contrainte » et la monotonie des vers déplaisent »[3], le droit d'user en tous cas de la prose. Il prétend qu'on accorde généreusement « la liberté des » styles afin de contenter les goûts ». Quoi de plus modéré que cette prétention ? Il ne proscrit pas les vers, ni la poésie. Il fait pis que la proscrire : il la tolère et la relègue parmi les amusements inoffensifs et puérils. Il la discrédite en la ravalant au même rang que la prose, égalité qui la perd et la ruine. Il l'anéantit par son admiration même qui porte à faux et qui la compromet irrémédiablement.

Et tout son siècle est avec lui, sans le savoir. Ses maîtres et ses contradicteurs, ses élèves et ses ennemis, par leurs conseils et leurs critiques, par leur enthousiasme et leurs anathèmes, tous s'accordent avec lui pour prouver que la poésie va mourir, qu'elle est morte. Ses apologistes eux-mêmes n'en défendent plus que l'ombre, ils n'en sauvent que le nom.

Demandons à La Motte son opinion sur la nature de la Poésie. Consultons-le, non plus en un moment de mauvaise humeur ou d'entraînement, mais dans la pleine possession de son bon sens. Voici ce que nous répondra l'élève de Fontenelle et l'admirateur de Fénelon : « La poésie n'est qu'une éloquence plus amoureuse de » la fiction et plus hardie, quoique plus contrainte ; mais sa hardiesse » ne l'affranchit pas de la raison ; sa contrainte ne la dispense pas de » l'exactitude »[4]. Un « poète raisonnable »[4] doit concevoir que « son » art n'est, comme tous les autres, qu'un exercice de l'esprit ». On sait de reste ce qu'il pense de l'enthousiasme[5]. Pour l'harmonie, elle ne résulte pas tant de l' « arrangement des syllabes », — travail puéril, — que de la « beauté du sens », avec quelques autres

---

1 Suite des Réflexions sur la tragédie, t. IV, p. 457.
2 Ibidem, t. IV, p. 455.
3 Ibidem, t. IV, p. 455.
4 Discours sur les prix..., 1714, t. VIII, p. 373. — Cf. « un sage essor », ibidem.
5 Réflexions sur la critique, t. III, p. 11.

conditions secondaires. A la rigueur même on peut dire que « la
» poésie est indépendante de toute mesure »[1].

Cet art est par lui-même « plus pénible qu'important ». Il n'y a
guère au fond « qu'une imagination heureuse, mais qui pour
» l'ordinaire nuit au jugement à mesure qu'elle est forte et domi-
» nante »[2]. Au reste, cet exercice prétentieux est pis qu'inutile[3] : il
est artificieux et mensonger[4]. Sa vertu propre, c'est de duper la raison
par des illusions vaines : « L'agrément de la rime et de la mesure,
» joint à la beauté de l'image, distrait l'esprit de l'attention qu'il
» ferait sans cela à la justesse des rapports »[5]. C'est un style privi-
légié pour l'erreur, « un style où il est permis de ne pas parler
» juste »[6]. Le prestige déraisonnable des vers fait « qu'on s'imagine
» souvent sentir dans les vers de la poésie qui n'y est pas »[7]. Quant
au charme réel qui s'y trouve, il est vain : il doit faire « quelque
» honte à des hommes raisonnables d'estimer plus un bruit mesuré
» que des idées qui les éclairent »[8]. — Qu'est-ce enfin que « le
poétique » ? rien que « l'excès des figures »[9]. Et quel est en dernière
analyse le mérite propre du poète, l'illusion suprême de la poésie ?
Ils sont dus pour la plus grande partie « à la surprise agréable » qui
naît « de la difficulté vaincue »[10].

Ce qui se dégage de cette analyse, c'est la constance du dédain
que ce poète a pour la poésie. Et qu'on ne dise pas que ces critiques
malignes ne portent que sur une certaine forme poétique, sur les
défauts particuliers de la versification française. C'est la poésie
même qu'elles atteignent, et toute la poésie.

Des deux éléments qui constituent la poésie, — la forme et
l'esprit, — La Motte fait tous ses efforts pour ruiner le premier ;
l'autre, il l'étouffe ou le laisse périr de langueur. Il s'en va répétant
que notre versification ne vaut rien, qu'il est temps d'y renoncer,
qu'on ferait bien de lui substituer l'éloquence, c'est-à-dire la prose.
Mais cette prose, songe-t-il à lui donner cet esprit vivifiant, fait de
lumière et de chaleur, qui eût pu l'animer, la poétiser et la

---

[1] Ode de M. de La Faye mise en vers, t. I, p. 553.
[2] Réflexions sur la critique, t. III, p. 11.
[3] Ode de M. de La Faye mise en vers. I, p. 569. « Un peu plus de modestie et
reconnaissons de bonne foi notre inutilité... »
[4] Ibidem, t. I, p. 569 « La fausseté sied si bien dans le vers ».
[5] Ibidem t. I, p. 566. Cf. p. 569.
[6] Ibidem, t. I, p. 572.
[7] Suite des Réflexions sur la tragédie, t. IV, p. 452.
[8] Ibidem, t. IV, p. 449.
[9] Comparaison de la 1re scène de Mithridate ..., t. IV, p 429.
[10] Ode de M. de La Faye mise en vers, t. I, p. 554.

faire vivre ? Nullement. Dans sa prose prétendue poétique, il introduit toutes les figures artificielles, il sème toutes les images convenues, qu'il met au service de la raison et d'une philosophie qui rampe sur la terre. Le succès du Télémaque, épopée en prose, l'a ébloui et lui a troublé le sens : il n'a pas vu que cette prose est vivifiée, non pas par de vaines figures, mais par l'âme même du romancier-poète, qu'elle n'est pas nourrie de pensées fines et de rhétorique pédantesque, mais de la fleur la plus délicate de la poésie antique la plus exquise.

Ce qu'il eût fallu à La Motte pour mener à bien sa campagne en faveur de l'éloquence ou de la prose poétique, eh ! c'est précisément d'avoir les facultés qui lui manquaient le plus. Au lieu de raison sèche et de philosophie critique, il aurait dû avoir de l'imagination, la sensibilité vive, le goût de la nature, le sens de la vie et le don de la représenter. Trente ans plus tard, c'est grâce à ces facultés naturelles qui manquaient à La Motte, que J.-J. Rousseau retrouve la poésie ignorée de ce siècle de rimeurs. Les sentiments poétiques qui débordent de son cœur, ce n'est pas en vers que Rousseau les traduit, mais en belle prose harmonieuse et pittoresque. C'est que, au milieu du siècle, par un mouvement naturel des choses, le vers français est devenu le langage élégant de l'esprit, de la raison et de la philosophie, l'idiome consacré des idées et des sentiments prosaïques. Un poète, épris de la nature et du sentiment, ennemi de la raison et de la civilisation, n'a plus qu'un instrument d'expression, le langage commun, la prose enfin, plus facile cent fois à échauffer et à colorer que le vers classique, pétrifié dans sa majesté glaciale, ou énervé par les grâces fausses du bel-esprit.

Pour La Motte, il était bien incapable d'imaginer la prose poétique, parce qu'il était impuissant à concevoir la poésie. Dans tout ce dernier débat, il n'a eu qu'une pensée juste et c'est celle-là qu'il n'exprime point : il a prévu la décadence de la poésie et le triomphe de la prose.

Il a cherché par tous les moyens à discréditer la versification. Le vers classique sort de l'épreuve victorieux, mieux établi, mais non pas renouvelé : c'est un double échec pour le réformateur.

D'autre part, il prétend respecter la poésie ; mais tout ce qu'il a écrit, comme poète et comme critique, tend à amoindrir, à subordonner, à réduire à rien la faculté poétique. Il sent bien, sans oser le dire, que la poésie est sur ses fins, que l'heure de la prose a sonné. Ce pressentiment de besoins et de goûts nouveaux lui donne une espèce d'avantage sur ses contradicteurs et sur Voltaire. Car au fond, qui donc avait le plus raison ? Celui qui voulait maintenir les vers sans la poésie ? ou celui qui, tout bas, faisait aussi bon marché de l'une que des autres ?

Ennemi des vers, La Motte a contre lui la force acquise d'une tradition invétérée : le préjugé lui donne tort. Contempteur de la poésie, il gagne sa cause, car il a pour lui l'esprit du temps, qui n'est pas poétique. Duclos s'écrie, entendant de beaux vers : « Cela est beau comme de la prose » ! Trublet ajoute : « La plus grande louange » qu'on pourrait donner à des vers, ce serait peut-être de dire » qu'ils valent de la prose, mais je n'en connais pas de tels » [1]. Ce ne sont pas là de simples boutades : c'est l'expression paradoxale d'un sentiment universel. Et pour tout dire, Voltaire lui-même, le vengeur des vers, qu'a-t-il fait autre chose que dégager le sentiment intime du siècle et assurer dans les idées et les œuvres, dans la langue et jusque dans la poésie, l'éclatante victoire de l'esprit prosaïque ?

---

[1] Lettre à M⁰ T. D. L. F., t. I, p. 15.

CONCLUSION

La Motte fut proprement un *Homme de transition*. J'entends par
là un homme qui, né à une mauvaise heure, trop tard ou trop tôt,
incapable de se dégager des habitudes anciennes, impuissant à
imposer des idées ou des formules nouvelles, reflète à la fois deux
âges et deux esprits différents, et ne trouve en soi ni l'énergie du
révolutionnaire qui détruit, ni la force du novateur qui crée.

C'est un rôle lourd et ingrat, pour les natures moyennes, que le
rôle de clore un grand siècle et d'ouvrir [1] un grand siècle. La Motte
avait l'ensemble de qualités secondaires et diverses qu'il fallait pour,
à un moment déterminé, accomplir cette œuvre délicate, mais
sans profit durable pour l'ouvrier. Il avait la docilité, la souplesse
de talent, l'ingéniosité qui étaient nécessaires à un Classique
attardé. Mais il avait aussi l'activité et l'ouverture de l'esprit, la
finesse d'analyse, l'art d'insinuer les idées, qui convenaient à la
philosophie discrète et tempérée du premier XVIIIe siècle.

Son mérite, ou sa chance, c'est d'avoir pendant quelques années
représenté et résumé l'état incertain et hésitant, flottant et
contradictoire, où était l'élite des esprits les plus vifs et les plus
libres de la France. De 1715 environ à 1725, il fut le poète des
philosophes et le philosophe des poètes.

Représenter le transitoire, personnifier l'éphémère, c'est un
honneur caduc et précaire. L'espèce de popularité, un peu artificielle, dont avait joui ce Bel Esprit philosophe, se dissipa de bonne
heure et fondit sous ses yeux : c'est que l'accord fut vite rompu
entre lui et ses contemporains. Avant 1730, le siècle prend conscience
de lui-même et entre dans sa voie ; les opinions s'assurent, les partis
se dégagent et se groupent. La Motte connut les brusques retours
d'une renommée fondée sur un compromis, les amertumes et l'ingra-
titude qui paient le labeur de l'homme modéré, du conciliateur aux
jours de grande crise. Il se vit abandonné de tous, attaqué en arrière,

---

[1] La Chaussée a dit de La Motte : « il a ouvert le siècle ».

attaqué en avant. Les lettrés classiques lui comptent pour rien sa
docilité de poète, et lui font payer cher les impiétés de sa critique.
Les Philosophes le négligent à cause de sa modération trop prudente,
des mesquines audaces de sa philosophie trop exclusivement littéraire ; même les plus habiles lui font un crime de ses critiques
vétilleuses de la forme classique, qu'ils adoptent pour s'en faire un
instrument de propagande.

La ruine de cette brillante renommée fut rapide et presque
complète. Toute [1] l'œuvre poétique de La Motte s'engloutit dans le
gouffre où s'abîment les œuvres incolores et amorphes, les œuvres
mort-nées de l'art artificiel. Son œuvre de philosophie critique
disparut aussi, après avoir exercé un moment l'activité des
esprits et peut-être jeté çà et là quelques semences qui, portées en
bonne terre, un jour germeront quelque part, mais sans que jamais
le novateur timoré ait imprimé à un homme, à un genre poétique, une
impulsion précise ou une direction utile [2].

On éprouve quelque tristesse à constater cette espèce d'avor-
tement de celui qui fut un homme aimable, un caractère séduisant, un critique courtois, un esprit ingénieux et aiguisé. On
a ressenti aussi, par moments, comme une pitié pour le malencontreux poète et le penseur incomplet, et c'est avec une sorte de
regret, sinon de remords, qu'on s'est bien souvent montré rigoureux en jugeant le pauvre La Motte.

Mais, après tout, Houdar de La Motte aura t-il eu à se plaindre de
la destinée ? Il a eu son heure de célébrité, et, génie intermédiaire,
avait-il droit à goûter à la gloire pendant plus d'une heure ? Du moins
a t-il laissé un nom dans l'histoire des Lettres, ce qui est quelque
chose.

Oui, lui-même, s'il revenait sur cette terre, je me demande s'il
protesterait bien haut contre le jugement de la postérité. Il s'étonnerait
un instant du peu de bruit que son nom fait aujourd'hui par le
monde, après tant de bruit qu'il a fait ; son inaltérable politesse serait

---

[1] Pour être juste, disons qu'il survit de La Motte, il surnage dans la mémoire
des hommes, un vers :
« L'ennui naquit un jour de l'uniformité ».
Ce vers unique, encore est-il vrai qu'on l'attribue à Boileau.

[2] La même incertitude se remarque dans la langue et le style de La Motte.
Je ne parle pas de ses vers, mais de sa prose, qui vaut bien mieux. Il écrit assez
purement, mais avec quelques hardiesses mesurées, qui le font ranger par les
classiques parmi les nouveaux précieux, les Néologues ou Néologistes —
Voir sur le Néologisme ou Nouveau Précieux, le supplément spécial à cette
question, dans l'Appendice Bibliographique.

choquée sans doute du peu d'urbanité dont certains critiques ont usé en le jugeant ; mais il songerait à Mme Dacier, et sourirait ; enfin, j'estime que, tout compte fait, l'ennemi d'Homère se tiendrait pour satisfait de voir que quelques-unes de ses idées ont fait leur chemin au dela de ses espérances, et de savoir que, après un si long temps, sa mémoire n'est pas entièrement abolie parmi les hommes, et que, tout *ancien* qu'il est à présent, les *modernes* d'aujourd'hui ne le dédaignent pas tout à fait.

VU et LU

en Sorbonne, le 9 avril 1897,

Par le Doyen de la Faculté des Lettres de l'Université de Paris,

A. HIMLY.

VU

ET PERMIS D'IMPRIMER,

Le Vice-Recteur de l'Académie de Paris,

GREARD.

20

BIBLIOGRAPHIE

I. — Biographie de La Motte.

Trublet (l'Abbé). — « *Mémoires pour servir à l'histoire de la vie et des ouvrages de MM. Fontenelle et de La Motte* » (Amsterdam, M.M. Rey, 2ᵉ édit., 1759). — Tirés du Mercure de France, 1756, 1757 et 1758, et du Dictionnaire de Trévoux, édit. 1759. (Ce dernier article est de l'Abbé **Goujet** : il a été revu et augmenté par Trublet).

—— « *Lettre à Mᵐᵉ T. D. L. F. sur M. Houdar de La Motte ….* », du 10 janvier 1731. (Œuvres de La Motte, 1754, t. I, 1ʳᵉ partie, pp. 7-37).

Lambert (Mᵐᵉ la marquise de). — *Portrait de M. de La Motte*, par feue Mᵐᵉ la Mˢᵉ de Lambert (Œuvres de La Motte, 1754, t. I, 1ʳᵉ partie, pp. 1-6).

Fontenelle. — *Eloge de Jos. Saurin* (Edit. 1825, t. II, pp. 346-377 : résumé de l'histoire des « Couplets »).

—— Réponse de M. de Fontenelle au Discours de M. de Luçon, dans l'Académie française, le 6 mars 1732 (Œuvres de La Motte, 1754, t. I, 1ʳᵉ partie, pp. 41-56).

Pons (J.-Fr., Abbé de). — *Œuvres*, édit. de Melon, chez Prault et fils, 1738, in-8.

—— *Lettre à M**** sur l'Iliade de M. de La Motte*, Paris, 1764, in-12.

Boindin (Nic.). — « *Mémoire pour servir à l'histoire des Couplets de 1710, attribués faussement à J.-B. Rousseau* ». Œuvres, 1752, 2 vol. in-12. [Cf. **P. Paris** : J.-B. Rousseau.. (dans le Bibliophile français, I, nᵒˢ 1, 3, 5, etc.).]

Voltaire. — *Siècle de Louis XIV.* (Catalogue). → Vie de J.-B. Rousseau (Ed. Garnier, XXII, p. 337).

—— *Précis du siècle de Louis XV* (t. XV, chap. I, p. 158. On y apprend que, en 1719, lorsque la guerre fut déclarée entre l'Espagne et la France : « La Motte-Houdard, de l'Académie française, *composa le manifeste*, qui ne fut signé de personne ». Cf. Lettre à Thiériot, fin déc. 1722).

Hérissant. — « *L'esprit des poésies de M .de La Motte…. avec quelques notes, la vie de l'auteur… etc.* » (Genève et Paris, Lottin le jeune, in-18, 1767).

Sautreau de Marsy. — « *Précis sur la vie et les ouvrages d'Houdar de La Motte* ». — Paris, 1785 (Tiré des « Annales poétiques », t. XXXIV, art. La Motte).

Beaumelle (Angliviel de la). — *Vie de Maupertuis*, édit. 1856. (Entre autres détails biographiques curieux, mais peu sûrs, La Beaumelle rapporte que le P. Lelong (Bibliothèque historique de France, n° 6573) aurait vu un manuscrit intitulé : «Clovis, poème où l'on fait voir l'établissement du Royaume de France et la conversion des Français », par Ant. Houdar de La Motte, de l'Académie française. (V. Hérissant, XXXIV).

Balleroy (*Les Correspondants de M*^{me} *la M*^{se} *de*), édit. de Barthélémy. Hachette, 1883, 2 vol. in-8° (voir quelques intéressants détails sur La Motte, t. II, pp. 244, 348, 411, etc.).

Moufle d'Angerville. — *Vie privée de Louis XIV*, à Londres, chez John Peter Lyton, 1788, 4 vol. in-12 (Voir t. I, p. 59).

D'Alembert. — *Éloge de M. de La Motte* (17 avril 1775) dans : Histoire des membres de l'Académie française (Ed. Belin, 1821, t. III, 1re partie).

Notice nécrologique sur M. le Colonel Houdar de La Motte, tué à Iéna à la tête du 36e régiment d'infanterie de ligne (Extrait de : Campagnes des français en Prusse, en Saxe, en Pologne, etc., t. II. Paris, Buisson, 1807).

De Piis (et **Auger**).— « *La Motte-Houdar* », comédie anecdotique en I acte et en prose mêlée de vaudevilles, par les citoyens Piis et Auger, représentée pour la première fois à Paris sur le théâtre des Troubadours, le 12 nivôse an 8. (Paris, an VIII).

Jal. — « *Dictionnaire critique de biographie et d'histoire* » (Edit. 1867). — Dans l'article Houdar de La Motte, M. Jal donne plusieurs pièces authentiques intéressantes pour l'histoire de notre auteur et de sa famille ; il reproduit une signature de l'Académicien qui porte Antoine Houdar.

II. — Sur les Cafés.

J.-B. Rousseau.—« *Le caffé* », comédie, 1695 [Cf. **Ste-Beuve**, Portraits Littéraires, t. I, art. J.-B. Rousseau].

Dufresny (Rivière). — Œuvres de M. Rivière-Dufresny. Briasson, 1747 [Voir au t. IV : « *Amusements sérieux et comiques* », pp. 53, 72]. — (La 1re édit. des « Amusements » est de 1707).

Montesquieu. — *Lettres persanes*, 1721 (Lettres 36, 109, 128, 130, etc.).

Massieu (l'Abbé Guill.). — *Guill. Massæi carmen* : Caffaeum. — (Ap. « Recentiores poetæ latini et Græci selecti quinque » curis Jos. Oliveti collecti et editi. — Edit. auctior et correctior, Lugduni Batavorum, 1743, pp. 278 sq.). Lu en 1718 dans l'Académie des Inscriptions et Belles-Lettres.

Nemeitz. — « *Séjour de Paris* », traduction française, Leyde, 1727. — Voir t. I, pp. 110-112.

Le Journaliste amusant, ou le monde sérieux et comique (Grég. Ant. Dupuis, 1731, in-12). (Voir notamment pp. 111-112 et 264-265).

La nouvelle Astronomie du Parnasse françois, ou l'Apothéose des écrivains vivants dans la présente année 1740... Au Parnasse, chez Vérologue, seul imprimeur d'Apollon pour la Satyre en prose (Voir p. 22, quelques détails sur les Cafés, les *Akousmates*).

Duclos. — *Mémoires...* (Ed. A. Belin, 1821, pp. 21 sq.). [Cf. **Ste-Beuve**, art. Duclos, Idem IX].

La Beaumelle (Angliviel de). — *Vie de Maupertuis.* (pp. 11-13).

Meyer (M.). — « *Commentaire des Lettres persanes* ». Paris, 1841 (Voir p. 150).

Michelet. — *Histoire de France*, t. XV.

Prévost (l'abbé). — *Le Pour et le Contre*, p. CCVI.

Marivaux. — *Le Spectateur français*, XIIIe feuille.

III. — Les Amis de La Motte.

[Sur **Fontenelle**, Mme de **Lambert**, l'abbé de **Pons, Trublet**, Voir § I. Biographie de La Motte].

Fontenelle. — *Œuvres*, édit. 1764 (Voir en particulier : Réflexions sur la Poétique. — Discours sur la nature de l'Eglogue. — De l'origine des fables. — Histoire du théâtre français). — Cf. *L'esprit de Fontenelle.* La Haye chez P. Gosse. 1744. — **Regnault Warin :** *Fontenelle et son école*, dans « Loisirs littéraires ». an XII. 1804. — **Ste-Beuve**, *Lundis*, t. III, etc.

Marivaux. — *Œuvres complètes*, édit. Duviquet, 1830 (Voir au t. IX, le Spectateur français).

— *L'esprit de M. de Marivaux* (par **de Lesbros de la Versane**). Paris, Costard fils, 1774.

— G. **Larroumet.** — *Marivaux, sa vie et ses œuvres*, 1883. in-8°.

— J. **Fleury.** — *Marivaux et le Marivaudage.* Plon, 1881.

Terrasson (l'Abbé). — *La philosophie applicable à tous les objets de l'esprit et de la raison.* Paris, Prault et fils, 1754.

— Cf. Réflexions de M. **d'Alembert**, de l'Académie des sciences, sur la vie et les ouvrages de M. l'Abbé Terrasson.

— Cf. **Grimm.** — *Correspondance*, t. I, 1er décembre 1754.

Du Bos (l'Abbé). — « *Réflexions critiques sur la poésie et sur la peinture* ». par M. l'abbé du Bos, un des Quarante et secrétaire perpétuel de l'Académie française (5e édit., P.-J. Mariette, 1746. — La 1re édit. est de 1719).

La Faye (Lériget, marquis de). Mercure de France, etc.

Titon du Tillet. — *Le Parnasse français* (édit. 1733, in-f°).

IV. — Contemporains malveillants ou neutres.

D'Aguesseau.— *Œuvres* (Voir notamment la VIIe *Mercuriale*, année 1704 : sur « l'esprit nouveau » des jeunes magistrats).

Barbier. *Chronique de la Régence et du règne de Louis XV*, 1718-1763. (Paris, Charpentier, 1866).

De Bernis. — *Œuvres complètes de M. le Comte de Bernis* (Londres, 1782, 2 tomes en 1 vol.)

Bouhier (le président) . — *Correspondance manuscrite* (Bibliothèque Nationale, Fr. 24-409).

Cartaud de la Vilate. — *Essai historique et philosophique sur le goût.* Londres, 1751.

Chaulieu (l'abbé de). — *Œuvres.* Edit. 1750, Amsterdam et Paris.

Chaussée (Nivelle de La).— *Lettre à Mme la M^{se} de L**** sur les fables,* etc.

Collé (Ch.). — *Journal et Mémoires* (Edit. Hon. Bonhomme, Didot, 1868).

Desbillons (le P.) F.-J. — *Fabulæ Æsopicæ.* Edit. 1759, préface.

—— *Dialogue entre le siècle de Louis XIV et le siècle de Louis XV.* A La Haye, MDCCLI.

Du Deffand (Mme).—*Correspondance complète,* publiée par le Mis de Sainte-Aulaire. M. Lévy, 1867.

Didier. — *Le voyage du Parnasse,* par le Sr Didier, 1716. (On y trouve des renseignements sur *Le Port de mer,* comédie, qui serait de Boindin et La Motte).

De la Dixmerie. — *Les deux âges du goût et du génie français sous Louis XIV et sous Louis XV,* ou Parallèle des efforts du génie et du goût dans les Sciences, dans les Arts et dans les Lettres sous les deux règnes. 1770.

Frain du Tremblay (de l'Académie royale d'Angers). — *Discours sur l'origine de la Poésie, sur son usage et sur le bon goût.* Paris, Fr. Fournier, 1713.

Gédoyn (l'abbé). — *Œuvres diverses de M. l'abbé Gédoyn, de l'Académie Française.* Paris. de Bure l'aîné, 1745. 1 vol. in-12.

Hénault (le président). — *Mémoires,* publiés par le Baron de Vigan. Paris, Dentu, 1854. 1 vol. gd in-8°.

Lagrange-Chancel. — *Œuvres,* 1758.

Le Febvre (Phil.). — *Lettre d'un gentilhomme de province au sujet de la tragédie d'Inès de Castro.* Paris, 1723, in-4° (?)

Lefranc de Pompignan (J.-Jac., le marquis). — *Œuvres diverses* ..... Paris, Chaubert, 1753. — *Œuvres de M. le M^s L. de P.* Paris, Nyon aîné, 1784. 4 vol. in-8°.

Lefranc de Pompignan (J.-Geo., le prélat). — *Essa critique sur l'Estat présent de la République des Lettres*, par M. Lefranc de Pompignan, Évesque du Puy, MDCCXLIV, avec permission (brochure in-4° de 6 pages).

Le Masson (abbé). — *Lettre à M. de La Motte sur sa tragédie d'Inès de Castro*. Paris, Pissot, 1728, in-8°.

Le Sage. — *Théâtre de la Foire* (v. ce mot). — *Gil Blas*, passim.

Marais (M.). — *Journal et Mémoires*, édit. de Lescure. — *Correspondance avec Mme de Mérignac*, édit. de Lescure. Didot, 1863.

Massieu (l'abbé G.) [Cf. § II : les Cafés]. — *Histoire de la poésie française*, 1739. — Mémoires de l'Académie des Inscriptions, VI, 265, du 11 août 1729 : « qu'il ne peut y avoir de poème en prose. » — [Cf. Hippeau : Nouvelle Biographie générale. — Gros de Boze : Eloge de Massieu. — L'abbé Houteville : Discours de réception à l'Académie française, 1732].

Piron. — *Œuvres complètes*, édit. Rigoley de Juvigny, an VIII. (Voir au t. IV, son Arlequin-Deucalion. — Au t. VIII, les Epigrammes. — Au t. IX, une prétendue Lettre de Voltaire à M. de la Roque, où il y a un amusant Éloge, ironique, de La Motte, mis malicieusement dans la bouche de Voltaire).

Racine (Louis). — *Œuvres*, édit. Le Normant, 1808. 6 vol.

Recueil des Harangues prononcées par MM. de l'Académie française dans leurs réceptions. Paris. 8 vol. in-12 (1735-1781).

Recueil de plusieurs pièces d'éloquence et de poésie présentées à l'Académie française. Paris, J.-B. Coignard.

Rollin (l'abbé). — *Traité des études*, 1726-1731.

Sanadon (le P.). — *Harangue du Père Sanadon*, professeur de rhétorique au collège Louis-le-Grand (du 6 décembre 1713) « De mala ingeniorum contagione vitanda » (ap. Œuv. de La Motte, t. Ier fin).

Staal (Mme de). — *Mémoires*, édit. Barrière.

Toussaint de Saint-Médard. — *Lettres galantes et philosophiques*, par Melle de ***. A La Haye, chez H. Scheurler, 1721. (V. pp. 74-75 un jugement sévère de La Motte ; pp. 77-81 : Sur les abus de la Logique dans la littérature).

Voisenon (l'abbé de). — *Anecdotes littéraires*.

Adversaires déclarés. — Satiristes. — Parodistes.

Aublet de Maubry. — *Histoire des troubles et des démêlés littéraires*. Amsterdam, 1779 (Voir pp. 11-15 : sur la Querelle des Anciens et La Motte ; p. 208 : l'Affaire des Couplets ; pp. 215 et 216 : Jugement sur La Motte ; 2e partie, p. 62 : les Parodies).

Bel (J.-J., Conseiller au Parlement de Bordeaux). — *Apologie de M. Houdart de La Motte, de l'Académie françoise*. Paris, Ve Moreau, 1724, 1 vol. in-8°. — *Dictionnaire néologique*.... etc. (Voir **Desfontaines**).

Calotte (Mémoires pour servir à l'histoire de la), 1752, 4 vol.. in-12. Les principaux collaborateurs sont : Guill. Plantavit de la Pause, abbé de Margon, abbé Desfontaines, J. Aymon, Fr. Gacon, Roy, etc. — « L'oraison funèbre de Torsac » est de l'abbé de Margon. Elle parut d'abord sous ce titre : « Première séance des états calotins, contenant l'oraison funèbre de Torsac ». Paris, 1724, in 4°.

Chansonnier historique du XVIIIᵉ siècle. (Ed. Raunié, 10 vol. in-8°, A. Quantin).

Dacier (Mᵐᵉ). — *Des causes de la corruption du goût.* Amsterdam, Pierre Humbert, 1715. 1 vol.

Desfontaines (L.-F. Guyot, abbé).— *Le Nouvelliste du Parnasse*, 1731-1734. — *Observations sur les écrits modernes*, 1735. sq. (Cf. *Jugements sur quelques ouvrages nouveaux*. A Avignon, chez Pierre Girou, 1744. 5 vol.). — *Dictionnaire néologique à l'usage des beaux esprits du siècle, avec l'éloge historique de Pantalon-Phœbus*, par un avocat de province. 1ʳᵉ édit., 1726. — Une autre édition (Amsterdam, chez Michel Ch. Le Cène, 1731), contient le *Pantalo-Phœbeana. — Mémoires pour servir à l'histoire de la Calotte* (nouv. édit., MDCCLII, 4 vol. in-12) (Cf. **Calotte** et **Bel**). Cf. *L'Esprit de l'abbé D.*, par l'abbé de la Porte, 1757. 4 vol. in-12. — Cf. **Voltaire.** — *Le Préservatif*, 1738. — Ch. **Nisard**, etc.—Voir plus bas **Querlon**).

Foire (théâtre de la). — [Voir : **Fr. Parfaict.** — *Mémoires pour servir à l'histoire des théâtres de la foire*, 1743. 2 vol. in-12].

—— *Le théâtre de la foire*, ou l'Opéra-Comique, par MM. **Le Sage** et d'**Orneval.** Amsterdam. chez Zacharie Châtelain, 1726.

Gacon (Fr.). — 1° *Discours satiriques en vers*, par le Poëte sans fard. Cologne, (Paris ?) 1696. 2 vol. in-12.
— 2° *L'Anti-Rousseau*, par le P.S.F. A Rotterdam, chez Fristch et Böhm, MDCCXII, in-12.
— 3° *Le journal satirique intercepté*, ou *Apologie de M. Arouet de Voltaire et de M. Houdart de La Motte*, par le sieur Bourguignon, 1719, in-8° de 48 pp.
— 4° *Les fables de M. Houdart de La Motte traduites en vers français*, par le P.S.F. — Asinus ad Lyram — et se vend au café du Montparnasse ou à la Source des Liqueurs. — à la Croix du Tiroir, 1720.

La Chaussée (Nivelle de). — *Lettre de Mᵐᵉ la Mˢᵉ de L** sur les Fables nouvelles* (t. VI des « Amusemens du cœur et de l'esprit ». Amsterdam, chez Henri du Sauzet, 1746).

Parodies (les) *du nouveau théâtre italien*, ou Recueil des Parodies représentées sur le Théâtre de l'Hôtel de Bourgogne par les Comédiens italiens ordinaires du Roy. Nouvelle édition. Paris, chez Briasson, rue St-Jacques, 1738.
Pensées philosophiques d'un citoyen de Montmartre. — A la Haye, MDCCLVI (par le **P. Dumas**, jésuite, dit une note manuscrite de mon exemplaire) ? — C'est une rude et quelquefois spirituelle attaque contre l'Esprit philosophique (voir pp. 9-11).
    A la suite, dans le même volume, je trouve une brochure de 24 pp. intitulée : « *Idée du siècle littéraire présent réduit à six vrais auteurs* » (Une note manuscrite l'attribue à l'abbé Blanchet ?). — C'est une critique ironique de la

Philosophie nouvelle, de l'Universalité des talents, du trop grand empire de la Géométrie, etc. Les six vrais auteurs sont : Gresset, Crébillon, Trublet, Fontenelle, Montesquieu et un « auteur à deviner » — (le P. Castel, jésuite, d'après une note manuscrite).

Querlon (Meusnier de). — *Testament littéraire de Messire Pierre-François Guyot, abbé Desfontaines*. Trouvé après sa mort.... (publié par Querlon). A la Haye, 1746 (Cf. **Desfontaines**).

Régence (la). — *Portefeuille d'un roué*, publié par Roger de Parnes, Rouveyre, 1881.

Rousseau (J.-B.). — *Œuvres*, édit. Londres, 1753, 5 vol. in-18.

— Cf. Préface édit. de Soleure, 1712.

— **Rousseau** (*Le portefeuille de*). A Amsterdam, chez M.M. Rey, 1751. 2 vol. in-12.

Roy (P.-Ch.). — *Œuvres diverses de M. Roy*. Paris, 1727. 2 vol. in-8.

Saint-Hyacinthe. — *Le chef-d'œuvre d'un inconnu*, poème heureusement découvert et mis au jour avec des remarques savantes et recherchées, par M. le Dr Chrysostome **Mathanasius.** A La Haye, Ann. Æv. MDCCXIV. ab instauratis litteris primo.

Le royage du Parnasse. A Rotterdam, 1716. — Cet opuscule, ultra-classique, serait d'un certain **Limojon de St-Disdier** ?

IV. — Ecrivains du XVIIIe siècle, postérieurs à La Motte.

D'Alembert. — *Œuvres*, édit. Belin, Paris, 1822 (Voir les *Eloges* de La Motte, de Despréaux, de Destouches, de M. de Sacy, de Crébillon. — Voir aussi les « Réflexions sur la poésie... » au t. IV).

— Cf. **Condorcet :** Eloge de d'Alembert.

Barral (l'Abbé). — *Dictionnaire historique, littéraire et critique*. Avignon, 1759 (Voir l'art. « La Motte », franchement défavorable).

Brumoy (Le P.). — *Théâtre des Grecs*. (Nouv. édit. Paris, Cussac, 1785).

Condillac. — *Œuvres*, édit. 1798.

Diderot. — Edition de Naigeon, 1798 (Voir t. III : Projet d'une Encyclopédie, pp. 74-75).

Fréron. — *L'Année littéraire*.

Grimm. — *Correspondance littéraire...*, passim.

Irailh (l'Abbé). — *Querelles littéraires, ou Mémoires pour servir à l'histoire des Révolutions de la République des Lettres depuis Homère jusqu'à nos jours*. Paris, Durand, 1761 (Voir t. II, pp. 257-384 : Sur la corruption du Goût, la Querelle des Anciens et des Modernes, les Parodies, etc.)

La Harpe. — *Lycée*, édit. Didier, 1834.

De la Porte (l'Abbé). — *Nouvelle bibliothèque d'un homme de goût*. Paris, 1777, 4 vol.

Marmontel. — *Eléments de Littérature.*

Palissot. — *Mémoire pour servir à l'histoire de la littérature française...* Edit. 1771.

Vauvenargues. — *Œuvres*, édit. Furne, 1857.

Voltaire. — *Œuvres* (passim), édit. Garnier.

V.—Historiens et critiques littéraires du XIXᵉ siècle.

Ancillon (Fréd.). — *Nouveaux essais philosophiques.* Paris, Bertin, 1824. 2 vol. in-8.

Auger. — *Mélanges philosophiques et littéraires.* Paris, 1828. 2 vol. in-8°.

De Barante. — *Tableau de la Littérature française au XVIIIᵉ siècle.* Didier, 8ᵉ édit., 1860.

Barni. — *Histoire des idées morales et politiques en France au XVIIIᵉ siècle.* 1866. 2 vol. in-8.

Bersot (E.). — *Etudes sur le XVIIIᵉ siècle.*

Broglie (Emmanuel de). — *Les Mardis et les Mercredis de Mᵐᵉ de Lambert.* (Le Correspondant. 10-25 avril 1895).

Brunetière. — *Etudes critiques*, Vᵉ série. (La formation de l'idée de progrès).

Chénier (M.-J.). — *Tableau historique de l'état et des progrès de la littérature depuis 1789.* (Paris, 1816, in-8°).

Desnoiresterres. — *La jeunesse de Voltaire.*

—— *La Comédie satirique au XVIIIᵉ siècle* (Didier, 1864).

Egger. — *L'Hellénisme en France.* (Ed. Didier, 1869. 2 vol. in-8°).

Fontaine. — *Le théâtre et la philosophie au XVIIIᵉ siècle*, 1878.

Gidel. — *Les salons au XVIIIᵉ siècle* (Journal général de l'Instruction publique. 4 mai 1882).

St-Marc-Girardin. — *La Fontaine et les fabulistes.*

De Goncourt (E. et J.). — *Portraits intimes du XVIIIᵉ siècle.* Dentu. 2 vol. 1857-58.

Arsène Houssaye. — *Galerie du XVIIIᵉ siècle.*

Lefebvre-Deumier. — *Les célébrités d'autrefois.* Paris, Amyot, 1853.

Lemontey. — *Histoire de la Régence* ((Euvres., t. VII, Paulin).

Lenient. — *Thèse sur Bayle.* 1855.

A. Maury. — *Les Académies d'autrefois.* Didier, 1864. 2 vol. in-8°.

Alf. Michiels. — *Histoire des idées littéraires en France.* 1842. 2 vol. in-8° (Voir t. II, p. 541).

Ch. Nisard. — *Les ennemis de Voltaire.* 1853, in-8°.

— 315 —

D. Nisard. — *Histoire de la Littérature française* (liv. IV, chap. I, VI).

Patin. — *Etudes sur les tragiques grecs.*

Raynouard. — *Journal des savants.* Juillet 1823. Articles sur les « chefs-d'œuvre des théâtres étrangers.... » Voir IIe article : Le théâtre portugais.

A. Rebelliau. — *La poésie lyrique au XVIIIe siècle.* — Les doctrines de La Motte-Houdart (Revue des Cours et Conférences, 25 mars-25 avril 1893).

H. Rigault. — *La Querelle des Anciens et des Modernes.*

Ste-Beuve. — *Portraits littéraires.* — *Lundis.* — *Nouveaux lundis.*

Sayous. — *Le XVIIIe siècle à l'étranger.* Paris, Amyot, 1861, in-8°.

Suart (J.-B.-A.). — *Mélanges de littérature.* 2e édit. Dentu, 1806.

Tyrtée-Tastet. — *Histoire des quarante fauteuils de l'Académie française.* 1855.

Villemain. — *La littérature au XVIIIe siècle.* — *Eloge de Montesquieu.* 1816.

Vinet. — *Histoire de la littérature française au XVIIIe siècle.* 2e édit.

VI — Supplément.

Indications bibliographiques concernant la question des

Néologistes *ou* Néologues.

Trublet. — *Article du Mercure de France,* 1757 (dans les Œuvres de Fontenelle, 1764).

Pons (l'abbé de). — *Œuvres,* 1738, p. 348.

Marivaux. — *Le Spectateur français,* 6e feuille (t. IX de l'Edit. Duviquet, 1830, pp. 435-446).

Cf. **Fleury** : *Marivaux...,* pp. 278-279.

Sautreau de Marsy. — *Précis sur la vie et les ouvrages d'Houdar de La Motte,* 1767, p. 34.

Dacier (M.). — *Réponse à Gros de Boze* (Recueil de plusieurs pièces...., année 1715, p. 308).

Gédoyn (l'abbé). | *Discours de réception à l'Académie française.* — Recueil de plusieurs pièces.... année 1719, p. 120.

— Cf. Ibidem, année 1720-1721, pp. 15-16 : « Discours envoyé à l'Académie française par l'Académie de Soissons en 1720 ».

D'Olivet (l'abbé). — *Discours de réception à l'Académie française* (Recueil de harangues.., année 1723, t. IV, p. 310).
Bibliothèque des livres nouveaux. A Nancy, 1726. p. 127.

Lefranc de Pompignan. — Œuvres, 1784, t. II, pp. 217-219.

Lefranc de Pompignan (l'Evêque). — *Essai critique sur l'estat présent de la république des Lettres.* 1744, p. 9.

Lesage. — *Gil Blas.* (passim).

Voltaire. — *Discours... à l'Académie française* (lundi 9 mai 1746), t. XXIII, p. 24.

Hénault (le président). — *Mémoires*, p. 30.

M. Marais. — *Mémoires*, t. I, pp. 137-139, t. II, p. 243. — *Correspondance...* t. II, p. 486. — T. IV, p. 112, etc.

Rousseau (J.-B.) — *Lettre de ** au S*** dans le* « Dictionnaire Néologique », au début. — Cf. « *Portefeuille de J.-B. Rousseau* », passim.

Gacon. — *Les fables de M. H. de La Motte mises en vers.*

Roy. — *Œuvres diverses*, édit. de 1727. — V. « Discours sur l'Ode ».

Desfontaines (Guyot, abbé). — *Nouvelliste du Parnasse*, Lettres, XIII, XV, XLVIII, etc. — *Dictionnaire néologique*. — *Eloge historique de Pantalon-Phœbus*. — *Pantalo-Phœbeana*, etc.

Bel (le président J.-J.). — *Apologie de M. Houdar de la Motte* (1re Lettre, p. 4. — 2e Lettre, pp. 56, sq ; — 3e Lettre, p. 126, etc.

Mémoires pour servir à l'histoire de la Calotte. — Voir surtout l'Eloge funèbre de Torsac, t. II, p. 91. — Cf. t. II, p. 42, les « Apedeutes ».

Parodies du Nouveau Théâtre Italien (Ed. 1738, t. I, pp. 151, sq.) — « Le chevalier errant ». (Parodie du style antithétique).

Cartaud de la Vilate. — *Essai historique et philosophique sur le goût*, 1751, p. 249.

Fréron. — *Année littéraire*, 1754, t. VII, p. 147. (Fréron loue fort la prose de La Motte).

Palissot. — *Mémoires...*, édit. 1771, p. 106.

Irailh (l'abbé). — *Querelles littéraires*, 1761, t. II, pp. 163-164.

Condillac. — *Œuvres*, édit. 1798, t. VII. « L'Art d'écrire. » — Chap. X. « Des tours précieux ou recherchés ».

La Harpe. — *Lycée* (édit. 1834), t. II, pp. 534-535 et p. 771.

Lemontey. — *Œuvres*, t. VII, p. 345.

D. Nisard. — *Histoire de la Littérature française*, t. IV, chap. 1er, p. 26 ; chap. 2e, pp. 64-67.

Ch. Nisard. — *Les ennemis de Voltaire*, p. 37.

Vinet. — *Histoire de la Littérature française au XVIIIe siècle*, t. 1, p. 52.

TABLE

LIVRE I.

LIVRE II.